CERTIFIED PRIVATE BANKER

보험설계 및 컴플라이언스

집필_ **민복기 · 이홍경**

한국금융연수원
KOREA BANKING INSTITUTE

발간사

글로벌 금융위기 이후 저성장, 저금리를 특징으로 하는 뉴노멀(New Normal)이 등장한 지 5년 후인 2014년에 세계최대 채권운용회사인 핌코는 "이제 뉴노멀도 가고 뉴뉴트럴(New Neutral) 시대가 왔다."라고 진단한 적이 있습니다. 여기서 뉴뉴트럴은 회복되지도 침체되지도 않은 새로운 경제상황을 표현한 말로 뉴노멀보다 더 부정적인 의미를 갖고 있습니다.

그만큼 어려운 경제상황이 지속되면서 금융회사 간의 경쟁이 더욱 치열해지고 금융회사의 수익확보도 녹록치 않게 되었습니다. 이러한 상황 하에서 자산관리 시장은 은행산업에 있어서 커다란 잠재력을 가진 새로운 성장 동력으로 부상하고 있으며 이에 따라 금융회사들은 자산관리와 관련한 전문역량을 강화하는 데 많은 노력을 쏟고 있습니다.

이러한 추세에 부응하여 한국금융연수원에서는 금융회사 자산관리 담당인력의 전문성 향상 및 실무역량 강화를 견인하기 위해 2018년 9월 금융위원회의 승인을 얻어 국가공인 자산관리사(FP: Financial Planner)의 상위 자격인 '프라이빗뱅커(CPB: Certified Private Banker)' 자격을 신설하였으며, 이번에 동 자격시험에 대비한 참고도서들을 발간하게 되었습니다.

본 도서는 전체 총 7권으로 「금융상품 및 투자분석」, 「포트폴리오 설계」, 「보험설계 및 컴플라이언스」, 「은퇴설계」, 「부동산 투자설계」, 「세금설계 및 상속설계」, 「자산관리 실무사례」로 구성되어 있으며, 프라이빗뱅커(CPB)가 갖추어야 할 고급이론 및 실무지식을 보다 깊고 보다 체계적으로 담고자 하였습니다.

또한 자기주도형 학습이 용이하도록 수록내용을 최대한 이해하기 쉽게 기술하는 한편, 「자산관리 실무사례」 도서를 제외한 모든 책자에서 각 장별로 서두에 [학습개요]와 [학습목표]를 명시하여 해당 장에서 도달하여야 할 학습목표를 제시하였고, 각 장 말미에는 [주요내용 종합정리]와 [연습문제와 해설]을 수록하여 학습내용을 복습하고 학습결과를 측정·확인해 볼 수 있도록 구성하였습니다.

아울러 자산관리사(FP) 자격 참고도서와 달리 각 도서별 내용들을 복합적으로 심화학습할 수 있도록 「자산관리 실무사례」라는 사례형 문제집을 추가로 제작했습니다. 현장에서 자주 접하게 되는 상황을 부문별 단일사례 및 복합사례로 구성하였습니다.

끝으로 이 책이 나오기까지 많은 노고를 아끼지 않은 집필자들, 자문위원들, 그리고 우리 원 직원 여러분께 깊이 감사드리며, 앞으로 본 도서가 최고 수준의 금융자산 설계전문가를 지향하는 금융인들에게 나침반 역할을 하고, 더 나아가 우리나라 금융산업의 발전에도 공헌할 수 있기를 바랍니다.

한국금융연수원 원장 문재우

머리말

수명이 연장됨에 따라 바야흐로 100세 시대가 머지않았다고 이야기되는 요즘, 퇴직 후의 새로운 삶을 준비하기 위하여 자산관리에 관심이 많아지고 있다. 특히 건강한 삶을 유지하기 위하여 보험설계를 통한 자산관리가 주목받고 있다.

보험상품은 인간의 질병, 재해, 사망뿐 아니라 경제활동을 통해 발생하는 모든 손해까지 다루기 때문에 우리 사회에 미치는 영향이 어떤 업종보다 크다고 할 것이다. 또한 최근 급속도로 진행된 금융산업의 글로벌화와 자본시장의 발전으로 다양하고 복잡한 금융상품이 증가하고 있다. 이에 따라 일선 영업현장에서는 보험설계뿐만 아니라 자산관리 등을 위한 상품의 불완전판매가 발생할 소지도 증가하였고, 그로 인한 민원제기 등 법률 리스크 역시 크게 증가할 것으로 예상된다. 이러한 점에서 금융회사 경영 자율성 확대에 따른 감독체제를 보완하고, 금융사고나 민원 발생을 사전에 예방하기 위한 관리감독의 필요성도 더욱 증대되고 있다.

본 교재는 금융소비자보호, 보험설계 및 금융투자업무와 관련된 컴플라이언스 제도의 이론적 바탕을 제공한다. 이를 통해 체계화된 내부통제제도의 실무 가이드 역할을 담당하였으면 한다. 또한 보험상품 및 금융투자상품 등을 판매하는 직원에 대한 법규준수 의식을 제고하고, 금융산업에 대한 고객의 신뢰도를 향상시키기 위한 실무 지침서로 활용되기를 기대한다.

은행 등을 포함한 금융 분야는 업종에 따라 영업방식이 매우 다르고, 규제환경도 업의 특성을 반영하여 별도로 구분되어 있다. 따라서 컴플라이언스에 대한 일반적인 개념과 이론을 습득하였더라도 개별 금융회사의 영업방식과 업무 프로세스 및 사업특성을 이해하지 않고서는 완벽한 컴플라이언스 체제를 구축하기 힘든 것이 사실이다. 그렇지만 컴플라이언스는 회사의 질적 수준을 결정하는 지표이다. 훌륭한 회사는 훌륭한 컴플라이언스 체제를 갖추고 있다. 견고한 컴플라이언스 체제 없이 양적으로만 성장하는 회사는 결코 오래가지 못한다는 것이 이미 경험적, 통계적으로 증명되어 있다.

본 교재에서는 은행 등에서 보험상품을 판매하는 금융기관보험대리점으로서 지켜야 할 컴플라이언스 업무에 대하여 기술하였다. 또한 자산운용과 관련하여 금융투자업무의 공통영업행위 원칙 및 불공정영업행위 금지 등 컴플라이언스 제반 준수사항, 금융소비자보호 등에 대한 일반적인 사항 등도 자세히 설명하였다. 이 책이 보험설계 및 컴플라이언스 분야의 질적인 성숙과 발전에 조금이라도 기여할 수 있기를 바란다.

이 책은 보험설계 및 CPB와 관련된 분야에서 각종 제도와 정책을 연구하는 전문가들이 함께 집필하였다. 저자 일동은 각자의 생업에 종사하면서도 CPB 분야의 발전에 기여하고자 하는 마음으로 공동 집필에 참여하였다. 집필진은 이 책이 단순히 입문서에 그치지 않고 CPB 전문도서로 자리매김하기를 기대하며, 은퇴 등의 설계 업무를 담당하는 PB 등 금융인에게는 참으로 유용한 필독서가 될 것으로 믿는다.

이 책이 발간될 수 있도록 지원해주신 한국금융연수원 원장님, 출판미디어사업부 부장님, 자격검정사업부 부장님에게 이 자리를 빌려 감사드린다.

2019년 4월

저자일동

목 차

제1장 보험설계 실행원칙

제2장 보장성보험 설계

Contents

목 차

목 차

Contents

제6장 방카슈랑스 컴플라이언스

Korea Banking Institute

제1장

보험설계 실행원칙

제1절 · 보험상품 가입

제2절 · 보험상품 조정

제1장 보험설계 실행원칙

학습개요

보험은 단순히 가입 자체로 끝나는 것이 아닌 위험관리 수단이다. 따라서 제대로 관리해줄 수 있는 보험회사 선정 및 개인상황에 적합한 상품 선정이 중요하기에 이와 관련된 주요내용을 살펴본다. 또한 계약 관계자 간의 의무사항 및 권리관계, 상황변화에 따라 발생할 수 있는 계약사항 조정방법을 구체적인 사례를 중심으로 살펴본다.

학습목표

- 보험회사 선정 및 상품가입을 위한 체크포인트를 고객에게 안내할 수 있다.
- 보험을 설계할 때 가입 시 놓치기 쉬운 주요사항을 설명할 수 있다.
- 보험 가입기간 중 상황변화에 따른 조정방법을 체득, 제안할 수 있다.

제1절 | 보험상품 가입

1 회사 및 상품 선택

보험상품을 가입·활용하는 기본적인 목적은 개인의 재산손실에 영향을 미치는 위험을 관리하는 데 있다. 따라서 위험관리를 위탁할 수 있는 보험회사 선정, 개인상황에 적합한 위험유형별 상품선정을 신중하게 고려해야 한다. 기본적으로 보험은 한 번 가입하면 상당히 오랜 기간을 유지해야 하는 금융상품이기에 상대적으로 안전한 회사를 선정하는 것이 합리적이다. 또한 상품을 선정할 때는 보험회사의 영업성과 및 보험판매자의 판매수수료를 우선하는 것이 아니라 보험가입자의 직업, 연령, 가족구성원, 소득규모, 가입목적 등을 종합적으로 고려하여야 한다. 이를 위한 체크포인트를 살펴본다.

1-1 보험회사 선정 및 상품가입의 우선순위

가. 보험계약 구조 이해 및 보험회사 선정

1) 보험계약 구조 및 관계자

보험회사 선정에 앞서 보험계약 구조에 포함되는 관계자 및 역할에 대한 기본적인 이해가 선행되어야 한다. 계약 관계자 간에 이루어져야 하는 사항의 이행 여부에 따라 계약관계 유지 및 효력상실, 보험계약 무효 및 취소, 보험금 부지급 및 보험계약 해지 등의 민감한 상황이 발생할 수 있기 때문이다. 이에 대한 구체적인 사례는 '2. 의무사항 이행 및 권리보호'에서 살펴보기로 한다.

〈그림 1-1〉은 보험계약 관계자 및 역할에 대한 주요사항이다.

〈그림 1-1〉 보험계약 관계자 및 역할

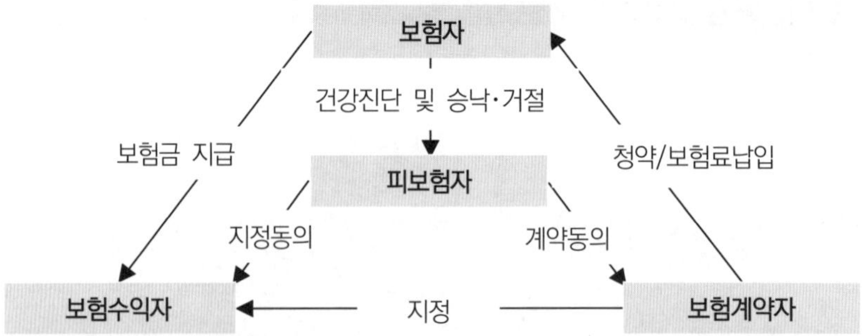

① 보험자(보험회사)

보험계약자에게 보험료를 받고 보험을 인수·관리하는 주체로 보험회사를 말한다. 보험자는 보험금 지급의무를 지닌다.

② 보험계약자

보험계약자는 본인 명의로 보험자(보험회사)와 계약을 체결하는 관계자로, 보험료 납입의 의무를 지닌다.

③ 피보험자

인보험에서 생명이나 신체를 담보로 보험금 지급사유를 발생시키는 관계자이다. 만 15세 미만자, 심신상실자, 심신박약자는 사망보험의 피보험자가 될 수 없다(단, 약관상 보장된 사망은 제외). 본인 의사에 반해 피보험이익이 발생할 수 있는, 도덕적 해이를 예방하는 차원의 법적 보호 장치이다.

④ 보험수익자

보험사고 발생 시 보험자(보험회사)에게 보험금을 청구할 수 있는 관계자로, 피보험자의 동의를 받아 보험계약자가 지정한다.

2) 보험회사 선정

과거 1990년대 후반부터 현재에 이르기까지 보험회사들이 경영상의 이유로 회사를 정리한 경우가 상당 수에 이른다. 물론 정리된 회사에 보험을 가입했던 많은 계약자의 계약이 회사와 함께 무효 또는 소멸된 사례는 아직 없다. 정부의 개입으로 타 보험회사로 계약이 이전되었기 때문이다. 이런 과거 경험을 이유로 보험을 가입할 때 아무 보험회사나 선정해도 무방하다는 것은 잘못된 생각이다.

가입 기간 중에 발생하는 계약관리 서비스, 민원접수 및 처리, 저축성 상품의 수익률, 보험금 지급 관련 분쟁 등 민감한 사안에 대해 보험가입자와의 관계를 어떻게 이어가는지, 과거의 이력을 근거로 보험회사를 선정하는 것이 합리적이다.

〈그림 1-2〉 보험회사 공시현황

출처: 생명보험협회 및 손해보험협회 홈페이지

보험가입을 위해 보험회사 선정을 고민하는 사람은 〈그림 1-2〉에서 볼 수 있듯이 생명 및 손해보험협회 홈페이지 공시실을 통해 각 보험회사의 세부내용을 살펴볼 수 있다. 부채현황, 이익현황, 지급여력비율, 경과기간별 계약유지율 및 보험설계사 정착 현황, 불완전판매 및 민원현황, 보험금 지급 관련 민원 및 부지급 현황 등 보험계약 가입 단계부터 유지기간 및 지급단계에 이르는, 전 과정에 걸친 보험회사의 내용을 상세하게 엿볼 수 있다.

지인을 통해 단순히 소개받은 상품을 중심으로 가입을 결정하는 것보다는 최소한 다음과 같은 기준을 바탕으로 보험회사를 선택해야 한다.

① 보험가입이 엄격해도, 보험금지급 분쟁이 적은 곳을 선정한다.

보험의 생명은 무엇보다 위험에 대한 보장이다. 보험가입 시에는 보험회사 심사조건이 간편해서 좋은데, 막상 보험금 지급사유가 발생해서 보험금지급을 요청하니 지급 기일을 지체한다든가 지급 관련 문제를 빈번하게 소송으로 해결한다면 난감할 것이다.

따라서 보험가입 시에는 심사가 다소 엄격해도, 보험금 지급 관련 서비스는 제대로 하는 회사를 선정하는 것이 합리적이다.

〈그림 1-2〉 공시실 '보험서비스' 자료를 바탕으로 각 보험회사의 현황을 비교해서 볼 수 있다.

② 이익률이 높은 곳을 선정한다.

공시실에 반영되어 있는 내용 중 ROA(총자산순이익률, Return On Asset)는 보험회사의 총자산 대비 당기순이익 비율로서, 자산을 얼마나 효율적으로 운용했는지를 나타내는 지표이다. ROA가 높다는 것은 보험회사 재정이 건전하게 운용되고 있음을 의미하며, 이는 보험가입자의 자산이 비교적 안전하게 보호받을 수 있는지를 판단할 수 있는 근거로서 의미가 있다.

〈그림 1-2〉 공시실 '경영효율' 자료를 바탕으로 각 보험회사의 현황을 비교해서 볼 수 있다.

③ 자산운용 수익률이 양호한 곳을 선정한다.

보험상품은 크게 보장성보험과 저축성보험으로 나눌 수 있다. 계약자로부터 받을 보험료는 미래 보험금지급을 위한 재원이기 때문에 보험회사는 투자를 통한 수익관리를 해야 한다. 자산운용 수익률은 보험금 지급여력 및 투자수익형 상품에 대한 수익 및 손실에 영향을 미치는 중요한 요소인 만큼, 각 보험회사의 과거부터 일정기간 이어지는 자산운용 수익률 추이를 살펴볼 필요가 있다. 이는 〈그림 1-2〉 공시실 '경영효율' 자료를 바탕으로 각 보험회사의 현황을 비교해서 볼 수 있다.

④ 지급여력비율이 높은 회사를 선정한다.

RBC비율(지급여력비율)은 가용자본을 요구자본으로 나눈 비율로서, 보험회사의 재무건전성을 측정하는 지표이다. 가용자본은 보험회사의 각종 리스크로 인한 손실금액을 보전할 수 있는 자본량이고, 요구자본은 보험회사에 내재된 각종 리스크가 현실화될 경우의 손실금액을 의미한다. 쉽게 설명하면, 지급여력비율은 보험가입자에게 보험금을 제때 지급할 수 있는 보험회사의 재무능력을 나타내는 것이다. 따라서 지급여력비율이 높은 회사를 중심으로 선정하는 것이 효과적이다.

이는 〈그림 1-2〉 공시실 '경영효율' 자료를 바탕으로 각 보험회사의 현황을 비교해서 볼 수 있다.

⑤ 규모보다는 내실과 소비자 만족도가 높은 곳을 선정한다.

과거에는 보험회사를 선택할 때 규모가 상대적으로 큰 회사를 선호했지만, 최근에는 그 흐름이 상당부분 바뀌어가고 있다. 이는 〈그림 1-2〉 공시실 '보험영업', '보험서비스'에 반영되어 있는 내용처럼 보험설계사의 정착률, 보험계약 유지율, 보험 관련 민원 등의 지표를 통해 회사의 질적인 수준을 판단하기도 한다.

⑥ 보험설계사의 선정도 함께 고려해야 한다.

보험계약은 소득활동기간에 이루어지는 일반적인 개인의 계약유형 중에서 '주택' 다음으로 가장 큰 자금이 지출되는 계약이자, 가장 장기간 이어지는 계약이다. 따라서 과거처럼 개인의 친분에 의한 단순 상품가입이 아닌, 오랜 기간 제대로 관리해줄 담당 보험설계사를 선택하는 것이 매우 중요하다. 유형별 상품선정, 보장내용 구성, 최적의 보험료 산출, 투자수익형 상품의 수익관리, 보험 및 재무 관련 정보지원, 보험금지급 절차에 대한 서비스 등 보험가입 이후에도 보험가입자와 담당 보험설계사 사이에서 이루어지는 기대관리는 다양하다. 이를 고려해서 담당 보험설계사를 선택해야 한다.

[Q&A] 정리된 보험회사의 휴면보험금 청구 사례

Q. 계약이전방식으로 정리된 회사에 휴면보험금이 있었는데, 인수회사에 청구하니 이전대상이 아니라 지급할 수 없을뿐더러 계약자료 자체가 없다고 한다. 이 금액을 어디에 청구해야 하나?

A. 휴면보험금이란 만기나 실효 등으로 지급사유가 발생하였으나, 계약자가 청구하지 아니하고 2년이 경과하여 상법상 청구권 소멸시효가 완성된 건으로 계약이전 시 금융감독위원회의 계약이전명령서에 이전대상에서 제외토록 명시된 바, 인수회사는 이를 지급할 의무가 없다. 결국 지급주체가 소멸된 경우로 계약자는 어디에도 청구할 수가 없다. 따라서 보험금은 반드시 2년 이내에 청구하여 이러한 불이익이 없도록 지급사유 발생 시 즉시 권리를 행사해야 한다. 아울러 가입 시 보험회사 선정에도 신중을 기해야 한다.

출처: 생명보험협회

* 위 사례는 2015년 이전의 보험금 청구권소멸시효가 2년인 경우를 기준으로 하고 있지만, 이후 보험업법 개정에 따라 보험금 청구권 소멸시효는 3년으로 연장되어 적용되고 있다. (교재 43페이지, 95페이지 참조)

나. 상품가입 우선순위

많은 보험회사에서 보험가입자에게 소개·가입을 권유하는 상품종류는 그 수를 헤아릴 수 없이 많다. 또한 새로운 상품은 수시로 개발되어 시장에 흘러나오고 있다. 이렇게 많은 상품 중 어떤 상품을 우선적으로 가입해야 하는지를 판단하는 것은 그리 쉬운 일이 아니다. 구체적인 기준이 없이 무분별하게 가입할 경우, 보험료 부담은 올라가고, 정작 실질적인 보장은 받지 못하는 상황이 발생하기도 한다. 보험가입 전 어떤 상품을 우선적으로 가입해야 하는지에 대한 기준을 〈그림 1-3〉을 중심으로 살펴본다.

가장 먼저 고려해야 하는 것은, 생애 전반에 걸쳐 지속적으로 발생할 수 있는 위험의 유형을 대비하는 상품을 선정·가입해야 한다는 것이다.

그 다음은 경과기간별로 치명적인 위험의 유형을 고려해서 상품을 선정·가입할 수 있다.

〈그림 1-3〉 생애주기별 치명적인 위험의 유형

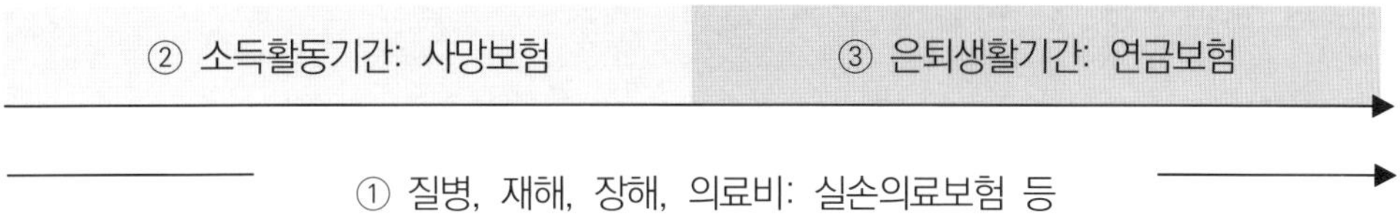

〈그림 1-3〉의 내용처럼 질병, 재해, 장해, 의료비지출에 따른 비용부담은 생애 전반에 걸쳐 지속적으로 이어지는 위험유형이다. 따라서 이는 가장 우선적으로 해결해야 할 과제이므로 '실손의료보험' 가입으로 위험관리를 할 수 있다. 가입할 때는 성별에 따른 다발성 질환 및 가족력 등을 고려하여 특약을 추가적으로 부가하면, 합리적인 보험료로 실질적인 보장준비가 가능하다.

다음은 소득활동기간에 발생하는 치명적인 위험에 대한 대비차원에서 사망보험을 가입할 수 있다. 종신보험과 정기보험 중에서 선택할 수 있는데, 상속 관련 대책이 요구되는 자산상태일 경우에는 종신보험을 고려할 수도 있겠지만, 일반적인 자산상태에서 보험료 비용의 최적화를 고려한다면 정기보험을 선택하는 것이 합리적인 방법이다. 이에 대한 세부적인 내용은 '제2장 보장성보험 설계'에서 살펴본다.

퇴직 후 은퇴생활을 대비하는 차원에서 연금상품을 선택할 수 있다. 소득활동기간과 달리 은퇴생활기간에 치명적인 위험은 생존에 따른 생활자금 마련이다. 더구나 평균수명 연장과 생활수준에 대한 욕구가 과거에 비해 상당부분 상승함에 따라 필요한 연금자산 규모도 과거에 비해 대폭 늘어나고 있다. 준비에 대한 부담을 분산하는 차원에서 조기 가입이 요구된다.

앞에서 언급한 ① 실손의료보험 → ② 사망보험 → ③ 연금보험의 가입순서는 일반적인 경우를 기준으로 한 우선순위이다.

개인의 상황(직장 내 단체보험에서의 사망보장 등)에 따라 사망보험보다 생존 시 필요한 연금보험 가입을 우선해야 하는 경우도 있을 수 있다. 따라서 보험상품을 가입할 때는 개인의 직업 및 신분(특수직역 연금대상자의 경우, 연금자산이 상대적으로 양호) 등을 종합적으로 검토한 후에 가입해야 한다.

1-2 기능별 상품구분 및 적합한 상품 선정

가. 기능별 상품구분

자신에게 적합한 보험상품을 선정하기에 앞서, 기능별 보험상품을 구분할 수 있어야 한다. 보험에는 각각의 상품명이 있는데, 여기에 그 상품의 기능이 대체로 반영되어 있다.

〈그림 1-4〉 보험 이름 보는 법

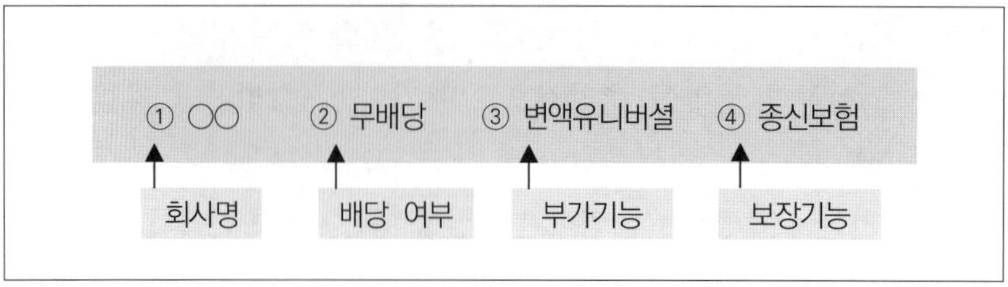

출처: 부자가 되는 보험지식의 힘, 청림출판

상품 이름의 가장 앞부분(①)은 대체로 보험회사의 이름이 반영되어 있다. 따라서 그 상품이 생명보험회사 및 손해보험회사 중 어느 회사에서 판매하는 상품인가를 알 수 있다. 이를 통해 보험가입자는 본인이 가입을 희망하는 보험회사 상품인가를 구분할 수 있다.

다음 부분(②)에서는 그 상품의 배당 여부를 읽을 수 있다. 즉 보험상품은 유배당 상품과 무배당 상품이 있다. 이는 보험료를 받아 운용한 성과를 계약자에게 돌려주는지에 따라 나뉘는데, 과거에는 유배당 상품이 다수를 이루었지만, 최근 판매되는 보험상품은 무배당 상품이 대부분이다. 보험계약자가 납입하는 보험료는 동일한 조건에서 당연히 유배당 상품이 비싸게 결정된다. 보장성보험은 배당을 통한 저축기능보다 위험보장 자체를 중심으로 활용한다는 사실을 고려하면, 무배당 상품으로 활용하는 것이 합리적이다.

세 번째 부분(③)은 그 상품에 반영되어 있는 부가기능을 나타낸다. 통상적으로 유니버셜, 변액으로 표현된다. 변액은 계약자가 납입하는 보험료 일부를 펀드에 투자하여 그 실적을 배분하는 기능을 의미하고, 유니버셜은 수시 입·출금이 가능하다는 것을 의미한다. 〈그림 1-4〉의 변액유니버셜은 변액과 유니버셜 기능이 동시에 반영되어 있다는 것을 의미한다. 변액유니버셜은 과거 상품과 달리 납입의 유연성과 투자수익을 꾀할 수 있는 장점도 있지만, 투자수익형 상품이기에 손실도 고려해야 함을 유념해야 한다.

마지막 부분(④)은 그 상품의 주된 보장기능이 무엇인지를 나타내는 것으로, 보장하고자 하는 본질적인 내용이 반영되어 있다.

이상의 내용에서 볼 수 있듯이 보험가입자는 상품 이름을 통해 보험회사 선정, 보험료 부담을 고려한 기능 선택, 납입의 유연함과 투자수익 및 손실기능 선택, 보험가입의 본질적 기능선택 등을 기본적으로 고려할 수 있다.

나. 보험가입자에게 적합한 상품 선정

모든 사람에게 좋은 상품을 찾기란 쉬운 일이 아니다. 따라서 본인에게 적합한 상품을 선택하는 것이 가장 합리적인 접근인데, 이를 위해 기본적으로 고려해야 할 사항은 다음과 같다.

첫째, 기존에 가입된 보험내용을 확인해야 한다.

보험가입을 고려할 때에는 현재 가입되어 있는 보험을 먼저 확인해야 하는데, 과거 지인의 권유 등으로 가입한 보험계약 등을 잊고 있는 경우도 많기 때문이다. 기존의 보험을 제대로 파악하지 못하고 보험을 가입하게 되면 불필요한 보장은 중복되고, 정작 필요한 보장은 누락될 수도 있다.

둘째, 기 가입 보험내용을 확인했다면, 추가적으로 본인에게 필요한 것이 보장성기능인지, 저축성기능인지를 먼저 결정해야 한다.

보장성이라면 질병, 상해, 사망의 사고 중 어떤 사고에 중점을 두어야 할 것인지를 가려야 하는데, 이는 성별에 따른 다발성 질환, 연령에 따른 위험유형별 발생빈도, 가족 병력 등을 고려해서 선택할 수 있다.

셋째, 보험기간과 납입기간을 제대로 설정해야 한다. 보험기간은 보험회사가 보험사고에 대한 보상을 보장하는 기간이며, 납입기간은 보험료를 납입하는 기간이다. 예를 들어 20년 납입, 100세 만기 보험에 가입하였다면 납입기간은 지금부터 20년간이고, 보험보장은 100세까지 받게 되는 것이다. 평균수명 연장을 고려하여 질병 관련 보장은 되도록 장기로 설정하는 것이 합리적이다.

넷째, 보장성보험의 경우 정액보상과 실손보상 중 기능을 선택할 수 있다. 정액보상은 보험계약 시 정한 금액을 보상하는 것이고, 실손보상은 실제손해액을 보상하는 것이다.

다섯째, 저축성보험의 경우 투자기능을 겸비한 변액보험 기능을 반영할 것인지 선택할 수 있다. 변액보험을 포함한 저축성보험은 유사기능의 은행상품과는 달리 보험계약자가 납입하는 보험료에서 차감되는 사업비 부분이 있기 때문에 납입원금을 회복하는 데까지 일정기간을 유지해야 하는 점을 고려하고 선택해야 한다.

여섯째, 본인의 소득수준을 고려해서 적합한 보험료 수준을 결정해야 한다.

보험은 납입기간이 장기이므로 관계로 자칫 가입 당시의 무리한 보험료 책정은 보험계약을 끝까지 유지하지 못하고 해지하는 결과를 초래하여 금전적 손해가 발생할 수도 있다. 따라서 적정 보험료 규모를 본인 스스로 판단·결정해야 한다.

일곱째, 직장인이라면 세액공제 관련 상품에 관심을 갖는 것도 필요하다. 예를 들어 보장성보험의 경우, 연간 납입금액 중 100만 원까지 세액공제가 가능하다. 또한 직장인을 포함한 종합소득신고대상자가 세제적격 연금저축보험을 가입하는 경우, 연간 납입보험료 중 최대 600만 원까지 세액공제를 받을 수 있음을 고려해야 한다.

2 의무사항 이행 및 권리보호

본인이 가입하고 있는 보험을 검토하고, 추가적으로 가입해야 하는 보험상품 선정과 가입할 보험회사를 결정하였다면, 실행에 옮기는 단계에 이르게 된다. 모든 계약에는 권리와 의무관계에 영향을 미치는 형식적인 절차가 있는데, 이는 보험계약 관계에서도 동일하게 요구된다.

다음은 보험계약 권리관계에 영향을 미치는 주요내용 및 사례이다.

2-1 보험계약 권리관계에 영향을 미치는 의무사항

가. 계약 전 알릴 의무: 고지의무

보험가입자는 보험회사와 계약을 체결할 때 반드시 알려야 할 사항이 두 가지가 있다.

직업과 병력에 대한 사항으로, 보험회사가 보험계약 체결 여부를 판단하는 데 중요한 요소이다. 이를 이행하지 않을 경우에는 보험계약이 중도해지되거나 보험금이 지급되지 않을 수도 있다.

다음은 보험 관련 민원 중 가장 큰 비중을 차지하고 있는 '고지의무'와 관련해서 반드시 이행 및 숙지해야 하는 핵심 사항이다.

1) 보험계약자와 피보험자가 상이할 경우 각각 고지의무를 해야 한다.

2) 고지의무는 보험설계사를 통한 구두 전달 시 법적효력이 인정되지 않는다.

[Q&A] 고지의무 사항을 보험설계사에게 구두로 전달했을 때의 효력

Q. 직장인 나대한 씨는 보험가입을 하면서 당뇨로 치료받고 있다는 사실을 보험설계사에게 구두로 알렸지만, 청약서에는 별도로 기재하지 않았다. 이 같은 사실을 보험회사가 알게 될 경우의 조치는?

A. 보험회사는 고지의무 위반을 이유로 보험계약을 해지할 수 있다.

3) 고지의무 사항은 반드시 청약서에 기재되어야 한다.

4) 단, 고지의무 위반사항이 보험금 지급사유와 인과관계가 없는 경우 보험금 지급에 영향을 미치지 못한다.

[Q&A] 계약 전 알릴 의무와 보험사고 간의 인과관계

Q. 보험계약 체결 시, 3년 전 병력(허리디스크 수술)을 고지하지 않았다. 계약유지 중 간암이 발생하여 암보험금 청구를 하였으나, 보험회사에서는 계약 전 알릴 의무를 위반하였기 때문에 계약해지를 하겠다고 한다. 정당한 것인지?

A. 계약 전 알릴 의무를 위반한 사실이 보험금 지급사유 발생에 영향을 미쳤음을 회사가 증명하지 못한 경우에는, 보험사고가 2년 이내 발생하였다 하더라도 계약의 해지 또는 보장을 제한하기 이전까지 발생한 해당 보험금은 지급해야 한다.

☞ 근거: 생명보험표준약관 제22조(계약 전 알릴 의무 위반의 효과)

5) 보험계약자의 고의, 중과실에 의한 고지의무 위반이 있는 경우에 보험회사는 계약을 해지할 수 있다. 다만, 보험회사가 보험계약 체결 당시 고지의무 위반사실을 알았거나

중대한 과실로 알지 못했을 경우에는 보험회사의 해지권 행사가 제한될 수 있다. 또한 계약자의 고지의무 위반사실을 안 날로부터 1개월, 보험계약 체결일로부터 3년이 경과한 경우에는 보험계약을 해지할 수 없다.

[Q&A] 계약 전 알릴 의무 위반과 계약해지 가능 기한

Q. 보험가입당시 청약서상 계약 전 알릴 의무 난에 정확한 과거의 병력을 고지하지 않았다면 차후에 언제든지 계약 전 알릴 의무 위반으로 해지당할 수 있는 것인지?

A. 계약 전 알릴 의무 위반으로 인한 계약의 해지는, 회사가 그 사실을 안 날부터 1개월 이상 지났거나 보장개시일부터 보험금 지급사유가 발생하지 아니하고 2년(진단계약의 경우 질병에 대하여는 1년) 내에 가능하다. 이 기간을 경과하면, 고지의무위반을 이유로 계약해지 할 수 없다.
(다만 보험계약자 및 피보험자의 뚜렷한 사기의사에 의해 보험계약이 성립되었음을 보험회사가 입증하는 경우에는 책임개시일로부터 5년 이내(사기 사실을 안 날로부터 1개월 이내)에 계약을 취소할 수 있다.)

☞ 근거: 생명보험표준약관 제22조(계약 전 알릴 의무 위반의 효과)

[Q&A] 진단계약의 경우 계약 전 알릴 의무 위반 해당 여부

Q. 직장 건강진단 시 고혈압진단을 받아 치료를 받은 사실은 있으나, 달리 합병증이 없어 중요한 사항이 아닌 것 같아서 청약서의 질문표에 기재하지 않았다. 보험회사 진단의사에게도 이러한 사실을 알리지 않고 건강검진 후, 보험을 가입하였다. 생명보험사가 과거병력을 인지하지 못한 진단의사의 중대한 과실을 묻지 아니하고 계약 전 알릴 의무 위반을 이유로 계약을 해지하였는데, 이는 부당한 처사가 아닌지?

A. 생명보험 표준약관에는 계약 전 알릴 의무 사항으로 "최근 5년 이내에 다음과 같은 병명으로 의사로부터 진찰 또는 검사를 통하여 진단을 받았거나 치료, 투약, 입원, 수술, 정밀검사를 받은 적이 있습니까?"라고 물으면서 대상 질병에는 암, 백혈병, 고혈압, 협심증, 심근경색 등을 열거하고 있는바, 가입 전 고혈압진단 및 치료사실을 알리지 아니하고 검진 시에도 진단의사에게도 달리 고지하지 아니한 사실이 인정되므로 동 건은 계약해지사유에 해당한다.

☞ 시사점

보험계약 체결 전 검진은 보험계약 체결 여부를 결정하기 위하여 통상 보험계약자나 피보험자로부터 특별한 언급이나 이상증후가 없는 이상 정밀검사가 아닌 통상의 방법으로만 실시되는 것이 보통이므로, 보험 계약자 또는 피보험자는 청약 시 청약서에서 질문한 사항에 대하여 알고 있는 사실을 반드시 사실대로 알려야 한다. 이러한 사실을 청약서에 기재하지 아니하거나 검진 시 진단의사에게 알리지 아니하였다면, 고혈압 병증과 관련한 진단의사의 중대한 과실을 물을 수 있는 사정이 없는 한 계약 전 알릴 의무 위반에 해당한다.

나. 보험계약의 자필서명

보험계약에서 고지의무와 함께 중요한 의무사항이 계약내용이 기재되어 있는 청약서에 대한 자필서명이다. 일반적으로 보험계약자 및 피보험자가 동일인일 경우에는 특별한 문제가 없지만, 타인의 사망을 보험금 지급사유로 하는 계약, 즉 보험계약자와 피보험자가 상이한 경우에는 민감하다.

결론적으로 계약자와 피보험자가 상이한 경우, 피보험자 지정에 대한 동의와 함께 청약서에 피보험자의 자필서명도 반드시 해야 한다. 이를 충족하지 않을 경우, 보험계약은 무효가 될 수 있기 때문이다.

다만 보험계약 체결이 보험설계사를 통한 대면상담의 경우가 아니고, 홈쇼핑 및 인터넷을 통한 계약체결일 경우 자필서명은 음성녹취의 방법으로 대신할 수 있다. 다만 이 경우에도 계약자와 피보험자가 다르면 피보험자의 자필서명을 음성녹취 형식으로 받아야 한다.

[Q&A] 자필서명 이행 여부에 따른 계약효력

Q. 남편을 보험대상자(피보험자)로 하는 종신(사망)보험에 가입하려고 하는데 보험설계사는 피보험자의 자필서명이 없어도 괜찮다면서 계약자인 본인에게 대신 서명을 하라고 한다. 이 경우 자필서명을 대신해도 보험계약은 유효한가?

A. 부부 관계, 부모와 자녀 관계라도 보험계약자와 보험대상자(피보험자)가 다를 경우 보험대상자(피보험자)는 청약서상에 반드시 자필서명을 하여야 한다.

☞ 관련근거: 생명보험표준약관 제4조(계약의 무효)제1호

2-2 놓치기 쉬운 보험약관의 주요사항

보험회사는 불특정 다수의 보험가입자와 보험계약을 체결할 때 계약 관계자의 권리와 의무사항을 기재한 보험약관을 작성·활용하고 있다. 일반적으로 보험약관에는 보장개시일, 보험금 지급사유 및 보험 해지사유 등 계약 관계자 모두에게 중요한 권리 및 의무사항이 상세하게 기재되어 있다. 그런데 일단 그 분량이 상당히 많고, 기재되어 있는 내용도 너무 어려운 전문용어로 표기된 경우가 대부분이라 보험가입자가 보험약관 전체를 읽고 이해하기란 그리 쉬운 일이 아니다.

그럼에도 약관의 내용은 매우 민감한 사항인 만큼, 보험회사에서 제공하는 '보험상품 설명서'는 반드시 읽고 숙지해야 한다. 보험상품 설명서는 보험약관의 요약본이라고 볼 수 있는데, 그 내용은 다음과 같이 구성되어 있다.

① 보험계약의 개요
② 보험가입자의 권리와 의무
③ 주요 보장내용
④ 보험금 지급 관련 유의사항
⑤ 계약과 관련해 특히 유의할 사항
⑥ 기타 계약자가 알아야 할 사항

위의 보험상품 설명서 내용 중 주요 보장내용 및 보험금 지급 관련 유의사항은 보험금이 지급되는 담보유형 및 지급사유, 보험금이 지급되지 않는 사유 등 민감한 사항이 기재되어 있는 만큼 반드시 확인·이해하여야 한다.

보험약관에 별도로 기재되어 있는 내용 중 '계약 후 알릴 의무'에 대해서도 반드시 숙지하고 있어야 한다. 즉, 계약자의 주소, 직업이 변경되었을 경우에는 반드시 보험회사에 그 사실을 통지해야 한다는 것으로, 이를 이행하지 않을 경우에는 계약이 해지되거나 보험금이 지급되지 않을 수도 있음을 유의해야 한다.

보험회사와 보험가입자 간의 권리와 의무관계가 명시되어 있는 보험약관은 가입 당시에는 읽어보지 않거나 주요내용을 몰라도 아무런 문제가 되지 않는다. 그러나 보험금을 받아야 할 때 문제가 되는 것이 대부분의 내용인 만큼, 반드시 주요내용은 이해하고 있어야 한다.

[Q&A] 승낙 전 보험사고 보장 여부

Q. 보험설계사의 권유로 보험청약서를 작성하고 제1회 보험료를 납입하였는데, 보험청약을 한 지 3일 만에 교통사고를 당하였다. 보험금 청구를 하니 회사에서는 승낙 거부 후 기납입보험료를 반환하였는데 정당한 것인지?

A. 보험회사는 제1회 보험료를 받고, 청약을 승낙하기 전에 보험금 지급사유가 발생하였을 때에도 책임을 진다. 따라서 이 경우, 보험회사는 보험금을 지급하여야 한다(단, 계약 전 알릴 의무 위반의 경우는 제외).

☞ 관련근거: 생명보험표준약관 제9조(제1회 보험료 및 회사의 책임개시일)

[Q&A] 계약 후 알릴 의무: 주소변경 통지

Q. 통장 잔고 부족으로 보험료가 2개월 연체되어 실효된 사실을 사전에 통지받지 못했는데, 회사 측에서는 실효예고통지서를 이전 주소로 발송했다고 한다. 주소이전을 꼭 계약자가 통지해야 하나?

A. 보험회사는 민간사업자로 개인정보에 해당하는 주소(이동)정보를 임의로 취득할 수 없다. 따라서 계약자는 주소 또는 연락처가 변경된 경우에는 지체 없이 그 변경내용을 회사에 알려야 한다. 알리지 아니한 경우 계약자가 회사에 알린 최종의 주소 또는 연락처로 알린 사항은 일반적으로 도달에 필요한 시일이 지난 때에 계약자에게 도달된 것으로 본다.

☞ 관련근거: 생명보험표준약관 제25조(주소변경 통지)

[Q&A] '휴일에 재해로 사망한 때'라는 약관조항의 해석

Q. 피보험자가 평일에 미용목적으로 신체에 실리콘오일을 투여하여 유발된 폐색전증으로 토요일에 사망하였다. 피보험자가 사망한 날이 휴일인 토요일이므로 휴일재해사망보험금의 지급을 보험회사에 청구하였는데, 거절당하였다. 이는 합당한 처리인지?

A. 휴일재해사망을 담보하는 개별약관에서 '휴일에 재해로 사망한 때'는 '휴일에 발생한 재해로 사망한 때'를 의미한다. 피보험자의 사망의 원인이 되는 재해가 평일에 발생했는지, 아니면 약관상 규정된 휴일에 발생했는지에 따라 보험금의 지급내용이 결정된다. 비록 피보험자는 당해 약관상 규정된 휴일인 토요일에 사망하였으나, 본 건 재해로서의 우발적인 외래의 사고는 토요일 이전에 이루어진 신체에 대한 실리콘오일 투여행위라고 보아야 할 것이므로, 보험회사가 평일재해사망보험금을 지급한 업무처리는 타당하다.

☞ 시사점

평일 및 휴일재해사망보험금의 지급은 재해가 발생한 날이 평일인지 약관상 규정된 휴일인지에 따라 결정된다.

▶ 보험업감독규정시행세칙(2001. 12. 14. 개정)에서 주말 및 공휴일의 판단기준은 '사고발생지의 표준시'로 한다고 규정하고 있다.

▶ 생명보험약관에서 정하고 있는 휴일은 '토요일 0시부터 일요일 24시까지'와 '「관공서의 공휴일에 관한 규정」에서 정한 공휴일'이며, 그 이외의 날이 평일이다.

[Q&A] 암보험의 책임개시일

Q. 보험상품에 가입하고 2개월 후에 폐암 진단을 받았는데, 회사는 암보장 책임개시는 90일이 지난 다음 날이기 때문에 보험금을 지급할 수 없다고 한다. 합당한 처리인지?

A. 회사는 계약의 청약을 승낙하고, 제1회 보험료를 받은 때(자동이체 납입 및 신용카드납입의 경우에는 자동이체신청 및 신용카드매출승인에 필요한 정보를 제공한 때, 다만 계약자의 귀책사유로 인하여 보험료 납입 및 승인이 불가능한 경우 제외)부터 약관이 정한 바에 따라 책임을 진다. 즉 제1회 보험료를 받은 때부터 책임을 지는데, 암보장의 경우는 90일이 지난 다음 날부터 보장이 된다. 그 밖에 일부 상품의 경우는 특정 보험사고(질병 등)에 대해서는 1년 이내 발생 시 보장금액의 일부만 지급하는 형태도 있다.

[Q&A] 암 수술 이후 요양기관에서 입원한 경우 암 입원급여금

Q. 병원에서 위암 수술을 받고 입원치료하다가 집에서 가까운 요양기관에서 약 90일 동안 입원한 입원비를 청구하였으나 거절당하였다. 그 이유가 무엇인지?

A. 암보험상품별 개별약관의 암입원급여금 지급조건은 '암치료를 직접목적으로 하여 입원하였을 때'로 정하고 있다. 따라서 암치료가 직접목적이 아닌 요양 또는 수술 후 회복차원의 입원은 암입원으로 보지 않는다.

2-3 불완전판매로 발생할 수 있는 분쟁사례

[Q&A] 상품설명 불충분을 이유로 하는 불완전판매

Q. 친척의 권유에 의해 2개월 전 생명보험상품을 가입하였다. 가입 시 상품에 대한 자세한 설명을 듣지 못하였는데, 가입 후에 받은 약관을 자세히 살펴보았더니 상품의 보장내용이 미흡한 것 같아 해약을 하려 한다. 가능한지?

A. 이 경우 청약일부터 3개월 이내에 계약을 취소할 수 있다. 이와 같은 약관의 중요내용 미설명 외에 약관 및 청약서부본 미전달 그리고 계약체결 시 계약자가 청약서에 자필서명(날인 및 전자서명법 제2조 제10호의 규정에 의한 공인인증기관이 인증한 전자서명을 포함)을 하지 아니한 때에도 계약자는 청약일로부터 3개월 이내에 계약을 취소할 수 있다.

☞ 관련 근거: 생명보험표준약관 제3조(약관교부 및 설명의무) 제2항

이상의 사례와 같이 보험계약 당시 이행되어야 할 사항이 보험계약자 및 보험설계사의 업무수행 미흡으로 완전하게 이루어지지 않은 경우를 '불완전판매'라고 하는데, 이에 해당하는 사유는 다음과 같다.

① 보험증권이나 약관을 보험계약자에게 전달하지 않은 경우
② 보험설계사의 상품설명이 충분하지 않은 경우
③ 보험계약자가 자필서명(전자서명)을 하지 않은 경우

불완전판매에 따른 실질적인 피해는 보험계약자에게 있으므로 위 사유를 근거로 보험계약자는 보험계약 체결일로부터 3개월 이내에 보험계약 취소를 요청할 수 있다. 이때 보험회사는 보험계약자에게 이미 납입한 보험료를 반환해야 한다.

제2절 | 보험상품 조정

1 상품기능의 이유로 인한 조정

[Q&A] 계약사항 조정 시 문제점 및 유의사항

Q. 현재 유지하고 있는 보험상품의 보장범위나 조건이 미흡하여 새로운 계약으로 전환하려고 한다. 유의해야 할 점이 있다면?

A. 최근 다양한 형태의 신상품이 많이 개발되면서 기존 상품을 소멸시키고 새로운 계약으로 전환하는 경우가 많다. 이때 우선적으로 고려해야 할 것은 보험의 특성상 보험료가 연령과 비례하기 때문에 기존 상품을 가입할 때와는 달리 인상된 보험료를 납입하는 경우가 많다는 것이다. 또한 기존 계약을 해약할 때 이미 납입한 보험료 원금 전액이 보장되지 않을 수도 있다. 따라서 기존 계약과 신계약의 중요사항, 즉 보험료, 보장기간, 주요 보장내용, 보험금액 및 환급금액, 예정이율 등 계약 기본사항을 비교하여 과연 기납입보험료 일부의 손해를 감수하더라도 전환을 하는 것이 유리한지를 판단해야 한다.

보험은 상당히 복잡하고 어려운 상품이면서 장기간 지속적인 유지가 요구되는 계약이다. 또한 만일에 발생할 수 있는 위험에 대한 보장을 목적으로 하는 계약이니만큼 그 보장내용이 적절하게 구성되었는가에 대한 판단이 무엇보다 중요하다.

개인이 보유하고 있는 보험상품의 내용을 분석해보고, 조정이 필요한 사항이 있을 경우에는 빨리 실행하는 것이 합리적이다.

경우에 따라서는 이미 납입한 보험료 원금에 미치지 못하는 해지환급금을 받을 수도 있지만, 보장성보험은 본래 저축을 목적으로 가입하는 것이 아니라 보장을 본질적인 목적으로 한다는 점을 항상 유념해야 한다.

다음은 상품기능을 이유로 조정이 필요한 상황의 주요내용이다.

① 보장내용 대비 보험료가 과다하게 설계되어 있는 경우

② 가입하고 있는 보험 중 중복된 보장이 있는 경우
③ 발생가능성이 낮은 위험(재해)에 과도하게 보장금액이 설정되어 있는 경우
④ 발생가능성이 높은 위험(질병)에 보장이 부족한 경우
⑤ 유형별 위험에 대한 보장기간이 적절하지 않은 경우

위와 같은 상황이라면 되도록 빨리 상품내용을 조정해서 최적화된 위험관리를 실행할 수 있어야 한다. 다만, 가입하고 있는 상품 중 오래된 상품일수록 최근에 출시된 상품보다 기능적인 측면에서 더 뛰어난 상품(실손의료보험 등)이 있을 수 있으니, 무조건 신상품으로 대체하는 것이 좋은 것만은 아닐 수 있다.

2 납입부담의 이유로 인한 조정

보험계약을 유지하던 중 개인상황의 변화 등 경제사정이 여의치 않아 부득이 보험상품에 대한 조정이 있을 수 있다. 대표적인 방법으로는 첫째, 보장은 남기면서 보험료 부담을 줄이는 것과 둘째, 보험계약 자체를 해지하는 것이 있다. 그 주요내용을 살펴본다.

2-1 보장은 남기면서 보험료 부담 조정

보험계약 해지라는 극단적인 선택이 아니라 보장내용의 일부는 유지하면서 보험료 부담을 줄일 수 있는 유형별 제도에 대한 주요사항은 다음과 같다.

가. '자동대출납입제도'를 활용할 수 있다

이는 보험계약자의 신청으로 이루어지는 보험료 납입방법이다. 보험계약자가 신청을 하면 해약환급금의 범위 내에서 보험계약의 효력이 상실되지 않도록 보험료 납입처리가 자동으로 이루어지는 제도이다.

나. '보험료 납입중지제도'를 활용, 보험료 납입부담을 줄일 수 있다

상기의 자동대출납입제도는 대출의 형태를 취하기 때문에 소정의 이자가 추가로 부담되는 데 비해 납입중지제도는 대출의 형태가 아니라 기본보험료 납입을 일시 중지하는 제도이다. 따라서 별도의 이자부담은 없지만, 이를 활용하기 위해서는 보험회사별로 요구하는 보험료 의무납입기간 요건을 충족해야 한다. 일시적으로 보험료 납입에 대한 부담이 있을 경우에는 납입중지를 신청할 수 있는데, 이 경우에도 보장은 정상적으로 받을 수 있으니 활용을 고려할 만하다.

다. '중도인출' 기능을 활용할 수 있다

중도인출은 보험계약 후 1년이 경과한 경우에 활용할 수 있는 제도로, 보험약관대출과는 달리 별도의 이자를 납입하는 것은 아니다. 중도인출이 가능한 금액의 규모는 해약환급금의 범위 내로 한정되어 있는데, 보험계약자가 납입에 대한 부담을 느낀다거나 일시적으로 목돈이 필요한 경우에 계약을 해지하지 않고 활용할 수 있는 유용한 제도이다.

라. '감액완납제도' 활용을 고려할 수 있다

최근 임금피크제도가 확대·시행되면서 많이 활용하는 제도가 감액완납제도이다. 종신보험을 가입하고 있는 보험계약자들 사이에서 많이 활용되고 있는데, 보장기간 및 지급조건은 그대로 유지하면서 보장금액만 축소하는 방법이다.

보험계약을 한 후 상당시간이 경과하였다면, 가입 당시만큼의 사망보장금액이 필요한 것은 아닐 수 있다. 정기소득의 지원으로 자녀도 성장하였고, 이는 경제적 독립까지 남은 기간이 상당부분 줄어들었기 때문이다. 임금피크제 대상 및 퇴직으로 인한 소득감소, 오랜 기간 경과함에 따른 필요 사망보장금액 감소 등을 고려하면 유용하게 활용할 만한 제도이다. 감액한 보장금액의 해지환급금으로 남아 있는 납입기간 동안 납부해야 할 보험료를 완납하면, 그다음 달부터 보험료를 납입하지 않아도 된다. 그러면 부담이 대폭 감소하면서 남아 있는 보장은 그대로 유지할 수 있어 보장의 공백도 만회할 수 있다.

마. '연장 정기보험'으로 상품을 변경하는 것도 고려할 수 있다

감액완납제도와 함께 종신보험을 가입하고 있는 계약자들이 주로 활용하는 방법이다.

주요내용은 종신보험을 정기보험으로 변경하는 것으로, 차후 보험료 납입이 중단되기 때문에 경제적 부담을 상당부분 해소할 수 있다. 변경시점의 해지환급금에 따라 보장금액과 보장기간이 달라질 수 있다.

바. 그 밖에 실행할 수 있는 방법

지금까지 살펴본 제도 외에도 부가특약을 분석하여 필요성이 상대적으로 낮은 특약을 해지하는 방법, 부득불 보험계약을 실효시켰다가 다시 부활청약을 하는 방법 등이 있을 수 있다.

다만, 실효 후 부활청약은 일정기간 보장공백 발생의 위험과 함께 부활청약 시 연체된 보험료와 기간별 이자를 납입해야 한다는 부담이 발생한다. 또한 부활청약은 처음 보험가입을 할 때와 같은 심사과정을 거쳐야 하는 번거로움이 있고, 심사에서 건강상의 이유 등으로 인수거절이 발생할 수도 있다,

2-2 보험계약 해지 및 보장공백

보험계약은 일정기간이 경과하기 전에 해지를 하는 경우, 납입한 보험료의 원금손실이 발생하는 것은 물론 해지에 따른 보장부분의 공백이 발생하게 된다.

경제상황이 좋지 않을 때는 보험계약에 대한 해약이 급증하곤 하는데, 계약 자체를 완전히 해지하는 방법보다는 '2-1'에서 살펴본 것처럼 보장의 일정부분을 유지하면서 보험료 납입에 대한 부담을 상대적으로 줄일 수 있는 방법의 활용을 고려할 수 있다.

보험계약을 해지하였다가 나중에 경제력이 회복되어 다시 가입하려면, 연령 증가에 따라 동일 규모의 보장을 설계하여도 보험료가 상당부분 상승할 수 있다. 또한 건강상태에 이상이 있을 경우에는 보험회사에서 계약을 인수하지 않을 수도 있어 보장자산의 공백이 발생하게 된다.

따라서 무엇보다 중요한 것은 보험은 한 번 납입하고 끝나는 것이 아니기 때문에 보험가입 당시에 개인이 감당할 수 있는 보험료 규모를 결정해야 한다는 것이다.

2-3 보험계약 해지 결정 시 실행내용

상품기능상의 이유, 보험료 납입부담의 이유 등을 종합적으로 검토하고 고려한 결과 보험계약을 해지하기로 의사결정을 했다면, 이를 실행하는 데에도 우선순위가 있다. 그 주요내용은 다음과 같다.

가. 보험계약 해지 방법에 따른 접근

보험계약은 보험계약자의 임의의 선택 및 가입단계에서 이루어지는 절차적 요건의 불충족, 법규 미준수 등의 사유로 해지될 수 있다. 보험계약 해지를 결정한 보험계약자는 다음 중 해당하는 방법을 선택하여 보험계약 해지를 실행할 수 있다.

단, 보험계약자가 납입보험료의 손해를 회피하기 위해서 보험계약 취소 및 무효에 해당하는 사유를 거짓으로 주장하는 것은 도덕적 해이가 되므로 삼가야 한다.

1) 청약철회

청약철회는 보험계약자가 보험가입 후 정해진 기한 내(청약한 날을 기준으로 30일 이내, 보험증권 발급일로부터 15일 이내)에 가입의사를 철회하는 것으로, 특별한 사유가 없어도 보험계약자가 임의로 신청할 수 있다. 이때 보험회사는 보험계약자에게 납입보험료를 반환한다.

2) 보험계약 취소

청약철회가 보험계약자의 임의의 신청에 의해 이루어지는 보험계약 해지라면, 계약취소는 일정요건에 해당하는 경우에 이루어진다. 즉 가입절차상 불완전 판매 요건에 해당하는 사유가 있는 경우에는 계약일로부터 3개월 이내에 계약을 취소할 수 있다.

불완전판매에 해당하는 사유는 다음과 같다.

① 보험증권이나 약관을 보험계약자에게 전달하지 않은 경우
② 보험설계사의 상품설명이 충분하지 않은 경우
③ 보험계약자가 자필서명(전자서명)을 하지 않은 경우

3) 보험계약자의 임의해지

보험계약자는 계약을 유지하고 있는 기간 중 언제든지 임의해지를 신청할 수 있다.

물론 해지에 따른 손해부분은 보험계약자에게 귀속된다. 따라서 임의해지에 대해서는 신중한 판단이 요구된다.

4) 무효

일반적인 보험계약에서 보험계약자와 피보험자가 동일인이 아닌 경우 반드시 피보험자의 자필서명을 받아야 하는데, 이를 이행하지 않았을 경우에는 보험계약은 무효가 된다. 이처럼 보험가입 당시 요구되는 법규 관련 사항을 이행하지 않으면 무효가 될 수 있음을 인지해야 한다.

나. 보험계약 해지 시 상품별 우선순위

앞서도 언급했듯이 일시적인 경제사정 악화라면 보험계약은 해지를 하지 않는 것이 좋다. 중도해지 시 손해가 클 수 있기 때문이다. 그래도 부득이한 상황이라면 해지절차에서 상품별 우선순위를 고려해야 한다. 앞서 살펴본 것처럼 보험을 가입할 때도 우선순위가 있듯이 해지를 할 때도 상품별 우선순위가 있다.

먼저, 변액보험을 포함한 저축성보험을 우선적으로 해지할 수 있다. 보장성보험에 비해 가입 초기에 차감되는 사업비가 낮아서 납입보험료의 원금 회복기간이 짧다. 이는 손해 보는 금액의 규모가 그만큼 작다는 것을 의미한다. 또한 경제적으로 아무리 어려워도 보장성보험의 해지는 가장 마지막으로 해야 한다.

저축성상품 다음으로는 동일한 보장내용을 중복 가입한 것을 찾아서 해지할 수 있다. 그다음이 이자율이 낮은 보험과 최근에 가입한 보험 순으로 해지 순서를 정할 수 있다. 다음으로 고려할 수 있는 상품은 세제혜택이 없는 보험상품을 해지할 수 있다. 다시 한번 언급하지만 보장성보험은 가장 나중에 해지해야 한다. 아울러 보장성 보험상품의 경우 최근에 개발된 상품보다는 과거에 개발·판매된 상품들의 보장내용이 훨씬 좋았던 점을 고려하여 보장성상품을 해지할 때도 가장 나중에 해야 한다.

주·요·내·용·종·합·정·리

01› 보험은 개인에게 발생할 수 있는 재무손실의 위험을 관리하는 수단인 만큼, 상품선정에 앞서 서비스를 제공하는 보험회사의 선정이 선행되어야 한다.

02› 생보·손보협회 홈페이지에 공시되어 있는 보험회사의 지급여력, 이익현황, 민원유형별 처리현황, 소비자 만족도 및 보험금 지급서비스 평가 등을 종합적으로 고려해서 선정할 수 있다.

03› 보험계약에 참여하는 계약 관계자(보험자, 보험계약자, 피보험자, 보험수익자) 각각의 권리와 의무, 책임사항을 이해하였다면, 보험상품 선택을 할 수 있어야 한다.

04› 위험관리 차원에서 질병 및 의료비 관련 실손의료보험의 가입을 가장 우선 고려하고, 다음은 소득활동기간의 사망보험, 다음은 은퇴생활기간의 연금보험 순서로 보험상품 가입을 선택할 수 있다.

05› 보험상품의 이름에서 각각의 상품별 주요한 특징을 이해할 수 있다. 본인이 보유하고 있는 보험상품을 검토한 후 추가적인 기능별 보험상품을 선택할 수 있어야 한다.

06› 보험을 가입할 때 계약단계에서 요구되는 의무사항(자필서명, 고지의무 등)의 미이행은 정상적인 계약관계에 영향을 미칠 수 있다. 아울러 보험계약자도 보험회사 및 보험설계사에게 안내받아야 할 사항(상품설명, 약관전달 및 주요내용 안내, 증권전달 등)에 대한 권리를 보호받을 수 있다. 이와 같은 사항의 미이행은 계약해지 및 보험금 부지급, 취소 등의 사유가 될 수 있으니 유의해야 한다.

07› 보험계약을 유지하는 기간에 상품의 기능 및 납입부담을 이유로 조정을 요하는 사항이 발생할 수 있다. 상품의 기능적 결함을 이유로 조정을 요하는 경우라면 되도록 빨리 실행에 옮기는 것이 좋고, 납입에 대한 부담이 주된 이유라면, 다양한 제도의 활용(감액완납, 연장정기, 납입중지 및 자동대출납입, 중도인출 등)을 고려할 수 있다.

주·요·내·용·종·합·정·리

08› 보험가입 사항에 대해 조정할 수 있는 마지막 조치는 청약철회, 무효, 임의해지, 취소 등의 방법이 있다. 이는 계약효력 자체가 소멸되는 것이니만큼 신중을 기할 필요가 있다.

09› 보험계약을 해지하려고 할 때는 저축성보험을 우선으로 하고 보장이 중복되는 것을 다음에, 이자율이 낮은 것을 그다음에, 세제혜택이 없는 상품을 다음으로 하는 것이 바람직하다. 보장성보험은 가장 나중에 해지해야 한다.

연·습·문·제

01 보험계약관계자에 대한 설명으로 적절하지 않은 것은?

① 보험자는 보험계약에 대한 승낙 또는 거절할 수 있는 보험회사를 말한다.
② 보험수익자를 지정할 수 있는 권한은 피보험자에게 있다.
③ 보험계약자는 본인 명의로 청약을 하고, 보험료를 납입하는 사람이다.
④ '계약자 ≠ 피보험자' 계약에서는 피보험자의 동의가 있어야 한다.
⑤ 인보험에서 피보험자는 보험금 지급사유를 발생시키는 관계자이다.

02 보험가입을 위해 고려할 수 있는 보험회사 선정기준으로 적절하지 않은 것은?

① 이익률이 높은 회사를 선정한다.
② 자산운용 수익률이 양호한 회사를 선정한다.
③ 지급여력비율이 높은 회사를 선정한다.
④ 소비자 만족도가 높고, 내실이 있는 회사를 선정한다.
⑤ 보험금 지급보다는 보험가입 시 심사기준이 간편한 회사를 선정한다.

03 보험가입 및 유지기간 중 이행해야 할 고지의무와 관련된 내용으로 적절하지 않은 것은?

① 보험청약 시 보험설계사에게 구두 전달한 병력에 대한 고지는 효력이 있다.
② 고지의무 위반 사항과 인과관계가 없는 보험사고에 대해서는 보험금을 지급해야 한다.
③ '계약자 ≠ 피보험자' 계약에서 피보험자의 자필서명은 필수다.
④ 보험계약 유지기간 중 직업 등의 변경사항에 대한 통지를 하지 않은 상황에서 발생한 보험사고의 보험금은 지급되지 않을 수 있다.
⑤ 사망을 담보로 하는 계약에서 병력 고지 및 건강검진 대상은 피보험자이다.

연·습·문·제

04 보험계약자가 청약 후 3개월 내 보험계약을 취소할 수 있는 불완전판매 사유로 적절하지 않은 것은?

① 보험계약 후 보험약관을 전달하지 않은 경우
② 보험증권을 전달하지 않은 경우
③ 보험설계사의 보험상품에 대한 설명이 불충분한 경우
④ 자필서명을 하지 않은 경우
⑤ 보험계약 관계자의 조정이 필요한 경우

05 보험계약자는 특별한 사유가 없어도 보험가입 후 보험증권 발급일로부터 (　　)일 이내에 보험계약에 대해 청약철회를 할 수 있다.

① 7일　② 10일
③ 15일　④ 20일
⑤ 30일

정 · 답 · 및 · 해 · 설

01 ▸ ② 보험수익자를 지정할 수 있는 권한은 보험계약자에게 있다.

02 ▸ ⑤ 가입심사는 엄격해도 보험금 지급서비스가 양호한 회사를 선정한다.

03 ▸ ① 보험청약 시 보험설계사에게 구두 전달한 병력에 대한 고지는 효력이 없다. 반드시 청약서에 기재되어야 한다.

04 ▸ ⑤ 보험계약 관계자 조정은 불완전판매 사유에 해당하지 않는다.

05 ▸ ③ 보험계약자는 보험가입 후 정해진 기한 내(청약한 날을 기준으로 30일 이내, 보험증권 발급일로부터 15일 이내)에 가입의사를 철회할 수 있다.

제2장

보장성보험 설계

제2장 보장성보험 설계

학습개요

보험상품을 활용하는 가장 중요한 목적과 핵심은 '보장'이다. 이를 고려한 보장성상품의 구성 원칙을 공유하고, 보험료 부담을 최적화하기 위해 알아야 할 보험료 구성의 원칙 및 특약활용에 대해 살펴본다. 또한 유형별 위험을 관리하기 위해 활용할 수 있는 보장성상품의 주요 기능 및 설계 포인트를 사례를 중심으로 살펴본다.

학습목표

» 보장성보험 가입과 활용의 근본적 목적을 설명할 수 있다.
» 보장성보험 가입목적을 고려한 설계원칙을 설명할 수 있다.
» 위험유형별 보장성보험을 설계하고 상품별 핵심사항을 제안할 수 있다.

제1절 | 보장성보험 설계원칙

보장성보험은 보험의 가장 기본적인 목적인 위험에 대한 보장을 중심으로 하는 보험이다. 보험에서 보장하는 기간 동안 보장을 받고, 만기가 되면 돌려받는 돈(만기환급금)이 없거나 이미 납입한 보험료보다 적다. 보험회사 입장에서는 만기환급금을 지급할 필요가 없어 보험료가 저렴하다. 대표적으로 종신보험, 암 등 질병·건강보험, 실손의료보험, 상해보험, 화재보험, 자동차보험 등이 있다. 진단, 사고, 입원, 사망 등 최초 가입할 때 보험금을 지급받기로 약속한 보험사고가 발생하면 미리 약정한 금액 또는 실제 발생한 손해액을 지급하는 보험이다.

보장성보험을 통해 보장자산을 준비할 때 각 가정마다 처한 상황이 다르기 때문에 우선적으로 선택해야 할 상품 및 보장규모는 다를 수밖에 없다. 생애 전반에 걸쳐 장기적으로 활용해야 하는 위험관리 수단인 만큼 긴 안목을 가지고 준비해야 한다.

1 보장성보험 및 가입목적 이해

1-1 보장성보험의 가입·활용목적

〈그림 2-1〉 보장성보험 가입 및 활용 목적

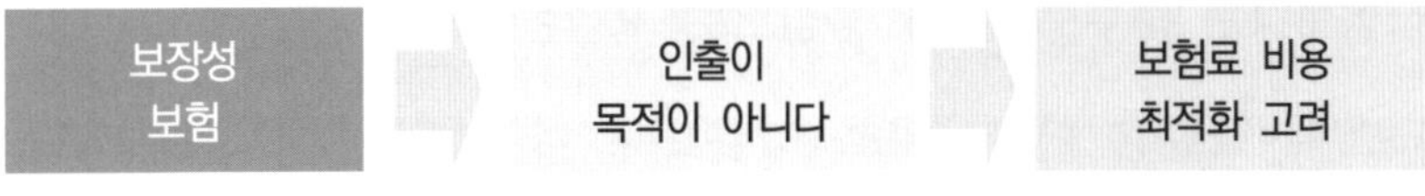

〈그림 2-1〉에서 볼 수 있듯이 보장성보험을 가입·활용하는 목적은 저축효과를 기대하는 '인출'이 목적이 아니라, 생애주기에 걸쳐 발생할 수 있는 유형별 위험으로 인해 야기되는

재무손실을 예방하기 위함이다.

예를 들어 암보험을 가입한 보험가입자는 상당히 오랜 기간 보험료를 납입하기로 보험회사와 계약을 체결했다. 따라서 보험료 납입에 따른 대가를 기대할 수 있다. 그럼 보험가입자는 보험회사로부터 암보장을 자주 받기를 희망할까? 대부분 보험가입자의 답변은 '아니오'일 것이다. 보장성보험을 가입은 했으나, 당연히 보장이 필요한 상황이 발생하지 않는 것이 더 좋기 때문이다. 이렇듯 보장성보험은 '인출' 자체를 목적으로 하지 않기 때문에, 정기적으로 지출되는 보험료 규모를 최적화하는 것을 고려해야 한다. '최적화'라는 것은 무조건 보험료를 줄인다는 개념이 아니라, 실질적으로 필요한 보장내용 및 규모를 중심으로 보험료가 구성되어야 함을 의미한다. 아울러 보장성보험의 보험료는 비용 개념으로 접근하는 것이 합리적이다.

1-2 가입목적에 따른 보장성보험상품구성 원칙

위 '1-1'에서 살펴본 내용처럼 보장성보험 가입목적과 지출되는 보험료의 성격(비용)을 고려한 보장성보험의 상품구성은 다음과 같은 기준을 중심으로 접근할 수 있다.

가. 유배당 상품보다는 무배당 상품으로 구성한다

보장성보험에 보험료를 납입하면서 저축 및 투자효과를 동시에 꾀하는 것은 바람직한 재무관리가 아니다. 보장성보험으로는 위험유형별 보장에만 집중하는 것이 현명하다. 보험가입자가 납입하는 보험료로 보험회사가 자산운용을 하여 수익이 발생하는 경우에 계약자에게 배당이 이루어지는 상품이 유배당 상품인데, 이러한 기능 때문에 당연히 무배당 상품에 비해 보험료는 상당부분 비싸다. 최근에는 이런 시장의 흐름과 보험소비자의 요구를 반영하여 대부분 무배당 상품으로 보장성보험이 개발·판매되고 있다.

나. 만기환급형보다는 순수보장형을 중심으로 구성한다

만기환급 및 순수보장은 환급유무를 기준으로 나누어지는데, 아무래도 동일한 보장 대비 만기환급형이 상대적으로 보험료 부담이 크다. 이는 환급에 소요되는 재원이 필요하기 때문이다. 따라서 보장을 중심으로 보험료부담을 조절하기 위해서는 순수보장형을 선택하는 것이 합리적이다.

다. 갱신형보험보다는 비갱신형 상품을 우선적으로 고려한다

보험기간까지 주기적으로 갱신되는지에 따라 갱신형과 비갱신형 보험으로 구분된다. 만기를 100세로 하더라도 보장기간에 따라 3년, 5년 등 설정한 갱신주기에 따라 나이 및 위험률을 다시 적용해 보험료를 재산출하고, 계약을 갱신하는 보험을 갱신형 보험이라고 하는데, 최초 가입 시 설정한 보장금액은 변동이 없지만, 갱신시점의 나이나 위험률 등에 따라 보험료가 변동될 수 있다.

반면, 비갱신형 보험은 최초 가입한 보장내역과 보험료가 만기까지 변동 없이 적용되는 보험이다. 이상의 내용을 고려하여 되도록 비갱신형 상품으로 보장을 준비하는 것이 합리적이다. 다만, 위험의 유형에 따라서는 갱신형으로 선택하는 것이 보험료 부담에서 유리한 경우도 있다. 즉 위험률이 감소하는 위험의 유형(사망률 관련 정기보험 등)이 이에 해당한다.

〈그림 2-2〉 경과기간별 갱신형 vs 비갱신형 보험료 비교

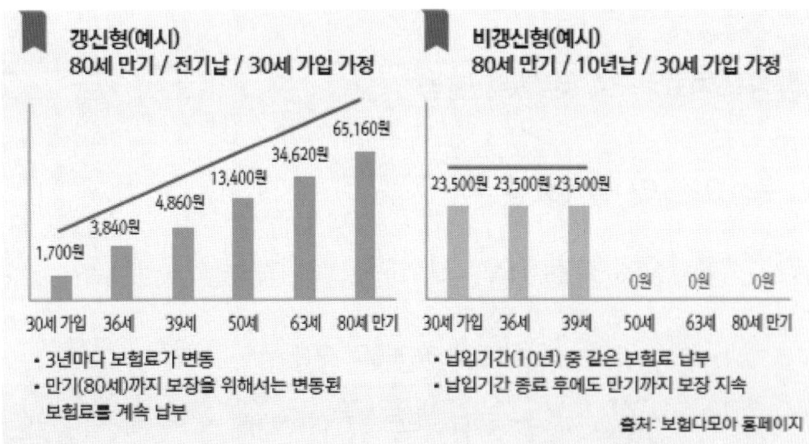

출처: 보험다모아 홈페이지

라. 주계약 중심의 단일 상품에 가입하기보다 유형별 특약을 폭넓게 활용한다

보험상품은 주계약과 특약으로 구성된다. 특약은 기본적인 주계약의 보장내용을 확대 및 보완하기 위해 재해, 질병, 상해 등과 같은 추가보장을 부가하는 특별약관을 의미한다. 특약의 종류를 살펴보면 다음과 같다.

① 재해사망특약(재해로 사망한 때의 보장)

② 상해특약(재해로 상해를 입었을 때의 보장)

③ 재해입원특약(재해로 입원 수술을 한 때의 보장)

④ 질병입원특약(질병으로 입원 수술을 한 때의 보장)

⑤ 성인병 입원특약(성인병으로 입원 수술한 때의 보장) 등

이 외에도 많은 특약이 보험가입자에게 제공되고 있다. 따라서 모든 보장성보험을 단일계약 형태로 별도 가입하는 것보다 특약을 적절하게 활용하면, 동일보장 효과를 위해 지출되는 보험료의 최적화를 꾀할 수 있다. 예를 들어 재해 관련 상품을 별도로 가입하는 것도 의미가 있지만, 재해 관련 특약을 주계약에 부가해서 설계하면 보험료 부담을 대폭 줄일 수 있다.

2 보장성보험료 구성 및 특약 활용

2-1 보험료 구성요건 및 설계요령

보험계약자가 보험회사에 정기적으로 납입하는 보험료는 다음과 같이 구성되어 있다.

〈그림 2-3〉 보험료 구성

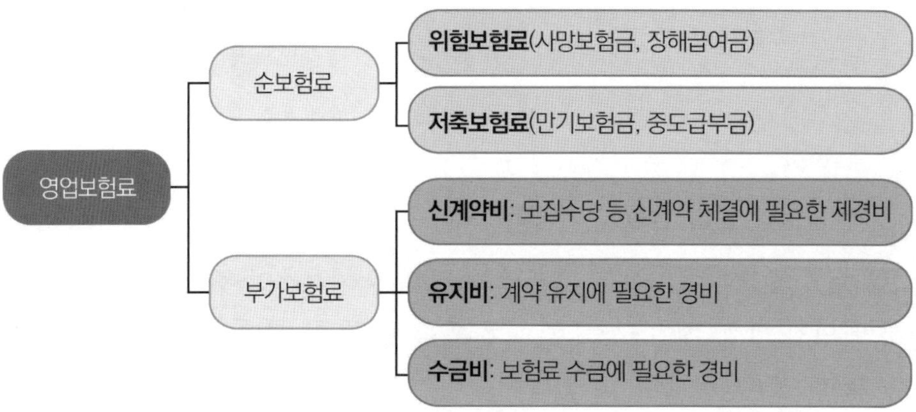

출처: 금융교육 전문강사, 금융감독원

보장성보험료를 구성하는 가장 큰 부분은 위험보험료이다. 가입자의 사망·장해 등에 대한 보험금 지급재원이 되는 보험료로, 이는 예정사망률에 의해 결정된다. 즉, 예정사망률이 높아지면 사망보험의 보험료는 비싸지고, 생존보험의 보험료는 반대로 싸진다. 동일한 사망보장에서 여성보다는 남성, 저연령층보다는 고연령층의 위험보험료가 더 높게 반영되어 상대적으로 보험료가 비싸게 책정되는 것이다.

보장성보험은 위험보험료에 비해 저축보험료 비중이 훨씬 낮다. 이런 이유로 종신보험과 같은 보장성보험의 중도해지 시 환급금 및 만기 시 환급금이 거의 없는 것이다.

보장성보험상품을 설계할 때 보험료부담을 합리적으로 산출하기 위해 고려할 수 있는 사항은 다음과 같다.

가. 계약을 장기간 유지할 가능성을 고려한 보험료 구성: 보장의 크기 및 범위 고려

보장성보험은 미래의 예측하기 어려운 위험에 대비하기 위한 위험보장을 주된 목적으로 하는 금융상품이다. 따라서 단기간에 목돈을 마련하거나 투자수익 창출 등을 목적으로 하는 예 · 적금이나 주식 · 펀드 등 투자상품과는 근본적으로 다른 특성이 있다.

보험상품은 장기간 유지를 전제로 하여 설계되었기 때문에 계약초기에 해지할 경우 원금보다 적은 해지환급금을 받게 되는 등 불이익이 클 수 있다. 따라서 보험에 가입하기 전에 자신의 소득과 보험료 납입부담 등을 잘 따져보고, 장기간 계약을 유지할 수 있다고 판단되는 범위에서 보험료를 결정하는 것이 바람직하다.

즉 필요한 보장의 크기 및 범위를 100% 충족하는 것도 중요하지만, 보장자산을 지속적으로 유지하기 위한 현실성 있는 보험료 납입규모의 결정도 중요하다.

나. 보험기간 및 납입기간

보험회사가 보험계약에 대해 책임을 지는 기간을 보험기간이라고 하는데, 보험기간이 길수록 보험료는 비싸진다. 이 부담을 줄이기 위해서는 보험가입자가 보험료를 납입하는 기간을 길게 설정하면 된다. 이렇게 하면 납입해야 할 보험료는 동일한 보장 대비 상대적으로 싸게 산출된다. 보장성보험은 보험료 규모도 중요하지만, 보장의 범위와 크기도 매우 중요하다. 따라서 이를 고려하여 납입기간을 상대적으로 길게 설정하면, 동일보장 대비 보험료 부담을 줄일 수 있다.

다. 보장성보험의 최적 보험료

보험 관련 전문가나 금융회사에서 발표한 자료에 의하면, 개인소득의 10% 내에서 보장성보험에 대한 보험료를 납부하는 것이 적정한 보험료 규모이다. 다만, 이는 고려해야 할 하나의 보편적 기준이고, 실제 실행에서는 개인별 재무상태를 기준으로 별도 산출해야 한다. 시장의 통계 및 기준은 고려의 대상이지 획일적으로 수용해야 하는 것은 아니다. 위험관리의 일환인 보장자산을 아예 준비하지 않는 것도 위험한 문제이지만, 개인에게 적합하지 않은 것을 선택하는 것은 더 큰 위험이 될 수도 있다.

2-2 보장기능을 살려주는 특약 활용법

보험은 크게 주계약과 특약으로 구성되어 있다. 주계약은 보험계약에서 기본이 되는 중심적인 내용으로, 상품의 가장 큰 특징을 나타내는 부분이다. 특약은 '특별보험약관'의 줄임말로 주계약에 계약자가 필요로 하는 보장을 추가하거나, 보험가입자의 편의를 제공하기 위해 추가하는 것을 말한다.

이런 개념의 특약이 과거에 비해 상당히 다양해지고 있다. 종류만이 아니라 지급하는 형태도 다양해지고 있다. 예를 들어 기간별 물가상승을 반영해서 지급하는 체증형 특약, 입원 첫날부터 지급하는 입원특약, 사망 시 연금식으로 보험금을 지급하는 특약 등 그 형태가 다양하고 복잡해져 가고 있다. 따라서 신중한 선택이 필요하다.

특약 선택시 일반적으로 추천하는 필수 항목은 실손의료비, 암진단비, 뇌질환진단비, 심장질환진단비, 2대 후유장해진단비, 수술비, 경제주체자는 사망보험금, 운전을 한다면 운전자보장 등을 필수 항목으로 보면 된다. 그리고 입원일당, 골절, 화상진단비 등은 부가적 기능이기 때문에 이 부분들을 구별해서 가입하는 것이 좋다.

〈표 2-1〉 특약 선택 시 필수항목과 부가적 항목

필수항목	부가적 항목
실손의료비, 암진단비, 뇌질환진단비, 심장질환진단비, 질병후유장해, 상해후유장해진단비, 수술비 등	입원일당, 골절, 화상 진단비, 중증화상진단비, 상해흉터복원수술비 등
경제주체자의 사망보장	
운전자보장	

단, 뇌질환과 심장질환 진단비, 질병후유장해, 상해후유장해 진단비는 보험상품마다 보장 범위에 많은 차이가 나기 때문에 꼼꼼히 따져보고 선택을 해야 한다. 아울러 질병관련 특약을 선택할 때는 무엇보다 보장기간을 길게 하는 것과 함께 다음 두 가지 요건을 꼼꼼히 살펴야 한다.

유형별 위험의 **발생확률** & 유형별 특약의 **보장범위**

이는 평균수명 연장에 따라 수반되는 의료·간병에 대한 재무부담을 줄이기 위함인데, 실제 보장성보험을 가입하면서 다발성 질환에 대비한 특약을 가입했음에도 불구하고, 보험금을 지급받지 못하는 경우가 있으니 특약선택에 유의해야 한다. 발생확률이 상대적으로 높은 질병에 대해 보장되는 범위가 폭넓은 특약을 선택해야 불이익을 면할 수 있다.

다음은 보장기능을 살려주는 대표적인 질병관련 특약의 주요내용이다. 특정 질병에 대한 발생확률 및 보장범위가 어떻게 영향을 미치는가를 중심으로 살펴본다.

가. 뇌혈관 질환 관련 보장

암 발병률 다음으로 높아지고 있는 질병이 바로 뇌질환이다. 뇌질환도 보장범위가 천차만별인데, 우선 뇌질환에는 총 10개의 보장항목이 있다. 이 중 뇌출혈진단비는 총 3개를 보장을 하고, 뇌졸중진단비는 6개를 보장하며, 뇌혈관진단비는 전부를 보장한다.

〈그림 2-4〉 뇌혈관질환 보장범위

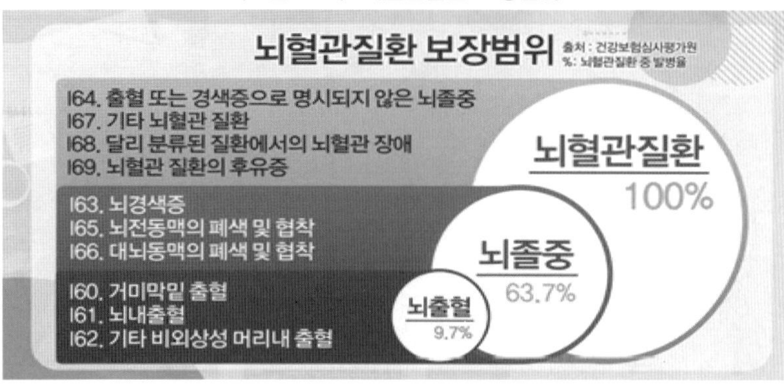

출처: 건강보험심사평가원

우리가 흔히 알고 있는 뇌질환은 뇌출혈과 뇌경색증이다. 뇌출혈은 뇌혈관이 터져서 출혈이 발생했을때 진단비를 받을 수 있고, 뇌경색은 뇌혈관이 막혔을 때 진단비를 받을 수 있다.

통계자료에 의하면 뇌혈관질환 발병자 100명 중에 뇌출혈 발병률은 9%인 반면, 뇌경색은 55%대로 뇌경색 발병률이 뇌출혈 발병률보다 무려 4.5배나 높다. 여기에 뇌혈관질환까지 합치면 약 90% 가까이 된다.

〈그림 2-5〉 뇌혈관질환 발병률 현황

<table>
<tr><th>코드</th><th>질병명칭</th><th>환자 수</th><th>발생확률</th><th colspan="3"></th></tr>
<tr><td>I60</td><td>거미막밑 출혈</td><td>30,804</td><td>3%</td><td rowspan="3">뇌출혈</td><td rowspan="6">뇌졸중</td><td rowspan="10">뇌혈관</td></tr>
<tr><td>I61</td><td>뇌내출혈</td><td>54,224</td><td>5.2%</td></tr>
<tr><td>I62</td><td>기타 비외상성 머리 내 출혈</td><td>10,794</td><td>1%</td></tr>
<tr><td>I63</td><td>뇌경색증</td><td>470,786</td><td>46%</td><td rowspan="7"></td></tr>
<tr><td>I65</td><td>뇌전동맥의 패색 및 협착</td><td>72,031</td><td>7%</td></tr>
<tr><td>I66</td><td>대뇌동맥의 패색 및 협착</td><td>33,583</td><td>3.2%</td></tr>
<tr><td>I64</td><td>출혈 또는 경색증으로 명시되지 않은 뇌졸중</td><td>23,523</td><td>2.3%</td><td rowspan="4"></td></tr>
<tr><td>I67</td><td>기타 뇌혈관 질환</td><td>217,928</td><td>21%</td></tr>
<tr><td>I68</td><td>달리 분류될 질환의 뇌혈관 장애</td><td>3,627</td><td>0.3%</td></tr>
<tr><td>I69</td><td>뇌혈관 질환의 후유증</td><td>108,756</td><td>10%</td></tr>
</table>

출처: 2016년 건강보험심사평가원 질병통계 기준

뇌출혈진단비에는 뇌경색 보장항목이 없기 때문 에 보험금이 지급되지 않는다. 따라서 뇌경색을 보장받기 위해서는 최소한 뇌졸중진단비를 가입해야 하고, 뇌질환 중에 보장범위가 가장 넓은 뇌혈관을 함께 가입한다면, 보장범위가 더 확대된다. 이처럼 보장성보험을 가입할 때 가장 중요한 부분이 보장범위라는 것을 반드시 기억해야 한다.

나. 심장 관련 질환

심장질환 진단비에 대한 보장범위도 뇌혈관질환에서처럼 잘 검토해야 한다.

심장 관련 질환 시 보험금 부지급 사례

직장인 김장미 씨는 4개월 전에 시아버님이 협심증으로 병원에서 치료를 받은 후 보험회사에 보험금을 청구했다. 그런데 보험회사가 보험금 지급을 거절했다. 그 이유는 시아버님께서 가입한 상품은 협심증을 보장하지 않는다는 것이다. 보험설계사가 다 보장된다고 하니 그런 줄만 알고 있다가 낭패를 본 것이다. 그런데 알고 보니 김장미 씨가 가입한 보험들도 시아버님께서 가입한 보험과 동일한 내용이었다.

심장질환 보장에는 총 6개의 보장항목이 있다. 이 중 급성심근경색증이 총 3개를 보장하고, 허혈성심장질환의 경우 전체 보장을 하고 있어 심장질환 중 보장범위가 가장 넓다.

〈그림 2-6〉 심혈관질환 보장범위

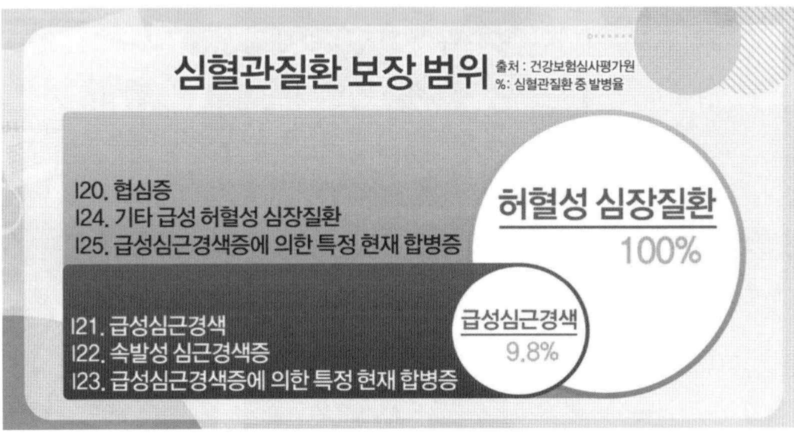

출처: 건강보험심사평가원

〈그림 2-6〉의 보장범위와 무관하게 가장 발병률이 높은 심장질환이 뭘까? 바로 심장에 갑자기 통증을 느끼는 협심증이다. 〈그림 2-7〉의 건강보험심사평가원 발표자료에 의하면 심혈관질환 발병자 중 협심증 발병자가 100명중 70명인 70%에 이른다. 이 협심증을 보장받기 위해서는 허혈성심장질환 진단비를 가입해야 하는데, 만약 급성심근경색진단비를 가입하고, 협심증이 발병하면 보험금은 지급되지 않는다. 따라서 심장질환과 관련해서는 허혈성심장질환을 가입하고, 부족한 부분은 추가로 급성심근경색을 함께 가입하는 것이 보장 범위를 가장 넓게 가입하는 방법이다.

〈그림 2-7〉 심혈관질환 발병률 현황

(단위: 명, %)

코드	질병명칭	환자 수	발생확률
I21	급성심근경색증	94,292	10.3
I22	속발성 심근경색증	1,117	0.1
I23	급성 심근경색증에 의한 특정 현재 합병증	523	0.06
I20	협심증	625,048	68.6
I24	기타 급성 허혈성심장질환	5,644	0.62
I25	만성 허혈성심장질환	184,714	20.3

출처: 건강보험심사평가원

다. 질병후유장해

평균수명이 길어지면서 치매라든가 무릎관절, 백내장 등 질병으로 인한 후유증, 즉 후유장해가 많이 발생하게 된다. 이 부분을 보장해주는 것이 질병후유장해 보장이다.

〈그림 2-8〉 65세 이상 치매환자 현황

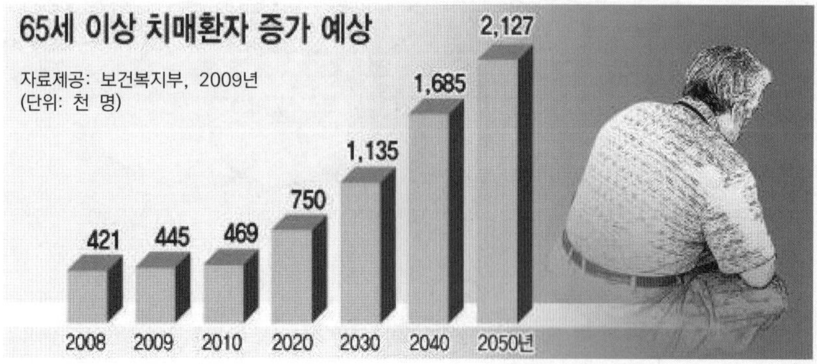

출처: 보건복지부

1) 질병후유장해 보장의 필요성

통계자료에 의하면 2030년, 치매환자 100만 명 시대가 예견되고 있다. 이런 이유로 최근 치매보험이나 간병보험에 대한 관심이 고조되고 있다. 하지만 치매보험과 간병보험은 보장범위가 굉장히 축소되어 있으며, 보험료 또한 비싸다. 나이가 들면 들수록 다른 질병으로 인한 후유증, 즉 장해가 발생할 확률이 높기 때문에 요즘에는 질병후유장해 보장으로 관심이 이동하고 있는 추세다.

2) 질병후유장해 보장의 장점

① 질병으로 인한 장애뿐만 아니라 노화로 인해 발생한 장해도 보장한다. 먼저 질병후유장해 보장은 질병으로 인해 치료를 받았음에도 장해가 남게 되었을 때 보장을 받을 수 있는데, 질병으로 인한 장해뿐만 아니라 나이가 들어 노화로 인해 발생한 장해에 대해서도 보장이 가능하다. 예를 들어 백내장, 약간의 디스크와 약간의 치매, 암 절제술, 치아결손, 당뇨합병증, 인공관절 삽입수술 등에 대해서도 모두 보장을 받을 수 있다.

② 반복 보장이 가능하다. 보장범위는 온몸에 대해서, 중복·반복보장이 가능하다는 것이 가장 큰 장점이다. 예를 들어 암, 뇌질환, 심장질환의 경우에는 발병 시 1회 지급으로 끝나는 경우가 일반적이지만 질병후유장해는 간암으로 장해가 발생되어 보험금 지급되었더라도 위암에 걸려서 장해가 발생하면, 또 보험금을 받을 수가 있다.

③ 간병 및 치매에 대한 보장이 가능하면서 치매보험보다 보험료가 저렴하다. 질병후유장해 보장의 경우 간병 및 치매 부분에 대해서도 보장이 가능하면서, 치매보험보다 더 저렴하다.

2-3 보험금 수령

보험에 가입하는 것은 다소간의 형식적인 절차와 심사를 거치면 쉽게 이루어지지만, 보험금 지급사유가 발생하여 보험금을 청구·지급받는 것은 위험유형과 보험금의 크기에 따라 어려울 수도 있다. 최근 들어 난무하는 보험 관련 사기의 여파로 보험금 지급 관련 심사가 엄격해지는 경향이 있기 때문이다.

이런 상황과는 무관하게 보험가입자는 보험금 수급과 관련된 기본적인 사항은 숙지하고 있어야 한다. 첫째, 보험회사에 보험금을 청구하면, 조사 및 소송이 필요한 경우가 아닐 때는 대체로 3일 이내에 보험금이 지급된다. 둘째, 최근 들어 소액의 보험금은 일반적으로 진단서 없이도 받을 수 있게 바뀌었다. 셋째, 보험금 청구는 보험사고 발생일로부터 3년 안에 행사해야 함을 반드시 인지해야 한다. 3년이 경과하면 보험회사의 보험금 지급의무가 없어지기 때문이다.

제2절 | 위험유형별 상품구성 및 활용

1 사망을 담보로 하는 종신보험과 정기보험

1-1 대표적인 사망보험: 종신보험과 정기보험

종신보험은 보험기간을 기간을 정하지 않고, 종신토록 보장받는 사망보험으로 피보험자가 언제, 어떤 경우로 사망하더라도 약정된 보험금을 지급하는 보험이다. 피보험자 사망 후 유족에게 보험금이 지급되므로, 유족의 생활보장을 주된 목적으로 한다.

보통 보장성보험이 특정 질병이나 사고 등에 대비한 보험이라면, 종신보험은 계약자의 소득수준 및 라이프 사이클에 맞게 다양한 보장의 조합이 가능한 맞춤형 상품이다.

또한 다양한 특약 부가를 통해 하나의 보험가입으로 여러 개의 보험을 가입한 효과를 누릴 수 있는 종합보장형 보험설계도 가능하다. 보험료 납입기간에 따라 보험료를 평생 납입하는 종신납 종신보험과 일정 기간만 보험료를 납입하고 전 기간 보장을 받는 정기납 종신보험이 있다.

종신보험과 함께 사망보험으로 많이 활용되는 정기보험은 종신보험의 보험기간과는 달리 일정한 보험기간 내에 피보험자가 사망하였을 경우, 주계약으로 약정된 보험금을 지급하는 보험이다. 즉 보험기간 내에 사망하면 사망보험금을 지급하지만, 보험기간의 만기일까지 생존한 경우에는 보험금의 지급 없이 계약이 만료된다.

이러한 상품의 특징 때문에 정기보험은 보험기간 동안 종신보험에 비해 저렴한 보험료로 고액의 보장을 받을 수 있다는 장점이 있다.

정기보험도 종신보험과 마찬가지로 주계약 외에 재해, 질병, 수술, 입원 등 다양한 보장을 특약의 형태로 부가하여 보장받을 수 있다. 보험기간은 10년, 20년 등 일정한 기간을 설정하고 보험기간이 끝나면 보험계약이 종료되는데, 최근에는 주로 만기환급금이 없는 순수보장형 형태로 활용되고 있다.

두 상품의 주요내용은 다음과 같다.

〈표 2-2〉 종신보험과 정기보험의 주요내용

구분	종신보험	정기보험
주기능	사망보장	좌동
선택사항	암, 건강, 재해, 수술, 입원 등 선택가능	좌동
보험료	고가	저가 (종신보험 대비 30~50% 저렴)
활용 포인트	사망보험금의 상속, 상속에 따른 상속세 납세재원이 필요한 경우 → 부동산 자산의 점유비가 높은 경우	자녀 독립(대학졸업 및 결혼) 때까지 경제적 지원을 꾀하는 측면에서 효과적
계약관계자 지정	계약자: 子 피보험자: 父 수익자: 子 ⇒ 상속세 부과 제외	

1-2 사망보험금 상속 및 세금

오랜 기간 사망보험에 보험료를 납입하다가 피보험자가 사망한 시점에 보험수익자가 보험금을 지급받는다. 이 과정에서 일반적으로 발생하는 민감한 사안이 있다.

첫째, 사망에 따라 발생하는 사망보험금은 상속재산에 포함되는가?

사망보험에서의 사망보험금은 「민법」상 상속재산에 포함되지 않는다. 사망 시 수익자로 지정된 보험수익자의 고유재산에 해당되므로 다른 법정상속인과의 법정상속분에 대한 분할을 고민할 필요 없다. 즉, 사망 시 수익자가 사망보험금 전액을 단독으로 수령할 수 있다.

둘째, '상속포기'를 하면, 사망보험금은 수령할 수 없는가?

사망 시 수익자가 '법정상속인'으로 지정된 사망보험에서 피보험자 사망 당시 상속재산보다 부채가 훨씬 많아 상속인이 '상속포기'를 해도 사망보험금 수령에는 영향을 미치지 않는다. 즉, 상속포기와 무관하게 '사망 시 수익자'의 권리로 보험금을 수령할 수 있다. 또한 사망보험금 수령을 한 사실을 이유로 피상속인의 채권자가 채무승계를 요구해도 상속포기를 한 사실은 유효하므로 채무승계에 대한 의무는 없다.

셋째, '한정승인' 심판청구 시 사망보험금은 상속재산 목록에 기재해야 하는가?

피상속인 사망에 따라 상속이 개시될 때, 피상속인 명의 부채규모를 가늠하기 어려울 경우에는 상속재산 범위 내에서 채무를 승계할 수 있다. 이를 위해서는 피상속인 사망 당시 주거지 관할 법원에 '한정승인 심판청구'를 해야 하는데, 이때 '상속재산 목록'을 작성해서 함께 제출해야 한다. 간혹 상속재산 목록에서 누락된 상속재산이 추가로 발견될 경우에는 한정승인이 인정되지 않을 수 있어서 '상속재산 목록' 작성은 매우 중요한 부분이다. 결론적으로 말하자면, 피상속인 사망에 따른 사망보험금은 '상속재산 목록'에 기재하지 않아도 된다.

넷째, 피상속인 사망에 따른 사망보험금은 '유류분반환청구' 대상에 포함되는가?

이와 관련해서 많은 논란은 있지만 아직 대법원 판례가 없는 상황이다. 다만, 많은 법률전문가 및 법학자 견해는 사망보험금은 '유류분반환청구' 대상에 포함되지 않는다는 것이 다수설을 차지하고 있다.

다섯째, 사망 시 수익자가 '법정상속인'으로 지정된 경우, 사망보험금의 분할은?

앞서 사망보험금은 「민법」상 상속재산에 포함되지 않는다고 했는데, 사망보험 계약의 사망 시 수익자가 특정인이 아닌, '법정상속인'으로 기재되어 있는 경우에는 법정상속인간의 분할비율에 대한 논란이 있을 수 있다. 결론적으로 말하자면, 사망보험금이 상속재산에는 포함되지는 않지만, 사망보험금의 분할비율은 법정상속인의 지분율을 적용해서 분할한다. 법원 판례에 따르면, 사망 시 수익자를 '법정상속인'으로 지정 및 동의한 것은 법정상속인의 상속지분에 따라 사망 시 수익자 권리를 보장해주고 싶다는 계약자 및 피보험자의 견해가 반영된 것으로 보고 있다.

여섯째, 사망보험금에 대한 과세기준은 어떻게 되는가?

「민법」상 사망보험금을 상속재산으로 인정하지 않는 것과는 별개로 「세법」에서는 사망보험금을 상속재산으로 간주(간주상속재산)하여 상속세 과세대상에 포함하여 과세한다. 다만, 총 납입보험료 중 피상속인이 납입한 부분에 해당하는 보험금에 대해서만 상속세 부과 대상에 포함된다.

예를 들어 가입 당시에는 피상속인이 '계약자 = 피보험자, 수익자 = 아들'의 형태로 보험료를 납입하다가, 수익자인 아들이 직장생활을 시작한 후 관계자를 변경하여 '계약자 = 수익자 = 아들, 피보험자 = 피상속인'으로 했을 경우에는 아들이 납부한 보험료에 해당하는 부분의 보험금은 상속세 과세 대상에서 제외된다.

만일 계약시점에 계약자와 사망 시 수익자를 소득이 있는 동일인으로 지정하면 피보험자 사망에 따라 지급되는 사망보험금(계약자 = 사망 시 수익자 ≠ 피보험자)은 세법상 상속세 부과대상이 아니기에 절세를 기대할 수 있다.

세법상 사망보험금 중 과세기준에 포함되는 상속재산가액

성형외과 전문의 나대한 씨는 본인을 계약자와 피보험자로 하고, 아들을 수익자로 하는 사망(종신)보험에 가입하여 오랜 기간 보험료를 납입하면서 보험계약을 잘 유지하다가, 아들이 대학을 졸업하고 직장생활을 시작한 후부터는 아들이 보험료를 납입하여왔다. 나대한 씨의 갑작스러운 사망으로 이 계약에서 지급받게 될 보험금은 100,000만 원이다.

- 사망보험금: 100,000만 원
- 사망 전까지 납입한 총 보험료: 5,000만 원
- 나대한 씨가 납부한 보험료: 3,200만 원
- 아들이 납부한 보험료: 1,800만 원

[정답] 64,000만 원

[해설] - 피상속인이 계약자인 보험계약에서의 상속재산가액 산출

- 상속재산가액
  = 보험금수령금액 × 피상속인이 납부한 보험료/보험료 납입총액
  = 100,000만 원 × 3,200천 원/5,000천 원 = 64,000만 원

1-3 나에게 적합한 사망보험은?

모든 사람에게 좋은 상품을 고른다는 것은 매우 힘들다. 처해진 상황과 선호하는 금융상품의 기능이 개인마다 다를 수 있기 때문이다. 따라서 개인의 상황과 성향을 고려해서 적합한 금융 및 보험상품을 선택하는 것이 가장 합리적인 방법이다. 그런 맥락에서 사망보험상품에 대한 선택을 할 필요가 있다.

우선 생애주기에 따른 치명적인 위험으로 여길 수 있는 위험의 유형을 알아야 하다.

소득활동기간에는 무엇보다 소득의 중단에 영향을 미치는 사망이 가장 치명적인 위험이고, 은퇴생활기간에는 생활재원을 정기적으로 인출할 수 있는 생존 시 소득원 관리가 가장 중요한 위험관리이다. 이를 고려하면, 사망에 따른 위험을 소득활동기간에만 집중적으로 관리하는 것이 합리적일 수 있다. 이렇게 생애주기에 따른 위험관리를 기준으로 본다면, 일반적인 경우의 사람에게 적합한 사망보험은 정기보험일 수 있다. 이와 같은 방법을 활용한다면, 소득활동기간의 사망에 따른 위험관리 비용(보험료)이 상당부분 절감되는 효과가 있다.

〈그림 2-9〉 생애주기에 따른 위험관리

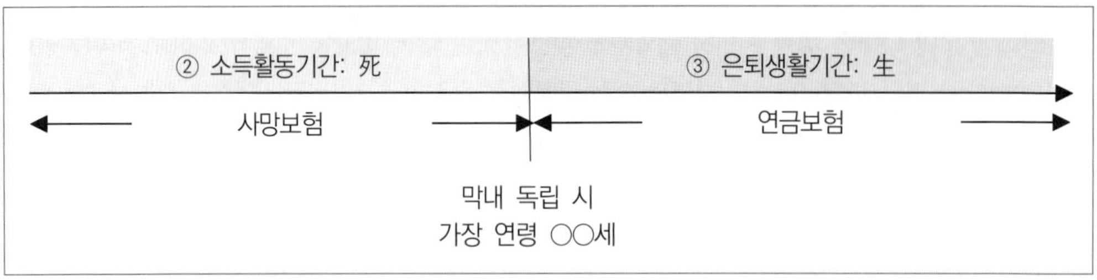

한편, 생애주기별 위험관리와는 무관하게 개인이 보유하고 있는 자산의 규모와 재무계획 유형에 따라 사망보험상품의 선택이 달라질 수 있다. 예를 들어 보유하고 있는 자산의 규모가 향후 상속세를 납부해야 할 정도의 규모라면, 상속세 납세재원을 보험금으로 해결하는 차원에서 종신보험을 활용할 수 있다. 또한 상속세를 납부해야 할 자산의 규모는 아니지만, 사망보험금액을 상속재산으로 가족에게 남겨주고 싶은 개인이라면 역시 종신보험 기능을 활용할 만하다. 이런 개인 상황 및 활용계획을 고려하더라도 매월 납입하는 종신보험의 보험료는 부담이 되는 것이 사실이다. 이런 상황이라면 무해지 또는 저해지 종신보험 선택을 고려할 수 있다.

다음은 무해지 및 저해지 종신보험의 주요내용이다.

가. 무해지 종신보험

무해지 종신보험은 납입기간 중 중도해지에 따른 환급금이 전혀 없는 상품이다. 그렇다보니 일반 종신보험보다 보험료가 상대적으로 저렴하다. 동일한 사망보험금을 기준으로 대략 20~30% 저렴한 수준의 보험료가 산출된다. 해지환급금이 전혀 없기 때문에 중도해지 유혹을 떨쳐낼 수 있는 효과가 있지만, 이는 계약 유지기간 중 유연성이 떨어지는 약점이 되기도 한다. 즉, 해지환급금이 전혀 없다보니 보험료 납입이 어려워 약관대출을 통해 유지를 하거나, 감액완납 등의 방법을 전혀 활용할 수가 없다. 따라서 종신보험 가입을 고민하는 개인은 가입시점의 보험료 부담 및 유지기간 중의 유연성 등을 고려해서 신중하게 선택해야 한다.

나. 저해지 종신보험

저해지 종신보험은 무해지 종신보험과 유사한 구조의 상품이다. 납입기간 해지환급금이 전혀 없는 무해지 종신보험과는 달리 환급금이 일부 있기는 하지만 일반 종신보험에 비해 그 규모는 크지 않다. 이런 상품구조 때문에 보험료는 일반 종신보험보다는 다소 저렴하고, 무해지 종신보험보다는 상대적으로 높은 수준의 상품이다.

종신보험 및 정기보험의 재무효과(저축·보장) 판단 예시

35세의 직장인 나대한 씨는 55세 시점이 막내 독립(대학졸업) 시기이다. 그때까지는 경제적인 지원에 집중해야 하기에 만일의 경우를 대비해서 보험가입을 고민하고 있다. 종신보험과 정기보험 중 무엇이 적합한 상품인지를 고민할 때 객관적인 판단의 근거는?

- 일반사망 1억 원을 위한 종신보험(20년납): 연간보험료 216만 원이며, 20년 경과시점의 해지환급금은 4,300만 원으로 예상된다.
- 일반사망 1억 원을 위한 정기보험(20년 만기 전기납): 연간보험료 42만 원, 만기환급금은 없다.
- 세후투자수익률은 연 4%로 합의

[근거 1]
- 종신보험 해지환급금을 모으기 위한 연간 투자금액: 약 144만 원
  → 20[n], 4[i], 4,300만 원[FV], PMT=1,444.02
- 정기보험의 연간 보험료와의 합계금액: 42만 원 + 144만 원 = 186만 원

[근거 2]
- 종신보험료와 정기보험료의 차액을 20년간 투자할 때 만기금액: 약 5,180만 원
  → 20[n], 4[i], 174만 원[PMT], FV=51,813.86

앞의 예시에서 볼 수 있듯이, 정기보험으로 20년간 종신보험과 동일한 사망보장(1억 원)을 받고 별도의 순자산 약 5,180만 원을 적립할 수 있다.

생애주기별 위험관리, 재무 측면의 자산상태 및 재무계획, 사망보험상품의 재무효과(저축·보장) 등을 기준으로 살펴보았다. 개인의 선택에서 무엇을 기준으로 할 것인가에 따라 활용하는 사망보험상품은 달라질 수 있지만, 사망에 따른 재무손실의 위험관리는 반드시 실행해야 한다.

[Q&A] 종신보험의 연금전환 기능 활용

Q. 어떤 종신보험은 나중에 연금으로 전환하여 연금처럼 쓸 수 있다고 하는데, 그럼 연금보험 따로 사망보험 따로 할 것 없이 이런 상품 하나만 가입하면 좋지 않을까?

A. 기본적으로 종신보험은 보장성보험이고, 저축성보험인 연금보험보다 보험료에 부가된 사업비가 높다. 이는 저축효과가 그리 높지 않음을 의미한다. 실제로 종신보험을 연금으로 전환할 때 전환 당시 종신보험의 해지환급금 재원을 기준으로 연금금액을 결정한다. 종신보험의 해지환급금은 사업비를 차감하고 운용된 적립금이기에 실제 수령할 수 있는 연금액은그리 많지 않을 가능성이 크다.

소득활동기간에는 사망보장을 받다가 은퇴 직전 연금으로 전환하여 연금수령을 할 수 있다는 기능만을 놓고 보면, 동일한 비용으로 두 가지 위험을 동시에 관리할 수 있기 때문에 유용한 제도임에는 틀림없다.
다만 연금으로 인출할 수 있는 금액의 실질가치가 현실적으로 생활재원으로서 큰 도움이 되는가의 판단은 해야 한다.

다. 단기납 종신보험

최근 들어, 대부분 생명보험회사는 기존 20~30여 년 보험료를 납입하는 전통적인 종신보험보다 납입기간을 대폭 줄인 '단기납 종신보험'을 출시하고 있는데, 단기납 종신보험의 대표적인 특징은 다음과 같다.

- 계약자의 보험료 납입기간이 대체로 5~10년으로 짧다.
- 납입기간이 짧다보니 원금회복기간이 상대적으로 빠르다.

위와 같은 특징은 기존에 장기간 보험료를 납입하다가 중도해지 시 원금손실이 컸던 종신보험에 비하면 강점으로 여겨질 수 있다. 다만, 납입기간이 짧고, 원금회복기간이 빠르다는 것은 납입보험료 부담이 상대적으로 늘어나는 측면에 영향을 미치기도 하는데, 사망에 따른 재무손실 해결을 위해 실질적인 금액의 사망보험금을 선택할 경우에는 보험료 부담이 상당할 수 있으니 신중한 선택이 요구된다.

대표적인 보장성보험인 종신보험은 '납입기간과 원금회복'이라는 저축효과를 중심으로 접근하기보다는, 극단적인 위험인 '사망에 따른 재무손실 해결'을 주된 목적으로 접근하는 것이 무엇보다 중요하다.

2 치명적인 질병을 담보로 하는 CI보험

소득향상에 따른 건강검진 생활화 및 의학기술 발달은 평균수명 연장에 기여한 바가 상당하다. 다만 어떤 건강상태로 평균수명까지의 삶을 이어가느냐, 이에 수반되는 의료비 부담을 어떻게 해결하느냐는 또 다른 문제이다.

〈표 2-3〉 2016년 성별 평균수명 및 건강수명 현황

구분	남자	여자
평균수명(세)	79.3	85.4
건강수명(세)	64.7	65.2
차이(년)	14.6	20.2

출처: 통계청, 2017년

〈표 2-3〉에서 나타나는 평균수명과 건강수명의 차이는 통상적으로 의료 및 간병비로 인해 재무적으로 개인부담이 가중되는 시기이다. 그렇지 않아도 은퇴생활재원이 그리 넉넉지 못한 상황에서 발생하는 의료 및 간병비 부담은 은퇴생활 최대의 위험이라고 볼 수 있다. 따라서 이런 상황에 대비하는 위험관리가 질병보험 가입을 통한 의료비 확보이다.

질병보험이란 사람의 질병 또는 질병으로 인한 입원·수술 등의 위험(질병으로 인한 사망을 제외)에 관하여 보험급여를 지급할 것을 약속하고 대가를 수수하는 보험을 의미한다.

질병보험은 각종 암, 과로사 관련 특정질병, 뇌혈관질환, 심장질환, 당뇨병, 여성만성질환, 부인과질환 등의 발생 및 이의 치료를 위해 소요되는 의료자금 등에 대해 진단확정 시, 수술 시, 입원 시 필요자금 등을 보장해준다. 그런데 생명보험과 달리 일반사망 시 지급되는 사망보험금이 없기 때문에 저렴한 보험료로 각종 질병에 대한 보장이 가능하다. 다만, 치명적인 질병에 걸릴 경우, 발생하는 치료비 등은 질병보험에서 지급되는 보험금으로 충당하기에는 현실적으로 턱없이 부족하다. 이를 보완·대비하는 상품이 CI(Critical Illness)보험이다.

2-1 치명적 질병 보장, CI보험

기존 건강보험은 앞에서 살펴보았듯이 개인이 암, 심근경색 등과 같은 중대한 질병에 걸렸을 때 치료비를 감당하기에는 부족한 보장금액이고, 사망보험은 사망해야 보험금이 지급되는 구조이기에 치료과정에 실질적인 기능을 하지 못한다. 따라서 개인이 치명적인 질병에 노출될 경우 많은 금액의 치료비를 감당할 해결책이 요구되는데, 이를 대비한 상품이 CI보험이다.

CI보험은 사고나 질병 등 중병상태가 발생했을 때 사망보험금의 일부를 미리 지급하는 상품으로, 종신보험과 건강보험 장점을 모두 갖춘 상품이다.

2-2 CI보험의 보험금 지급구조 및 보험료

가. 보험금 지급구조

CI보험의 보험금 지급에서 핵심은 두 가지로 볼 수 있다. 첫째, 중대한 질병의 발병에 따라 치료과정에서 요구되는 고액의 치료비를 위한 선지급이다. 사망보험금의 50~80%를 치료과정에 제공하여, 보험대상자가 치료에 전념할 수 있게 하는 데 목적을 두고 있다.

〈표 2-4〉 CI보험의 보험금 지급구조

CI보험금(최초 1회한 지급)	사망보험금
CI보험금 지급사유 발생 시 사망보험금의 50~80% 선지급	사망 시, 선지급 보험금을 제외한 금액을 사망보험금으로 지급 CI보험금 미발생 상태에서 사망 시 사망보험금 전액 지급

둘째, 약관에서 정하는 중대한 질병에 대한 고액의 보험금이 지급되는 보장범위가 기존 건강보험과는 달리 극히 제한적이다. 즉 암, 뇌졸중, 심근경색 등의 진단을 받아도 보험금 지급이 거절될 수 있다. 중대한 질병, 중대한 수술, 중대한 화상 및 부식 등에 대한 보험금 지급사유는 약관에 구체적으로 명시하고 있으니, 상품가입 전에 반드시 확인해야 한다.

이렇듯 CI보험은 치료과정에 고액의 치료비를 선지급으로 활용할 수 있다는 장점이 있으나, 그 지급조건이 극히 제한적이라는 단점이 보험금 지급구조에 동시에 반영되어 있다.

나. 보험료 부담규모

CI보험의 선지급 형태의 보험금 지급구조로 인해 정기적으로 납입하는 보험료는 상대적으로 비싸다. 보험금 선지급 대상자에 대해서는 보험료 납입면제 혜택도 동시에 발생하기 때문에, 일반 종신보험의 보험료 대비 약 30~40% 이상 비싼 보험료를 부과한다.

종신보험과 CI보험의 보험료 비교

기준: 40세 남자, 사망보험금 1억 원

- 일반종신보험: 월 22.9만 원
- 50% 선지급형 CI보험: 30.3만 원
- 80% 선지급형 CI보험: 33.7만 원

출처: 부자가 되는 보험 지식의 힘, 청림출판

2-3 CI보험의 보장대상 및 질병의 종류

〈표 2-5〉 CI보험의 보험금 지급 대상

구분	보장 질병
중대한 질병	중대한 암, 중대한 뇌졸중, 중대한 급성 심근경색증, 말기 신부전증, 말기 간질환, 말기 폐질환 등
중대한 수술	관상동맥우회술, 대동맥류인조혈관치환수술, 심장판막수술, 5대 장기(간장, 신장, 심장, 췌장, 폐) 이식수술
중대한 화상 및 부식	신체 표면의 최소 20% 이상 또는 3도 화상을 입거나 부식을 입을 때

출처: 부자가 되는 보험 지식의 힘, 청림출판

2-4 CI보험 가입 시 유의사항 및 분쟁사례

① 암, 뇌졸중, 급성심근경색 진단 시 항상 CI보험금을 지급받는 것은 아니다.
② CI보험 가입 전 보장범위를 건강보험과 비교해야 한다.

기존의 건강보험은 암·뇌졸중의 통상적 정의를 그대로 사용하지만, CI보험에서는 "중대한 질병, 중대한 수술, 중대한 화상 및 부식"의 정의를 질병의 심도를 반영하여 약관에 별도로 구체적으로 규정하고 있다. 따라서 암·뇌졸중 등의 진단서를 발급받은 경우에도 CI보험 약관의 정의에 부합하지 않은 경우에는 보험금 지급이 거절될 수 있다.

〈표 2-6〉 일반암 vs 중대한 암

건강보험 속 일반암	CI보험 속 중대한 암
정상적인 조직 세포가 각종 물리적·화학적·생물학적인 암원성 물질의 작용 또는 요인에 의해 돌연변이를 일으켜서 과다하게 증식하는 증상	악성종양세포가 존재하고 또한 주위 조직으로 악성종양세포의 침윤파괴적 증식으로 특징지을 수 있는 악성종양(초기 전립샘암 등 일부 암 제외)

〈표 2-7〉 뇌졸중 vs 중대한 뇌졸중

건강보험 속 뇌졸중	CI보험 속 중대한 뇌졸중
뇌의 혈액순환장애에 의하여 일어나는 급격한 의식장애와 운동마비를 수반하는 증상	뇌혈액순환의 급격한 차단이 생겨 그 결과 영구적인 신경학적 결손이 나타나는 질병

〈표 2-8〉 급성심근경색 vs 중대한 급성심근경색

건강보험 속 급성심근경색	CI보험 속 중대한 급성심근경색
3개의 관상동맥 중 하나라도 혈전증이나 혈관의 빠른 수축 등에 의해 급성으로 막혀 심장 전체 또는 일부분에 산소와 영양 공급이 급격하게 줄어 심장근육의 손상이 생기는 증상	관상동맥의 폐색으로 심근으로의 혈액공급이 급격히 감소되어, 전형적인 흉통의 존재와 함께 해당 심근조직의 비가역적인 괴사를 가져오는 질병

③ CI보험은 지급사유 발생 시 사망보험금 중 50~80%를 최초 1회만 선지급한다.
④ CI보험은 동일 가입금액의 종신보험보다 비싸다(약 30~40% 이상).

앞에서 살펴본 것처럼 CI보험은 중대한 질병에 걸릴 경우, 큰 금액을 선지급의 형태로 보장받을 수 있다는 장점이 있지만, 보장을 받기 위해서는 까다로운 약관상의 조건이 많은 만큼, 상품가입 전 세부적인 조항을 반드시 검토해야 한다.

금 융 분 쟁 조 정 위 원 회
조 정 결 정 서

조정일자 : 2018. 4. 3.
조정번호 : 제2018 - 2호

안 건 명　직장 신경내분비종양이 보험약관상 중대한 암에 해당하는지 여부
신 청 인　장 ○ ○
피 신 청 인　○○생명보험㈜

주 문

신청인은 이 사건 보험약관에서 정한 '중대한 암'으로 진단확정받았으므로, 피신청인은 신청인에게 이 사건 보험약관상 CI보험금을 지급하라.

신 청 취 지

주문과 같다.

이 유

1. 기초 사실

가. 보험계약의 체결 등

(1) 보험계약 체결

신청인은 2007. 12. 14. 피신청인과 사이에 자신을 피보험자로 하여 '무배당 ○○CI보험계약'(이하 '이 사건 보험계약'이라 한다)을 체결하였다.

(2) 직장 신경내분비종양 진단

신청인은 2017. 9. 12. ○○병원 소화기내과 진료 시 "신경내분비종양(neuroendocrine tumor)으로 의심된다."는 소견을 받고, 2017. 9. 18. 동 병원에서 대장내시경 및 조직병리검사를 실시하였다. 2017. 9. 21. 작성된 환자별 통합검사결과보고에는 신청인의 종양은 '신경내분비종양 Grade 1'이고, '제7차 한국표준질병사인분류 및 WHO(세계보건기구, 이하 'WHO'라 한다)의 제4차 소화기종양분류에 따른 형태학적분류는 '3'이라고 기재되어 있다.

이후 신청인은 2017. 10. 1. ○○병원에 입원하여 2017. 10. 2. 내시경적 절제술을 받고 2017. 10. 7. 퇴원하였는데, 수술 후 조직병리검사 결과 2017. 10. 13. 작성된 환자별 통합검사결과보고의 내용도 앞에서 살펴본 2017. 9. 21. 검사결과와 동일하다. 신청인을 치료했던 소화기내과 전문의사는 2017. 10. 13. 위와 같은 조직검사결과를 기초로 신청인의 최종 병명을 '직장의 악성신생물(직장 신경내분비종양)(한국질병분류번호: C20)'로 진단한 진단서를 발급하였다.

나. 보험약관

이 사건 보험계약의 약관(이하 '이 사건 보험약관'이라 한다)에서는 '중대한 암'으로 진단확정된 경우 'CI보험금'을 지급한다고 정하고 있으며, 구체적인 약관 조항은 〈붙임 1〉과 같다.

2. 당사자 주장

가. 신청인의 주장

신청인의 종양에 대한 조직검사 결과를 토대로 전문의가 신청인의 질병을 '직장의 악성신생물'로 진단하였는데, 이와 같은 내용의 질병은 이 사건 보험약관상 '중대한 암'에 해당하므로 피신청인은 CI보험금을 지급할 책임이 있다.

나. 피신청인의 주장

이 사건 보험약관에 의하면 '중대한 암'에 해당하기 위해서는 악성종양이 존재하고 악성종양세포의 침윤파괴적 증식이 실제로 발생해야 하는데, 신청인의 종양은 주위 조직으로 침윤파괴되지 않았고, 피신청인이 제3의료기관 병리과 전문의에게 의료감정을 시행한 결과, 신청인의 종양은 경계성종양(직장의 행동양식 불명 또는 미상의 신생물)에 해당한다는 소견을 제시하였다. 따라서, 신청인은 '중대한 암'에 해당하는 질병으로 진단받지 않았으므로 피신청인이 CI보험금을 지급할 책임이 없다.

3 의료비 부담을 줄이기 위한 실손의료보험

과거 우리나라에서 가장 대중적인 보험이 암보험이었다면, 최근에는 실손의료보험이 대세를 이어가고 있다. 실손의료보험상품 보유계약은 3,396만(2018년 6월 기준)건으로, 성인 10명당 8명이 보유하고 있는 대중화된 국민보험이다.

과거에 비해 평균수명이 늘어 오래 살 수 있다는 측면이 축복만은 아닐 수 있다. 이는 노화된 신체에 면역력과 치유력이 약해져 질병에 노출됨으로써 의료비 지출이 늘어나 개인의 부담을 가중시키기 때문이다. 이렇게 늘어나는 의료비 부담을 덜어줄 수 있는 보험이 바로 실손의료보험이다.

3-1 가장 대중적인 보장성보험, 실손의료보험

실손의료보험이란 피보험자가 질병·상해로 입원(또는 통원)치료 시 소비자가 실제 부담한 의료비의 일부를 보험회사가 보험금으로 지급하는 상품이다. 의료비는 〈표 2-9〉에서 볼 수 있듯이 급여와 비급여 항목으로 나눌 수 있고, 지급하는 보험금은 「국민건강보험법」상 요양급여와 「의료급여법」상 의료급여 중 본인부담액과 「국민건강보험법」 또는 「의료급여법」에 따라 보건복지부장관이 정한 비급여의 합계액에서 약관에서 정한 자기부담금을 차감 후 지급한다.

〈표 2-9〉 의료비 구성

급여 항목	비급여 항목
건강보험공단 부담금	본인 부담금
본인 부담금	

가. 실손의료보험의 특징

실손의료보험은 피보험자의 연령증가와 의료수가 상승, 보험회사 손해율 변동으로 일정 주기마다 보험료가 변동되는 대표적인 갱신형 보험이다. '갱신형 실손의료보험'이라는 측면에는 두 가지 의미가 담겨 있다. 하나는 보험료 변동가능성을 의미하고, 다른 하나는 보장금액의 변동가능성이다. 이는 의료비 상승에 따른 인플레이션 위험을 일부 해결해줄 수 있는 실손의료보험의 첫 번째 대표적인 특징이다.

두 번째 특징은 본인이 부담한 의료비를 초과해서 보험금을 지급받을 수 없다는 것이다. 실손의료보험은 보험가입자가 실제 부담하는 의료비를 보상하므로 2개 이상 중복가입해도 각각 보험금이 지급되는 것이 아니라, 의료비 보장한도 내에서 비례 보상되므로 여러 개를 가입할 필요가 없다. 따라서 실손의료보험 가입 전에 이미 다른 실손의료보험에 가입되어 있는지를 반드시 확인할 필요가 있다.

[Q&A] 실손의료보험 중복가입 시 보험회사의 비례분담금액

Q. 보험가입자 나대한 씨는 2012년 6월 甲보험회사에 입원한도 4,000만 원의 실손의료보험에 가입, 유지하고 있는 상황에서 2014년 10월 乙보험회사에 입원한도 3,000만 원의 실손의료보험을 추가로 가입하였다. 얼마 전 건강상의 이유로 장기간 입원치료를 받고 그에 따른 입원의료비 300만 원이 발생하였는데, 이 중 보상되지 않는 금액은 90만 원이다.

A. [정답] 甲사 약 111만 원, 乙사 약 98만 원

[해설]

- 총 의료비: 300만 원
- 보상책임금액 산출: (실제 부담금액 - 보상 제외금액) × 회사부담률(보상한도 내)
  甲사 부담률 90%, 乙사 부담률 80% ⇒ 가입연도에 따른 부담률 보상책임금액 산출
  · 甲사: (300만 원 - 90만 원) × 90% = 189만 원
  · 乙사: (300만 원 - 90만 원) × 80% = 168만 원
- 비례부담금액 산출
  · 甲사: 210만 원 × [189만 원/(189만 원 + 168만 원)] ≒ 111만 원
  · 乙사: 210만 원 × [168만 원/(189만 원 + 168만 원)] ≒ 98만 원

[Q&A] 실손의료보험 중복가입은 무조건 손해?

Q. 실손의료보험은 중복가입해도 보험회사들이 분담해서 보험금을 지급한다. 그런데 중복가입은 정말 무조건 보험가입자에게 손해인가?

A. 실손의료보험은 중복가입해도 본인이 부담한 의료비를 초과해서 보장받을 수 없기 때문에 일반적으로 보험가입자에게는 손해이다. 다만 다음의 두 가지 사항은 고려해야 한다.

첫째, 중복가입에 따라 보장한도가 늘어나 혜택을 받을 수 있는 경우가 있다.

⇒ 질병입원, 질병통원, 상해입원, 상해통원

예를 들어, 상급종합병원에서 MRI 촬영 등으로 실제 부담한 통원의료비가 50만 원인 경우를 가정해보자. 2016년 1월 실손의료보험(통원한도: 30만 원, 자기부담금: 2만 원과 보상대상의료비의 20% 중 큰 금액)을 하나만 가입한 A씨는 보장한도인 30만 원을 보험금으로 받을 수 있다. 그런데 2016년 1월과 6월에 각각 하나씩, 두 개를 가입한 B씨는 다음 표에서 보는 바와 같이 보장한도가 60만 원으로 늘어나 40만 원을 보험금으로 받을 수 있다.

통원의료비	통원보장한도	자기부담금	보험금 수령액
50만 원	60만 원 ↙ ↘ 甲사 30만 원, 乙사 30만 원	10만 원 (50만 원의 20%)	40만 원 ↙ ↘ 甲사 20만 원, 乙사 20만 원

둘째, 중복가입을 해도 실손보상 항목을 제외한 정액보상 항목에 대해서는 중복보장이 된다.

⇒ 진단비, 입원비, 수술비, 입원일당 등

나. 실손의료보험 유형

2009년 8월부터 실손의료보험의 표준화 이후 아래와 같이 여러 차례 개정을 반복하다가 2017년 4월부터는 3세대 실손의료보험인 '착한 실손보험'이 판매되기 시작하였다. 착한 실손보험은 기본적인 입원·통원을 보장하는 기본형 내용 이외에 도수치료, 비급여주사료, 비급여 MRI 등의 치료로 이루어진 특약형태로도 가입이 가능하다. 이는 자기부담금 설계 방식에 따라 표준형, 선택형II 중에 가입자가 선택할 수 있다.

〈표 2-10〉 실손의료보험 개정에 따른 주요내용 변화

구분	2세대 표준화 실손		3세대 착한 실손	4세대 실손
가입시기	2009.8~2013.3	2013.4~	2017.4~	2021.7~
보장비율	급여 90% 비급여 90%	(선택형&표준형)에 따라 급여 90%, 비급여 80% 차등 적용	(선택형 II) 급여 90% 비급여 80%	(표준형) 급여 80% 비급여 70%
비급여 3종 선택특약	-	-	70%	-
갱신주기	3년	1년		
재가입주기	-	15년		5년
비급여 할인·할증제				-10%~300%

이렇듯 실손의료보험은 상품 출시와 함께 많은 사람들의 관심이 가입으로 이어져 전체 국민의 약 75%(3,900만 명)가 가입하고 있는, 일상생활에 필수적인 보험상품으로 자리를 잡아가고 있다. 다만, 그 과정에서 발생하는 의료기관 및 가입자의 과잉진료 및 부당한 보험금 청구 등은 실손의료보험을 판매한 보험회사의 손해율에 상당한 요인으로 작용하고 있다. 이에 금융당국에서는 2021년 7월 실손의료보험 본연의 역할이 위축되지 않고 지속 가능하도록 상품구조를 합리적으로 개편한 '4세대 실손의료보험' 개정안을 발표하였다.

〈표 2-11〉 4세대 실손의료보험 주요내용

<table>
<tr><th colspan="2">구분</th><th>현 행('3세대 실손)</th><th></th><th>개 정('4세대 실손)</th></tr>
<tr><td colspan="2">상품구조</td><td>급여·비급여 통합
+ 비급여 3개 특약</td><td rowspan="10">⇒</td><td>급여(주계약)·비급여(특약*) 분리

* 종전 비급여 3개 특약에서 보장하던 사항도 비급여(특약)에서 보장</td></tr>
<tr><td rowspan="2">보장 범위</td><td>급여</td><td>-</td><td>① 불임관련 질환 보장 확대
② 선천성 뇌질환 보장 확대
③ 치료 필요성이 인정되는 피부질환 등 보장 확대</td></tr>
<tr><td>비급여</td><td>-</td><td>① 도수치료 보장범위 제한
② 비급여 주사제 보장기준 정비</td></tr>
<tr><td rowspan="2">자기 부담률</td><td>급여</td><td>10% / 20%</td><td>20%</td></tr>
<tr><td>비급여</td><td>20%
(특약 : 30%)</td><td>30%</td></tr>
<tr><td rowspan="2">공제 금액 (통원)</td><td>급여</td><td rowspan="2">최소 1~2만 원
(처방 0.8만 원)</td><td>최소 1만 원(병·의원급)
최소 2만 원(상급·종합병원)</td></tr>
<tr><td>비급여</td><td>최소 3만 원</td></tr>
<tr><td colspan="2">재가입주기</td><td>15년</td><td>5년</td></tr>
<tr><td colspan="2">보험료
할인·할증</td><td>2년 무사고
할인 10%</td><td>2년 무사고 할인10% +
비급여 개별 할인·할증(3년 후 적용)</td></tr>
</table>

출처 : 금융위원회

4세대 실손의료보험의 가장 주된 특징은 자신의 의료이용량에 맞게 보험료를 부담하도록 형평성을 유지하는 것이다. 이를 위해 상품 구조를 급여(주계약)와 비급여(특약)로 분리하면서, 필수치료인 급여에 대해서는 보장을 확대하되, 환자의 선택사항인 비급여에 대해서는 의료이용에 따라 보험료가 할인·할증되도록 하였다. 의료이용이 많으면 자기부담도 증가하도록 자기부담비율도 상향 조정(급여: 10%→20%, 비급여: 20%→30%)하였다. 다만, 기존 실손의료보험에 비해 보험료 부담은 대폭 줄어, 기존 실손의료보험의 보험료 대비 약 10%~70%* 저렴하다. 3세대 실손 대비 약 10%↓, 2세대 실손 대비 약 50%↓, 1세대 실손 대비 약 70%↓ 수준의 보험료로 부담이 절감된다.

이렇듯 4세대 실손의료보험은 보험료가 적지만 비급여 치료금액이 많을수록 보험료가 할증된다. 평소 병원을 잘 안 가는 건강한 사람이라면 4세대로 전환하는 게 유리할 수 있다. 비급여 치료를 많이 받아야 하는 사람은 기존 보험을 유지하는 게 오히려 보험료 부담 측면에서 유리할 수 있다. 금융위원회는 4세대 실손의료보험을 출시하면서 1~3세대 가입자도 쉽게 4세대로 전환할 수 있도록 하였다. 보장종목을 확대하는 경우 등을 제외하면 심사 없이 갈아탈 수 있는데,

1세대 실손보험은 대부분 치료비 전액을 보장받는다.

2세대부터 표준약관을 도입하면서 급여·비급여 등 조건에 따라 치료비의 10~20%를 가입자가 내는 자기부담금 제도가 생겼다.

3세대 자기부담률은 급여 10~20%, 비급여 20~30%다.

4세대는 급여 20%, 비급여 30%로 최저 기준이 올랐다.

위와 같은 실손의료보험 주요 보장내용 및 개인 건강상태·나이·의료이용 성향 등을 고려해서 실손의료보험 가입 및 전환을 선택해야 한다.

3-2 실손의료보험 가입 시 체크포인트

가. 인터넷으로 가입하면 보험료가 더 저렴하다

보험다모아(www.e-insmarket.or.kr) 또는 보험회사 홈페이지 등을 통해 온라인으로 가입하는 경우, 모집수수료 등이 적어 설계사 등 대면채널을 통해 가입할 때보다 보험료가 상대적으로 저렴하다. 대면채널상품 대비 약 4% 정도 저렴하다.

나. 보장내용은 동일하지만, 보험회사별로 보험료는 상이하다

실손의료보험은 어느 보험회사에 가입하든지 보상내용은 동일하다. 그러나 〈표 2-10〉

에서 보는 바와 같이 보험료는 보험회사에 따라 월 16,447원에서 23,170원(여자, 40세 기준)까지 차이가 있다.

〈표 2-12〉 보험회사별 실손의료보험료 비교(예시)

(40세 기준, 급여 90%/비급여 80% 보장상품 기준)

보험회사	상품명	월보험료		가입나이
		남자	여자	
○○손보	○○실손의료보험	13,427원	16,447원	0~65세
◉◉생보	◉◉실손의료보험	13,750원	18,360원	0~65세
□□손보	□□실손의료보험	13,808원	17,464원	0~70세
…	…	…	…	…
■■생보	■■실손의료보험	18,260원	23,170원	0~70세

※ 소비자의 가입조건에 따라 실제 보험료와는 다소 차이가 있을 수 있음

따라서 실손의료보험 가입 전에 자신에게 적용될 보험료를 회사별로 비교해보고 가입하는 것이 좋다. 보험회사별 보험료 비교는 금융소비자정보포털 사이트 '파인(FINE)'에 들어가 '보험다모아' 코너를 활용할 수 있다.

다. 고령자의 경우 노후실손의료보험 활용을 고려할 만하다

가입연령 제한으로 일반 실손의료보험 가입이 어렵거나, 은퇴 후 보험료를 내는 것이 부담스러운 고령자는 노후실손의료보험 가입을 고려할 필요가 있다. 노후실손의료보험은 가입나이가 50~75세(또는 80세)인 경우에도 심사를 거쳐 가입이 가능하다.

이는 2014년 8월 도입된 상품으로, 고액의료비 보장 중심으로 보장금액 한도를 확대(입원·통원 구분 없이 연간 1억 원)하는 대신 합리적 의료이용을 위해 자기부담금 비율을 높여(급여 20%, 비급여 30%) 일반 실손의료보험의 보험료 대비 70~80% 수준으로 가입이 가능하다.

노후실손의료보험은 1년마다 보험료가 갱신되고, 3년마다 재가입하여야 계속 보장을 받을 수 있다.

〈표 2-13〉 일반실손·노후실손 월보험료 예시

(단위: 원, %)

가입 연령	일반실손(A) (급여 90%/비급여 80% 보장)	노후실손(B) (급여 80%/비급여 70% 보장)	노후실손/일반실손	
			차이(A-B)	비율(B/A)
50세	27,450	20,048	7,402	73.0
60세	42,718	32,621	10,097	76.4
70세	가입불가	43,693	-	-

라. 매년 보험료 갱신, 재가입 시 보장내용이 변경된다

2013년 4월 이후 가입한 실손의료보험은 매년 보험료가 갱신되고, 15년마다 재가입(4세대 실손의료보험은 5년마다 재가입)이 필요하다. 실손의료보험은 통상 가입자의 나이가 많아질수록, 그리고 손해율이 높아질수록 보험료가 올라간다. 또한 재가입 주기마다 재가입을 위한 절차를 거쳐야 하는데, 재가입 시점에 보장범위 등이 변경될 수 있다. 물론 2013년 4월에 보험료 갱신주기 1년/보장내용 변경주기 15년으로 단일화되었기 때문에, 그 이전에 가입한 경우에는 갱신주기가 1년/3년/5년/비갱신 등으로 다양하며 보장내용도 만기까지 그대로 유지된다.

2021년 7월 이후 가입한 4세대 실손의료보험의 갱신주기는 기존 실손의료보험의 1년과 동일하지만, 재가입 주기가 5년으로 단축된 점은 별도로 고려해야 한다.

마. 혼동하기 쉬운 실손의료보험 보장항목 등은 반드시 확인하고 선택해야 한다

실손의료보험이 모든 의료비를 보장하는 것은 아니다. 성형수술과 같이 외모개선 목적의 의료비, 간병비, 건강검진, 예방접종, 의사의 진료 없이 구입하는 의약품, 의약외품과 관련하여 소요된 비용 등은 실손의료보험에서 보장하지 않는다.

따라서 실손의료보험 가입 시 보장하지 않는 사항을 알아둘 필요가 있다.

혼동하기 쉬운 실손의료보험 보장항목 5가지

- 간병비, 예방접종비, 의약외품 구입비는 비보장
- 일반 건강검진비는 비보장, 추가 검사비는 보장
- 쌍거풀 수술 중 외모개선 목적은 비보장, 치료목적은 보장
- 치과·한방·항문질환 치료는 원칙적으로 급여의료비만 보장
- 임신·출산·비만·요실금 관련 의료비는 비보장

[Q&A] 실손의료보험이 해외에서 발생한 의료비를 보장할까?

Q. 실손의료보험을 가입한 보험가입자가 해외여행 도중 차량사고로 인해 장기 입원을 요하는 상해피해를 당했다. 이 경우 국내 보험회사에 가입한 실손의료보험의 보장을 받을 수 있을까?

A. 2009년 10월 이전에 가입한 실손의료보험은 해외에서 발생한 의료비의 40%는 보장이 가능하나, 그 이후에 가입한 경우에는 보험금을 지급하지 않는다. 단 해외에서 사고가 발생했다 하더라도 국내에서 치료를 받은 경우에는 실손의료보험의 보장을 받을 수 있다.

아울러 2016년 1월부터 해외에서 3개월 이상을 거주할 경우에는 실손의료보험 보험료 납입중지를 신청할 수 있다. 3개월 이상 해외에 거주하면서 보험료를 납입한 경우라면 귀국해서 관련 서류를 제출함으로써 해당 보험료를 환급받을 수 있다.

4 자녀의 안전을 위한 어린이 보험

1980년대에 자녀를 둔 부모들에게 선풍적인 인기를 끌었던 보험상품은 단연 교육보험이었다. 최근에는 자녀를 대상으로 하는 어린이 보험에 대한 부모들의 관심과 보험가입자들의 만족도가 가장 높게 나타나고 있다.

이는 아마도 저렴한 보험료로 자녀에게 발생할 수 있는 대부분의 위험에 대한 보장이 가능하기 때문일 것이다. 아동기 안전사고, 청소년기 범죄에 노출될 위험은 물론 골절, 화상 등 가입기간에 발생하기 쉬운 다양한 보장이 가능하도록 설계되어 있다.

4-1 어린이 보험이 필요한 대표적인 위험

가. 1년에 1만 건 이상 꾸준히 발생하는 어린이 교통사고

도로교통공단의 발표에 의하면 〈그림 2-10〉과 같이 매년 1만 건 이상의 어린이 교통사고가 발생하고 있다. 이에 따른 교통사고 보장 및 중상 치료비 등에 대한 부담은 가정경제에 심각한 부담을 줄 수 있다. 따라서 이를 해결할 수 있는 보장준비가 요구된다.

〈그림 2-10〉 어린이 교통사고 추이

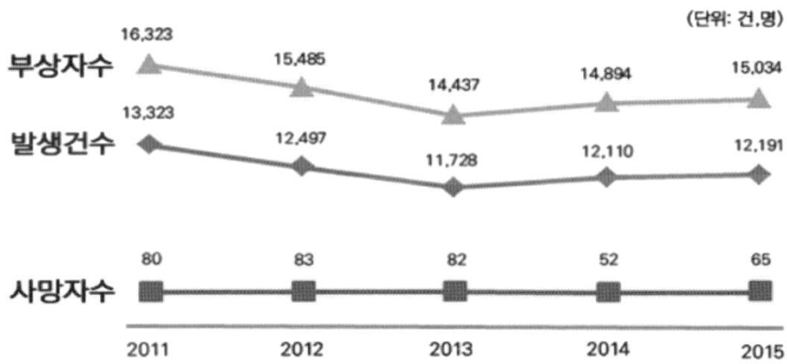

출처: 도로교통공단

나. 매년 큰 폭으로 늘어나는 어린이 암환자 수

건강보험심사평가원에 의하면 소아암 환자 수가 매년 큰 폭으로 늘어나고 있고, 그에 따른 진료비 역시 증가추세에 있다. 암 발생 시기를 보면, 유전적인 요인으로 인해 5세 미만의 어린이에게서 발병률이 높다. 이는 어린이 보험을 일찍 가입해서 재무위험을 관리해야 할 중요한 이유이기도 하다.

성인암에 비해 소아암은 진행 속도가 빠르고, 일반적으로 예후가 좋지 못하다. 하지만 조기 검진과 초기 치료가 잘 이루어지면 완치율을 높일 수도 있는데, 이에 수반되는 치료비에 대한 안정적인 지원이 무엇보다 중요하다. 관련 특약을 통해 고액의 치료비가 요구되는 암에 대비할 수 있어야 한다.

4-2 어린이 보험의 보장내용 구성 및 설계 포인트

가. 중요한 보장을 우선 준비한다

보장설계를 할 때 우선적으로 준비해야 할 담보는 많은 치료비가 필요한 질병을 중심으로 준비해야 한다. 이는 안정적인 초기 치료에 매우 중요하다. 특히 암과 관련된 특약, 중대질병과 관련된 특약, 수술과 관련된 특약, 심장 질환과 관련된 특약은 무엇보다 우선적으로 준비해야 한다. 병원비 걱정 없이 충분한 치료를 받고 회복할 수 있게 하는 것이 어린이 보험 활용의 목적이기 때문이다. 그다음은 일상적으로 발생하는 질병 및 재해 등 발생빈도가 높아 보험금 청구 확률이 높은 실손의료비이다.

나. 합리적인 보험기간 선택이 필요하다

어린이 보험 보험기간을 선택할 때 두 가지 경우를 고민할 수 있다. 첫째, 자녀가 경제적으로 독립하는 시기(30세 만기)까지 보험기간을 설정할 수 있다. 이는 부모로부터 경제적 지원을 받는 시기까지 보장을 받다가, 30세 이후부터는 성인보험으로 보장을 새롭게 준비하는 것에 의미를 두고 있다. 보험기간이 짧은 만큼 상대적으로 보험료가 저렴하다는 장점이 있다. 다만, 성장기에 질병 및 재해로 인한 보장을 받게 될 경우 향후 추가로 보험가입이 어려울 수 있다는 점을 고려해야 한다.

둘째, 평균수명 연장 및 고령화 시대를 고려하여 보장기간을 100세까지 설정할 수 있다. 이 경우 상품을 한 번 가입하여 오랫동안 보장받을 수 있다는 장점이 있지만, 상대적으로 보험료가 비싸다. 또한 오랜 기간 경과 후 시대상황에 맞는 방향으로 일부 조정이 필요할 수도 있음을 고려해야 한다.

보험회사에서 판매하고 있는 상품에 따라 보험료 차이가 다소 있기는 하지만 평균적으로 보험료는 30세 만기 상품이 4~6만 원대, 100세 만기 상품이 8~10만 원대로 구성되어 있다. 따라서 가계소득과 위 내용을 종합적으로 검토해서 보장기간을 선택하는 것이 좋다.

다. 보장을 중심으로 하는 순수보장형이 합리적이다

어린이 보험도 일반적인 보장성보험처럼 순수보장형과 만기환급형이 있다. 보험료가 낮은 대신에 돌려받는 만기환급금이 없는 것이 순수보장형, 보험료가 높은 대신에 만기환급금이 있는 것이 만기환급형이다. 보장성보험은 저축기능보다 보장기능을 중심으로 활용해야 한다는 점과 오랜 기간에 걸쳐 진행되는 화폐가치 하락을 고려한다면 어린이 보험은 순수보장형으로 가입하는 것이 합리적이다.

라. 어린이 보험은 임신 사실이 확인되면 바로 가입하는 것이 좋다

대부분의 보험회사에서 최근 출시된 어린이 보험에는 대부분 산모의 임신 질환을 보장하는 특약들이 포함되어 있다. 통상적인 분만을 제외하고 유산, 부종, 단백뇨, 고혈압성 장해, 산후기 합병증 등 임신 관련 질환에 대한 보장을 받으려면 임신 사실 확인 후 늦어도 22주 전에 가입해야 한다.

또한 태아특약에서는 자녀의 선천이상, 인큐베이터 사용 등에 대한 보장도 해주고 있는 만큼 임신 중일 때 가입하는 것이 합리적이다.

마. 보장내용 및 보험금 지급사유를 알고 있어야 한다

어린이 보험에 가입되어 있긴 하지만, 구체적으로 담보내용 및 보장받을 수 있는 상황에 대해 잘 모르는 경우가 많다. 보험은 특약도 많고, 용어도 어렵고, 약관내용이 많기도 해서 주요내용을 잘 모르는 가입자들이 많다. 하지만 나중에 보장받아야 하는 사유가 발생할 경우를 대비해 가입할 때 받은 약관과 상품설명서 등을 을 꼼꼼하게 읽고, 주요사항을 반드시 이해하고 있어야 한다.

어린이 보험 가입·보장에 관한 민원사례

가입한 지 1년이 지나지 않아 태아 출생 후 뇌출혈에 걸렸다면?

한 어머니가 임신 중 어린이 보험에 가입하였다. 출생 직후 자녀에게 뇌출혈이 발생하여 보험금을 청구하였는데, 계약일로부터 1년 이내에는 보험금을 50% 감액한다는 약관조항에 따라 보험금의 50%만 지급받는 사례가 있었다.

다행히 최근에는 이러한 불합리한 관행이 없어졌다. 2016년 신규가입자부터 태아시기에 어린이 보험에 가입한 경우 합리적인 사유 없이 보험금을 감액 지급하지 않도록 하였다.

바. 보험회사 선택에도 신중을 기해야 한다

생명보험회사에서 판매하는 어린이 보험은 보험기간은 길게 하고, 보장금액은 정해진 금액을 지급하는 정액형의 특징을 띠고 있다. 또한 암, 백혈병 등의 중대한 질병에 대해서는 상대적으로 고액의 진단비를 지급한다. 다만 사소한 질병에 대한 보장은 손해보험회사에 비해 다소 약한 편이다.

이와 달리 손해보험회사에서 판매하는 어린이 보험은 생명보험회사에 비해 보장범위가 상대적으로 넓고, 보장금액은 실비 보상형의 특징을 띠고 있다. 또한 생명보험회사에 비해 잔병치레와 같은 사소한 질병보장이 좋은 편이다.

보험료 부담 측면에서는 보험기간이 길고, 중대한 질병에 대한 보장금액이 상대적으로 많은 생명보험회사의 어린이 보험이 비싼 편이다.

이상의 같은 내용을 종합적으로 검토하여 적합한 어린이 보험의 가입·활용이 요구된다.

어린이 보험에서 남아의 보험료가 여아보다 비싼 이유

남아의 보험료가 더 비싼 이유는 상해, 골절 등과 같은 사고 발생확률이 여아보다 높기 때문이다. 태아인 상태에서 보험을 가입하는 경우에는, 일단 남아를 기준으로 보험료를 산정한다. 출산 후 여아일 경우에는 보험료 차액을 돌려준다.

아울러 태아를 보장하기 위해 설정했던 담보는 출산으로 더 이상 필요하지 않기에, 그 담보에 적용했던 보험료를 제외하므로 납입할 총보험료가 줄어들게 된다.

5 하나의 보험으로 모든 위험을 관리하는 통합보험

5-1 통합보험의 주요 특징

통합보험은 사망, 상해, 질병 등 모든 보장을 하나의 보험상품에 묶어 설계할 수 있는 상품이다. 종신보험, 치명적인 질병 보험, 장기간병보험, 실손의료보험, 상해보험과 어린이보험까지 모든 보장을 합친 상품이라 통합보험이라 한다. 다만, 2018년 4월 이후에는 통합보험에 실손의료비 부분을 별도 특약으로 가입할 수 없다. 실손의료비 단독보험으로 가입이 가능하도록 제도가 변경되었으니 보장설계에 유의해야 한다.

통합보험을 활용할 때 고려할 수 있는 주요 특징은 다음과 같다.

① 중병에 대한 진단금과 치료 실비도 보장되는 기능이 있다.

② 하나의 상품에 가족 모두를 보장대상으로 하여 가입할 수 있다.

③ 미혼 때 가입한 경우 결혼 후 배우자 및 자녀를 추가로 보장대상에 반영할 수 있다.

④ 보장 담보 및 특약사항도 추가로 반영할 수 있고, 언제든지 뺄 수도 있는데, 기본특약은 뺄 수 없고, 담보추가에 있어서는 상해부분은 가능하나 질병은 안되는 경우가 많으니 선택에 참고해야 한다.

⑤ 보장 유형별 상품을 개별적으로 가입할 때보다 보험료가 상대적으로 저렴할 수 있다. 이는 개별 보험상품에 부과되는 사업비가 절감될 수 있기 때문이다.

⑥ 생명보험회사는 사망 및 노후연금 활용 측면에서 유리하고, 생존 시 각종 위험에 대한 보장은 손해보험이 유리하다. 생명보험회사의 통합보험에는 중도인출과 추가납입이 가능한 유니버셜 기능이 있다. 다만, 통합보험은 상대적으로 저렴한 보험료로 활동기에 높은 보장을 받기위한 보장성 보험이라는 것을 잊어서는 안된다. 즉, 통합보험은 저축을 목적으로 가입하는 보험이 아니라는 것이다.

5-2 통합보험 활용 시 유의할 점

가족구성원 전체를 대상으로 하는 종합보장이 가능한 통합보험을 활용할 때도 유의할 점이 있다. 통합보험 자체가 무조건 좋은 것이 아닐 수도 있기 때문이다. 필요한 특약의 구성, 기존에 가입한 보험 등과의 중복보장 여부 등을 세부적으로 검토한 후 가입을 결정해야 한다.

다음은 통합보험에 가입할 때 선택에 유의할 사항이다.

① 가입하려는 통합보험이 갱신형인지 비갱신형인지 확인한 후 선택해야 한다. 일반적으로 갱신형은 처음에는 저렴하지만, 경과기간에 따라 높은 보험료를 부담하게 될 수 있기 때문이다.

② 보장기간은 되도록 100세까지 보장받을 수 있게 선택하는 것이 유리하다. 장수인생 시대를 대비한다는 측면에서도 그렇고, 나이 들어서 다시 보험을 가입할 때는 보험료 부담이 상당할 수 있기 때문이다. 게다가 때로는 보험가입 자체가 거절될 수도 있기 때문이다.

③ 통합보험에는 상당히 많은 부가특약이 있다. 가족구성원의 상황을 고려해서 특약을 잘 선택해야 한다. 또한 언제든지 특약을 추가 혹은 해지할 수 있기 때문에 가입 이후에도 보장내용에 대한 관심이 요구된다.

6 노후생활의 부담을 통제하는 장기간병보험(LTC)

노후생활에 대한 경제적 준비와 함께 고려해야 하는 것이 인적지원이다. 즉 몸이 불편해 간병이 필요한 상황에 대한 대비이다. 과거에는 가족구성원 내에서 이를 해결했지만, 최근에는 저출산 현상의 심화로 간병인을 고용한다거나 시설을 이용해야 하는 상황이 보편적이다.

장기간병보험은 피보험자가 상해나 질병 등의 사고로 일상생활에 심각한 장해가 발생하거나 치매 상태로 진단이 확정될 경우, 간병비용을 연금이나 일시금의 형태로 받을 수 있는 보험이다. 아직은 이 상품이 그리 폭넓게 활용되고 있는 것은 아니다. 이는 장기간병에 대해 아직은 낮은 수준의 사회 인식과 상대적으로 비싼 보험료가 주된 이유인 듯하다.

6-1 장기간병보험(LTC)이 필요한 환경

노후생활 동안 건강문제는 매우 중요하다. 심장질환, 고혈압성 질환, 뇌혈관 질환, 치매 등 노인성 만성질환이 삶의 질에 영향을 미친다. 질병에 노출된다면 예상했던 은퇴생활을 기대할 수 없게 되는데, 장기간병보험의 활용이 필요한 환경 요인은 다음과 같다.

가. 건강수명과 평균수명의 차이에 따른 경제부담 가중

건강수명이란 평균수명에서 질병이나 부상으로 고통받는 기간을 제외한 삶을 유지하는 기간을 말한다. 노인들은 고관절 수술이나 혈압, 당뇨 등 합병증으로 오랜 기간 입원하는 경우가 많다. 이는 곧 의료비 부담이 집중되는 기간을 의미한다. 따라서 이에 대한 위험관리가 필요하다.

〈표 2-14〉 평균수명과 건강수명 비교(2010~2019)

(단위: 세)

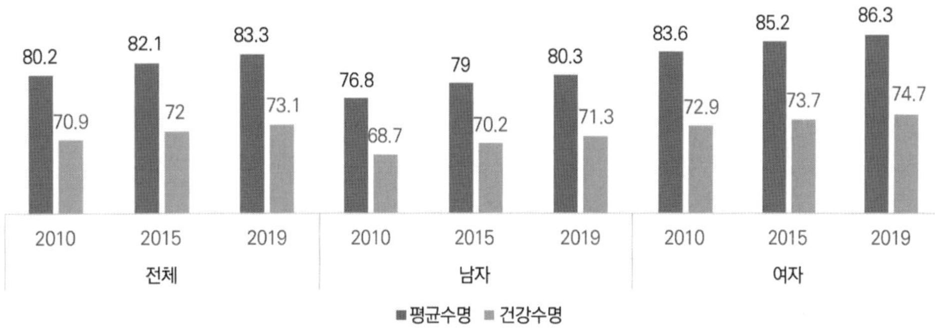

출처: 질병관리청(2022)

나. 65세 이상 노인진료비 지출 지속적으로 증가

〈그림 2-11〉에서 볼 수 있듯이 65세 이상 노인진료비 지출은 지속적으로 늘어나고 있다. 국민건강보험공단과 건강보험심사평가원에서 발표한 '2022년 건강보험통계연보'에 따르면 2022년 65세 이상 노인 진료비는 45조 7,647억 원으로 전년 대비 10.6% 증가했다. 개인 측면에서 보면, 평생에 걸친 의료비의 절반 이상이 65세 이후에 지출된다고 한다. 이렇듯 의료비 지출은 은퇴생활에 접어든 노년기 가계에 가장 큰 재무부담이다. 따라서 이를 해결할 수 있는 위험관리 차원에서 장기간병 보험의 활용이 필요하다.

〈그림 2-11〉 연도별 65세 이상 노인 진료비 현황

(단위 : 억 원, 천 명)

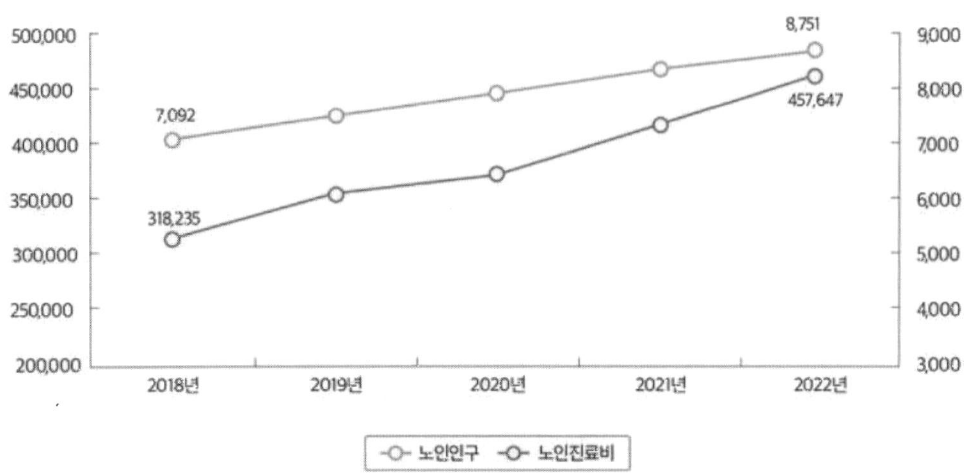

출처: 국민건강보험공단

다. 가족 구성형태의 변화 및 사회활동

노후에 혼자서 식사하기, 옷 입기, 화장실 가기, 외출하기 등 일상적인 생활이 불편하면 가족 등 다른 사람의 도움이 필요할 수밖에 없는데 저출산에 따라 직계가족에게 의존할 수 있는 상황은 아니다. 게다가 맞벌이 형태의 사회활동이 보편화된 만큼 간병인을 고용하거나 치료를 위해 장기요양기관의 도움을 받아야 하는 상황이 발생한다. 이에 수반되는 비용부담이 그리 만만치 않기 때문에 장기간병보험의 필요성은 날로 증가하고 있다.

6-2 장기간병보험(LTC) 활용 시 고려사항

장기간병보험은 정부의 노인장기요양보험을 보완하는 역할을 하며, 국민건강보험공단 등급판정위원회로부터 장기요양등급을 판정받아 노인장기요양보험 수급대상으로 인정되었을 경우 등급에 따라 가입금액을 차등 지급한다. '일상생활장해상태'에 대해 계약일(부활일)로부터 90일이 지난 다음 날로 하고 있고, 질병사고로 인한 '치매상태'에 대해서도 계약일(부활일)로부터 만 2년이 지난 다음 날부터 책임개시가 되는 것으로 규정하고 있다.

그 외 장기간병보험을 활용하기 위해 가입할 때 고려해야 할 사항은 다음과 같다.

가. 간병보험은 노인장기요양보험과는 운영기준이 다르다

간병보험의 보험금은 보험약관에서 정한 지급요건을 충족해야 지급되므로, 가입 전에 정부의 노인장기요양보험에서 지원하는 내용과 가입하려는 간병보험상품의 지급조건 차이를 구체적으로 살펴보아야 한다.

또한 납입보험료는 장기간에 걸쳐 지출되어야 하는 것이니만큼, 본인의 보험료 부담능력을 고려해서 결정해야 한다.

나. 보험회사별 상품에 따라 보험금의 지급사유가 다르다

간병보험은 '중증치매' 또는 '활동불능상태'가 되는 경우 보험금을 지급하는 상품도 있지만, 장기요양등급 1~3급 판정 시 보험금을 지급하는 보험상품도 있다.

간병보험을 판매하고 있는 여러 보험회사의 상품별 보장내용을 확인하여 자신에게 가장 적합한 간병보험상품을 선택해야 한다.

다. 보험을 계약하는 과정에서 청약서의 질문사항에 사실대로 답변해야 한다

청약서의 질문에 대해 보험가입자가 사실과 다르게 답변한 경우에는 보험회사가 계약을 해지하거나 보험금을 지급하지 않을 수 있다. 따라서 상품 가입 시 청약서상의 피보험자 병력 등 중요한 사항에 대해서는 보험회사에 사실대로 답변해야 한다.

라. 갱신형, 비갱신형의 특징을 비교한 후 선택해야 한다

갱신형은 일반적으로 보험기간이 종료될 때 자동 재가입되는 방식으로 갱신 시점에 보험료를 재계산하기 때문에 가입 당시보다 보험료가 인상될 가능성이 있다.

이에 반해 비갱신형은 가입 당시에 결정된 보험료가 납입기간 중 동일하게 부과되는 방식이다. 보험료 인상의 부담은 없지만, 가입 시에는 갱신형에 비해 보험료가 다소 비싼 편이다. 따라서 보험가입자의 상황을 종합적으로 고려해서 상품기능을 선택할 수 있어야 한다.

7 유병장수 시대에 유병자의 위험관리, 유병자 보험

일상생활에서 평소 질병이나 재해에 노출되지 않고, 건강한 상태를 유지할 때는 보험가입에 대한 필요성을 느끼지 못할 때가 간혹 있다. 그러다가 건강에 이상징후가 발견되어 재무적으로 어려움을 경험하게 되면, 그제서야 "보험이라도 하나 가입해둘걸..."하는 생각을 하게 된다. 그런데 이런 경험을 한 후에는 보험가입을 신청해도 보험회사 심사기준에 부합되지 않아 계약을 승낙하지 않았던 것이 종전의 상황이었는데, 최근에는 간편 심사기준 적용 등으로 유병자도 보험가입이 가능하게 되었다.

생활환경과 식생활 습관 등의 변화에 따라 개인별로 정도의 차이는 있겠지만, 나이와 무관하게 다양한 질병 위험에서 자유로울 수 없는 시대가 되었고, 이는 유병자보험에 대한 관심으로 이어져, 최근 신규가입자가 대폭 늘어나는 추이를 보이고 있다.

〈그림 2-12〉 유병자보험 신규 가입 추이

〈그림 2-12〉에서 볼 수 있듯이 2014년까지만 해도 유병자보험에 대한 신규가 입자는 년간 100만여건에 불과했지만, 최근에는 년간 300만건 이상의 신규계약이 이루어질 정도로 관심이 고조되고 있다.

이는 2015년까지만 해도 보험회사의 까다로운 가입조건과 극히 제한된 보장범위 등으로 유병자가 선택할 수 있는 보험상품은 그리 많지 않았는데, 최근에는 보험회사의 심사기준 완화에 따라 가입을 위한 진입장벽이 상당부분 낮아진 것이 영향을 미친 것으로 보인다.

앞으로도 고혈압, 당뇨와 같은 만성질환자의 관심이 지속될 것으로 보이는 유병자보험은 가입시점에 다음과 같은 사항을 고려하여 신중하게 선택해야 한다.

7-1 유병자보험 가입기준 및 보험료

유병자보험을 가입하기 위해서는 다음과 같은 일반적인 기준요건을 충족해야 하는데, 이는 보험회사 및 상품유형에 따라 다소 상이할 수 있다.

- 최근 3개월 이내에 의사로부터 입원 및 수술이 필요하다는 소견을 받은 사실이 없어야 한다.
- 최근 0~5년 이내에 입원 및 수술 이력이 없어야 한다.
- 최근 5년 이내에 암 등 중대질환 진단을 받은 사실이 없어야 한다.

위 내용처럼 종전과 달리 가입요건은 상당부분 낮아져 유병자가 간편심사로 보험가입이 가능해졌지만, 매월 납입하는 보험료는 일반보험에 비해 상당히 높은 편이라 부담이 작지 않다.

아울러 유병자보험에 대한 관심이 높아지고, 간편심사로 가입이 이루어지는 관계로 유병자도 아닌 일반인이 유병자보험을 선택하는 경우가 종종 있는데, 이 경우 일반인이 가입할 수 있는 보험에 비해 훨씬 비싼 보험료를 납입할 수 있기 때문에 상품선택 및 가입 시 반드시 확인을 해야 한다.

7-2 갱신형 유병자보험 vs 비갱신형 유병자보험

갱신형 보장성보험을 가입한 보험계약자가 납입하는 보험료는 매번 갱신주기마다 대폭 인상하여 많은 불만이 제기되고 있다. 갱신형보험 가입자의 과잉진료에 따른 보험회사의 손해율이 주된 이유로 거론되고 있는데, 유병자보험을 가입하는 대상자는 일반인에 비해 건강상태가 상대적으로 양호하지 않을 수 있다. 따라서 건강진료서비스 활용이 일반인에 비해 상대적으로 많을 수 있다. 이럴 경우, 유병자보험이 갱신형이라면 갱신주기마다 보험료 인상부담이 상당할 수 있다. 가입시점에도 일반보험에 비해 보험료가 상당히 비싼편인데, 갱신주기에 따라 얼마나 인상할지 예측할 수 없는 보험료는 유병자보험 가입을 고려하는 사람들에게는 상당한 심리적·경제적 부담요인이다.

이런 이유 때문에 유병자보험이 처음 판매될 당시와는 달리 최근에는 비갱신형 유병자보험도 시장에 선을 보이고 있다. 물론 갱신형에 비해 가입초기 보험료는 다소 비싼편이나 갱신주기별로 인상하는 보험료 부담에 대해서는 자유로울 수 있다.

따라서 이와 같은 상황을 종합적으로 고려해서 상품을 선택·활용하는 위험관리가 요구된다.

제3절 | 보장성보험 설계사례

1 보험설계사의 구두설명 효력인정 여부(가입단계)

1-1 사례 설명

보험설계사가 약속한 세후 8.5% 이자 지급 요구

2007년 12월 보험가입 당시 보험설계사가 연 10% 이율로 세후 8.5%의 이자를 보증한다는 약속에 따라 40,000,000원을 보험료로 납부하였다.
1년 후 당초 약속한 이자가 적립되지 않아 이의를 제기하자, 보험설계사가 다시 계약을 계속 유지하면 최초 가입 시 약속한 대로 세후 8.5% 이자를 지급한다는 서면확인서를 작성해주어 만기까지 유지했다. 그러나 약속한 이자는 지급되지 않았다.

⇒ 보험설계사는 보험계약 체결 대리권이 없지만, 보험설계사가 대리권이 있는 것처럼 보험회사가 보험계약자에게 신뢰를 주었기 때문에 이를 보호할 수 있다는 전제하에서 보험설계사가 작성한 서면확인서를 보험계약내용으로 인정하여 최초 약정대로 이자를 지급하라는 판결이 이뤄짐.

출처: 금융감독원

1-2 근거 제시

설계사의 구두설명은 증거가 있어야 효력을 인정받을 수 있다. 보험사고의 보장 여부는 약관에 따라 처리되므로 보험설계사의 구두설명은 나중에 부인하면 입증할 수 없어 효력이 없다. 그러나 개별약정은 약관보다 우선하므로, 만약 보험설계사가 약관의 내용보다 과다한 보장이나 고수익을 약속한다면 반드시 서면에 의한 확인서를 받아놓아야 향후 분쟁에서 유리할 수 있다.

2 보험설계사에게만 고지한 기왕병력(가입단계)

2-1 사례 설명

보험설계사에게만 고지한 기왕병력 미인정 사례

2015년 8월 건강보험에 가입하면서 보험설계사에게 34회 통원 및 60일 이상 투약받은 사실을 알렸으나, 보험설계사가 청약서에 기재하지 않았다.
2016년 보험금 청구과정에서 고지의무 위반으로 계약이 해지되어 보험설계사가 고지의무를 방해했다고 주장했다. 그러나 보험설계사는 고지의무 방해사실이 없고 보험가입자가 자필서명을 했다고 주장하였다.

⇒ 보험가입자의 주장을 입증할 수 있는 자료가 없고, 보험설계사는 고지의무 수령권이 없으므로 보험가입자의 주장을 인정하지 않음.

출처: 금융감독원

2-2 근거 제시

보험설계사는 고지의무 수령권이 없으므로 반드시 청약서상의 질문표에 대해 사실대로 기재하여 보험회사에 알려야 한다. 고지의무를 고의 또는 중과실로 위반한 경우 보험계약이 해지될 수 있고, 고지의무 위반과 보험사고와 인과관계가 있다면 보험금도 지급되지 않는다. 청약서에 기재된 질문표에서 질문한 사항을 성실하게 알려주지 않거나 고의 또는 중과실로 알려주지 않으면, 계약도 해지되고 보험금도 받지 못할 수 있다.

3 피보험자인 남편 대신 부인이 자필서명(가입단계)

3-1 사례 설명

지방 거주 배우자 대신 보험계약자가 대리 서명한 보험계약 무효

2012년 6월 피보험자의 사망을 보장하는 보험에 가입하면서 지방에 거주하는 남편 대신 배우자가 피보험자 서명란에 자필로 서명하였다.
2016년 보험설계사가 저축성보험이 아닌 보장성보험을 가입시켰다는 사실과 상법상 피보험자의 동의가 없으면 무효가 된다는 사실을 알게 되어 계약의 무효를 주장함.

⇒ 보험가입 전 피보험자의 서면동의가 없으면 계약은 무효이므로, 기납입한 보험료 전액을 환급하고 계약은 무효 처리함.

출처: 금융감독원

3-2 근거 제시

상법에서 보험계약자와 피보험자가 다르고, 피보험자의 사망사고 시 보험금이 지급되는 계약은 보험가입 전 피보험자의 서면동의를 받도록 하고 있다. 만약 보험가입 전 피보험자의 동의를 받지 못했다면 그 계약은 무효이다. 또한 가입 후 동의, 묵시적·명시적 승인이나 추인 등의 모든 경우에도 보험계약은 무효에 해당한다.

4 보험계약 후 알릴 의무사항 위반 사례(유지단계)

4-1 사례 설명

오토바이 계속 운행에 대해 통지하지 않은 경우 보험금 면책 가능

2009년 3월 건강보험에 가입한 후, 2014년 이륜차운전면허를 취득하고 오토바이를 구입하여 운행하던 중 2016년 4월 교통사고로 외상성 지주막하 출혈 등의 부상을 입는 사고가 발생했다.
보험회사는 오토바이 운행사실 미통지를 이유로 계약해지 및 보험금 면책을 주장했다. 반면, 보험가입자는 통지의무 위반은 맞지만 보험금은 보험료율에 따라 감액해서 지급할 것을 요구하였다.

⇒ 판례(대법원 2014. 7. 24. 선고 2012다62318 판결)는 오토바이를 계속 운행한 경우 보험사고 발생위험의 현저한 변경·증가에 해당하며, 보험료율의 비율에 따라 보험금을 삭감하도록 규정한 약관조항은 '직업 또는 직무 변경'의 경우에만 적용되고 '오토바이 운전'에는 적용되지 않는다고 판시한 바 있어 감액 지급 요구를 불수용함.

출처: 금융감독원

4-2 근거 제시

손해보험 상품에 가입하였을 때는 계약자 또는 피보험자가 보험계약을 맺은 후 피보험자의 직업 또는 직무변경으로 인해 위험이 증가하거나, 주소변경 등 보험약관에서 정한 '계약 후 알릴 의무사항'이 발생하면 지체 없이 알려야 한다. 만약 직무 또는 직업의 변경에 대해 보험회사에 알리지 않으면 계약이 해지되거나 보험사고 발생 시 보험금이 감액될 수 있다. 특히 오토바이를 계속적으로 운행한 사실을 통지하지 않은 상태에서 사고가 발생하면 보험금을 지급받지 못할 수도 있다.

5 보험료 연체에 따른 납입최고 사례(유지단계)

5-1 사례 설명

직장 동료가 수령한 우편물은 납입최고의 도달로 간주

2006년 3월 보험가입 후 2006년 9월 보험료 미납으로 연체되자, 보험회사는 보험가입자가 기재한 주소(직장)로 납입최고 우편물을 등기로 발송했다. 동 우편물은 회사에서 우편물 업무를 수행하는 직장 동료가 수령했다는 사실이 확인됐는데, 소비자는 납입최고가 소비자에게 직접 도달하지 않았으므로 보험료 미납에 따른 계약해지는 부당하다고 주장하였다.

⇒ 금융감독원 분쟁조정사례(제2004-32호)에 따르면, 이해관계가 없는 이웃 주민에게 전달된 납입최고는 특별한 사정이 없는 한 보험계약자에게 도달된 것으로 추정된다고 결정한 바 있어 직장 동료가 수령한 납입최고 역시 소비자에게 도달된 것으로 추정함.

출처: 금융감독원

5-2 근거 제시

계약자가 보험료 납입을 연체하면 납입기일이 속하는 달의 다음 달 말일까지 보험료의 납입을 최고(독촉)하고, 그 기간까지 보험료가 납입되지 않으면 계약을 해지한다. 자동이체 등으로 보험료 납입 여부를 확인하기 어려운 경우에는 수시로 통장거래내역 및 잔고사항을 확인하는 것이 중요하다. 단, 보험료 연체에 대해 납입최고를 한 사실은 보험회사가 입증해야 한다.

6 부활계약 시 고지의무 위반

6-1 사례 설명

부활계약 시 치료사실을 알리지 않아 계약해지

1995년 1월 보험가입 후 발병한 B형 간염 및 간기능 이상으로 75일간 투약치료를 받았는데, 2000년 5월 보험료 미납으로 해지되어 2000년 6월 부활청약서에 별다른 이상이 없다고 고지하였다.
2000년 7월 간경화증으로 지속적으로 치료를 받아 보험금을 청구했으나 보험회사는 부활청약 시 B형 간염으로 투약한 사실을 알리지 않았다며 계약을 해지하였다.

⇒ 부활계약은 양 당사자 간의 합의에 의해 효력이 상실된 계약을 종전의 상태로 회복시키는 특수한 계약으로, 부활되는 계약의 계약 전 알릴 의무는 최초 가입 시 적용되는 계약 전 알릴 의무와 동일하다. 따라서 장기간 투약한 사실을 알리지 않은 것은 고지의무 위반에 해당함.

출처: 금융감독원

6-2 근거 제시

보험료를 2회 이상 연체하여 보험계약이 해지된 경우 일반적으로 해지된 지 2년이 경과하지 않았고, 해약환급금을 수령하지 않았다면 체납보험료와 연체이자를 납입하고 계약을 부활 시킬 수 있다. 단, 부활청약 시 최초 가입과 동일하게 계약 전 알릴 의무가 적용되므로 고의 또는 중과실로 이를 알리지 않으면 계약 전 알릴 의무 위반에 해당한다.

7 종신보험 보험료 부담을 줄이고 싶은 고객

7-1 사례 설명

> 남편(35세) 혼자서 소득활동을 하고 있어서 '혹시나, 정말 혹시라도 남편이 일찍 세상을 떠나면 어쩌나' 하는 마음으로 사망보험금 1억 5천만 원의 종신보험 1건을 가입하여 월 보험료로 30만 원을 납입하고 있다. 하지만 종신보험뿐만 아니라 다른 건강보험도 있어서 보험료가 사실 부담스러운 상황이다. 이제 4살인 아들에게 지출되는 금액도 앞으로는 계속 늘어날 것 같아서 이를 조정할 수 있는 방법을 안내받고 싶다.

현재 남편 혼자 경제활동을 하고 있는 상황에서 주된 소득원을 중심으로 사망보험을 가입한 것은 합리적인 선택이다. 다만 위 상황에서 나타나듯이 부담을 느끼는 규모의 매월 보험료 30만 원에 비해 1억 5천만 원의 사망보험금은 최근 경제상황 등을 고려했을 때 충분한 보장금액은 아니다.

따라서 보장금액과 납입하는 보험료를 종합적으로 조정하는 방향으로 설계를 진행해 본다.

7-2 근거 제시

가. 먼저 상품의 선택이다

사망보험금을 보장해주는 상품에는 종신보험과 정기보험이 있다. 종신보험은 가입 즉시 사망하든 100세에 사망하든 언제든지 사망보험금을 주는 상품으로, 보장기간이 종신이기에 보험료가 꽤 비싼 편이다. 그에 반해 정기보험은 정해진 기간 동안 사망을 보장해주는 상품이다. 즉 보장기간을 65세 만기로 했다면, 65세까지만 사망보험금을 지급하고, 65세까지 생존 시 계약은 종료된다. 종신보험에 비해 보장기간이 짧기 때문에 보험료는 상대적으로 저렴한 편이다.

〈표 2-15〉 종신보험과 정기보험 비교

구분	종신보험	정기보험
보장기간	종신토록 보장	정해진 기간 동안 보장
장점	보장기간이 길다	보험료가 저렴하다
단점	보험료가 비싸다	보장기간이 짧다

35세 남편의 상황을 중심으로 종신보험과 정기보험 가입 시 부담해야 할 보험료를 비교해본다.

[기준: 35세 남자, 사망보험금 1억 5천만 원, 납입기간 20년]

종신보험 vs. 정기보험			
구분	종신보험	정기보험(65세 만기)	보험료 차액
월 보험료	30만 원	4만 원	26만 원
총 납입보험료	7,200만 원	960만 원	6,240만 원

현재 가입하고 있는 종신보험은 월 보험료가 약 30만 원이고, 65세까지만 사망을 보장하는 정기보험은 월 보험료가 4만 원이다. 두 상품의 보험료 차이는 월 26만 원, 20년으로 계산해보면 6,240만 원이다.

나. 보험료 차액으로 저축 및 투자의 효과를 꾀한다

매월 26만 원의 보험료 차액을 활용하여 동일 기간 동안 저축 및 투자를 실행할 경우 꾀할 수 있는 효과는 다음과 같다.

1) 매월 26만 원 × 12개월 × 20년, 연 3% 수익률 가정 시
   ⇒ 55세 시점에 약 8,500만 원
2) 거치형 자산 8,500만 원을 연 3% 수익률로 10년 운용 시
   ⇒ 65세 시점에 약 11,400만 원

다. 정기보험으로의 전환을 고려할 수 있는 근거

위 사례의 고객은 자녀가 4살이다. 향후 30년(65세 까지 보장) 동안 가장의 사망에 따른 보장을 받을 수 있다면, 자녀가 경제적으로 독립을 할 수 있는 연령이 되기에 가장 사망에 따른 경제적 위험은 그리 치명적이지 않을 수 있다. 따라서 사망보장에 대한 합리적인 기간 설정과 조정된 보험료 차액을 활용한 저축 및 투자효과를 꾀하기 위해 보험상품을 정기보험으로 조정할 수 있다.

8 암 보장 범위와 보험료를 고려한 설계

8-1 사례 설명

> 직장인 김장미 씨는 30대 초반 워킹맘이다. 암에 대한 가족력이 있어서 암 보장을 좀 더 보완하려고 알아보는 중이다. 그런데 보험회사별 상품마다 보장이 조금씩 다르고, 어떤 특약을 선택해서 가입해야 하는지 판단이 힘든 상항이다. 보험설계사가 안내하는 방법으로 가입을 해도 되겠지만, 그래도 세부적인 내용은 알아야 할 것 같아서 삼청은행 CPB에게 문의하였다.

시중에서 판매되고 있는 암 보험도 어떤 상품을 가입하느냐에 따라서 활용효과가 천차만별이다. 암 보험을 가입할 때는 위 사례의 직장인 김장미 씨처럼 가족력을 먼저 체크해야 한다. 가족력이 있다면 암 종류에 따라서 암에 걸릴 확률이 상대적으로 높을 수 있기 때문에 보장범위와 보장금액도 다른 가정에 비해 좀 더 추가하는 것이 합리적이다.

8-2 근거 제시

가. 암 보장도 잘 구성해야 효과를 기대할 수 있다

〈그림 2-13〉 암 보장의 구성

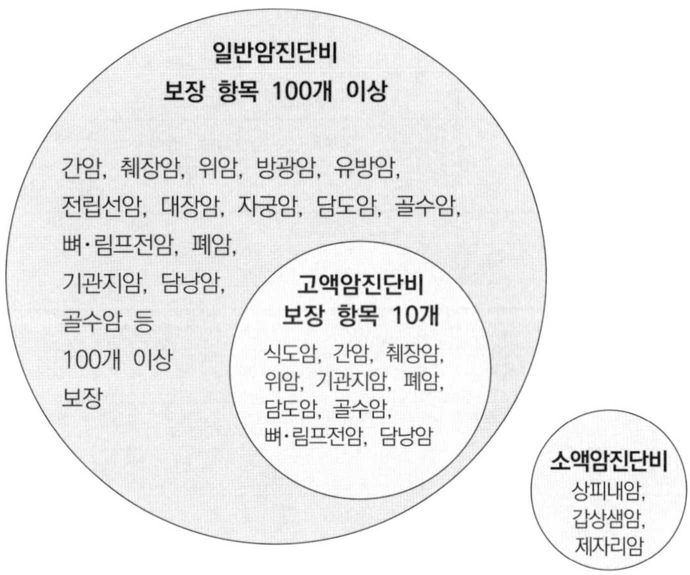

암 보험은 보장 항목이 일반암·고액암·소액암진단비로 나눠진다. 일반암진단비는 암 보험에서 보장범위가 가장 넓은 보장항목으로, 보험상품마다 조금씩 다르지만 평균 90~100개 정도 보장한다. 그리고 고액암진단비는 일반암에서 보장하는 항목들 중에 발병 시 병원비가 많은 들어가는 항목을 별도로 더 보장해주는 진단비이다. 예를 들어 간암에 걸렸다면 간암은 일반암에도 있고 고액암에도 있기 때문에 보험금을 중복으로 보장받을 수가 있다. 예를 들어 일반암진단비 3천만 원과 고액암 2천만 원을 가입했다면 간암진단비는 5천만 원까지 보장받을 수 있다.

나. 가입담보 설정에 따른 보험료 구성

고액암진단비는 보장 개수가 일반암진단비보다 적기 때문에 보험료가 저렴하다는 장점이 있다. 그래서 가족력이 있는데 보험료에 대한 부담을 줄이고 싶다면, 굳이 일반암진단비 5천만 원을 가입하지 말고, 고액암진단비를 함께 가입하는 것이 바람직하다. 그렇게 하면 보험료는 줄이면서 필요보장은 확대할 수 있다.

보험료 차이는 35세, 남성을 예로 일반암과 고액암을 함께 가입할 경우 약 45,000원이고 일반암 5천만 원만 가입할 경우 6만 원으로 약 15,000원의 차이가 발생한다.

[인보험 피보험자 : 홍길동]

가입담보	보험기간 / 납입기간 / 갱신형 / 기타	보험가입금액	보험료
보통약관 (암 (4대유사암 제외) 진단비)	90세 만기 / 20년 납	3,000만 원	35,880원
보통약관 (4대유사암 진단비)	90세 만기 / 20년 납	300만 원	270원
10대 고액치료비암 진단비	90세 만기 / 20년 납	2,000만 원	9,180원
홍길동님 보장보험료 합계 : 45,330원			

[인보험 피보험자 : 홍길동]

가입담보	보험기간 / 납입기간 / 갱신형 / 기타	보험가입금액	보험료
보통약관 (암 (4대유사암 제외) 진단비)	90세 만기 / 20년 납	5,000만 원	59,800원
보통약관 (4대유사암 진단비)	90세 만기 / 20년 납	300만 원	270원
홍길동님 보장보험료 합계 : 60,070원			

다만, 고액암진단비는 보험상품마다 보장 항목 개수가 3~15개까지 차이가 나기 때문에 잘 선택해야 한다.

9 보장성 보험료로 월 90만 원을 지출하는 30대 부부

9-1 사례 설명

결혼 6년 차를 맞이하는 30대 중반의 맞벌이 부부 김장미(36세) 씨와 나대한(37세) 씨는 양가 모두 질병에 대한 가족력이 있다. 부부는 매월 550만 원 정도의 소득으로 생활하고 있는데, 보장성 보험료 지출만 월 90만 원에 이르러 늘 부담스러운 상황이다. 이에 대한 조정을 문의하려고 삼청은행 CPB를 찾았다.

9-2 보장성보험의 보험료 부담을 최적화할 방법은?

가. 상황분석

1) '30대 중반, 보험료가 어떤 이유로 이렇게 늘어났을까?'를 먼저 확인한다

사례의 부부는 양가 모두 질병에 대한 가족력이 있어 평소 건강관리에 더욱 신경을 쓰고 있다. 결혼 전 또는 신혼 초에 가입한 종신보험과 실손의료보험이 있는데 보장이 너무 적은 것은 아닌가를 고민하다가 평소 알고 지내던 보험설계사와 상담을 했다. 보장성보험을 조정하는 것이 기본적인 목적이었는데, 상담을 하고 나니 부족한 것 같아서 오히려 보험 5건을 추가로 가입하게 되었다.

2) 소득대비 보험료 규모의 적정성을 판단한다

이번 달 지출 계획을 세워보니 새로 가입한 보험료를 합해 보장성보험료로만 90만 원 가까이 지출이 예상된다. 보험이 필요하다고 생각은 하는데 보험료 때문에 저축도 못 하게 되었고, 이대로 가다가는 가계재정이 엉망이 될 것 같아서 걱정이다. 맞벌이로 부부 월 소득이 550만 원 정도이다. 이 돈으로 저축도 하고 주택자금대출도 갚아야 하는데 보장성보험료의 비중이 너무 많다는 것을 인정하고 있다.

3) 보험 가입한 지 한 달, '유지해야 하나, 해지해야 하나?'

보험 가입한 지 한 달이 안 지났기 때문에 이제라도 바로잡을 수 있으면 좋겠는데 보험

을 계속 유지하는 게 좋을지, 해지하고 전처럼 저축을 더 하는 게 좋을지가 고민이다. '질병에 대한 가족력 때문에 나이가 들면 보험 가입도 점점 더 어려워질 텐데, 지금 가입한 보험을 유지해야 할까? 한 달 90만 원이나 하는 보험료는 너무 비싸므로 해지하고 저축을 늘릴까?'

나. 재무현황

1) 월소득현황

① 남편(나대한 씨) 월소득 350만 원 + 9월 이후 아르바이트로 별도 수입 발생 예정

② 아내(김장미 씨) 월소득 200만 원

2) 월 지출현황

(단위: 만 원)

항목	금액	내용
저축	202	청약 12 + 연금 20 + 적금 170
고정비	182	대출원리금 122 + 보장성보험 32 + 관리비 15 + 통신비 13
변동비	166	교통비 6 + 유류비 10 + 생활비 65 + 남편용돈 30 + 기부금 30 + 여행 5 + 경조사 5 + 기타예비비 15
합계	550	

3) 자산현황

① 빌라: 시세 2억 8천만 원

② 적금: 잔액 1,200만 원

4) 부채현황

① 주택담보대출: 1억 5천만 원(20년, 원리금균등상환방식)

② 사업자대출: 440만 원

③ 마이너스통장대출: 1,500만 원

다. 대안 제시

소득규모 대비 보장성보험료가 많이 지출되는 것은 사실이다. 따라서 김장미 씨 부부가 기존에 보유 중인 종신보험과 실비보험만으로 보장이 충분한지 점검하고, 최근 신규로 가입한 보험에 대한 조정이 필요한 듯하다. 보험은 위험에 대비하는 중요한 자산이기는 하지만, 너무 과도한 보험료는 오히려 현재 삶을 유지하는 현금흐름에 문제가 생길 수 있으므로 보험상품에 대한 조정은 반드시 필요하다.

1) 최근 가입한 보험 중 보장성보험 유지 여부 결정하기

① 김장미 씨 종신보험 26만 원 — 목적: 사망보험금 + 목돈마련 → 해지

② 김장미 씨 실비보험 8만 원 — 목적: 의료실비 + 중대질병특약 → 유지

③ 나대한 씨 중대질병보험 3만 원, 7만 원 → 추가 고지 후 결과에 따라 결정

④ 나대한 씨 종신보험 10만 원 — 목적: 사망보험금 → 해지

※ 김장미씨 부부 상황에서 사망에 대한 추가보장이 필요한 경우에는 정기보험으로 활용하는 것이 보험료 부담을 통제하는 데 합리적이다.

※ 최종적으로 가족력과 연동된 보장을 추가 준비하는 차원에서 실손의료보험은 유지하고, 중대질병보험에 대해서는 고지내용에 대한 결과를 보고 판단하는 것으로 마무리하였다.

2) 월 지출과 연간 비정기적 지출을 구분해서 관리하기

① 월 지출: 저축 + 고정비 + 변동비

② 연간 비정기적 지출: 연간 비정기적으로 발생하는 지출이지만 큰 금액이어서 가계부에 영향을 미칠 수 있는 항목들을 별도로 관리한다. 김장미 씨는 여행과 경조사비를 통장을 분리하여 각각 소액으로 관리 중이나, 통합해서 연간 비정기적 지출로 관리하는 방법을 추천한다.

※ 연간비 정기적 지출 통장이체액은 남편의 아르바이트 수입이 들어오기 전인 9월까지는 15만 원, 이후에는 40만 원으로 조정하기로 함.

3) 부채상환계획 및 기타사항 확인하기

① 금리가 높은 마이너스통장대출은 아르바이트비 등으로 빠른 시일 내에 정리하기로 하였다.

② 사업자대출은 상환 완료 시 동일한 금액으로 저축하여 저축액을 늘리기로 하였다.

③ 주택확장 자금은 현재 저축과 향후 발생할 추가 저축으로 만들어가기로 하였다.

라. 후회하지 않는 보험 가입을 위한 조건

보험설계사 또는 지인의 추천으로 덜컥 보험에 가입했다가는 낭패를 보기 쉽다. 보험 가입 전에는 반드시 아래 4가지 조건을 기억하고 본인의 상황에 맞는 보험상품을 선택하고, 충분히 설명을 듣고 이해한 후 가입해야 후회하지 않는다.

1) 지급여력이 높은 회사를 선택한다.
2) 소득대비 부담이 되지 않는 금액의 보험료를 순수보장형으로 선택한다.
3) 장수인생 시대에 걸맞게 보장기간은 길게 지정한다.
4) 갱신형보다는 비갱신형으로 가입하여 보험료 부담을 상대적으로 통제한다.

10 지금 보험을 해지하면 손해 보는데… 주저하는 가입자

10-1 사례 설명

김장미(56세) 씨는 현재 남편과 맞벌이 부부로 소득활동을 하고 있다. 남편은 사업 실패 후, 현재는 소득이 불안정한 상태이다. 매월 고정적인 소득 180~210만 원 정도의 규모이고, 자녀도 소득활동을 하고 있다. 고정지출이 185만 원인데, 이래저래 나가는 변동지출이 대략 80만 원에 이른다.
앞으로 부부가 소득활동을 할 수 있는 기간은 대략 5~10년으로 예상하고 있고, 둘의 노후준비는 부부가 동시에 가입되어 있는 국민연금이 전부이다. 이마저도 남편의 보험료 납입은 중단된 상태이다.
이런 상황에서 매월 지출되는 보험료 110만 원은 엄청난 부담이다. 그렇지만 지금 해지를 하면 대부분을 손해 보기 때문에 어떻게 해야 하는지 방법을 알고 싶다.
김장미 씨 부부가 보유하고 있는 자산은 1억 원 후반대의 거주 중인 아파트(대출 있음)가 전부이다.

10-2 질문

10년 전 남편 사업 실패 후, 모아둔 돈이 없다는 생각에 '가족이 아프면 어떻게 하나?'라는 불안감과 지인의 권유로 총 12건의 보험을 가입하여 월 110만 원 정도의 보험료를 납입 중이다. 그러나 남편의 소득이 일정치 않고 들쭉날쭉하여 보험을 유지하기 힘들어졌다. 중도에 해지를 하려고 했으나, 손해가 너무 커서 어떻게든 유지해보려고 보험대출까지 받은 상태이다. 현재 소득으로는 보험 유지가 어렵다는 것을 알지만 중도해지 시 손실금액이 커서 정리할 엄두가 나지 않는다. 남편이 보험료만큼이라도 소득을 가져오면 유지하고 싶은데, 현재도 1년 넘게 별다른 소득이 없다. 보험을 유지하기 위해 보험대출을 계속 받을 수도 없고, 아파트 대출금은 아직 남아 있고, 노후준비도 못한 상태이다. 이러지도 저러지도 못하는 상황, 어떻게 해결해야 할지 상담을 받고 싶다.

이 상황의 사례 대상자에게 CPB는 어떤 솔루션을 줄 수 있을까?

10-3 답변

보험의 특성상 납입 중단 시 보장 혜택이 없어진다. 따라서 이 점을 충분히 숙지하고 부부소득 유지기간, 보험료 납입기간 등을 비교하여 소득 유지기간에 최대한 주택담보대출을 상환하고 노후 생활자금을 마련하는 것이 중요하다.

소득 유지기간이 대략 5~10년 정도이나, 보험료 납입기간은 13~15년 정도 남아 있기 때문에 보험을 유지하기 어려울 수도 있다. 약관대출을 받아 유지하더라도 납입만기 이후에 보험을 해지할 때까지 대출이자를 불입해야 하므로 이중부담이 발생할 수 있다. 따라서 대폭적인 보험정리가 요구된다.

중복되는 보험이 있다면, 납입기간이 짧게 남은 보험을 유지하고, 실손의료비보험과 중대질병보험은 2천만~3천만 원 정도로 보장을 유지하는 한편, 대출비중이 큰 보험과 종신보험은 해지하는 등의 방법으로 부부의 보험을 월 44만 원정도로 조정할 수 있다.

자녀 보험은 현재 자녀가 소득이 있으므로 자녀가 납입하게 한다. 그리고 부부의 국민연금과 주택연금으로 노후에 기본생활을 유지해야 하므로, 남편의 국민연금을 유지하고 미납된 국민연금을 납입함으로써 연금수령액을 높이는 것이 합리적이다.

주·요·내·용·종·합·정·리

01› 보장성보험은 저축기능이 아닌 보장기능을 우선하는 것이니만큼 실질보장내용을 중심으로, 보험료 최적화를 기본원칙으로 하여 상품을 구성한다.

02› 순수보장성, 무배당, 비갱신상품 등을 우선으로 고려한다. 단일 상품을 여러 개 선택하여 가입하는 것이 아니라 기능별 특약을 잘 활용하면 저렴한 보험료로 내실 있는 보장내용을 구성할 수 있다.

03› 보장성보험에서 주요 기능별 특약을 활용할 때는 포괄하는 범위가 넓은 특약을 선택해야 보장의 공백을 해결할 수 있다. 다발성질환에 대해서는 가능한 한 발병 시마다 반복 보장해주는 특약을 선택해야 한다.

04› 뇌혈관, 심장질환, 암진단 등 보험가입자의 보장에 대한 기대와 보험약관상의 지급조건 불일치로 보험금지급 관련 민원이 발생하고 있는 만큼 정확한 조건을 확인한 후에 선택해야 한다.

05› 보험금지급 상유가 발생하면 보험금을 청구·수령해야 하는데, 보험금 청구권 소멸시효는 사고발생일로부터 3년임을 유념해야 한다.

06› 보장성보험 중 사망위험에 대한 보장으로 종신보험과 정기보험을 활용할 수 있는데, 생애주기별 치명적인 위험의 유형 및 보장내용 대비 보험료 적절성 등을 종합적으로 고려해서 선택해야 한다.

07› CI보험 및 실손의료비 보험은 질병과 의료비를 주로 보장하는 보험으로, 보장범위 및 보험료 규모, 보험금지급 관련 분쟁사례 등을 검토한 후 가입을 결정한다.

08› 평균수명 연장과 저출산 등으로 은퇴생활 중 간병 등의 지원을 가족관계에서 기대하기가 어려워지고 있다. 따라서 개인에게 추가적인 노후의료비 준비가 요구되는데, 그런 차원에서 장기간병보험(LTC)은 활용가치가 있다.

연·습·문·제

01 보험료부담을 줄이기 위해 보장성보험을 구성할 때, 고려할 수 있는 사항으로 적절하지 않은 것은?

① 유배당상품보다는 무배당상품으로 구성한다.
② 만기환급형보다는 순수보장형으로 구성한다.
③ 위험률이 증가하는 위험관리는 비갱신형으로 구성한다.
④ 계약건수를 늘리는 것보다 기능별 특약으로 구성한다.
⑤ 최근 대부분의 보장성보험은 유배당 상품으로 개발·판매되고 있다.

02 보장성보험의 보험료 구성에 대한 설명으로 적절하지 않은 것은?

① 위험보험료는 사망 및 상해의 보험금 지급과 관련한 것으로 예정사망률에 의해 산출된다.
② 예정사망률이 높아지면 생존보험의 보험료는 비싸진다.
③ 사망보험은 일반적으로 남성보다는 여성의 보험료가 더 싸다.
④ 사망보험은 일반적으로 저연령자에 비해 고연령자의 보험료가 더 비싸다.
⑤ 보장성보험은 위험보험료보다 저축보험료의 비중이 낮다.

03 보험금지급사유 발생 시, 보험금을 청구할 수 있는 청구권의 소멸시효는 사고발생일을 기준으로 (　　)이다.

① 1년　　② 2년
③ 3년　　④ 4년
⑤ 5년

연·습·문·제

04 보장성보험의 주요상품에 대한 설명으로 적절하지 않은 것은?

① 사망을 담보로 하는 계약에서는 일반적으로 종신보험보다 정기보험의 보험료가 싸다.
② CI보험에서 중대한 질병의 발병에 따라 지급되는 치료비의 선지급은 진단시마다 반복적으로 지급된다.
③ 실손의료보험은 의료비부담에 따른 인플레이션 위험을 일부 해결할 수 있는 기능이 있다.
④ 노후실손의료보험의 갱신주기는 1년이다.
⑤ 통합보험에서 갱신형의 보험료는 처음에는 저렴하지만 인상될 가능성이 있다.

05 장기간병보험은 정부의 노인장기요양보험을 보완하는 역할을 하며, 국민건강보험공단 등급판정위원회로부터 장기요양등급을 판정받아 노인장기요양보험 수급대상으로 인정되었을 경우 등급에 따라 가입금액을 차등 지급한다. '일상생활장해상태'에 대해 계약일(부활일)로부터 90일이 지난 다음날로 하고 있고, 질병사고로 인한 '치매상태'에 대해서도 계약일(부활일)로부터 만 (　　)이 지난 다음 날부터 책임개시가 되는 것으로 규정하고 있다.

① 1년
② 2년
③ 3년
④ 4년
⑤ 5년

정·답·및·해·설

01 ⑤ 최근 대부분의 보장성보험은 무배당 상품으로 개발·판매되고 있다.

02 ② 예정사망률이 높아지면 생존보험의 보험료는 싸지고, 사망보험의 보험료는 비싸진다.

03 ③ 3년

04 ② CI보험에서 중대한 질병의 발병에 따라 지급되는 치료비의 선지급은 최초 1회에 한한다.

05 ② 2년

Korea Banking Institute

제3장

저축성보험 설계

제3장 저축성보험 설계

학습개요

저축성보험을 활용할 때는 보장성보험과 다른 활용목적 및 세제혜택, 목돈마련, 연금인출을 통한 노후생활 안정감 유지 등 경과기간별 고려사항이 필요하므로 이를 중심으로 살펴본다. 또한 기능별 금융상품에 대한 구조 및 주요내용을 살펴보고, 활용 시 고려해야 할 핵심내용을 사례를 중심으로 살펴본다.

끝으로 저축성보험을 인출할 때 적용되는 세제 및 사망 시 보험금의 성격과 적용세제 등을 종합적으로 살펴본다.

학습목표

- 저축성보험의 가입목적에 부합하는 설계원칙을 이해할 수 있다.
- 기능별 상품내용의 차이 및 활용 포인트를 설명할 수 있다.
- 저축성보험을 활용할 때 적용되는 단계별 세제를 설명할 수 있다.

제1절 | 저축성보험 설계원칙

1 저축성보험 및 가입목적 이해

소득활동기간에 대비해야 할 가장 치명적인 위험은, 아무래도 소득중단의 이유가 될 수 있는 '조기사망' 위험이다. 또한 평균수명이 지속적으로 늘어나고 있는 상황에서 은퇴생활기간에 대비해야 할 치명적인 위험은 '생각보다 오래 살 위험'이라는 점에 의문을 제기할 사람은 없을 듯하다. 생존 시 사용할 생활재원 마련은 은퇴생활에서 그만큼 민감하고 중요한 부분이다. 대체로 50대 전후까지 은퇴생활재원 준비를 위한 적립의 시기를 이어오게 되는데, 이 경우 개인이 주로 활용하는 상품이 저축성보험이다.

저축성보험은 보험의 기본 목적인 위험 보장에 목돈마련, 노후생활자금 마련 등 저축의 기능이 더해진 것이다. 평생 지급받는 보험금(만기환급금 등)은 납입한 보험료보다 많은데, 보험회사 입장에서는 만기환급금 지급을 위해 순수보장형에 비해 일반적으로 비싼 보험료를 책정·부과한다.

다음은 보장성보험과 저축성보험의 대표적인 특징은 비교한 내용이다.

〈표 3-1〉 보장성보험과 저축성보험의 특징

구분	보장성보험	저축성보험
상품특징	납입보험료 〉 만기환급금	납입보험료 〈 만기환급금
	위험보장이 주목적 보험료 저렴	저축기능이 주목적 보장성보험에 비해 보험료가 비싸다

1-1 저축성보험 가입 및 활용목적

〈그림 3-1〉 저축성보험 가입 및 활용 목적

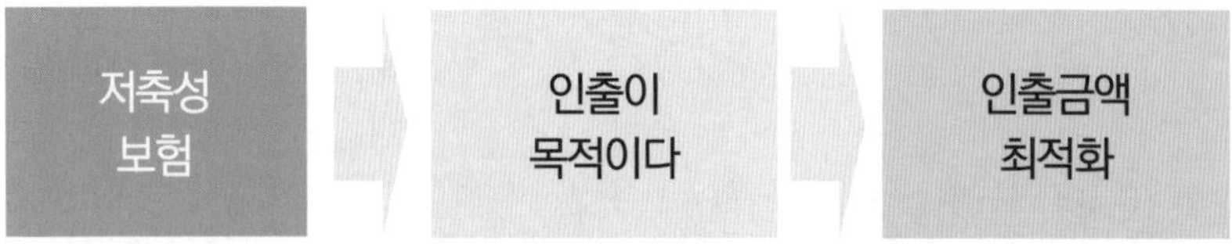

〈그림 3-1〉에서 볼 수 있듯이, 저축성보험은 보장성보험과는 상반되는 목적을 가지고 있다. 오랜 기간 일정한 금액을 소비하지 않고 목적자금을 만들기 위해 저축한 이유가 반드시 있을 것이고, 이를 해결하기 위해서는 기대하는 금액을 인출하는 것이 기본적인 요건이다. 즉, 저축성보험은 '기대금액의 인출'을 주된 활용목적으로 한다. 따라서 인출금액에 영향을 미치는 요소들을 세부적으로 검토한 후 가입을 결정해야 한다. 저축성보험도 보험료의 일부분을 사업비로 차감하는 보험 본연의 구조가 기본적으로 적용되는 만큼, 잘못된 상품선정 및 구성으로 조기해지할 경우 납입한 원금에 대해 손해가 발생할 수도 있다. 따라서 금리로 운용되는 상품인지 또는 투자수익형 상품인지를 확인하고 원금손실 가능성 여부, 비과세혜택의 적용 여부 및 조건, 본인 소득을 고려한 적립식 납입보험료 규모의 적절성 등을 기본적으로 확인하여야 한다.

1-2 보장성보험과의 구조적 차이

보장성보험과 저축성보험의 기본적인 차이는 납입보험료 산출조건에 있다. 보험계약자가 납입하는 보험료는 기본적으로 다음과 같은 요소로 구성된다.

〈그림 3-2〉 보험료 구성의 3요소

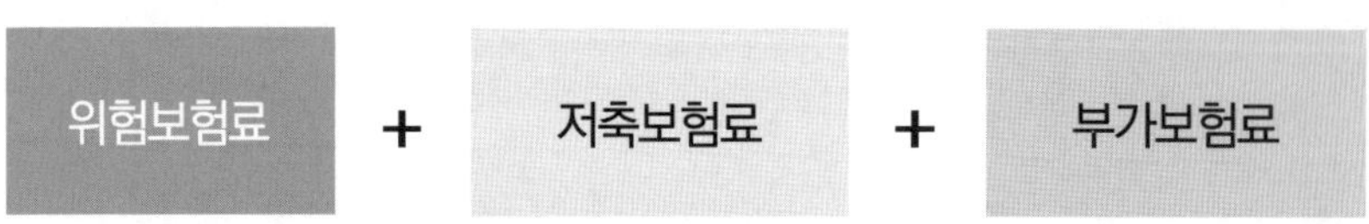

보장성보험은 위험보험료의 비중이 비교적 높고, 저축성보험은 저축보험료의 비중이 훨씬 높다. 이런 구조적 특징 때문에 보장성보험을 중간에 해지할 경우에는 환급금이 별로 없고, 저축성보험은 상대적으로 환급금이 많다. 참고로, 만기 시에도 환급금이 없는 순수보장성보험에는 저축보험료가 부과되지 않는다.

1-3 저축성보험 경과기간별 활용 포인트

소득활동기간에서 은퇴생활로 이어지는 기간에 활용하는 저축성보험으로 꾀할 수 있는 효과는 대표적으로 다음의 세 가지가 있다.

〈그림 3-3〉 저축성보험 활용을 통한 기대효과

위 세 가지 효과를 위해 저축성보험을 장기간에 걸쳐 활용할 계획이라면 다음의 사항을 고려해서 상품의 설계 및 선택을 해야 한다.

가. 비용·수수료 등 공제금액을 반드시 확인한다

흔히 저축성보험에 가입하면 본인이 납입한 보험료 전액이 적립 또는 투자된다고 생각하지만, 사실은 그렇지 않다. 납입보험료 중에서 보험모집 등에 활용되는 비용과 각종 수수료, 사망보장을 위한 위험 보험료 등이 차감된 금액(보험상품마다 상이한데 적립보험료는 통상 월 납입보험료의 85~95% 수준)만이 적립 또는 투자된다. 이러한 비용·수수료 등으로 인해 저축성보험은 은행의 예·적금과 달리 가입 초기에 상대적으로 낮은 환급률을 가질 수밖에 없다. 그러므로 노후자금 마련 등을 위한 장기유지 계획이 아니라면 저축성보험은 적합하지 않을 수 있다.

한편, 저축성보험의 각종 비용·수수료 등은 보험 가입 시 제공되는 상품설명서 등의 '공제금액 공시'에 자세하게 기재되어 있다. 보험가입 전에 '공제금액 공시'를 통해 본인이 부담하는 비용, 수수료 등을 정확히 확인해야 한다.

〈표 3-2〉 사업비 공제금액 공시 현황(예시)

(기준: 가입금액 1천만 원, 남자 40세, 기본보험료 월 20만 원)

구분	목적	시기	비용
보험관계비용	계약체결비용	매월	xx년 이내: 기본보험료의 xx.x%(xxx,xxx원)
	계약관리비용	매월	납입기간 이내: 기본보험료의 xx.x%(xxx,xxx원) 납입기간 이후: 기본보험료의 xx.x%(xxx,xxx원)
	위험보험료	매월	기본보험료의 x.x~x.x%(xx,xxx~xx,xxx원)
보증비용	만기보험금 보증	매월	적립금의 x.xx%(연 x.x%)
연금수령기간의 비용	연금수령기간의 관리비용	연금 수령 시	연금연액의 x.x%

출처: 금융감독원

나. 목돈을 만들기 위해 적용되는 운용방식을 확인·선택해야 한다

금리와 연동하여 운용하는 방식의 저축성보험이 있고, 펀드에 투자하여 수익을 반영하는 형태의 저축성보험이 있다. 대표적인 투자형 저축보험으로 변액보험이 있는데, 이는 수익을 기대할 수 있는 측면의 장점이 있는 반면 손실의 위험도 함께 있음을 유의해야 한다.

다. 종신보험은 노후자금 마련을 위한 연금상품이 아니다

최근 저축성보험을 가입하고자 하는 일부 소비자들이 종신보험의 연금전환 기능만을 보고 종신보험을 연금보험으로 오인하거나 연금보험보다 종신보험을 가입하는 것이 유리하다고 생각하는 경우가 많은데, 이는 잘못된 사실이다. 연금전환 기능은 기존 보험(예: 종신보험)의 해지환급금을 재원으로 하여 연금보험으로 전환하는 제도(통상 가입 7년 후 전환 가능)를 의미한다.

그런데 종신보험은 보험가입자가 사망할 경우 유가족 등에게 사망보험금이 지급되는 보장성보험으로, 일반적으로 연금보험 등 저축성보험보다 비용·수수료가 높아 노후자금 마련 등 저축 목적에 적합하지 않다. 실제로 종신보험에서 '연금전환'을 할 경우 전환 당시 종신보험의 해지환급금을 재원으로 연금을 지급받게 되는데, 높은 비용·수수료로 인해 해지환급금이 적기 때문에 일반적으로 같은 보험료를 납입한 연금보험보다 적은 연금액을 수령하게 될 가능성이 매우 높다.

라. 보험료 추가납입 활용 시 비용절감이 가능하다

저축성보험의 비용을 줄일 수 있는 하나의 방법은, 기본 보험료의 2배 이내에서 보험료를 추가로 납입하는 '보험료 추가납입' 기능을 활용하는 것이다.

- 기 본 보 험 료: 보험계약 체결 시 매월 계속 납입하기로 한 보험료 - 추가납입보험료: 기본보험료 이외에 보험기간에 추가로 납입하는 보험료

추가납입보험료에는 보험모집 과정에서 발생하는 비용인 '계약체결비용'이 부과되지 않으므로, '기본보험료'만으로 보험료를 납입하는 것보다 '기본보험료 + 추가납입보험료'로 납입할 경우, 계약체결비용을 절감할 수 있다. 다시 말해 같은 보험료를 내고 더욱 높은 환급률을 기대할 수 있다. 계약체결비용은 보험계약자가 납입하는 비용 중 가장 높은 비중을 차지하며, 일반적으로 보험료에 비례해서 부과한다.

〈표 3-3〉 추가납입보험료 활용사례(예시)

구분	기본보험료(30만 원)	기본보험료(10만 원) + 추가납입보험료(20만 원)
부담 비용(월)	기본보험료(30만 원) × 총비용(8%) = 2.4만 원	기본보험료(10만 원) × 총비용(8%) + 추가납입보험료(20만 원) × 계약관리비용(3%) = 1.4만 원

※ 계약체결비용: 영업보험료의 5%, 계약관리비용: 영업보험료의 3%만 존재한다고 가정

※ 월납보험료 30만 원 가정

출처: 금융감독원

기본보험료와 마찬가지로 추가납입보험료도 은행 등 금융기관 자동이체를 통해 납입이 가능한 경우가 많으므로 매월 정기적으로 추가납입보험료를 납입하고자 하는 경우에는 보험회사에 자동이체 납입을 신청하는 것이 합리적이다.

보험료 추가납입제도를 활용하는 경우에는 다음 사항을 꼭 유념해야 한다.

1) 위험보장금액(사망보험금 등)은 증가하지 않는다

기본보험료와 달리 추가납입보험료에는 위험(사망 등)을 보장하는 보험료(위험보험료)가 포함되어 있지 않기 때문에 추가납입보험료를 많이 납입하더라도 사망 등 보험사고 시 지급되는 보험금은 계약체결 시 약정된 가입금액 이상으로 증가하지는 않는다. 예를 들어, 사망 시 500만 원을 지급(기본보험료 월 10만 원)하는 저축성보험에서 추가납입 보험료를 월 20만 원까지 추가납입하더라도 사망 시 사망보험금은 500만 원으로 변동이 없다.

2) 추가납입보험료 전체가 순적립되는 것은 아니다.

추가납입보험료에도 계약관리비용(보험료의 2~3% 내외)은 부과되기 때문에 소비자가 납입한 보험료 중 일부를 차감한 금액이 적립된다. 즉, 추가납입보험료의 경우에도 계약체결비용은 면제되지만 자산운용·관리비용, 최저보증 비용 등 각종 계약관리비용은 발생한다.

3) 보험상품별 보험료 추가납입제도 운용방식은 각각 다르다

일부 저축성보험(온라인 저축성보험 등)은 보험료 추가납입제도를 운용하지 않고 있다. 또한 보험료 추가납입제도를 운용하더라도 추가납입보험료의 납입한도가 있다는 점에 유의하여야 한다(일반적으로는 기본보험료의 2배 이내이지만 저축성보험별로 상이). 따라서 저축성보험 가입 전에 이 부분에 대한 상품별 세부 내용을 확인할 필요가 있다.

마. 향후 연금재원으로 활용할 계획이 있다면 (女)배우자를 수혜자로 지정한다

저축성보험의 적립금을 연금으로 인출하여 노후생활의 연금재원으로 활용할 계획을 가지고 있다면, 가입 시 (女)배우자를 연금 수혜자로 지정하는 것이 합리적이다. 우리나라의 여성이 남성에 비해 평균수명이 길어 연금수급을 상대적으로 더 오랫동안 할 수 있기 때문이다. 은퇴생활에서 생활수준의 균형감 유지를 위해서는 무엇보다 예측 가능한 규모의 연금재원 준비여부가 관건인 만큼 계약관계자 지정에 신중을 기할 필요가 있다.

바. 세제혜택의 요건을 확인한 후 상품을 설계·가입해야 한다

절세혜택을 위해 활용할 수 있는 대표적인 금융상품이 저축성보험이다. 저축성보험의 보험차익에 대한 비과세요건이 2017년 4월부터 변경되어 적용되고 있다.

다음의 요건 중 한 가지를 충족하면 비과세혜택이 적용된다.

1) 월 적립식 보험: 납입기간이 5년 이상이면서 계약기간이 10년 이상인 계약으로, 월 납입보험료 150만 원 이하인 경우(연 1,800만 원 한도)
2) 일시납 보험: 계약기간 10년 이상인 계약으로 1인당 1억 원 이하인 경우
3) 종신형 연금보험: 55세 이후 사망 시까지 종신형으로 연금지급 및 사망 시 보험계약과 연금재원 소멸 등의 요건을 충족하는 경우

2 저축성보험료 구성 및 상품 활용

2-1 금리연동형 상품과 투자수익형 상품의 기능적 구조

저축성보험은 계약자가 납입하는 보험료를 적립하는 방식에 따라 크게 금리형 저축보험과 투자수익형 저축보험으로 구분할 수 있다. 금리형 저축보험은 과거에는 확정금리를 반영하는 형태의 보험도 있었지만, 최근 판매되고 있는 금리형상품은 대부분이 금리연동형이다. 금리연동형 저축보험을 활용해 연금을 인출하는 경우, 금리가 오를 때는 상대적으로 많은 연금을 기대할 수 있지만 반대로 금리가 하락할 때는 연금금액이 줄어들게 된다.

투자수익형 저축보험의 대표적인 상품이 변액보험인데, 변액연금 및 변액유니버셜보험은 투자수익과 연금활용을 동시에 꾀하는 개인들에게 적합한 상품이다. 보험료 중 일부를 펀드에 투자하여 수익발생을 기대할 수 있는 기능이 상품의 대표적인 특징이다. 다만, 투자형 상품이기 때문에 수익과 함께 손실이 발생할 수 있음을 유의해야 한다.

2-2 대표적 상품의 사례연구

사례 1: 변액연금에 가입한 개인의 중도해지

자영업자인 나대한(40세) 씨는 노후 대비를 위해 삼청보험회사의 변액연금보험에 가입하였다. 그런데 5년 후, 경제적 사정으로 보험을 해지해야 할 상황에 처했다.

가입한지 5년 후 나대한 씨는 그동안 변액보험의 펀드수익률이 나쁘지 않아 원금 이상의 해지환급금을 기대하였다. 그러나 막상 보험회사에 환급금을 알아보니 원금의 88% 정도밖에 되지 않는다는 답변을 듣고 황당하였다. 화가 나서 그 이유를 물어보니, 변액보험은 납입한 보험료 전체가 펀드에 투자되지 않고, 사업비 및 위험보험료 등을 제외한 금액만 투자되어 펀드 수익률이 좋아도 단기간에 해지할 경우에는 원금을 까먹을 수 있다는 것이었다. 나대한 씨는 변액보험 가입 전에 변액보험의 특성을 조금 더 자세히 알아보지 않은 것을 후회하였다.

사례 2: 보험료 납입방식에 따른 저축보험 환급금의 차이

10년 후의 목돈마련을 위하여 나대한 씨와 직장 선배 B씨는 매월 30만 원씩의 보험료를 납입하는 삼청보험회사의 저축보험에 가입하였다. 그런데 나대한 씨는 보험료 30만 원 중 10만 원은 기본보험료로 납입하고 20만 원은 추가납입하는 방식으로 보험에 가입한 반면, B는 30만 원 전부를 기본보험료로 납입하는 방식으로 보험에 가입하였다. 10년 후 만기가 되어 나대한 씨는 B씨보다 100만 원 이상 더 많은 환급(보험)금을 수령하였다.

이렇듯 저축성보험에서는 보험료 납입방식에 따른 사업비 차감 및 운용이 환급금에 영향을 미친다.

사례 3: 비과세 혜택을 위한 저축보험 가입·활용

대기업에서 정년퇴직을 하고 최근 아파트 경비업체에 취직한 나대한(65세) 씨는 저축성보험의 보험차익 비과세 혜택을 받기 위해서는 보험유지기간이 10년이 되어야 하는 줄 알고 10년간 보험료를 납입해야 하는 저축성보험에 가입하였다. 그런데 최근 나대한 씨의 친구인 B(65세) 씨가 보험료 납입기간이 3년인 비과세종합저축보험에 가입하고 보험차익의 비과세 혜택을 받은 사실을 알고, 10년 납입 보험에 가입한 것을 후회하였다.

- 가입대상: 만 65세 이상인 노인, 등록 장애인, 독립유공자와 그 유족 또는 가족, 국민기초생활보장법상 수급자 등
- 대상상품: 판매 중인 모든 저축성보험상품(+비과세종합저축보험특약 가입)
- 가입한도: 1인당 납입보험료 5천만 원 이내
- 장점: 비과세 혜택을 위한 유지기간 제한 없음
- 2022년 12월 31일까지 판매

제2절 | 기능별 상품구성 및 활용

1 이자율에 민감한 금리연동형보험

우리나라의 금융소비자들은 금융자산 중 금리와 연동되어 있는 은행예·적금 상품에 대한 선호도와 보유비중이 상당히 높은 편이다. 〈그림 3-4〉는 KB금융지주 경영연구소에서 2016년 금융자산 10억 원 이상을 보유한 개인 400명을 대상으로 한 설문조사 결과인데, 다른 금융자산에 비해 현금 및 예금자산 보유비율이 훨씬 높게 나타나고 있다.

〈그림 3-4〉 부자들의 포트폴리오 및 투자성향(금융자산 현황)

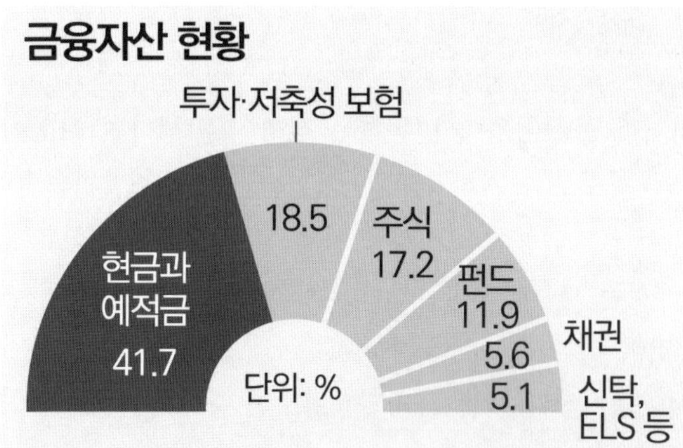

출처: KB금융지주 경영연구소

상황이 이렇다 보니 예·적금상품에 적용되는 금리에 민감할 수밖에 없다. 그런데 금리연동형 보험상품에 적용되는 이자율에 대해서는 구체적으로 이해하고 있는 사람이 그리 많지는 않다.

보험회사는 미래에 지급해야 할 보험금을 마련하기 위해 보험계약자로부터 받은 보험료를 적립하는데, 공시이율에 따라 책임준비금을 적립하는 보험을 금리연동형보험이라고 한다. 시장에서 발생하는 금리변동 위험을 최소화할 목적으로 적용하는 공시이율은 보험상품에 적용하는 이자율의 개념으로, 은행의 예금금리와 국채, 회사채 금리, 보험회사의 자산운용 수익률을 반영해 발표·적용한다. 〈그림 3-5〉의 평균공시이율은 각 보험사별 공시이율을 계약자적립금액 기준으로 가중평균하여 산출한 이율을 의미하는데, 이는 매년 9~10월 중 금융감독원에서 발표한다.

〈그림 3-5〉 생명보험회사 공시이율 변동추이

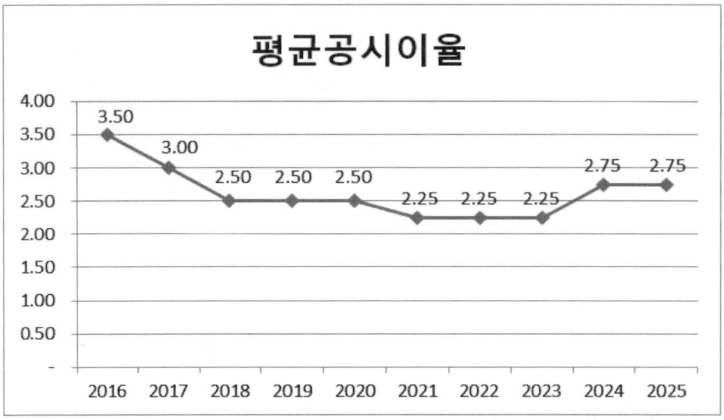

출처: 금융감독원(https://www.fss.or.kr/fss/lifeplan/)

〈그림 3-5〉에서처럼 공시이율이 변동하는 상황이 발생하면 보험가입자에게는 어떤 영향이 있을까? 결론적으로 얘기하자면, 만기환급금이나 해약환급금에 상당한 영향을 미칠 수 있다. 따라서 금리연동형 보험상품 가입 시 납입하는 보험료에 부과되는 사업비율이 동일한 상황에서는 평균공시이율보다 상대적으로 높은 공시이율을 적용하는 보험회사를 선택하는 것이 상대적으로 유리하다.

다음에서는 공시이율이 적용되는 금리연동형보험 주요기능 및 금리변동에 따른 보장내용을 살펴본다.

1-1 공시이율 변동 가능성

가입 당시의 공시이율이 만기까지 보장되는 것은 아니며, 미래에 달라질 수 있다. 따라서 가입 당시에 적용 되는 공시이율을 기준으로 산출된 경과기간별 적립금 및 해약환급금은 공시이율 변화 에 따라 항상 변동될 수 있다. 즉 〈그림 3-5〉처럼 공시이율이 하락하면, 이자수익도 동반 하락하게 된다. 다만, 금리연동형보험에는 '최저보증이율'이 적용되는데,

이는 이자가 아무리 하락해도 최소한 보장해주는 이자율이다. 최저보증이율은 공시이율과 달리 가입 당시의 적용이율이 만기까지 적용된다.

따라서 금리연동형보험을 가입할 때는 보험회사 상품별 최저보증이율을 확인한 후 선택해야 한다.

1-2 실제 이자수익

은행에서 판매하는 예·적금상품과 달리 보험은 이자율을 적용하는 별도의 기준이 있으며, 공시이율만큼 이자수익이 반영되는 것은 아니다. 보험계약자가 납입한 보험료에서 위험보험료와 부가보험료(사업비)를 차감한 금액을 적립한다. 따라서 납입보험료 전액을 기준으로 공시이율이 적용되어 이자수익이 발생하는 것은 아니다. 2010년 10월부터 금리연동형보험에 부과되는 사업비규모를 공시하고 있으니(금융감독원 홈페이지), 상품가입 시 확인 후 선택해야 한다.

〈그림 3-6〉 금리연동형보험 위험보험료 및 사업비 공시 사례

■ **적립형**

가. 기본비용 및 수수료

(기준 : 남자 40세, 기본보험료 40만원, 10년만기, 전기납, 월납)

경과기간	1~10년
보험관계비용(%)	7.92 ~ 7.99

구 분	목 적	시 기	비 용
보험관계비용	계약체결비용	매월	10년 미만 : 기본보험료의 4.61% (18,440원)
	계약관리비용	매월	10년 미만 : 기본보험료의 3.25% (13,000원)
	위험보험료	매월	기본보험료의 0.058% ~ 0.134% (232원 ~ 536원)
해지공제	해지에 따른 패널티	해지시	아래 도표 참조

나. 해지공제액

경과시점	1년	2년	3년	4년	5년	6년	7년이상
해지공제금액	84만원	70만원	56만원	42만원	28만원	14만원	-
해지공제비율	17.5%	7.3%	3.9%	2.2%	1.2%	0.5%	-

주1) 해지공제금액은 계약자적립금에서 해지시 공제되는 금액

주2) $\text{해지공제비율} = \frac{\text{해지공제금액}}{\text{이미 납입한 주계약 기본 보험료}}$

1-3 해지공제액

금리연동형보험을 중도해지하면 해지공제액을 차감한다. 〈그림 3-6〉에서 볼 수 있듯이 금리연동형보험에서는 중도해지 시 경과기간별 해지공제비율을 적용하여 해당 금액을 차감한다. 따라서 중도해지에 따른 손실을 예방하기 위해서는 가입 당시 납입보험료 규모에 대한 적절한 판단이 요구된다.

2 원금이 보장되는 변액연금보험

변액보험은 보험계약자가 납입한 보험료의 일부를 특별계정으로 분류하여 주식이나 채권에 투자하고, 그 운용실적에 따라 계약자에게 투자이익을 배분하므로 보험기간 중 보험금과 해지환급금이 변동하는 상품이다. 상품을 설계하는 방법에 따라 보장성과 저축성으로 나눌 수 있는데, 대표적인 보장성으로는 변액종신보험이 있고 저축성으로는 변액연금보험과 변액유니버셜보험이 있다.

펀드의 운영실적에 따라 적립된 금액을 연금으로 지급받는 구조의 변액연금보험은 노후생활자금 마련을 주된 목적으로 하는 저축성보험이다.

2-1 변액연금보험 운용 및 수익률 발생 구조

변액연금보험은 시장상황에 따라 수익률이 변하는 실적배분형상품으로, 보험회사가 투자하는 방식은 크게 네 가지로 분류할 수 있다.

이는 주식에 어느 정도의 비율로 투자하는지에 따라 채권형, 주식형, 채권혼합형, 주식혼합형의 형태로 투자한다. 보험회사들은 일반적으로 수십 개의 펀드를 운용하고 있고, 보험계약자는 변액연금보험에 보험료를 납입하면서 펀드 비중을 선택할 수 있다. 따라서 변액연금보험이라는 상품을 선택하는 것보다 본인의 계약을 어떤 펀드로 구성할 것인가에 대한 선택에 더 신중을 기해야 한다. 변액연금보험의 운용구조는 〈그림 3-7〉과 같다.

〈그림 3-7〉 변액연금보험 보험료 흐름 및 운용구조

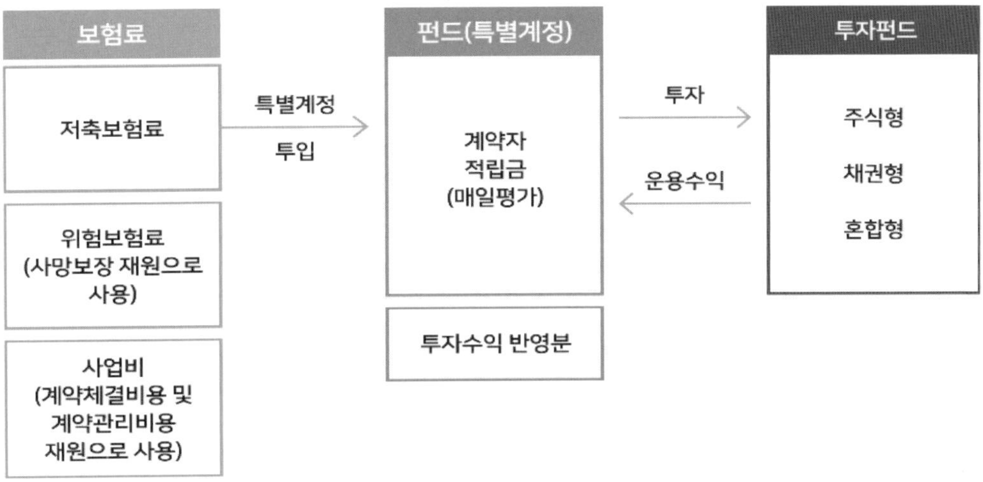

출처: 생명보험협회

〈그림 3-7〉에서와 같이 보험계약자가 납입한 보험료는 위험보험료와 사업비 등을 차감한 금액만 특별계정으로 투입되고, 이를 주식이나 채권 등에 투자하여 발생한 운용실적을 계약자적립금에 반영한다.

일반적으로 주가가 급등하는 시기에는 주식투자 비중이 높은 보험회사가 높은 수익률을 올리고, 금리가 급등하는 시기에는 채권투자 비중이 높은 보험회사가 상대적으로 높은 수익률을 올리게 된다. 따라서 각 회사별 펀드의 주식편입 비중이 얼마나 되는지 반드시 확인해야 한다.

2-2 수익률 관리 및 확인하는 방법

가. 수익률 관리 요령

투자수익형 상품은 가입보다는 관리가 더 중요하다. 급변하는 시장상황이 수익률 실적에 지속적으로 영향을 미치기 때문이다. 따라서 보험가입자는 본인이 가입한 변액연금보험에 대해 가입 후에도 세심하게 신경을 써야 하는데, 보험회사가 분기별 1회 이상 계약자에게 우편, 전자메일 등으로 제공해주는 '보험계약 관리내용'(계약자적립금 및 해지환급금, 기간별 수이률 등 공시)을 참고하면 펀드 관리에 도움이 된다.

만일 수익률이 저조한 펀드가 있을 경우에는 구성되는 펀드의 변경을 통해 수익률 관리를 할 수 있는데, 보험회사는 계약자 본인이 선택한 펀드를 운용할 뿐 펀드 투자결정은 계약자 본인의 몫이다. 따라서 수익률을 높이기 위해서는 보험가입 후에도 경제 상황에 따른 펀드변경 등 본인의 지속적인 관리가 반드시 필요하다.

1) 펀드분산

단일 펀드 혹은 특정유형 펀드에 집중하여 장기간 유지할 경우, 시장변화에 따라 수익률 변동위험에 노출될 가능성이 있는 만큼, 펀드도 분산투자를 할 필요가 있다.

2) 펀드변경

많은 보험계약자들이 변액보험의 펀드를 변경할 수 있다는 사실을 모른 채 가입 시 설정한 펀드를 그대로 유지하고 있는 경우가 대부분이다. 그러나 시장상황에 따라 필요한 경우 수익률이 낮은 펀드에서 수익률이 높은 펀드로의 변경이 필요하다. 다만, 계약자의 선택에 따라 수익률이 변동되므로 펀드변경은 신중히 결정해야 한다.

〈그림 3-8〉 수익률 관리 및 펀드 변경 예시

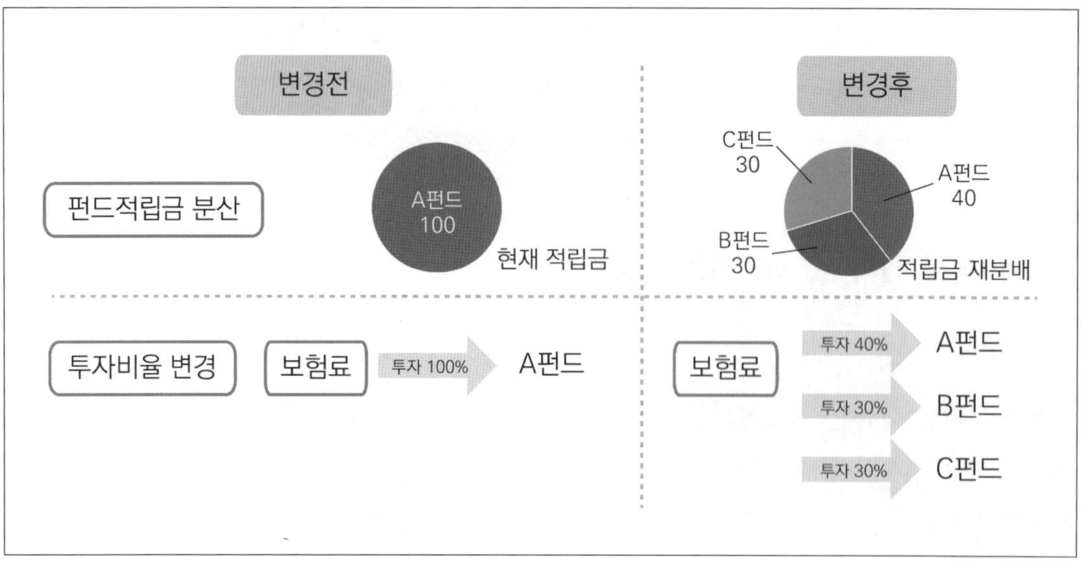

출처: 금융감독원

3) 시장상황을 고려한 수익률 관리

주가 급락기에는 주식형펀드 비중을 줄이고 채권형펀드 비중을 늘렸다가, 주가가 저점에 이르면 주식형펀드 비중을 대폭 늘리는 방법으로 수익률을 관리할 수 있다. 또한 주가하락이 과도하다고 판단될 경우, 아예 납입을 일시 중단했다가 증시가 안정된 이후 납입을 재개할 수도 있다. 이러한 유니버셜 기능을 활용하면 주가하락기에 주식형펀드 비중을 늘리거나 보험료 납입액 자체를 늘려서 펀드에 편입된 주식의 평균단가를 떨어뜨리는 효과를 꾀할 수 있고, 이후 주가가 상승하면 좋은 수익률을 낼 수도 있다.

또한 주가가 급락하는 경우, 자금결손을 방지하기 위해 돈을 인출할 수 있는 기능을 활용해도 된다. 다만, 주가가 급락한다고 해서 주식형펀드에서 채권형펀드로 갈아타거나 납입중지를 하는 것이 반드시 바람직한 것만은 아니다. 주가 급락 후 바로 반등하는 경우에 발생하는 수익의 기회를 놓칠 수도 있기 때문이다. 따라서 전문가와의 협의를 통해 신중하게 수익관리에 임하는 것이 필요하다.

4) 펀드변경 관련 수수료, 절차 및 방식

① 수수료: 연 4회까지 펀드변경 수수료가 면제(2012.4.1. 시행)되며, 추가 수수료 면제는 회사마다 차이가 있을 수 있어 해당 회사에 확인해야 한다.

② 변경절차: 회사 홈페이지에서 직접 변경하거나 회사에 전화요청 또는 지점을 통해 변경할 수 있다. 상세한 절차는 회사에 문의하면 된다.

③ 변경방식: 기존 적립금을 다른 펀드로 이동하거나, 향후 납입되는 보험료를 다른 펀드로 교체할 수 있다.

나. 보험회사별 수익률 확인 및 비교

보험회사의 펀드 운용 및 관리역량에 따라 지급받는 보험금 또는 연금액이 크게 달라질 수 있다. 금융감독원이 발표에 따르면 최근 5년간(2011~2015년) 변액보험 펀드의 연평균수익률이 보험회사별로 차이가 큰 것(최고 3.1%, 최저 −0.3%)으로 나타났다. 따라서 변액연금보험 가입 시 회사별 사업비, 펀드 운용성과, 펀드 다양성, 전문성(해외주식, 국내채권 등) 등을 충분히 비교해보고 가입할 필요가 있다.

변액보험의 사업비, 펀드 수익률 현황 등은 생명보험협회 홈페이지(www.klia.or.kr)의

'공시실'에서 확인할 수 있다.

수익률은 다양한 방법으로 비교할 수 있는데, 최근 6개월 및 1년 등 기간을 끊어서 비교하는 방식이 있을 수 있다. 또는 펀드 설정일 이후 수익률을 비교할 수 있고, 연환산수익률을 확인하는 방법이 있다.

수익률을 확인할 때는 주식시장이 상승기였는지 아니면 하락기였는지, 펀드 규모는 얼마나 되는지 등의 여러 변수를 고려하면서 확인할 필요가 있다. 예를 들어 펀드 규모가 작으면 수익률이 크게 변하는 등의 특성이 있기 때문이다.

2-3 변액연금보험이 필요한 고객유형 및 활용 포인트

가. '원금이 보장되는' 변액연금보험의 개념 이해

일반적인 변액연금보험에서 적용되는 '원금보장'이라는 개념을 명확하게 이해할 필요가 있다. 변액보험의 기본적 특성은 투자수익형 상품의 성격을 지니고 있는데, 거기에다가 원금까지 보장을 해준다면 이보다 더 좋은 상품이 어디 있을까?

이런 이유로 시장에서 종종 혼선이 발생하여 많은 민원이 제기되기도 한다. 보험회사는 보험료에서 각종 사업비를 차감한 금액을 투자하는데, 이는 변액연금보험에서도 동일하게 적용된다. 즉 보험회사가 변액연금보험에서 보장하는 원금의 개념은 사업비를 차감한 후 적립되는 보험료를 뜻하는 경우가 대부분이다. 따라서 원금이 보장된다는 개념이 보험계약자가 납입한 보험료 전액이 아니라 적립되는 보험료에 대한 보장이라는 점을 고려해서 가입을 결정해야 한다.

나. 변액연금보험 활용 포인트

저축성보험으로서 변액연금은 은퇴생활재원 마련과 10년 이상 유지에 따른 비과세 혜택을 동시에 꾀할 수 있는 유용한 기능의 상품이다. 다만, 장기상품으로 오랜 기간 꾸준히 수익과 절세를 기대하는 것과 동시에 정기적으로 납입하는 보험료에서 차감되는 사업비의 규모도 함께 고려해야 한다. 〈표 3-4〉에서 볼 수 있듯이 금융감독원 발표에 따르면, 2016년 3월 기준 변액보험을 7년 이상 유지하는 비율이 약 30%에 불과한 실정이다. 7년 동안 유지했다 해도 해약에 따른 환급금이 납입보험료 원금에 미치지 못한다. 이는 앞서 언급한 바와 같이 다른 보험상품과 마찬가지로 차감되는 사업비와 단기간 내 보험계약을 해지할 경우 공제하는 금액(해지공제액)이 크기 때문이다.

〈표 3-4〉 변액보험의 유지율 및 납입보험료 대비 환급률

(단위: %)

<table>
<tr><th colspan="4">경과기간</th><th>1년</th><th>2년</th><th>3년</th><th>4년</th><th>5년</th><th>6년</th><th>7년</th></tr>
<tr><td colspan="4">유지율(변액보험 전체)</td><td>83.2</td><td>67.9</td><td>60.1</td><td>52.4</td><td>44.9</td><td>38.7</td><td>29.8</td></tr>
<tr><td rowspan="4">환급률
(수익률
3.5%
기준)</td><td rowspan="3">변액
보험</td><td rowspan="2">설계사
채널</td><td>연금</td><td>56.1</td><td>74.5</td><td>81.4</td><td>85.4</td><td>88.4</td><td>90.7</td><td>92.8</td></tr>
<tr><td>종신</td><td>-</td><td>30.4</td><td>51.2</td><td>59.9</td><td>66.2</td><td>74.0</td><td>79.3</td></tr>
<tr><td colspan="2">온라인채널(연금)</td><td>98.4</td><td>99.8</td><td>101.3</td><td>102.7</td><td>104.2</td><td>105.7</td><td>107.2</td></tr>
<tr><td colspan="3">펀드(금융투자상품)</td><td>101.1</td><td>102.1</td><td>103.2</td><td>104.2</td><td>105.3</td><td>106.4</td><td>107.5</td></tr>
</table>

※ 2016년 3월 기준

출처: 금융감독원

따라서 변액연금보험 활용이 적합한 대상자는, 최소한 원금(적립보험료)의 손실을 피하길 바라면서 10년 이상 장기간 보험료를 납입할 수 있는 사람이다. 그래야만 수익과 비과세를 동시에 꾀할 수 있기 때문이다.

다. 변액연금보험이 납입보험료 기준의 원금을 보장하는 경우

변액연금보험의 경우, 투자실적이 아무리 악화되더라도 연금개시 시점에 이르면 계약자 적립금은 최소 기납입보험료(특약보험료제외)를 최저보증 한다. 예를 들어 직장인 A씨가 30세에 20년납으로 55세 이후 연금이 개시되는 변액연금보험에 가입했을 경우 기납입보험료(특약보험료 제외)가 3,600만 원일 경우, 투자실적이 악화되더라도 55세가 되는 시점에서 3,600만 원은 최저보증 된다는 의미이다. 다만, 이는 연금개시시점까지 계약내용의 정상유지를 전제로 한다.

연금개시 시점에 생존 시 최저연금적립금(GMAB) 예시

연금개시나이 계약 해당일에 피보험자가 살아 있을 경우, 이미 납입한 보험료를 최저한도의 계약자적립금으로 적용하여 연금을 지급한다.

예시) 보험료 총 6천만 원 납입 후 연금을 개시하게 되었는데, 수익률이 좋지 않아 계약자적립금이 4천만 원이다.

- 이미 납입한 보험료: 6천만 원
- 연금개시 시점의 계약자적립금: 4천만 원
  → 연금개시 시점의 계약자적립금(4천만 원)이 이미 납입한 보험료(6천만 원)보다 적기 때문에, 6천만 원을 최저연금적립금으로 하여 연금을 지급

또한 변액연금은 연금개시 전에 사망할 경우 투자실적이 아무리 악화되더라도 사망보험금은 기납입보험료를 최저보증 한다.

연금개시 전 사망 시 사망보험금 최저보증(GMDB) 예시

예시) 보험가입금액 1천만 원, 보험료 총 6천만 원을 납입한 후 사망하였는데 수익률이 좋지 않아 계약자적립금이 4천만 원일 때 이미 납입한 보험료를 최저보증 하는 경우

- 이미 납입한 보험료: 6천만 원
- 사망 당시 계약자적립금: 4천만 원
- 사망보험금: 5천만 원(보험가입금액 + 계약자적립금)
  → 사망보험금(5천만 원)이 이미 납입한 보험료(6천만 원)보다 적기 때문에 6천만 원을 최저사망보험금으로 지급

3 원금이 보장되지 않는 변액유니버셜보험

변액유니버셜보험은 변액연금보험과 상품구조에 약간의 차이는 있으나, 투자수익형 저축성보험으로 은퇴생활재원 마련을 위한 상품으로 많이 활용되고 있다.

두 상품을 선택·활용할 때 고려할 수 있는 운용구조의 차이는 다음과 같다.

3-1 변액연금보험과 운용구조의 차이

두 상품의 가장 큰 차이는 '원금보장 여부'이다. 우선 변액연금보험은 앞서 살펴본 바대로 연금개시시점에 투자성과와는 상관없이 기납입보험료(특약제외)를 기준으로 최저보증 되지만, 변액유니버셜보험은 그렇지 않다. 수익이 많이 날 수도 있지만, 반대의 경우도 충분히 가능한 상품이다. 다만 변액연금보험은 일정시기에 최저보증 조건이 성립되어야 하기 때문에 가입시점부터 채권투자비중이 변액 유니버셜보험보다 상대적으로 높았지만, 최근 변액연금 상품은 주식에 100% 투입이 가능한 상품도 있어, 펀드 운용측면에서 과거에 비해 활용폭이 넓어졌다.

최저보증기능만 놓고 보면, 변액연금보험의 활용이 상대적으로 좋아 보이나, 최저보증이 언제나 정답은 아니다. 예를 들어 10년, 20년처럼 오랜 시간이 흘러 변액연금보험을 들여다보았더니, 내가 납입한 금액만큼만, 정말 딱 원금만 지켜져 있다면 과연 그게 효율적일지 고민해봐야 한다. 내가 납입한 돈에 대해 최소한 물가상승률만큼은 수익이 발생해야 돈의 가치를 꾸준히 유지할 수 있기 때문이다. 즉 최소한 내가 낸 돈이 물가상승률만큼 수익이 발생하지 않는다는 것은 사실상 마이너스 수익을 의미한다. 변액연금보험의 이런 측면 때문에 변액유니버셜보험을 선택하기도 한다.

변액유니버셜보험의 사망보험금 최저보증 예시

"기납입보험료를 사망보험금으로 최저보증"

예를 들어, 월 50만 원(특약제외)씩 5년간 납입하다가 사망했을 경우 '50만 원 × 12 × 5'에 해당하는 3,000만 원은 사망보험금으로 최저보증됨

두 상품의 두 번째 차이는 '경험생명표 적용'의 기준이다. 변액연금보험은 보험가입자가 보험에 가입할 당시의 경험생명표를 적용하는 데 반해, 변액유니버셜보험은 일반적으로 연금지급 시점에서의 경험생명표를 적용한다. 이렇게 될 경우에는 같은 금액의 적립금액이라 하더라도 연금산출 및 지급금액에 상당한 차이가 발생한다. 당연히 고령화 현상이 덜 반영된 가입시점의 경험생명표를 적용할 때 연금금액이 상대적으로 클 것이다.

다만 최근에는 일부 보험회사를 제외한 대부분 보험회사가 변액유니버셜보험에서도

가입시점의 경험생명표를 적용하는 방향으로 제도를 개정하거나 변액연금보험의 경우에 있어서도 연금전환시점의 경험생명표를 적용하는 상품이 판매되고 있기에 이에 대해서는 큰 차이가 없어지고 있다.

3-2 변액유니버셜보험이 필요한 고객유형 및 활용 포인트

가. 변액유니버셜보험이 필요한 고객유형

변액유니버셜보험은 20대에서 40대 정도의 연령에 이르는 개인, 즉 연금수령이 필요한 시기가 20년 이상 남은 연령대상자에게 상대적으로 적합하다. 납입기간이 상대적으로 길기 때문에 과정에서 발생하는 투자손실을 만회할 수 있는 기회가 변액연금보험에 비해 유리하기 때문이다. 또한 오랜 기간 추가납입과 시기적절한 펀드변경을 통한 수익률 관리로 적립금을 늘릴 기회가 있기 때문이다.

다만, 이 과정에서 무엇보다 중요한 것은 앞의 〈표 3-4〉에서 나타나듯이 경과기간별 유지율 문제이다. 장기간 지속적으로 계약을 유지하지 못하는 경우에는 상당한 손실이 발생할 수 있음을 고려하면서 상품을 활용해야 한다.

나. 변액유니버셜보험 활용 포인트

1) 수익률 관리에 유리한 추가납입 활용

변액유니버셜보험 또한 다른 저축성보험과 같이 이미 가입한 보험에 기본보험료의 약 2배 이내에서 보험료를 추가납입할 수 있다. 이러한 추가납입제도를 활용할 경우, 보험료의 2% 내외 수준의 계약관리비용만 부과하고, 계약체결비용(모집수수료 등)이 별도로 부과되지 않기 때문에, 보험을 추가로 가입하는 경우보다 사업비가 저렴하여 가입자에게 유리할 수 있다.

<표 3-5> 보험료 추가납입제도 활용효과 비교

<table>
<tr><th colspan="2">구 분</th><th colspan="2">보험료 추가납입 활용 시</th><th colspan="2">보험료 추가납입 미활용 시</th></tr>
<tr><td colspan="2">기본보험료(매월)</td><td colspan="2">100,000원</td><td colspan="2">300,000원</td></tr>
<tr><td colspan="2">추가납입보험료(매월)</td><td colspan="2">200,000원</td><td colspan="2">0원</td></tr>
<tr><td colspan="2">사업비 등 차감비용(매월)</td><td colspan="2">13,490 ~ 13,530원</td><td colspan="2">17,790 ~ 28,380원</td></tr>
<tr><td rowspan="5">환급금액
(수익률
3.5%
가정)</td><td>경과기간</td><td>납입보험료</td><td>해지환급금</td><td>납입보험료</td><td>해지환급금</td></tr>
<tr><td>1년</td><td>360만</td><td>324만(89.9%)</td><td>360만</td><td>263만(73.1%)</td></tr>
<tr><td>3년</td><td>1,080만</td><td>1,062만(98.3%)</td><td>1,080만</td><td>986만(91.3%)</td></tr>
<tr><td>⋮</td><td>⋮</td><td>⋮</td><td>⋮</td><td>⋮</td></tr>
<tr><td>10년</td><td>3,600만</td><td>4,081만(113.3%)</td><td>3,600만</td><td>3,936만(109.3%)</td></tr>
</table>

출처: 금융감독원

2) 가입 후 온라인을 통한 납입보험료 및 수익률 확인 가능

변액유니버셜보험 가입자는 본인이 가입한 보험회사의 홈페이지에서 본인의 상세한 계약정보를 확인할 수 있으며 펀드 투입비율 변경 및 계약자적립금 이전 등 펀드변경 관리도 가능하다.

<표 3-6> 보험회사 홈페이지에서 확인·관리 가능한 사항

구분	확인·관리 가능한 사항
납입보험료 및 계약자적립금 등	납입보험료, 사업비 및 위험보험료 차감내역, 특별계정 적립금 및 적립률, 특별계정 투입 보험료, 연금 예상금액, 최근 적립금 추이, 추가납입 한도액
편입 펀드 정보 등	수익률, 펀드 투입비율, 펀드 기준가격, 펀드 위험(변동성) 현황, 펀드 변경내역

출처: 금융감독원

3) 변액유니버셜보험의 예금자보호

[Q&A] 변액유니버셜보험의 예금자보호 대상 여부

Q. 변액보험은 실적배당형 상품으로 투신의 펀드상품과 같이 예금자보호 대상이 아닌 것으로 알고 있는데 설계사들은 별도의 특별법에 의해 원금보장이 가능하다고 한다. 사실인가?

A. 아마도 간접투자자산운용법을 거론하면서 파산 시에도 변액보험의 보장이 가능하다고 설명하는 경우로 추정되는데, 간접투자자산운용업법은 각각 상이한 법률에 의해 규제되고 있던 동일한 자산운용행위(기존의 증권투자신탁업법에 의한 증권투자신탁, 증권투자회사법에 의한 뮤추얼펀드, 신탁업법에 의한 불특정금전신탁 등)에 대해 통일적인 제반 상황을 마련하기 위한 법이다. 따라서 간접투자법은 투자자를 위해 자산운용의 투명성을 확보하는 장치를 마련한 규정이 있을 뿐, 실제로 예금자보호 측면의 원금보장 등을 규정하고 있지는 않다. 예금자보호는 「예금자보호법」에 따라 이루어지는 것이며, **변액보험은 특약부분을 제외하고는 예금자보호의 대싱이 되지 않는다.**

4) 기존 변액유니버셜보험은 대부분 판매되지 않고, 변액연금보험의 기능이 확대되어 판매되고 있다.

위에서 살펴본 변액유니버셜보험은 현재 대부분의 보험회사에서는 별도의 상품으로 판매하지 않는다. 다만, 기존에 가입하고 있는 변액유니버셜보험은 종전 기준으로 그대로 적용받을 수 있다. 최근에는 납입기간을 12년 이상으로 하는 경우, 12년 납입 후 정해진 기간 동안 납입연장 한다던가, 주식편입 비중을 100%까지 가능하도록 하는, 새로운 변액연금보험이 2018년 1월 이후부터 판매되고 있으니 활용을 고려할 수 있다.

4 가입 후 바로 지급, 즉시연금보험

퇴직 후 은퇴생활을 본격적으로 시작하기 전 퇴직에 따라 발생하는 소득의 단절은 대체소득원 마련에 대한 고민을 가중시킨다. 퇴직금 등을 활용해서 하고자하는 계획은 개인의 성향이나 시장의 상황에 따라 달라질 수 있다. 일반적으로 고수익에 대한 기대감으로 주식시장으로 향한다거나 전통적으로 선호하는 부동산자산을 통해 임대수익을 꾀한다거나 창업 등을 통해 나름의 계획을 실천에 옮기게 된다. 이때 지출하는 목돈에 자칫 문제라도 발생한다면 여간 심각한 문제가 아닐 수 없다. 이와 같은 상황의 대상자가 활용해볼 수 있는 투자처가 바로 즉시연금보험을 통한 정기적인 소득원 확보이다.

즉시연금보험은 목돈은 보유하고 있는데, 은퇴생활재원에 대한 준비가 다소 미흡한 경우의 대상자에게 아주 유용하다. 즉 목돈을 한 번에 납입하고, 익월부터 매월 연금을 받을 수 있기 때문에 생활안정을 기하는 데 제격이다.

다음은 즉시연금보험과 관련한 주요내용이다.

4-1 즉시연금보험 상품의 유형 및 효용가치

〈그림 3-9〉 즉시연금보험 유형별 특징

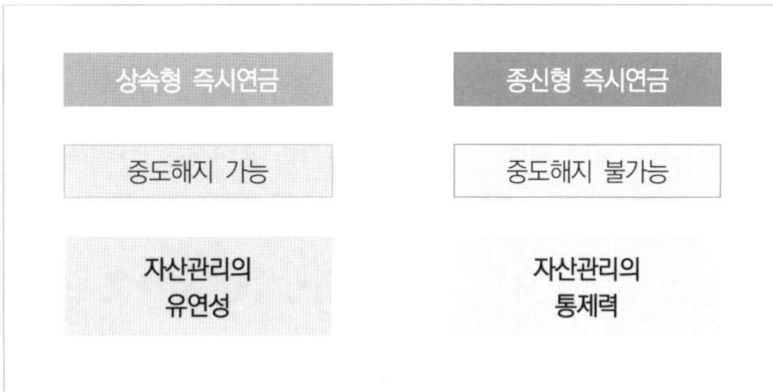

가. 상속형 즉시연금보험

상속형 즉시연금보험은 납입한 보험료 원금은 그대로 적립해두고 이자에 해당하는 금액만을 매월 연금형태로 인출하다가, 피보험자가 사망할 경우 사망보험금이 일부 추가되어 지급되는 구조의 보험이다.

상속형 즉시연금은 연금으로 인출하다가 목돈의 수요가 발생하는 경우 중도해지도 가능해서 자산운용의 유연성을 꾀할 수 있다.

또한 상속형 즉시연금을 가입할 때 계약자와 피보험자를 다른 사람으로 지정하는 경우, 보험계약자 사망 시 계약자를 변경해서 연금수급을 지속적으로 이어나갈 수 있으므로 연금자산의 세대이전도 가능한 장점이 있다.

나. 종신형 즉시연금보험

상속형 즉시연금보험과 달리 종신형 즉시연금은 납입한 보험료 원금과 계약기간에 해당하는 이자를 계약 익월부터 분할해서 연금으로 지급받는다. 또한 종신형 즉시연금은 연금지급 개시 이후에는 중도해지를 할 수 없는 다소 경직된 상품구조를 띠고 있는데, 이는 은퇴생활재원으로 활용하는 연금자산에서는 매우 유용한 기능이다. 즉 은퇴생활자가 최소한의 생활수준을 유지하는 데 필요한 자산에 제3자의 관심과 개입이 원천적으로 차단되기 때문에 은퇴생활의 안정감을 기할 수 있는 통제력으로의 가치가 있다.

4-2 즉시연금보험 활용의 효용가치

즉시연금보험은 은퇴생활에 필요한 재원마련의 기본적인 활용목적 외에 세제상의 혜택도 꾀할 수 있어, 보유자산이 많은 개인들에게 지속적인 관심을 받고 있다. 즉시연금보험에 가입할 경우 비과세혜택이 부여되므로 금융소득종합과세에 부담이 있는 개인들에게 아주 유용한 투자처가 될 수 있다. 비과세 조건에만 충족되면 과세하지 않기에 금융소득종합과세를 피해 갈 수 있기 때문이다.

비과세혜택을 위한 조건은 상속형과 종신형에 따라 각각 다르게 요구되는데, 그 조건은 다음과 같다.

〈표 3-7〉 즉시연금보험 비과세혜택의 요건

구분	상속형	종신형
보험계약 기간	10년 이상 유지	
비과세 대상금액 (2017년 4월 1일 이후 기준)	계약자 1인당 1억 원 한도	조건 충족 시 전액
기타 조건		- 55세 이후부터 인출 가능 - 계약자 = 피보험자 = 수익자 - 연금수급 후 해지 불가능 - 가입자 사망 시 연금재원 소멸 - 연금보증지급기간을 두는 경우, 피보험자의 기대여명보다 짧아야 한다

[Q&A] 종신형연금 연금수급 개시 후 중도해지 불가이유

Q. 종신형연금은 연금수급개시 후 중도해지가 불가하므로 지급방식을 선택할 때 신중을 기해야 한다. 그런데 왜 종신형연금은 중도해지가 불가한 것일까?

A. 연금개시 후 중도해지를 인정할 경우, 사망이 임박한 계약자들이 해지를 요청하여 해약환급금을 수령하려는 도덕적 해이가 발생할 수 있기 때문이다.

5 저축성보험 인출방법: 연금 vs 일시금

경과기간별 목돈마련, 은퇴생활재원 마련, 절세 등 다양한 목적으로 활용하는 저축성보험은 장기성자산이다. 오랜 기간 적립을 해오다가 인출이 필요한 시기에 이르게 되면 개인은 인출방법을 선택해야 한다. 인출시기 및 방법에 따라 산출되는 연금금액이 상이하기 때문에 신중을 기할 필요가 있다.

다음은 저축성보험의 인출형태에 따라 고려해야 할 사항의 주요내용이다.

5-1 연금으로 인출 시 고려사항

경기도 분당에서 거주하는 은퇴생활자 나대한 씨 사례

현재 70세의 연령으로 분당에서 은퇴생활을 이어가고 있는 나대한 씨는, 55세 이후부터 보험회사로부터 받아오던 개인연금과 60세를 넘기면서 받게 된 국민연금 수령액으로 풍족하지는 않지만 자식들에게 의지하지 않고 생활하고 있다.

그런데 만 70세가 되는 올해 보험회사로부터 연금지급이 종료된다는 얘기를 전해 듣고 난감해하고 있다. 55세에 연금을 신청할 때, 15년 동안 연금을 수령하기로 신청했기에 올해로 연금지급이 끝난다는 것이다. 갑자기 연금소득이 대폭 줄어들 것을 생각하니 걱정이 이만저만이 아니다.

앞의 사례와 같은 은퇴생활자를 주변에서 쉽게 볼 수 있는데, 이런 경우에 대비하기 위해서는 다음과 같은 사항을 사전에 고려해야만 한다.

가. 적립금 규모, 인출시점, 수급기간(종신, 상속, 확정기간)을 반영하여 예상금액 산출

저축성보험을 유지해오다가 연금으로 활용하기 위해 선택해야 할 때, 위 사항 등을 중심으로 연금으로 인출할 수 있는 예상금액을 산출할 수 있어야 한다. 이는 퇴직 전 40대 후반부터 50대 초반의 연령에 이르게 되면 반드시 실행해야만 한다. 퇴직에 임박한 상황에서는 추가적으로 요구되는 재무준비를 할 수 있는 여력이 그다지 없기 때문이다. 소득활동기간 내부분은 보험료 납입과 세제혜택에 관심을 집중하여왔지만 이 시기에 이르면 어떤 방법으로, 언제부터 연금을 인출할 것인가에 관심을 집중해야 한다.

일반적으로 동일한 적립금으로 많은 연금을 인출하기 위해서는 수급기간을 짧게 선택(확정기간 및 상속형)해야 하는데, 이렇게 되면 앞의 사례처럼 연금수급이 조기에 종료되는 위험이 발생할 수 있다. 반대로 제한된 적립금을 오랜 기간 늘려서 수령(종신형)하는 경우에는 일상생활에 별로 도움이 되지 못하는 금액이 지급될 수 있다. 이와 같은 상황을 확인했다면, 퇴직 전까지 다음과 같은 추가적인 재무계획을 실행할 수 있다.

1) 은퇴재원 마련을 위한 용도의 적립금을 추가적으로 늘린다.
2) 소득활동기간 및 퇴직시점을 연장하거나 연금인출 시점을 늦춘다.
3) 유형별 자산조정 및 활용으로 추가적인 연금재원을 확보한다.
   → 예: 퇴직(연)금을 활용한 연금인출, 주택연금 활용에 대한 의사결정 등

나. 저축성보험 인출에 따른 적용세제

저축성보험을 연금으로 인출할 때 적용되는 세제는 상품의 유형과 인출하는 시기에 따라 달리 적용된다.

1) 보험료 납입 시 세제혜택이 적용되는 저축성보험: 인출 시 연금소득세(3.3~5.5%) 과세
2) 보험료 납입 시 세제혜택이 적용되지 않는 저축성보험: 인출 시 이자소득세 비과세

〈표 3-8〉 저축성보험의 인출 관련 적용세제

구분	세제적격 (납입 시 세액공제)	세제비적격 (납입에 따른 세제혜택 없음)
중도해지 시	'원금 + 이자'에 대해 기타소득세(16.5%) 부과	이자에 대해 이자소득세(15.4%) 부과
조건 충족	- 납입기간: 5년 이상 - 인출시점: 55세 이후 - 연금수령: 10년 이상 (2013년 3월 1일 이후 가입한 계약)	- 적립식: 월 150만 원 이내 - 일시납: 1인당 1억 원 한도 이내, 종신형은 조건부 전액 비과세 - 공통: 10년 이상 계약기간 유지
연금인출	연금인출: 연금소득세(3.3~5.5%) * 연간 연금인출한도 초과금액은 기타소득세 부과	인출 시 이자소득세 비과세

※ 세제적격의 경우 세액공제를 받은 것으로 가정하여 인출 시 세금항목 반영

5-2 일시금으로 인출 시 고려사항

장기저축성보험을 가입·유지하다가 세제상의 불이익을 감수하면서 중도해지를 한다거나 일시금의 형태로 인출할 수밖에 없는 이유는 나름대로 있겠지만, 다음과 같은 사항을 중심으로 재고해볼 필요가 있다.

가. 연금저축이라면 중도해지보다 납입중지 및 납입유예 활용

2001년 1월 이후 연금저축상품에 가입하여 세제혜택을 받은 후, 중도해지를 할 경우에는 '세제혜택을 받은 납입금액+운용수익'에 대해 16.5% 세율의 기타소득세(지방소득세 포함)가 부과된다. 따라서 일시적으로 보험료 납입이 어려운 경우라면, 납입중지 또는 납입유예제도를 활용할 수 있다.

1) 연금저축신탁 · 펀드: 자유납입의 기능이므로 납입을 중단했다가 경제상황이 좋아지면 언제든지 납입을 재개할 수 있다.
2) 연금저축보험: 2014년 4월 이후 가입했다면, 1회당 최대 12개월, 최대 3회까지 납입유예가 가능하다. 만약, 납입유예하지 않고 보험료(월납)를 2회 이상 납입하지 않으면 실효되고, 이후 일정기간(2년) 내에 계약을 부활시키지 않으면 해지만 가능하다.

나. 생활자금이 단기간 필요한 경우, 연금저축 담보대출 활용

노후생활을 대비하는 자금인 연금저축상품의 특성상 담보대출 이자율이 비교적 낮다. 따라서 본인이 가입한 금융회사에 담보대출금리를 확인하여 활용 여부를 결정할 수 있다.

다. 변액보험이라면 납입중지 및 중도인출 방법 활용

변액보험도 보험료 납입중지 및 중도인출 서비스를 활용하면 세제상의 불이익을 감수하며 중도에 해지하는 상황을 피할 수 있다. 이 또한 개인의 선택에 의해 활용 여부가 결정된다.

6 사망에 따른 저축성보험 지급

저축성보험은 장래에 필요한 재원을 준비하는 금융상품으로, 소득활동기간의 조기사망보다는 은퇴생활기간에 오래 생존할 수 있는 상황에 대비하는 것으로 볼 수 있다. 하지만 보험가입자가 뜻하지 않은 사고나 질병으로 사망하는 경우, 저축성보험에서 발생하는 자금의 법적성격과 적용세제가 어떻게 되는가 하는 문제는 매우 민감한 사안이다.

저축성보험을 가입하고 있는 개인이 보험료 납입기간이 종료되기 전에 사망한 경우, 보험회사가 사망보험금을 지급하고 계약은 종료된다. 이처럼 보험료 납입기간 종료 전 보험가입자 사망에 따른 보험금의 법적관계는 그리 복잡한 문제가 아닐 수 있다. 문제는 연금인출이 개시된 이후에 발생하는 보험가입자 사망에 따른 법적관계이다.

다음에서는 연금인출 이후 발생하는 상황을 중심으로 살펴본다.

6-1 계약자와 피보험자가 동일인이고, 수익자가 다른 경우

> 나대한 씨는 본인을 보험계약자 및 피보험자로 지정하고, 아들을 보험수익자로 지정한 저축성보험의 납입기간이 만료되어 연금을 수령하고 있다. 연금은 종신형을 선택하였고, 보험수익자인 아들이 수령하고 있다.

이 상황에서 지급되는 연금은 '계약자 = 피보험자'의 생존상태에서 지급되는 자금의 성격을 띠기 때문에 증여에 해당한다. 따라서 처음 연금을 수령하는 때를 증여시점으로 보고, 미래에 계속 지급될 연금을 현재가치로 할인해서 증여재산가치를 평가한다.

이때 증여재산가치를 평가하는 기본적인 요소 두 가지가 있다. 첫째는 할인율로, 2018년 현재 적용되는 할인율은 3.0%이다. 둘째, 증여시점 이후 남아 있는 연금수급기간이다. 당연히 연금수급기간이 길수록 증여재산가치는 높아진다. 연금지급기간이 확정되어 있는 경우라면, 연금수급시점부터 지급기간 동안 수령할 연금을 현재가치로 할인한 금액이 증여재산가액이 된다.

문제는 얼마동안 연금이 지급될 것인지를 알 수 없는 경우, 즉 사례의 나대한 씨처럼 종신형으로 연금을 수급하는 경우이다. 이 경우에는 피보험자의 기대여명까지 연금을 받는 것으로 수급기간을 가정하고, 그 기간의 연금을 현재가치로 할인하여 증여재산가액을 결정한다.

6-2 계약자와 수익자가 동일인이고, 피보험자가 다른 경우

> 나대한 씨는 본인을 보험계약자 및 보험수익자로 지정하고, 아들을 피보험자로 지정한 저축성보험의 납입기간이 만료되어 연금을 수령하고 있다. 연금은 종신형을 선택하였고, 보험수익자인 나대한 씨 본인이 수령하고 있다.

이와 같은 상황에서 나대한 씨가 생존 시 수령하는 연금은 세법상 아무런 문제가 없다. 보험계약자인 본인이 보험료를 납부하고, 그 대가로 연금을 수급하는 것이기 때문이다.

문제는 연금수급자인 나대한 씨가 사망한 이후에 발생한다. 피보험자인 아들이 생존해 있는 상황이기에 연금은 계속 지급되고, 이에 대한 수급권은 법정상속인에게 있다. 이 경우 지급되는 연금에 대해 상속재산가치 평가를 하게 되는데, 증여재산가치 평가 때와 동일하게 3.0%의 할인율이 적용된다.

연금수급방법이 확정기간형일 경우에는 언제든지 해지할 수 있기 때문에 해지 여부에 따라 기간에 대한 상속재산가치평가가 달라질 수 있다. 해지할 경우에는 해약환급금이 지급되고, 연금수급을 선택할 경우에는 잔여기간에 대해 할인율을 적용하여 상속재산가액을 산출한다. 사례에서는 종신형을 선택해서 연금을 수급했기 때문에, 피보험자인 아들의 기대여명 기간에 할인율을 적용하여 상속재산가액을 결정하게 된다.

제3절 | 저축성보험 설계사례

1 변액유니버셜보험 불완전판매 사례

2~3년 저축하여 목돈을 마련할 필요가 있다고 하니, 보험설계사가 그 목적에 맞는 저축성상품이 있다고 설명하며 ○○생명보험(주)의 변액유니버셜보험상품 가입을 권유하여 계약을 체결하였다. 그러나 원금보장이 되지 않는 상품임을 나중에 알게 되어 민원을 제기하였다.

○○생명보험(주)는 청약서의 계약자 자필서명과 신계약모니터링 결과 등을 제시하며 완전판매된 상품이라고 주장하였으나, 계약자 및 보험설계사 등과 3자대면한 결과 상품설명이 충분히 이루어지지 않은 점이 있고, 계약자 또한 계약내용 확인 의무를 소홀히 한 것으로 확인되어 보험설계사와 계약자가 손실을 조금씩 분담하도록 조정하였다.

출처: 금융감독원(2013), 금융분쟁조정사례집

2 은퇴준비를 위한 연금상품 선택

2-1 사례 설명

현재 48세로 직장생활을 하고 있는 나대한 씨는 장래에 자녀들이 독립한 후 아내와 함께 은퇴생활을 하는 데 필요한 것이 무엇인지 최근 이것저것 챙겨보고 있다. 무엇보다 우선하는 것이 퇴직 이후부터 은퇴생활을 보호해 줄 소득마련인 것 같았다. 지금까지 회사에서 지원해주는 국민연금과 퇴직금을 제외하면, 연금상품을 가입해본 경험이 전혀 없다. 물론 아내도 동일한 상황이다.

무엇을 가입하면 되는지, 상품은 또 뭐가 이리 많은지 도대체 판단하기가 쉽지 않다. 나대한 씨는 아내와 함께 하루 휴가를 내서 삼청은행을 방문하여 CPB에게 이와 관련한 자문을 구하였다.

CPB는 연금상품 가입을 계획하고 있는 나대한 씨 부부에게 어떤 도움을 줄 수 있을까?

2-2 목적과 투자성향 확인

① 가입목적을 확인한다.
② 세제혜택 선호유형을 확인한다.
③ 투자성향을 확인한다.

〈나대한 씨 부부의 선택사항〉

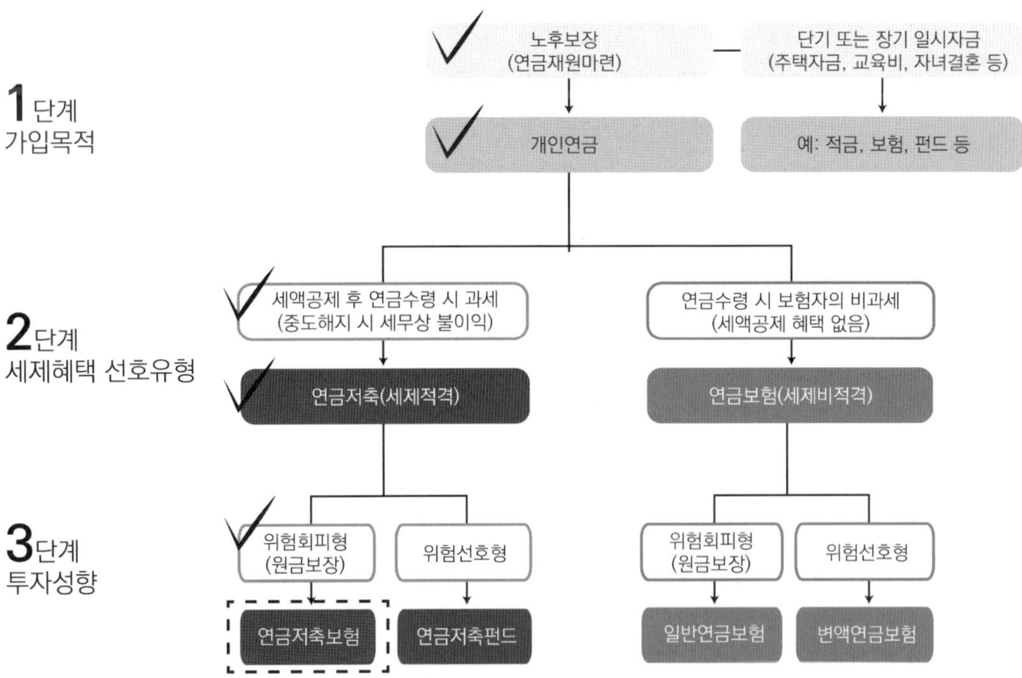

2-3 솔루션

나대한 씨 부부는 CPB와의 상담에서 활용목적 및 적용되는 세제, 부부의 투자성향을 반영해서 설계한 연금저축보험 상품을 제안받고 가입하기로 하였다. 이에 삼청은행의 CPB는 나대한 씨 부부에게 선택한 상품의 주요 내용을 다음과 같이 안내하였다.

1) 연금저축보험은 보험회사에서 판매하는 금리연동형 성격의 연금상품이다.

2) 세제혜택은 납입 · 운용 · 인출 시 등 3단계에 걸쳐 주어진다.

① 납입 시: 매년 최대 600만 원 한도의 범위에서 세액공제혜택이 주어진다. 나대한 씨의 연소득이 95,000천 원이므로 적용세율은 13.2% 이다.

② 운용 시: 인출 전까지 매년 발생하는 수익에 대해 별도로 과세하지 않는다. 즉, 인출할 때까지 과세를 이연한다.

③ 인출 시: 중도에 인출(해지)하는 경우에는 원금과 이자에 기타소득세(16.5%)를 부과하기에 세제상의 부담이 될 수 있다. 즉 연금저축보험은 장기자산 성격의 금융상품임을 유념하고 가입해야 한다. 55세 이후부터 연금으로 인출이 가능한데, 최소한 10년 이상은 연금의 형태로 수급해야(2013년 3월 1일 이후 가입한 계약) 세제상의 불이익이 없다. 다만, 10년간 적용되는 연간 연금인출한도 기준을 초과해서 인출하는 금액에 대해서는 기타소득세가 부과된다.

※ 세제혜택을 납입·운용·인출 시에 걸쳐 받은 후, 세제상의 불이익(16.5% 기타소득세)이 없으려면, 다음 요건을 충족해야 한다.

- 최소 5년 이상의 납입
- 55세 이후에 인출
- 최소 10년 이상의 기간을 연금형태로 인출(2013년 3월 1일 이후 가입한 계약)

※ 다음은 나대한 씨가 55세 이후 연금으로 인출할 때의 적용세율이다.

5.5%	4.4%	3.3%
55～69세	70～79세	80세

3 비과세혜택이 적용되는 연금상품에 관심 있는 임대사업자

3-1 사례

사업에 성공해 임대부동산으로 높은 임대수입이 발생하는 나대한(56세) 씨는 요즘 비과세 금융상품에 관심이 매우 높다. 연금저축은 세액공제혜택으로 사업소득세를 줄일 수 있긴 했지만, 어차피 한도가 600만 원이라 더 불입하는 금액도 이왕이면 연금을 받을 때 비과세가 되면 좋겠다는 생각이 들었다. 그래서 본인 같은 생각을 하고 있는 사람들이 활용할 수 있는 비과세 연금보험을 안내받고 싶어 한다.

3-2 솔루션

납입기간 중 납입하는 금액에 대해 세액공제혜택이 부여되는 연금계좌가 있는 반면(세제적격연금), 납입 시 세액공제혜택은 없지만 나중에 연금을 수령할 때 비과세혜택의 대상이 되는 연금상품이 있다. 바로 연금보험(세제비적격연금)이다. 이는 장기저축성보험의 보험차익 비과세규정을 활용하는 것으로, 납입하는 기간에는 세액공제혜택이 없는 대신 일정한 요건을 갖추면 연금으로 받을 때 비과세된다.

2013년 이전에는 계약기간이 10년 이상이면 금액에 상관없이 장기저축성 보험에 대해 비과세를 해줬기 때문에 고액자산가들의 절세수단으로 많이 활용되기도 했다. 하지만 이제는 상황이 달라졌다. 다음의 비과세요건을 갖추어 가입해야만 추후 수령 시 비과세 혜택이 주어진다.

〈표 3-9〉 저축성 보험별 비과세 요건 한 눈에 보기

종류	비과세 요건
월 적립식 저축성보험	- 계약기간 10년 이상 - 1인당 월 보험료합계액 150만 원 이하(2017. 4. 1. 이후 가입분부터 적용) - 매년 기본보험료 균등(최초 보험료의 1배 이내 증액 허용) - 최초납입일부터 납입기간이 5년 이상인 월 적립식 계약 - 선납은 6개월 이내 분만 인정

종류	비과세 요건
상속형 저축성보험	- 계약기간 10년 이상 - 납입보험료 2억 원 이하인 경우(2013. 2 15.~2017. 3. 31. 가입분) - 납입보험료 1억 원 이하인 경우(2017. 4. 1. 이후 가입분)
종신형 저축성보험	- 계약기간 10년 이상 - 사망 시 계약 및 연금재원 소멸 (다만, 기대여명 이내로 보증기간이 설정되어 있고 보증기간 내에 사망하면 보증기간이 종료될 때 소멸) - 55세 이후부터 사망 시까지 연금형태로 지급받을 것 - 사망 시까지 중도해지 불가

만약 노후 준비를 위해 매월 적립하고자 한다면, 계약기간은 10년 이상으로, 매월 150만 원 이하의 금액으로 균등하게 최소 5년 이상은 납입해야 한다. 일시에 적립한다면 계약기간 10년 이상, 납입보험료 1인당 1억 원 이하인 경우에만 비과세 대상이 된다.

다만 종신형 저축성보험인 경우에는 납입금액의 제한은 없지만, 계약기간 10년 이상으로 55세 이후부터 사망 시까지 연금형태로 지급받아야 하며 사망 시에는 계약 및 연금재원이 소멸하는 보험이어야 비과세혜택을 받을 수 있다.

삼청은행의 CPB는 나대한 씨처럼 사업을 하는 사람이 이 상품(종신형)을 활용할 경우에 꾀할 수 있는 가장 큰 혜택은 충분한 연금자산 준비와 절세라고 안내하였다.

종신형의 경우 조건 충족 시 납입하는 전액에 대해 비과세혜택이 주어진다. 즉 이에 해당하는 금액이 금융소득종합과세 대상에서 제외된다는 것을 의미한다. 또한 정기금 평가에 따른 절세도 가능하다.

비과세되는 연금으로 노후준비도 하고 소득세 비과세 혜택도 받으려면, 앞에 제시한 요건들을 꼼꼼히 따져보고 상품을 선택·가입해야 한다.

4 연금자산 인출 문제로 고민하는 정년퇴직 예정자

4-1 사례 설명

28세에 취직하여 정년을 앞두고 있는 57세의 나대한 씨. 은퇴 준비를 하나도 못 했다고 걱정했는데, 본인의 연금자산을 확인해보고 생각보다는 많이 준비되어 있다는 사실에 놀랐다. 30년간 불입한 국민연금은 63세부터 매월 100만 원씩 나오며, 중간정산을 하지 않은 퇴직연금의 적립금은 2억 원이 넘는다.
게다가 연 400만 원의 세제혜택을 받기 위해 가입했던 연금저축도 20년이 지나고 나니 평가금액이 1억 원이 넘는다. 다행히 퇴직 전 주택담보대출은 모두 상환했다. 문제는 그동안 모을 줄만 알았지, 어떻게 받아야 할지를 평소 고민해본 바가 없다는 것이다.
국민연금이야 때가 되면 나올 것 같은데, 퇴직연금과 연금저축은 어떻게 처리해야 할지 고민 중이다.

베이비붐세대의 은퇴가 시작되면서 지금까지 적립만 중요하게 생각했던 자산관리에서 새로운 변화를 꾀해야 한다. 연금상품도 모으는 시기가 끝나고, 드디어 인출할 수 있는 시기에 이르렀다.

이런 베이비붐세대가 알아야 할 점으로는 무엇이 있을지, CPB의 제안은?

4-2 솔루션

연금의 목적은 은퇴 후 생활비를 안정적으로 충당하는 데 있다. 얼마나 필요하고, 얼마나 준비됐는지 아는 것은 은퇴설계의 기본이다. 그러나 이런 단순한 설계로는 충분하지 않다. '언제부터, 얼마간의 기간에 걸쳐 받을지'를 세밀하게 계획할 필요가 있다.

먼저 퇴직시점부터 국민연금 지급시점까지의 생활비 확보에 대한 고민이 필요하다. 물론 이 시기에 재취업 등으로 지속적인 경제활동을 하는 것이 가장 좋으나, 그렇지 못할 경우에는 연금을 활용한 생활비 확보가 요구된다.

그럼 개인연금은 어떤 방식으로 받는 게 좋을까? 연금수령 방법에는 확정형, 상속형, 종신형의 3가지가 있다. 이 중 하나를 선택하여 연금을 수령할 수 있다. 단, 종신형은 연금보험에서만 가능하다. 각 연금수령방법의 특징과 장단점은 다음과 같다.

먼저 '확정형'은 연금 수령기간을 정한 다음, 해당 기간에 원금과 수익을 균등하게 분할해 수령한다. 연금 수령기간 중 사망해도 잔여 연금은 상속인에게 계속 지급된다. 또한 목돈이 필요할 경우 계약을 해지하고 남은 금액을 수령할 수 있다.

'상속형'은 원금은 손대지 않고 이자만 수령한다. 원금은 가입자가 사망하거나 정해진 만기가 돌아오면 돌려준다. 확정형과 유사하게 언제든지 계약을 해지하고 원금을 찾을 수 있다. 월지급식펀드 같은 경우 상속형이라고 되어 있지 않지만 일종의 상속형과 같은 설계다. 원금을 운용하여 수익을 지급하고, 가입자가 사망하거나 해지하면 남은 원금을 돌려준다. 단, 약정한 수입보다 운용수익이 적을 경우, 원금이 조기에 고갈될 가능성이 존재한다.

'종신형'은 약간 다르다. 가입자가 살아 있는 동안 계속 지급한다. 따라서 연금가입자가 오래 살수록 이익이다. 물론 일찍 사망하더라도 일정기간의 지급보증기간을 통해 연금을 받을 수 있도록 설계하고 있다. 예를 들어 보증기간을 20년으로 설정해두면, 가입자가 사망하더라도 20년 동안은 연금이 상속자에게 지급된다.

그렇다면 종신형이 가장 이상적인 수령 방법일까?

반드시 그렇지는 않다. 상황에 따라 다르다. 종신형 연금보험은 '종신'토록 지급한다는 계약조건 때문에 과도한 비용이 청구된다. 현재 1억 원으로 60세에 종신연금을 가입하면 매달 38만 원(공시이율 4% 기준)씩 받을 수 있다. 이 금액을 종신이 아니라 확정형 연금으로 가입한다고 해보자. 연 5%의 수익을 낼 수 있다면, 20년 확정지급 시 66만 원, 30년 54만 원이다. 100세 시대라니 40년간 확정지급을 받더라도 매달 48만 원씩 연금수령이 가능하다.

단, 수익률이 4%로 하락하면 60년 경과 시부터 역전현상이 발생한다. 60세에 가입해 120세까지 산다면, 수익률 4%를 가정할 경우 확정형보다 종신형이 더 많은 연금액을 수령할 수 있다.

〈표 3-10〉 1억 원 즉시연금 가입 시 월 수령 금액(예시)

(단위: 만 원)

연금종류		수령금액				
확정형	기간	20년	30년	40년	50년	60년
	수익률 5%	66	54	48	45	44
	수익률 4%	61	48	42	39	37
종신형		38				

※ 종신형은 공시이율 4%, 만 60세 수령 가정

또한 종신형은 한 번 가입하면 해지가 불가능하다. 유동성이 없어지기 때문에, 은퇴기간 중 급한 목돈이 필요할 경우 대응이 힘들어진다.

다만 이런 재무적인 판단에도 불구하고 종신형을 선택하는 이유는, 은퇴생활에서 가벼이 볼 수 없는 '자산의 통제력'을 유지하기 위함이다. 즉 중도해지가 불가한 상황에서 수령하는 연금금액에 대해서는 제3자가 개입할 수 없다는 기능이 유의미하기 때문이다.

5 변액유니버셜보험 중도해지를 고민하는 사업가

5-1 사례 설명

30년 이상 사업체를 경영하고 있는 64세의 나대한씨는 최근 회사 사무실 이전과 관련하여 목돈이 필요한 상황이다. 얼마 전 새롭게 주택을 매입해서 입주했던 관계로 현금자산이 여유가 없는 상태라서 대출을 고민하고 있었다. 그러던 중 8~9년 전에 가입해서 꾸준히 유지했던 변액유니버셜보험이 생각났다. 마침 최근 시장상황도 좋아서 투자수익도 꽤 괜찮아 적립금 규모가 작지 않았다. 이참에 변액보험을 해지해서 사무실 구입 및 이전자금으로 써야겠다는 마음을 먹고 대출을 문의했던 삼청은행의 CPB에게 대출취소를 위해 연락을 취할 계획이다.

[변액유니버셜보험 보유현황]

- OOO생명 드림링크 변액유니버셜 III (2015년 가입)
  : 총 92회 납입, 납입보험료 92,000천 원, 적립금 132,412천 원.
- OOO생명 그림링크 변액유니버셜 IV (2016년 가입, 추가납입 75회)
  : 총 75회 납입, 납입보험료 148,000천 원, 적립금 226,354천 원

이런 상황의 나대한씨에게 CPB가 안내해줄 수 있는 사항은?

5-2 솔루션

일단 나대한씨가 가입하고 있는 변액보험은 10년 이상 유지할 경우, 보험차익에 대해 이자소득세 비과세가 적용되는 상품이다. 나대한씨는 앞으로 1~2년을 유지하게 되면 비과세 혜택을 기대할 수 있는 상황이다.

다만 현재 목돈이 필요한 상황이라 나대한씨가 중도해지를 고민하고 있었는데, 중도해지를 하는 것보다 적립금의 일부를 중도인출해서 활용하면 된다. 또한 중도인출을 활용하는 경우에 별도의 세금부담이 없기 때문에 극단적으로 해지를 하는 것보다 매우 유용하다.

만일 나대한씨 계획대로 중도해지를 한다면, 가입 이후 10년이 경과하지 않았기에 발생한 보험차익은 세금부과 대상이다.

현재 납입금액 대비 발생한 보험차익(118,767천 원)에 대한 과세기준은 다음과 같다.

일시 해지 시	보험차익 20,000천 원 까지	15.4% 이자소득세 과세의 분리과세 기준 적용.
	20,000천 원 초과금액에 대해	금융소득종합과세 대상으로 他 종합소득과 합산, 누진율 적용된 종합소득세 부과

더구나, 2017년 4월 1일 세법 개정에 따라 1인당 月 적립금 1,500천 원까지 비과세 혜택을 적용하는데, 이전 가입자에 대해서는 소급적용 않는다. 따라서, 나대한씨는 현재 보유중인 변액보험을 계속 유지하면서 비과세 요건(10년 이상 유지)을 충족하는 것이 합리적이다. 이는 절세혜택(비과세) 유지 및 사업체 운영에 따른 비상 시 유동자산 활용(중도인출 시 과세제외)측면에서도 매우 효과적이다.

주·요·내·용·종·합·정·리

01› 저축성보험은 장기적인 저축을 통해 용도별 목적자금마련 및 은퇴생활재원 등으로 활용할 계획의 자산인 만큼, 상품의 운용구조 및 해지에 따른 세제상의 불이익 등을 세부적으로 검토한 후 가입을 결정해야 한다.

02› 저축성보험에 납입하는 보험료에서 차감되는 비용·수수료 등을 세부적으로 확인해야 한다. 이는 초기 환급률에 큰 영향을 미칠 수 있기 때문인데, 금융감독원 홈페이지 공시자료를 통해 종합적으로 확인할 수 있다.

03› 저축성보험은 기본보험료 외 추가보험료 납입을 통해 적립금의 규모를 상대적으로 확대할 수 있다. 추가보험료는 기본보험료의 2배 이내에서 납입금액을 결정할 수 있다.

04› 저축성상품 활용을 통해 꾀할 수 있는 세제상의 혜택은 납입 시 세액공제, 운용기간 중 과세이연, 인출 시 분리과세 또는 이자소득세 비과세 등이 상품별로 부여되고 있다.

05› 저축성상품은 운용구조에 따라 금리연동형상품과 투자수익형상품인 변액보험으로 크게 나누어진다. 두 상품 모두 단기간에 중도해지 시 납입원금보다 적은 금액을 환급받는다. 이는 환급률에 초기 사업비 차감분이 반영되기 때문이다. 따라서 가입 당시 무리한 납입보험료 결정보다는 감당할 수 있는 금액을 결정하여 장기간 유지하는 것이 합리적이다.

06› 금리연동형상품에서 가입 당시 공시이율이 만기까지 보장되는 것은 아니다. 다만, 가입 당시의 최저보증이율은 만기까지 보장된다.

07› 원금이 보장되는 변액연금에서 '원금보장'의 개념은 계약자가 납입한 보험료 전액이 아니라 사업비를 차감한 적립보험료 기준을 의미한다.

08› 변액보험에서 55세 이후 연금 개시시기에 이르렀을 경우와 연금개시 전 사망할 경우에는 이미 납입한 보험료를 기준으로 최저보증 한다.

주·요·내·용·종·합·정·리

09› 즉시연금을 활용할 때 상속형인 경우에는 중도해지가 가능하고, 종신형인 경우에는 연금개시 후 중도해지가 불가능하다.

10› 저축성보험에서 월 적립식 보험은 월 150만 원 한도, 일시납 보험은 1인당 1억 원 한도 내에서 보험차익 비과세혜택이 주어진다. 종신형으로 연금수령을 하는 경우에는 조건충족 시 전액 비과세혜택 대상이다.

11› 저축성보험은 상품유형, 인출하는 방법, 인출시기 등에 따라 부과되는 세금이 달라진다 보험료 납입에 세제혜택이 부여된 세제적격 보험은 인출 시 연금소득세로 과세되고, 중도해지 시에는 원금과 이자 전액에 기타소득세가 부과된다. 납입 시 세제혜택이 없었던 세제비적격 보험은 10년 이상 유지 시 보험차익에 대해 비과세한다.

12› 저축성보험은 계약관계자 설정, 생존 또는 사망의 상황에 따라 지급되는 연금이 증여재산 또는 상속재산이 되기도 한다.

13› 2024년 기준 정기금평가에 적용되는 할인율은 연 3%이다.

연·습·문·제

01 저축성보험을 활용할 때 고려해야 할 사항으로 적절하지 않은 것은?

① 상품가입 전 보험료에서 차감하는 수수료 및 비용 관련 공제금액을 확인한다.
② 운용방식이 금리연동형인지, 투자수익형인지 확인하고 결정한다.
③ 종신보험을 연금으로 전환할 때는 납입보험료 적립원금을 기준으로 연금을 환산·지급한다.
④ 보험료 추가납입을 활용하면 상대적으로 적은 보험료 비용으로 적립금 규모를 늘릴 수 있다.
⑤ 추가납입을 해도 사망보험금은 변동하지 않는다.

02 저축성보험의 보험차익 비과세요건으로 적절하지 않은 것은?

① 월 적립식 저축성보험의 비과세혜택이 적용되는 납입한도는 150만 원이다.
② 월 적립식 저축성보험의 납입기간 요건은 10년 이상이어야 한다.
③ 일시납 저축성보험의 계약기간은 10년 이상이어야 한다.
④ 일시납 저축성보험의 1인당 납입한도는 1억 원이다.
⑤ 종신형연금은 55세 이후부터 사망 시까지 연금수급을 조건으로 한다.

03 2022년 12월 31일로 판매가 종결된 비과세종합저축의 가입대상은 65세 이상 연령대상자로서 1인당 가입한도는 (　　　)이다.

① 10,000천 원
② 30,000천 원
③ 50,000천 원
④ 70,000천 원
⑤ 100,000천 원

연·습·문·제

04 저축성보험의 주요상품에 대한 설명으로 적절하지 않은 것은?

① 금리연동형보험에 적용되는 가입 당시의 공시이율이 만기까지 적용되는 것은 아니다.
② 금리연동형보험에 적용되는 가입 당시의 최저보증이율은 만기까지 적용된다.
③ 금리연동형보험에서 보험계약자가 납입하는 보험료 전액에 공시이율만큼의 이자를 반영하여 적립금을 구성한다.
④ 변액연금은 연금개시 시점에 이를 경우 납입보험료(특약제외)를 기준으로 원금을 보장한다.
⑤ 변액연금의 연금개시 전 사망 시 사망보험금은 이미 납입한 보험료를 기준으로 최저보증한다.

05 종신형즉시연금에 적용되는 비과세혜택 요건에 대한 설명으로 적절하지 않은 것은?

① 55세 이후부터 보험가입자의 기대여명까지 연금지급을 요건으로 한다.
② '계약자 = 피보험자 = 보험수익자'의 형태로 계약내용이 구성되어야 한다.
③ 연금수급 이후에는 해지가 불가능하다.
④ 보험가입자 사망 시 연금재원 소멸을 조건으로 한다.
⑤ 연금보증지급기간을 두는 경우, 피보험자의 기대여명보다 짧아야 한다.

정 · 답 · 및 · 해 · 설

01 ▸ ③ 종신보험을 연금으로 전환할 때, 해지환급금을 기준으로 연금을 환산하여 지급한다.

02 ▸ ② 월 적립식 저축성보험의 납입기간 요건은 5년이고, 계약기간은 10년 이상이어야 한다.

03 ▸ ③ 50,000천 원

04 ▸ ③ 금리연동형보험에서 보험계약자가 납입하는 보험료 전액에 공시이율만큼 이자가 반영되는 것은 아니다. 보험계약자가 납입한 보험료에서 위험보험료와 부가보험료(사업비)를 차감한 금액을 적립한다. 따라서 납입보험료 전액을 기준으로 공시이율이 적용되어 이자수익이 발생하는 것은 아니다.

05 ▸ ① 55세 이후부터 종신토록 연금지급을 요건으로 한다.

Korea Banking Institute

제4장

금융소비자보호

제1절 · 금융소비자보호의 이해

제2절 · 금융소비자보호법

제3절 · 금융소비자보호를 위한 조직 및 제도

제4절 · 민원의 관리

제4장 금융소비자보호

학습개요

금융소비자보호는 금융시장에서의 불공정 문제를 해소하고 최적의 자원배분을 통하여 궁극적으로 시장의 효율성을 제고하기 위한 것이다. 금융상품 개발·판매·사후관리 단계에서 금융소비자의 불만을 사전에 예방하고, 불완전판매를 방지해야 한다. 그럼에도 불구하고 금융소비자의 피해가 발생하였을 때 신속하게 구제하기 위하여 금융소비자보호에 대해 살펴본다.

학습목표

- 금융소비자의 정의, 금융소비자의 기본적 권리 등을 이해한다.
- 금융소비자보호법, 금융소비자보호를 위한 조직 및 제도, 민원의 관리 등을 이해한다.

제1절 | 금융소비자보호의 이해

1 금융소비자의 의의 및 필요성

1-1 금융소비자의 의의

일반적으로 소비자란 '재화를 소비하는 사람'을 말한다. 제조회사가 물건을 만들고, 물건을 필요로 하는 사람들이 그 물건을 구매하게 된다. 금융에서도 은행·보험회사·증권회사 등에서 만든 금융상품을 구매하려는 사람이 바로 금융소비자라고 할 수 있다. 거래단계나 형태 등에 따라 유사한 용어로 '거래상대방(counter-party)', '고객(customer, client)', '투자자', '예금자', '보험계약자' 등이 혼용된다. 결국 금융거래 상대방으로서의 예금자와 투자자, 그리고 보험계약자를 모두 포괄하는 공통개념으로서 '금융소비자'라는 표현을 사용하는 것이 적절하다고 할 수 있다.

금융소비자를 정의하고 법률상 보호대상으로 포함시키는 것은 매우 중요한 일이다. 「자본시장과 금융투자업에 관한 법률」(이하 '자본시장법') 등에서 보호대상으로서 금융소비자에 대하여 명시한 부분을 「금융소비자보호에 관한 법률」(이하 '금융소비자보호법')[1] 에서도 동일한 의미로 사용한다. 즉 보호의 대상으로서 금융소비자를 전문금융소비자와 구분하여 일반금융소비자로 정의하였다. 보호대상인 일반금융소비자는 '금융업자와 금융상품 계약을 체결하는 등 금융거래를 하는 상대방'으로서 예금자, 투자자, 보험계약자, 대출채무자를 모두 포괄한다. 금융회사에 비하여 정보·자원·협상력에서 열위에 있고 따라서 불공정하거나 불건전한 거래에 노출될 수 있는 소비자를 지칭하며, 전문금융소비자를 제외한 개인, 중소법인이 해당한다.

1) 국회의원 강석훈 등 12인, 「금융소비자보호 기본법률」 제정법률안, 의안번호 1907358, 2013.11.28. 및 「금융소비자보호 기본법안」 2016.6.28. 「금융소비자보호에 관한 법률안」, 의안번호 6989, 2017.5.23., 「금융소비자보호법」 2020.3.24

〈표 4-1〉 금융소비자의 구분

구 분		기 준	비 고
광의의 금융 소비자	전문금융 소비자	전문예금자, 전문대출채무자, 전문투자자, 전문보험계약자 ※ 예시: 국가, 금융회사, 주권상장법인 등	전문거래자 중 법령으로 정하는 자에 한하여 일반소비자로 전환 가능
	일반금융 소비자	전문예금자, 전문대출채무자, 전문투자자, 전문보험계약자 이외의 자 ※ 예시: 개인, 중소법인 등	협의의 금융소비자 ➡ 주된 보호대상

1-2 금융소비자보호의 필요성

가. 정보의 비대칭성 해소

금융소비자보호는 금융소비자가 금융회사에 비하여 열위에 있는 불균형한 상황에 놓여 있다는 인식에 기반하여 다음 사항들이 양자 간 불균형의 원인으로 나타난다. 따라서 다음과 같은 사유로 인하여 금융소비자를 보호할 필요가 있다.

1) 금융거래에서 금융회사에 비하여 협상력이 열위에 있다.
2) 금융소비자가 상대적으로 정보 면에서 열위(정보 비대칭성)에 있다. 예를 들면 소비자는 금융상품에 대하여 구입 이전에 정확한 정보를 입수하기 어렵고, 정보획득 의도가 있더라도 정보획득이 어려우며 관련 비용이 매우 높다고 할 수 있다.
3) 상품구조가 복잡한 각종 금융상품을 정확히 이해하고 평가하는 것은 대다수 금융소비자에게 현실적으로 매우 어려운 일이다. 또한 상품의 효과를 단기간에 파악하기 어렵고, 잘못된 점을 상당기간 경과 후 인지하게 되며, 수반되는 비용이 매우 크다.
4) 교차판매가 성행하고 금융회사 간 판매경쟁이 심화되면서, 끼워팔기 등의 폐해가 발생하고 불완전판매 등이 증가하고 있다.

나. 금융소비자의 권리

소비자권리는 사회·경제적 제도 내에서 소비자가 향유할 수 있는 기본적인 권리이며, 세계 각국의 소비자운동과 소비자행정의 목표로서 부각되고 있다.

1) 「소비자보호법」상 소비자권리

「소비자보호법」 제정 당시(1980년)에는 소비자권리가 언급되지 않았으나 1980년 1차 개정 시에 7가지 소비자권리가 명시되었다. 그 이후 1가지가 더 추가되어 현재는 8대 권리를 「소비자보호법」에 명문화하고 있다.

① 물품 또는 용역으로 인한 생명·신체 또는 재산에 대한 위해로부터 보호받을 권리
② 물품 등을 선택하는 데 필요한 지식 및 정보를 제공받을 권리
③ 물품 등을 사용할 때 거래상대방·구입 장소·가격 및 거래조건 등을 자유로이 선택할 권리
④ 소비생활에 영향을 주는 국가 및 지방자치단체의 정책과 사업자의 사업활동 등에 의견을 반영시킬 권리
⑤ 물품 등의 사용으로 입은 피해에 대하여 신속·공정한 절차에 따라 적절한 보상을 받을 권리
⑥ 합리적인 소비생활을 위하여 필요한 교육을 받을 권리
⑦ 소비자 스스로의 권익을 증진하기 위하여 단체를 조직하고 이를 통하여 활동할 수 있는 권리
⑧ 안전하고 쾌적한 소비생활 환경에서 소비할 권리

2) 「금융소비자보호법」상 소비자권리

「금융소비자보호법」에서도 금융소비자의 기본적 권리를 명시하고 있다.

① 금융상품판매업자등의 위법한 영업행위로 인한 재산상 손해로부터 보호받을 권리
② 금융상품을 선택하고 소비하는 과정에서 필요한 지식 및 정보를 제공받을 권리
③ 금융소비생활에 영향을 주는 국가 및 지방자치단체의 정책에 의견을 반영시킬 권리
④ 금융상품의 소비로 입은 피해에 대하여 신속·공정한 절차에 따라 적절한 보상을 받을 권리
⑤ 합리적인 금융소비생활을 위하여 필요한 교육을 받을 권리
⑥ 금융소비자 스스로의 권익을 증진하기 위하여 단체를 조직하고 이를 통하여 활동할 수 있는 권리

2 통합법 제정 및 금융소비자보호 강화

2-1 금융위기 이후 국제적 이슈로 부각

글로벌 금융위기 이후 전 세계적으로 금융소비자보호가 G20 등 주요국 금융감독의 핵심 이슈로 부각되었다. 영미(英美)식 금융자유화가 확산된 지난 30여 년 동안 금융감독당국은 금융소비자 보호라는 본연의 역할에 소홀했고, 이에 따라 전체 금융규제 체제가 무력화되면서 미국발 금융위기라는 세계적 위기가 초래되었음을 인식하게 되었다. 이에 각국 정부는 금융소비자보호가 전체 금융시스템의 안정에 필수적이라는 인식하에 이를 강화하려는 노력을 경주하고 있다. 특히 미국, 영국 등 선진국은 별도의 금융소비자보호기구를 설치하는 등 금융소비자보호 기능 및 조직을 강화하였다.

또한 국제사회(글로벌 거버넌스) 차원에서의 해법 논의도 활발하였다. 2011년 G20 칸 정상회의에서 OECD가 제안한 '금융소비자보호에 관한 10대 원칙'이 채택되었다. 여기에는 공시 강화, 소비자 교육, 금융 혁신 등 소비자보호와 관련한 전반적인 내용이 포함되었다. 한편 국제소비자기구는 '세계소비자 권리의 날'(2011. 3. 15.)을 맞아 '공정한 금융서비스 실현' 캠페인을 진행하는 등 각국 정부에 금융소비자 권리 강화를 촉구하였다.

〈표 4-2〉 G20 '금융소비자보호에 관한 10대 원칙' 주요 내용

항목		주요 내용
1	법·규제 감독체계	- 금융소비자보호는 법·규제 감독체계의 필수 요소 - 규제는 금융상품과 금융소비자의 특성 및 다양성을 반영하여야 한다. - 금융회사의 업권별 특성에 따른 규제와 감독을 이행하여야 한다.
2	감독기구 역할	- 금융소비자보호에 대하여 명시적 책임을 지는 감독기구는 임무수행에 상응하는 권한을 보유하여야 한다. - 금융감독당국 간, 부서 간 협력을 제고하고 감독기구 간 국제협력도 강화할 필요가 있다.
3	공평·공정한 대우	- 모든 금융소비자는 모든 금융공급자와의 관계에서 공평하고 공정한 대우를 받아야 한다. - 취약계층에 대한 특별한 관심과 배려가 필요하다.
4	공시와 투명성	금융회사는 금융소비자에게 금융상품에 대한 핵심정보(수익, 위험, 이해상충 등)를 반드시 제공하여야 한다.

항목		주요 내용
5	금융교육	금융소비자가 위험과 기회를 적절히 이해하고, 금융상품 선택 시 도움을 받을 수 있는 적절한 장치를 개발할 필요가 있다.
6	금융기관 영업행위	- 금융회사는 고객의 금융역량과 필요를 고려해 고객이익을 최우선으로 영업활동을 하여야 한다. - 금융회사 직원의 보수는 책임 있는 영업을 유도하도록 설계되어야 한다.
7	소비자 자산보호	- 금융소비자의 금융자산은 적절한 정보, 통제와 보호 장치를 통해 사기, 횡령 등으로부터 보호해야 한다.
8	개인정보 보호	금융소비자의 금융 및 개인정보는 적절한 통제장치를 통해 보호해야 한다.
9	불만 처리	금융회사는 적절한 금융소비자의 불만처리 및 구제제도를 확립하여야 한다.
10	경쟁 촉진	경쟁을 촉진해 금융소비자의 선택권을 늘리고 상품 및 서비스 품질을 제고하여야 한다.

2-2 금융소비자 피해 확산

키코(KIKO) 사태 발생, 무분별한 후순위 채권 및 펀드 불완전판매 증가, 상호저축은행 사태, 동양그룹 사태 등이 발생하여 수많은 금융소비자의 피해가 발생하였고 금융회사와 금융소비자 간 분쟁이 갈수록 첨예화되었다.

가. KIKO(Knock In Knock Out)[2) 사태

KIKO 사태는 2007년과 2008년 초 한국CITI은행·한국SC은행 등 외국계 은행과 국민은행·신한은행 등 국내 은행이 국내 수출입 중소기업에 KIKO 상품을 대규모로 판매하였는데, 2008년 한국에서 원/달러 환율이 급등하면서 은행과 KIKO 계약을 맺은 중소기업들이 큰 손실을 본 사건을 말한다. 금융감독원의 공식적인 발표(2010.10.28)에 의하면 은행과 KIKO 계약을 맺은 거래기업은 738개사이며, 2010년 6월 현재 이들 기업은 KIKO거래로 인해 3조 2,000억 원의 손실을 본 것으로 파악되었다.

2) 키코(KIKO)는 환율이 일정범위 안에서 변동할 경우 미리 약정한 환율에 약정금액을 팔 수 있도록 한 파생금융상품으로 Knock-In, Knock-Out의 영문 첫글자에서 인용한 것으로 환율변동에 따른 위험을 회피하기 위한 환헤지 상품이다. 약정환율과 변동의 상한(Knock-In) 및 하한(Knock-Out)을 정해놓고 환율이 일정한 구간 안에서 변동한다면 약정환율을 적용받는 대신, 하한 이하로 떨어지면 계약을 무효로 하고, 상한 이상으로 올라가면 약정액의 1~2배를 약정환율에 매도하는 방식이다.

- 총손실(△3.22조 원) = 실현손실(△3.15조 원) + 평가손실(△0.07조 원)
- 중소기업(△2.32조 원), 대기업(△0.89조 원)

중소기업중앙회가 조사한 은행별 키코 계약건수[3]를 보면 총 475건이다. 외국계 은행이 많은 건수를 차지하고 있지만, 국내 은행도 키코상품 판매에 상당부분 가세하였음을 알 수 있다.

- CITI은행(119) - SC제일은행(75) - 신한은행(93) - 외환은행(92)
- 우리은행(22) - 국민은행(18) - 하나은행(17) - 기업은행(15)
- 산업은행(14) - HSBC(7) - 골드만삭스(1) - 대구은행(1)
- JP모건(1) - 바클레이즈(1)

나. 상호저축은행 사태

금융위원회가 2011년 2월 17일부터 22일까지 국제결제은행(BIS) 기준 자기자본비율이 미달된 7곳의 저축은행에 영업정지 처분을 내리면서 시작된 사건이다. 정부는 상호저축은행의 건실한 기반을 마련한다는 취지하에 7월 4일 '하반기 저축은행 경영건전화 방안'을 발표하고, 이에 따라 9월 18일 국제결제은행(BIS) 비율 1% 미만인 제일과 토마토를 비롯한 7개 저축은행을 각각 부실금융기관으로 지정하고 6개월간의 영업정지 조치를 내렸다. 이와 같은 영업정지 조치로 인해 5천만 원 이상 예금자와 후순위채권 투자자들이 손실이 불가피하였다.

2011년 영업정지를 당한 저축은행의 피해자는 7만 4천여 명에 이르며, 금액은 2조 6천억 원을 넘는다. 피해자 중 5천만 원 초과 예금자는 6만 3천여 명에 금액은 2조 2천억 원가량이며, 후순위채권 투자자는 총 1만 1천여 명에 금액은 3,800억 원가량인 것으로 파악되었다.

2012년에 집계한 바에 따르면, 솔로몬저축은행 등 6개 상호저축은행에 대한 영업정지 결정으로 인한 피해를 포함하여 전체 저축은행 피해는 26조 6,711억 원에 달한다고 하였다.

3) 중소기업중앙회 자료 참조: 조사기간 2007.7~2008.3

<표 4-3> 저축은행 피해 총비용과 피해자 총규모

구분	500만 원 초과	후순위채 피해	예금보험공사 투입 비용	예금보험공사 추가 투입 예상 비용	합계
피해 금액	5,132억 원	8,571억 원	17조 5,738억 원	7조 7,270억 원	26조 6,711억 원
피해 인원	8만 2,333명	2만 6,666명	보호대상	보호대상	10만 8,999명

출처: 민병두 의원실, 경향신문, 2012.10.26

다. 동양그룹 사태

동양증권은 계열사들의 재무상태가 기관투자가들이 기피하는 투기등급임을 알고 있었음에도, 정보에 취약한 개인투자자들을 상대로 계열사들이 법정관리를 신청하기 직전까지 기업어음(CP)과 회사채를 판매하였다. 동양그룹의 (주)동양, 동양레저, 동양시멘트, 동양네트웍스, 동양인터내셔널 등 비금융 계열사의 부채총계는 2012년 말 기준 4조 4,273억 원으로 집계되었고, 이 중 차입금이 3조 4,062억 원이었다. 전체 차입금 중 시장에서 개인과 기관투자가를 통해 조달한 회사채와 CP가 각 1조 원씩 총 2조 원에 이르고, 나머지 1조 4,000억 원어치가 은행 등 금융권 여신이다. 은행들은 담보를 잡고 대출해준 만큼 손실이 크지 않다. 하지만 시장에서 회사채와 CP에 투자한 투자자들은 동양그룹이 상환해주지 않으면 손실이 불가피하였다.

금융감독원은 동양그룹 회장과 동양증권 전 사장을 동양계열사 기업어음(CP) 판매과정에서의 사기혐의로 검찰에 통보 (중략) 동양그룹의 기업회생절차를 앞두고 임직원들에게 허위사실로 CP판매를 독려한 정황을 포착한 것이다. 금융감독원은 회장의 측근인 전 사장이 한국산업은행, 오리온그룹의 자금지원이나 그룹계열사의 지분 유동화 가능성 등을 거론하며 CP판매를 독려한 점이 사기 가능성이 있다고 판단하였다.(문화일보, 2013.12.10, 제16면)

2013년 9월 동양그룹 5개사의 기업회생 신청으로 2.2만 명의 분쟁조정신청이 접수된 후 금융감독원에서 검사인력 301명을 투입하여 TF(특별검사반, 특별분쟁조정반 등)를 구성하고, 2013년 10월~2014년 6월 중 3차에 걸쳐 불완전판매 여부에 관한 정밀조사를 진행하였다. 분쟁조정 신청액은 7,999억 원으로 전체 투자액(1.7조 원)의 47.1%에 달하며, 평균투자액은 5,000만 원 수준이었다. 지역·성별·연령별로 살펴보면 수도권 45%(서울

25%), 여성 70%, 30~50대가 전체의 70%를 차지하였다.

2014년 7월 31일 금융감독원 분쟁조정위원회는 동양증권이 동양그룹계열사가 발행한 CP·회사채 등을 판매 시 일부 투자자에게 부적합한 투자상품을 권유하거나 충분한 설명을 하지 않는 등 불완전판매를 하였음이 인정됨을 이유로 투자자별로 최저 15%, 최고 50%의 손해를 배상하도록 조정 결정하였다.

〈표 4-4〉 동양그룹 불완전판매 분쟁조정결정

(단위: 건, 억 원)

분쟁조정 대상	불완전판매 건수	불완전판매 금액	기본배상 비율	배상하한선	손해배상액
35,754	24,028	5,892	20~40%	회사채 20%, CP 25%	625

출처: 금융감독원 보도자료, 2017.4.31

라. DLF 사태

해외금리연계펀드(이하 DLF)란 미국 및 영국의 장단기 스왑금리 또는 독일 10년물 국고채금리 등 기초자산의 변동에 따라 투자수익이 결정되는 증권을 펀드화한 상품을 의미한다. 투자자들은 기초자산이 특정기준을 하회하지 않는 한 연 3~4% 수준의 수익을 얻으나 기초자산이 상승하여도 이러한 수준 이상의 이익을 얻을 수 없고 기초자산의 기준이 하락하는 만큼 투자금의 손실이 발생하여 투자금 전액을 손해 볼 수 있다. 그런데 기초자산이 특정기준을 하회하면서 투자금의 손실이 발생하게 되었다.

2019년 8월 잔액이 남아있는 독일, 영국, 미국의 주요 해외금리 연계 DLF 상품은 210개(펀드 수)로 3,243명 투자자(법인 22개 포함)에게 7,985억 원이 판매되었고 2019년 9월 DLF 잔액 6,723억 원 중 5,784억 원이 손실구간에 진입하였다.

DLF에 투자한 투자자는 개인 일반투자자가 대부분이었으며 1억 원대를 투자한 개인투자자(65.8%)가 가장 많으며 3억 원 미만 투자자가 대부분(83.3%)을 구성하고 있었다. 또한 연령대별로는 60대 이상이 48.4%이며 70대 이상 비중도 21.3%에 달하여 60대 이상 투자자의 예상손실액은 1,546억 원에 이르렀다.

〈표 4-5〉 주요 해외금리 연계 DLF 판매잔액 및 손실 수준[4)]

(단위: 억 원)

구분		8.7. 잔액 (A+B+C)	9.25.			8.8.~9.25.			
			잔액(A)	손실구간 진입액	예상 손실액	중도환매		만기상환	
						금액(B)	손실액	금액(C)	손실액
A은행	獨 국채(10년)	1,255	942	942	△913	27	△22	285	△176
	英 CMS(7년)	2,757	2,598	1,660	△836	159	△61	-	-
B은행	英(7년)·美(5년) CMS	3,938	3,183	3,182	△1,764	746	△405	10	△5
합계		7,950	6,723	5,784	△3,513	932	△489	295	△180

이에 금융감독원은 은행의 DLF 판매와 관련한 판매 정책 및 출시·판매 관련 내부 통제 현황을 검사하였다. 검사 결과 X은행에 대하여 업무 일부정지(사모펀드 신규판매 업무) 6개월 및 과태료 167억 9천만 원을 부과하고 Y은행에 대하여는 업무 일부정지(사모펀드 신규판매 업무) 6개월 및 과태료 197억 1천만 원을 부과하기로 의결하고 그 외 임직원에 대하여도 제재를 하였다.

한편 2019년 12월 5일 금융분쟁조정위원회에서는 DLF 투자에서 손실을 본 6명에 대하여 금융회사의 배상비율을 40~80%로 결정하였다. 분쟁조정위원회는 6건 모두 은행의 불완전 판매로 판단하였다. 이에 따라 투자경험이 없고 난청인 고령(79세)의 치매환자에게 초고위험상품을 불완전 판매한 행위에 대해 은행에 엄정한 책임을 물어 분쟁조정 사례 중 가장 높은 수준인 80% 배상 비율을 결정하였고, 판례 등에 따라 투자자별로 과거 투자경험, 거래규모를 반영하는 등 투자자의 자기책임원칙을 균형있게 반영하여 배상비율을 결정하였다.

마. 금융소비자의 주권의식 신장

금융소비자들도 인터넷, 시민단체 등을 통해 많은 정보를 확보하면서 소비자로서의 권리의식을 제고하고 있다. 참여연대, 금융소비자협회 등 금융소비자 관련 단체 등도 금융상품 불완전판매 감시활동을 적극 펼치고 있으며, 금융상품 계약 해지권· 손해배상 청구권·금융분쟁조정절차 등의 도입을 포함하는 「금융소비자보호법」 제정과 독립기구인 금융소비자보호원의 설립을 촉구하였다.

4) 금융감독원, 보도자료 주요 해외금리 연계 DLF 관련 중간검사결과, 2019.10.2.

3 금융소비자보호 관련 법률 및 감독기구

3-1 「금융소비자보호법」 입법 추진

금융소비자의 권리의식 제고에 따라 국회 등 정치권에서도 금융소비자 단체의 목소리를 담아 금융감독 개혁 및 금융소비자보호 전담기구 설치에 대한 입법 활동을 전개하였다.

가. 국회의원 입법 활동

① 2009. 6. 12: 고승덕 의원, 「금융위원회의 설치 등에 관한 법률」 개정안

② 2011. 7. 13: 박선숙 의원, 「금융소비자보호기본법안」 제정안

③ 2012. 9. 6: 박원석 의원 등 9인, 「주택담보대출의 규제에 관한 법률안」 제정안

④ 2012. 12. 13: 송호창 의원 등 10인, 「주택을 담보로 하는 과잉대출의 규제에 관한 법률안」 제정안

⑤ 2013. 3. 11: 정호준 의원 등 11인, 「금융소비자보호 법안」 제정안

⑥ 2013. 4. 11: 민병두 의원 등 16인, 「과잉대출 및 불공정 대출의 규제에 관한 법률안」 제정안

⑦ 2013. 6. 12: 민병두 의원 등 14인, 「금융상품 판매 및 금융소비자보호에 관한 법률안」 제정안

⑧ 2013. 10. 28: 강석훈 의원 등 12인, 「금융소비자보호 기본법안」 제정안

⑨ 2013. 11. 28: 이종걸 의원 등 10인, 「금융소비자보호 및 금융상품 판매에 관한 법률안」 제정안

⑩ 2014. 9. 25: 이재영 의원 등 11인, 「금융소비자보호기본법안」

⑪ 2016. 10. 25: 박선숙 의원 등 13인, 「금융소비자보호기본법안」

⑫ 2016. 12. 27: 박용진 의원 등 10인, 「금융소비자보호 및 금융상품 판매에 관한 법률안」

⑬ 2017. 3. 9: 최운열 의원 등 10인, 「금융소비자법안」

⑭ 2017. 4. 7: 이종걸 의원 등 11인, 「금융소비자보호 및 금융상품판매에 관한 법률안」

⑮ 2017. 5. 23, 2020. 3. 24: 정부, 「금융소비자보호에 관한 법률」

나. 정부의 법제정 추진

① 2010. 6. 30: 금융위원회로부터 연구용역을 의뢰받은 한국개발연구원(KDI), 자본시장연구원, 서울대학교 금융법센터, 「금융소비자보호법」 제정 기본 방향 토론회 개최

② 2011. 7. 19: 금융감독원 및 한국금융연구원, '금융선진화를 위한 금융소비자보호 강화방안 세미나' 공동 개최

③ 2011. 7: 국무총리실 금융감독 혁신 태스크포스(TF)에서 금융감독 재편 방향을 논의하면서 금융위원회의 「금융소비자보호법」 제정안 추진 일시 중단

④ 2011. 11. 21: 「금융소비자보호법」 제정안 입법 예고

⑤ 2011. 12. 31: 회계연도 경과로 정부입법안 폐기

⑥ 2012. 7. 6: 「금융소비자보호에 관한 법률」 제정안 입법 예고
 - 2011년 정부입법안에서 일부 내용(의원입법안) 추가

⑦ 2016. 6. 28: 「금융소비자보호 기본법안」 제정안 입법 예고

⑧ 2017. 5. 23: 「금융소비자보호에 관한 법률안」 제정안 입법 예고

⑨ 2020. 3. 24: 「금융소비자보호에 관한 법률안」 제정
 - 시행일(2021. 3. 25)

3-2 금융소비자보호 관련 법률

가. 「헌법」

「헌법」에서는 소비자보호운동을 법률에 의하여 보장함을 명시하고 있다.

※ 「헌법」 제124조: 국가는 건전한 소비행위를 계도하고 생산품의 품질향상을 촉구하기 위한 소비자보호운동을 법률이 정하는 바에 의하여 보장한다.

나. 개별 금융업법

금융소비자보호와 관련하여 개별 법률에서도 마찬가지로 금융소비자의 정보 비대칭성

문제 해소, 금융시장에서의 경쟁 촉진, 금융회사의 건전경영 및 경영 효율성 제고 등의 입법 목적을 달성하고 있다. 소비자보호에 관한 제도적 사항들은 「소비자기본법」을 기초로 각 행정부처와 유관기관의 소관 법령[5]에 의해 분산되어 있다. 또한 개별 금융업법[6]들에서도 금융소비자보호에 관한 사항을 각각 규율하고 있다.

1) 금융소비자보호제도

〈표 4-6〉 금융소비자보호제도의 내용

구 분	관련 제도 및 법률	관련 내용
정보의 비대칭성 문제 해소	예금자보호제도 예금자보호법, 금융위설치법	- 금융회사 파산 시 1인당 5천만 원 한도로 보호 - 예금보험공사의 검사요청 시 금감원 공동검사
	약관제도 약관규제법, 공정거래법, 은행법, 전자금융거래법, 보험업법, 자본시장법	- 불공정약관을 작성·통용하는 것을 방지·규제 - 금융거래 관련 약관 제·개정 시 금감원 사전보고
	공시제도 표시광고법, 외부감사법, 은행법, 보험업법, 자본시장법	- 시장규율 강화와 밀접한 관련성 - 소비자를 속이는 등 부당한 표시·광고 방지 - 재무제표, 감사보고서 비치 및 공시의무 - 예금자·투자자 보호를 위해 경영공시 의무화
	공정한 정보 이용 신용정보법, 개인정보보호법	- 신용정보의 오·남용 방지 - 개인의 사생활 비밀보호 및 정보수집 제한
	분쟁 조정 제도 소비자기본법, 금융위설치법	- 소비자와 사업자 사이에 발생한 분쟁에 대해 조정위원회에 분쟁조정 신청 - 금융분쟁은 금감원이 조정
	교육 소비자기본법	- 국가 및 지방자치단체로 하여금 소비자 교육을 위한 필요시책 수립과 이를 실시할 의무 부과
금융시장에서의 경쟁 촉진	시장구조 개선 공정거래법,	- 부당한 공동행위·불공정행위를 규제하여 공정하고 자유로운 경쟁 촉진

5) 「약관의 규제에 관한 법률」, 「독점규제 및 공정거래에 관한 법률(이하 '공정거래법')」, 「표시·광고의 공정화에 관한 법률」, 「주식회사의 외부감사에 관한 법률」 등

6) 「은행법」, 「보험업법」, 「자본시장법」, 「예금자보험법」, 「여신금융업법」, 「신용정보의 이용 및 보호에 관한 법률」 등

구 분	관련 제도 및 법률	관련 내용
	금융산업의구조개선에관한법률	- 금융산업의 구조개선 지원 및 금융회사의 경쟁을 촉진하여 금융산업의 균형발전에 기여
	불공정거래 규제	- 불공정거래 행위에 대해 시정명령 및 과징금 부과 - 증권·선물시장의 불공정거래 조사
	공정거래법, 금융위설치법	
금융기관의 경영 효율성 제고	건전경영 지도	- 자본의 적정성, 자산의 건전성, 유동성 등 금융회사의 건전 경영 지도 - 자기자본 규제제도 및 자산의 보유·운용에 대한 제한을 통해 시장안정성 도모
	은행법, 보험업법, 자본시장법	
	효율적 정보 이용	- 신용정보집중기관을 설치하여 신용정보의 체계적·종합적 관리 - 개인별 신용도에 상응하는 선진 금융거래관행 정착 유도
	신용정보법	

2) 사전적 보호장치 규율

금융상품 불완전판매를 방지하기 위한 사전적 보호장치로서 개별 금융업법의 영업행위 규제 내용은 주로 「은행법」과 「자본시장법」, 「보험업법」 등에서 명시하고 있었으나, 금융소비자보호를 위한 영업행위 준수사항(설명의무, 적합성 및 적정성 원칙, 권유 모집 행위, 광고규제 등)은 2020년 「금융소비자보호법」 제정으로 대부분 통합되었다.

〈표 4-7〉 금융업법상 사전적 보호장치 규율 내용

규제내용	은행법	자본시장법	보험업법
약 관	약관의 변경(법52조)	약관(법56조)	보험약관의 이해도 평가(법128조의4)
설명의무	설명의무(령 24조의5)	설명의무(법47조 및 령53조)	설명의무 등(법95조의2)
적합성 원칙	-	적합성원칙 등(법46조)	적합성 원칙(법95조의3 및 령42조의3)
적정성 원칙	-	적정성 원칙 등(법46조의2 및 령52조의2)	적정성 원칙(법95조의3)
권유(모집)행위	불공정영업행위금지(법52조의2)	- 부당권유금지(법49조 및 령65조) - 투자권유준칙(법50조)	- 보험계약의 체결 또는 모집에 관한 금지행위(법97조) - 금융기관보험대리점의 금지행위 등(법100조)
손해배상책임	-	손해배상책임(법48조)	-

규제내용	은행법	자본시장법	보험업법
광고 규제	광고(법52조의3)	투자광고(법57조 및 령60조)	모집광고 관련 준수사항 (법95조의4 및 령42조의4)
경영 공시	경영공시(법43조의3)	업무보고서 및 공시(법33조)	공시 등(법124조)
상품 공시	-	-	보험안내자료(법95조)
수수료 공시	-	수수료(법58조)	등록수수료(법94조)
고객 정보보호	-	-	요율산출기관(법176조) 개인정보이용자의 의무(법177조) 손해사정사의 의무(법189조)

은행거래 분야는 은행과 거래한 예금자 등을 보호하기 위해 「은행법」, 「예금자보호법」 등에서 은행에 대해 감독·검사, 경영공시제도, 약관 또는 이자율 변경 시 공시의무 등의 규제를 두고 있다. 실제 예금거래와 관련한 금융소비자보호제도의 주요 내용은 은행이 공정거래위원회, 금융감독원 등의 승인을 받은 「예금거래기본약관」과 「여신거래기본약관」에서 대부분의 세부 내용을 반영하고 있다.

〈표 4-8〉 은행 약관에 반영된 사전적 보호 장치

예금거래기본약관	여신거래기본약관
- 약관의 비치 및 교부 - 예금이율표의 게시 - 중요사항의 서면 통지 - 예금자정보의 무단제공 금지 - 약관 변경시 공지	- 이자율 등 변경시 공지 - 채무의 상계 - 약관 변경시 공지

3) 사후적 구제장치 규율

① 분쟁의 해결(분쟁조정기구)

개별 금융업법령상 소비자 관련 분쟁 발생 시 전문성이 요구되는 분야에 '재판 외 분쟁해결제도(ADR: Alternative Dispute Resolution)'로서 분쟁조정기구가 설치·운영되고 있다. 대표적 기구로는 금융분쟁조정위원회, 전자거래분쟁조정위원회, 의료

심사조정위원회, 환경분쟁조정위원회, 한국저작권위원회, 개인정보분쟁조정위원회 등이 있다.

금융분쟁의 경우에는 「금융위원회 설치 등에 관한 법률」, 「은행법」, 「전자금융거래법」, 「여신전문금융업법」, 「보험업법」, 「소비자기본법」 등에 의거하여 공적인 기관 및 민간 자율기구 등이 조정기능을 수행하고 있다.

〈표 4-9〉 금융거래 분쟁 발생 시 조정기구

공적 기관(행정형)	자율기구(민간형)
- 금융감독원(금융분쟁조정위원회) - 한국소비자원(소비자분쟁조정위원회)	- 한국거래소(시장감시위원회) - 금융투자협회(분쟁조정센터) - 대부업협회(대부업분쟁조정위원회)

② 예금자보호제도

「예금자보호법」, 「은행법」 등에서 예금거래자의 예금을 보호하기 위하여 금융회사로 하여금 「한국은행법」(제4장 제2절)에 따른 최저율 이상의 예금지급준비금과 예금지급준비자산을 보유하도록 규정하고 있다.

3-3 금융소비자보호 감독기구

가. 감독체제의 변경

금융위기의 진원지였던 미국, 영국을 중심으로 강력한 권한을 가진 '금융소비자보호 전담 독립 감독기구'를 설립하였으며, 금융감독기관의 소비자보호 기능이 부수 영역에서 독립 업무로 분리되어 전문화되고 있다. 즉, 통합형 금융감독 체제에 대한 대안으로 건전성감독과 소비자보호를 위한 영업행위 감독 부문을 분리·운용하는 쌍봉형(twin-peaks) 체제 도입이 확산되고 있다.

금융감독체제의 유형은 크게 ① 건전성 규제(시장안정성) ② 소비자보호(영업행위규제) 기능의 통합 여부에 따라 구분한다. 국제적으로 금융감독 체계는 통합형 방식(intergrated approach)과 쌍봉형 방식(twin-peaks approach)이 주된 형태를 이루며, 이에 따라 금융소비자보호 조직의 형태도 상이하게 나타난다.

〈그림 4-1〉 금융소비자보호 조직

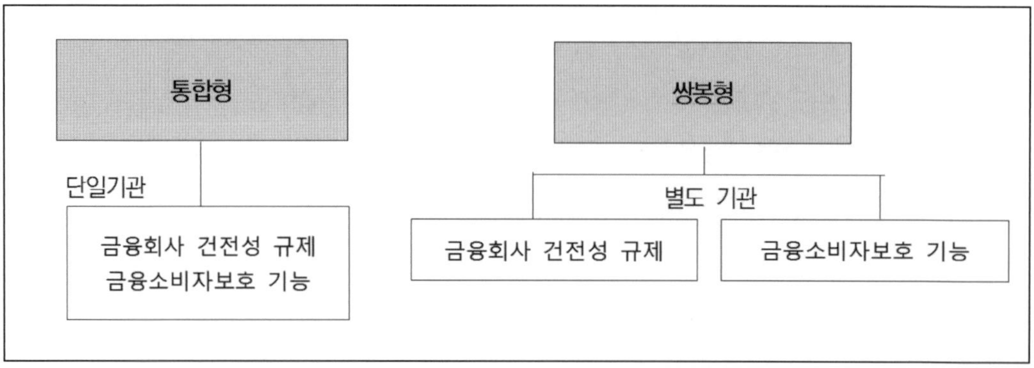

나. 통합형

독일, 스위스, 일본은 통합형 감독체계를 채택하였다. 이 국가들에서는 통합 금융감독기구가 전체 금융업에 대하여 건전성과 영업행위 규제를 총괄하며, 금융소비자보호업무도 담당한다.

다. 쌍봉형

쌍봉형 금융감독체계를 도입한 나라로는 영국, 호주, 캐나다, 네덜란드가 있으며 미국도 2011년 7월 별도기구를 설립하였다. 호주는 1998년 세계에서 처음으로 쌍봉형 금융감독체계를 도입하였으며, 2004년에 네덜란드, 2013년에는 영국이 그 뒤를 따랐다. 쌍봉형은 목적에 따른 규제체계로서 건전성 감독기능과 영업행위 규제 기능을 별도의 규제기구가 각각 수행한다.

〈표 4-10〉 주요 국가별 금융감독 체계 현황

국가	개편방향
미국	쌍봉형 체제 채택 - CFPB(금융소비자보호청) 설립(2011): 연방금융소비자 관련 법규위반에 대한 검사권 · 법령개폐권한 보유 - FSOC(금융안정감독평의회) 설립(2011): 거시건전성정책 조정기구
영국	쌍봉형 체제로 전환(FSA를 PRA와 FCA로 분리) - PRA(건전성감독원): 영란은행 산하의 미시건전성감독 담당기구 - FCA(금융규제청): 소비자보호 업무수행(독립기구이고 예산은 금융회사가 부담) - FPC(금융정책위원회): 영란은행 산하의 거시건전성감독기구
캐나다	쌍봉형 감독체제 - OSFI(금융회사감독청): 1987년 설립되어 은행, 보험, 연기금, 신탁 등 감독 - FCAC(금융소비자보호청): 1996년 설립되어 정보제공의무와 소비자보호 관련법 준수 여부 감독

제2절 | 금융소비자보호법

1 법률의 목적 및 적용범위 등

가. 목적

금융소비자의 권익 증진과 금융상품판매업 및 금융상품자문업의 건전한 시장질서 구축을 위하여 금융상품판매업자 및 금융상품자문업자의 영업에 관한 준수사항과 금융소비자 권익 보호를 위한 금융소비자정책 및 금융분쟁조정절차 등에 관한 사항을 규정함으로써 금융소비자보호의 실효성을 높이고 국민경제 발전에 이바지함을 목적으로 하고 있다.

나. 적용 범위

「자본시장법」 제6조제5항제1호*에 해당하는 경우에는 적용하지 아니한다.

* 사모(私募)의 방법으로 금전 등을 모아 운용 · 배분하는 것으로서 투자자의 총수가 49인 이하인 경우

다. 다른 법률과의 관계

"금융소비자 보호에 관하여 다른 법률에서 특별히 정한 경우를 제외하고는 이 법에서 정하는 바에 따른다."라고 명시하고 있어 금융소비자보호법은 일반법적 효력을 가진다. 그러므로 개별법상(부동산투자회사법, 선박투자회사법 등) 사모펀드는 자본시장법상 집합투자(펀드)에서 제외되고 해당 개별법의 규제를 받으므로 금융소비자보호법이 적용되지 않는다.

라. 법률의 주요 사항

금융회사 등의 의무 및 제재 강화	금융소비자의 권익보호
• 6대 판매규제 - 적합성 원칙, 적정성 원칙, 설명의무, 불공정영업행위금지, 부당권유행위금지, 광고규제 • 과징금(50%) 및 과태료(최고 1억) 부과 • 위법계약 해지권(5년 이내 서면)	• 청약 철회권 부여 - 보장성: 15일 또는 30일 - 투자성: 7일 - 대출성: 14일 • 사후구제 강화 - 소송중지, 손해배상청구권

2 금융소비자보호법의 주요 내용

2-1 용어의 정의

가. 금융상품 유형

금융상품은 그 기능에 따라 예금성 상품, 대출성 상품, 투자성 상품, 보장성 상품으로 분류된다.

〈표 4-11〉「금융소비자보호법」 적용 대상 금융상품

구 분	개 념	대 상(예시)
예금성 상품	은행 예금과 같이 이자수익이 발생하는 금융상품으로서 원금보장이 되는 상품	은행(저축은행, 신협)의 예·적금 등
대출성 상품	대출과 같이 먼저 금융회사 등에서 금전을 빌려 사용 후, 원금과 이자를 상환하는 금융상품	은행(저축은행, 신협)의 대출, 신용카드, 리스, P2P대출, 대부상품 등
투자성 상품	자본시장법상 금융투자상품 및 이와 유사한 것으로 원금이 보장되지 않는 상품	주식, 펀드, 파생상품, 신탁, 투자일임, P2P투자 등
보장성 상품	보험상품과 같이 장기간 보험료를 납입하고 장래에 보험사고가 발생하면 보험금을 지급 받는 금융상품	생명보험, 손해보험, 신협 공제 등

나. 금융상품 판매업의 유형

금융투자상품 판매업은 금융상품 직접판매업, 금융상품 판매대리·중개업 및 금융상품 자문업으로 구분한다.

1) 금융상품 직접판매업: 자신이 직접 계약의 상대방으로서 금융상품에 관한 계약의 체결을 영업으로 하는 것 또는 「자본시장법」 제6조제3항에 따른 투자중개업을 말한다.
2) 금융상품 판매대리 · 중개업: 금융상품 계약체결등을 대리하거나 중개하는 것을 영업으로 하는 것을 말한다.
3) 금융상품 자문업: 이익을 얻을 목적으로 계속적이거나 반복적인 방법으로 금융상품의 가치 또는 취득과 처분결정에 관한 자문("금융상품자문")에 응하는 것을 말한다.

다. 적용대상 사업자

금융상품판매업자를 판매행위 유형에 따라 금융상품 직접판매업자, 금융상품 판매대리 · 중개업자 및 금융상품 자문업자로 구분한다.

〈표 4-12〉「금융소비자보호법」 적용 대상 사업자

사업자	개 념	대 상(예시)
직접 판매업자	대리·중개업자를 거치지 않고 금융소비자에게 직접 금융상품에 관한 계약의 체결을 영업으로 하는 자로서 개별 금융업법상 금융회사가 해당(자본시장법상 투자중개업자 포함)	은행, 저축은행, 여전사, 증권사, 신협, 신협중앙회, 공제사업 부문, P2P업자, 대부업자, 증권금융회사 등
판매대리·중개업자	금융회사와 금융소비자의 중간에서 금융상품 판매를 중개하거나 금융회사의 위탁을 받아 판매·대리하는 자	투자권유대행인, 보험설계사, 보험대리점, 보험중개사, 신용카드모집인, 대출모집인, 대부중개업자 등
자문업자	금융소비자가 본인에게 적합한 상품을 구매할 수 있도록 자문을 제공하는 자	투자자문업자(자본시장법), 독립자문업자(금융소비자보호법)

투자성 없는 신탁업, 법령상 행정 목적에 따른 대출업, 프리워크아웃 대출업, 교통카드 판매업 등은 금융상품판매업에서 제외한다.

라. 금융소비자

금융상품에 관한 계약의 체결 또는 계약 체결의 권유를 하거나 청약을 받는 것("금융상품 계약체결등")에 관한 금융상품 판매업자 또는 금융상품 자문업자의 거래상대방을 말한다.

금융소비자는 전문금융소비자와 전문금융소비자가 아닌 일반금융소비자로 구분한다. 다만, 국가, 한국은행, 금융회사를 제외한 전문금융소비자는 투자성 상품 중 장외파생상품 거래 시 전문금융소비자와 같은 대우를 받겠다는 의사를 금융상품판매업자등에게 서면으로 통지한 경우에만 전문금융소비자로 분류된다.

〈표 4-13〉 전문금융소비자

<table>
<tr><th colspan="4">전문금융소비자</th></tr>
<tr><th>투자성 상품</th><th>보장성 상품</th><th>대출성 상품</th><th>예금성 상품</th></tr>
<tr><td colspan="4">국가/한국은행/금융회사/주권상장법인</td></tr>
<tr><td colspan="4">지방자치단체</td></tr>
<tr><td colspan="4">금감원, 신보, 기보, 수출입은행, 한국투자공사, 거래소, 금융위가 주무기관인 공공기관</td></tr>
<tr><td colspan="4">신협·농수협·산림조합·새마을금고중앙회, 금융권협회</td></tr>
<tr><td colspan="4">금융지주회사, 집합투자업자, 증권금융회사, 단기금융회사, 자금중개회사, P2P업자, 대부업자</td></tr>
<tr><td colspan="4">법률상 기금 관리·운용 공공기관, 법률상 공제사업 영위 법인·조합·단체</td></tr>
<tr><td colspan="4">적격투자법인·단체 및 개인</td></tr>
<tr><td colspan="4">외국정부, 국제기구, 외국 중앙은행, 외국에 상장된 국내법인</td></tr>
<tr><td>투자성 상품
판매대리중개업자</td><td>보장성 상품
판매대리중개업자</td><td>대출성 상품
판매대리중개업자</td><td>-</td></tr>
<tr><td rowspan="3">적격투자 단체 및 개인</td><td>보험요율 산출기관</td><td>상시근로자 5인 이상
법인·조합·단체</td><td>법인·조합·단체</td></tr>
<tr><td>보험 관계 단체</td><td>겸영여신업자</td><td rowspan="2">성년
(제외: 피성년후견인 /
피한정후견인 /
65세 이상의 고령자)</td></tr>
<tr><td>단체보험·기업성보험·
퇴직연금 가입자</td><td>자산취득·자금조달
목적 SPC</td></tr>
</table>

2-2 금융상품판매업자의 등록 요건

가. 금융상품 판매업자등의 등록

금융상품 판매업 등을 영위하려는 자는 취급할 상품의 범위를 정하여 금융위원회에 등록하여야 한다.

1) 업종: 금융상품 직접판매업, 금융상품 판매대리 · 중개업 또는 금융상품 자문업

2) 금융상품의 유형 및 범위(예시)

대상 사업자	금융상품 유형	형태	최저 자기자본
금융상품 자문업	투자성 상품	법인	2.5억 원 또는 1억 원 (펀드 등 일부 상품)
금융상품 자문업	예금성 상품 대출성 상품 보장성 상품	법인	각각 1억 원
금융상품 판매 대리·중개업	대출성 상품	법인	-
금융상품 판매 대리·중개업	대출성 상품	개인	-

2-3 영업행위 일반원칙

가. 신의성실의무

동법에서 "금융상품 판매업자등은 금융상품에 관한 계약의 체결, 권리의 행사 및 의무의 이행을 신의성실의 원칙에 따라 하여야 한다." 라고 명시하여 신의성실의무를 모든 금융상품 판매업자 등에게 확대 적용되도록 함으로써 금융상품 판매업자등이 자신의 이익추구를 위해 금융소비자의 이익을 희생시키는 등의 이해상충을 방지하였다.

또한 금융상품 판매업자등은 금융상품 판매업등을 영위할 때 그 업무의 내용과 절차를 공정히 하여야 한다. 정당한 사유 없이 금융소비자의 이익을 해치면서 자기가 이익을 얻거나 제3자가 이익을 얻도록 하여서는 아니 된다.

나. 차별금지

금융상품 "판매업자 등은 금융상품에 관한 계약을 체결하는 경우 정당한 사유 없이 성별 · 학력 · 장애 · 사회적 신분 등을 이유로 계약조건에 관하여 금융소비자를 부당하게 차별하여서는 아니 된다." 라고 명시하였다.

불합리한 차별행위

① 금융소비자에 대한 신용평가시 합리적 이유 없는 차별행위
② 금융상품 등에 대한 권유시 합리적 이유 없는 차별행위
③ 금융상품 등의 제공에 대한 계약체결 및 유지에서의 합리적 이유 없는 차별행위
④ 금융상품 등의 제공에 대한 수수료, 금리, 대출한도 등 거래조건에서의 합리적 이유 없는 차별행위

다. 금융상품 판매업자 등의 관리책임

금융상품 판매업자 등에게 그 임직원 및 금융상품 계약체결 등의 업무를 위탁한 금융상품 판매대리 · 중개업자에 대한 관리책임을 부여하고 있다. 금융상품 판매업자 등은 그 업무를 영위할 때 임직원 및 금융상품 계약체결 등의 업무를 위탁한 금융상품 판매대리 · 중개업자가 법령을 준수하고 건전한 거래질서를 해치는 일이 없도록 성실히 관리하여야 한다.

금융상품 판매업자 등에게 관리책임을 부여함으로써 건전한 영업을 유도하여 불완전판매 등을 미연에 방지하고 금융소비자보호를 강화하는데 그 목적이 있다.

라. 방문판매 및 전화권유판매 임직원의 명부작성 등

금융상품 판매업자 등은 방문판매[7] 및 전화권유판매[8] 방식으로 금융상품을 판매하려는 경우 해당 소속 방문판매인력에 대한 명부를 작성하고 이를 유지·관리하여야 한다. 방문판매 및 전화권유판매 임직원의 명부에는 해당 임직원의 성명(금융상품판매대리 · 중개업의 등록을 한 임직원의 경우에는 그 등록번호를 포함한다) · 소속 및 전화번호가 포함되어야 한다(위반 시 500만 원 이하의 과태료 부과).

금융상품 판매업자 등은 방문판매 및 전화권유 판매(이하 “방문판매 등‘)를 하려는 해당 소속 방문판매인력에 관하여 소비자가 신원확인을 요청하면 언제든지 확인할 수 있도록 하여야 한다. 금융상품 판매업자 등은 홈페이지를 운영하는 경우 소비자가 홈페이지를 통하여 방문판매인력의 신원을 쉽게 확인할 수 있도록 하여야 한다(위반 시 500만 원 이하의 과태료 부과).

방문판매 등으로 금융상품을 판매하려는 경우에는 금융소비자에게 미리 해당 방문 또는 전화가 판매를 권유하기 위한 것이라는 점과 방문판매 인력의 소속과 성명, 판매하는

---

7) 『방문판매 등에 관한 법률』 제2조 제1호에 따른 방문판매로 재화 또는 용역(일정한 시설을 이용하거나 용역을 제공받을 수 있는 권리를 포함한다. 이하 같다)의 판매(위탁 및 중개를 포함한다. 이하 같다)를 업(業)으로 하는 자(이하 “판매업자”라 한다)가 방문을 하는 방법으로 그의 영업소, 대리점, 그 밖에 총리령으로 정하는 영업 장소(이하 “사업장”이라 한다) 외의 장소에서 소비자에게 권유하여 계약의 청약을 받거나 계약을 체결(사업장 외의 장소에서 권유 등 총리령으로 정하는 방법으로 소비자를 유인하여 사업장에서 계약의 청약을 받거나 계약을 체결하는 경우를 포함한다)하여 재화 또는 용역(이하 “재화 등”이라 한다)을 판매하는 것을 말한다.

8) 『방문판매 등에 관한 법률』 제2조 제3호에 따른 전화권유판매로 전화를 이용하여 소비자에게 권유를 하거나 전화회신을 유도하는 방법으로 재화 등을 판매하는 것을 말한다.

금융상품의 종류 및 내용을 밝혀야 한다(성명 등을 밝히지 않은 경우 500만 원 이하의 과태료 부과).

2-4 금융상품 유형별 영업행위 준수사항

가. 적합성 원칙(부적합한 상품의 계약체결 권유 금지)

1) 금융소비자의 구분 확인

금융상품 판매업자등은 금융상품계약체결등을 하거나 자문업무를 하는 경우에는 금융소비자가 일반금융소비자인지 전문금융소비자인지를 확인하여야 한다.

2) 금융소비자의 정보파악

금융상품 판매업자등은 일반금융소비자에게 보장성 상품, 투자성 상품, 대출성 상품을 계약체결 권유(금융상품자문업자가 자문에 응하는 경우 포함)하는 경우에는 면담 · 질문 등을 통하여 상품별 구분에 따른 정보를 파악하고, 일반금융소비자로부터 서명, 기명날인, 녹취, 그 밖에 방법으로 확인을 받아 이를 유지 · 관리하여야 하며, 확인받은 내용을 일반금융소비자에게 지체 없이 제공하여야 한다. 한편 예금성 상품은 원칙적으로 적합성의 원칙을 적용받지 아니한다.

① 보장성 상품: 일반금융소비자의 연령, 재산상황(부채를 포함한 자산 및 소득에 관한 사항), 보장성 상품 계약 체결의 목적 등 ② 투자성 상품: 일반금융소비자의 해당 금융상품 취득 또는 처분 목적, 재산상황 및 취득 또는 처분 경험 등 ③ 대출성 상품: 일반금융소비자의 재산상황, 신용 및 변제계획 등

3) 부적합한 상품 계약체결 권유 금지

금융상품 판매업자등은 위의 정보에 비추어 그 일반금융소비자에게 적합하지 아니하다고 인정되는 계약 체결을 권유해서는 아니 된다. 동 원칙을 위반할 경우에는 별도 제재가 따르게 된다.

나. 적정성 원칙(부적정한 상품에 대한 고지)

1) 금융소비자의 정보파악

금융상품 판매업자는 투자성 상품, 대출성 상품 및 보장성 상품에 대하여 일반금융소비자에게 계약 체결을 권유하지 아니하고, 금융상품과 관련한 계약을 체결하려는 경우에는 미리 면담 · 질문 등을 통하여 상품별 구분에 따른 정보(적합성 원칙 ②의 정보)를 파악하여야 한다.

〈표 4-14〉 적정성 원칙에 적용되는 상품(예시)

구 분	대 상
투자성 상품	파생상품, 파생결합증권, 집합투자증권, 사채, 고난도금융투자상품,금전신탁계약의수익증권, 고난도금전신탁계약, 고난도투자일임계약조건부자본증권 등
대출성 상품	주택담보대출, 주식담보대출 등
보장성 상품	변액보험계약, 보험료 또는 공제료의 일부를 자본시장법에 따른 금융투자상품의 취득·처분 또는 그 밖의 방법으로 운용할 수 있도록 하는 보험 또는 공제, 보험료의 납입과 보험금의 지급이 모두 외국통화로 이루어지는 보험(보험료의 납입과 보험금의 지급이 원화로 환산하여 이루어지는 보험 포함)

한편, 적합성 원칙에서와 같이 예금성 상품은 적정성의 원칙을 적용받지 아니하며 투자성·대출성·보장성 상품도 일부 상품에 한하여 적용된다는 것에 유의해야 한다.

2) 부적정한 상품에 대한 금융소비자 의사 확인

금융상품 판매업자는 위의 확인한 사항에 비추어 해당 금융상품이 그 일반금융소비자에게 적정하지 아니하다고 판단되는 경우에는 서면 등의 방법으로 그 사실을 알리고, 해당 일반금융소비자로부터 서명, 기명날인, 녹취, 그 밖에 방법으로 확인을 받아야 한다.

다. 설명의무 등

1) 상품별 설명 내용

금융상품 판매업자등은 일반금융소비자에게 계약체결을 권유(금융상품자문업자가 자문에 응하는 경우를 포함)를 하는 경우 및 일반금융소비자가 요청하는 경우에는 다음에서 정하는 금융상품에 관한 중요한 사항(일반금융소비자가 특정사항에 대한 설명만을 원하는 경우 해당사항으로 한정)을 일반금융소비자가 이해할 수 있도록 설명하여야 한다.

보장성 상품

- 보장성 상품의 내용(위험보장내용, 보험료 납입기간, 환급금 등)
- 보험료, 보험금 지급제한 사유 및 지급 절차
- 위험보장의 범위
- 위험보장 기간
- 계약의 취소 및 무효에 관한 사항
- 일반금융소비자 또는 피보험자가 상법에 따른 고지의무 및 통지의무를 각각 위반한 경우에 금융상품직접판매업자가 계약을 해지할 수 있다는 사실
- 상법에 따라 보험료의 감액을 청구할 수 있는 권리
- 일반금융소비자가 제공받는 서비스별 수수료 등 부대비용

투자성 상품

- 투자성 상품의 내용(연계투자계약, 계약기간, 금융상품의 구조, 기대수익 등)
- 투자에 따른 위험(연계투자계약, 손실이 발생할 수 있는 상황 및 그에 따른 손실추정액)
- 연계투자계약, 신탁계약의 경우 금융상품직접판매업자가 정하는 위험등급
- 일반금융소비자가 제공받는 서비스별 수수료 등 부대비용
- 계약의 해제·해지에 관한 사항 등

예금성 상품

- 예금성 상품의 내용(계약기간, 이자 · 수익의 지급시기 및 지급제한 사유)
- 이자율, 수익률 및 중도해지이율
- 일반금융소비자가 제공받는 서비스별 수수료 등 부대비용
- 일반금융소비자가 계약을 해지할 경우 받는 불이익
- 계좌이체 제한 등 금융상품 이용 관련 제한사항 등

대출성 상품

- 금리 및 변동 여부, 중도상환수수료 부과 여부 · 기간 및 수수료율 등
- 상환방법에 따른 상환금액 · 이자율 · 시기
- 저당권 등 담보권 설정에 관한 사항, 담보권 실행사유 및 담보권 실행에 따른 담보목적물의 소유권 상실 등 권리변동에 관한 사항
- 대출원리금, 수수료 등 금융소비자가 대출계약을 체결하는 경우 부담해야 하는 금액의 총액
- 일반금융소비자가 계약을 해지할 경우 받는 불이익
- 신용점수(신용등급)에 미치는 영향
- 원리금 납부 연체시 적용되는 이자율
- 계약의 연장 거부 등 금융상품 이용 관련 제한사항 등

연계 또는 제휴된 금융상품 또는 서비스 등

연계 제휴서비스 등의 내용

- 연계 · 제휴서비스 등의 이행책임에 관한 사항
- 연계 · 제휴서비스 등의 제공기간
- 금융상품과 연계되거나 제휴된 금융상품 또는 서비스 등의 제공기간
- 연계 · 제휴서비스 등의 변경에 관하여 변경내용 및 그 사유 등을 일반금융소비자에 사전에 알린다는 사실 및 알리는 방법

2) 설명서 발급 및 확인

금융상품 판매업자등은 설명에 필요한 설명서를 일반금융소비자에게 제공하여야 하며, 그리고 설명한 내용을 일반금융소비자가 이해하였음을 서명, 기명날인, 녹취, 그 밖에 방법 등으로 확인을 받아야 한다.

예 외

금융소비자 보호 및 건전한 거래질서를 해칠 우려가 없는 경우로서 기본 계약을 체결하고 그 계약내용에 따라 계속적 · 반복적으로 거래하는 경우, 보장성 상품에 관한 중요한 사항을 청약서에 반영한 경우로 개인 또는 가계의 일상생활에서 발생 가능한 위험을 보장하고 위험보장을 받는 사람이 보험료를 모두 부담하는 보험계약으로서 다음의 경우에는 설명서를 발급하지 않을 수 있다.

가. 보장기간이 1년 초과 3년 이하인 보장성 상품으로서 다음의 어느 하나에 해당하는 보장성 상품(「자동차손해배상보장법」에 따른 책임보험은 제외한다)
  1) 월보험료가 5만 원 이하인 계약
  2) 연간보험료가 60만 원 이하인 계약
나. 여행 중 발생 가능한 위험을 보장하는 보장성 상품
다. 보장기간이 1년 이하인 계약

또한 금융상품 판매업자등은 금융상품에 대한 설명을 할 때 일반금융소비자의 합리적인 판단 또는 해당 금융상품의 가치에 중대한 영향을 미칠 수 있는 사항을 거짓으로 또는 왜곡하여 설명하거나 중요한 사항을 빠뜨려서는 아니 된다.

2) 보장성 상품 설명서에 포함되어야 하는 사항

보장성 상품의 경우 보험료 및 보험금에 대한 일반금융소비자의 이해를 돕기 위한 내용으로 다음의 사항을 설명서에 기재하여야 한다.

- 피보험자가 생존 시 보험금의 합계액이 이미 납입된 보험료를 초과하는 보장성 상품의 보험료에 관한 다음의 사항

- 계약을 체결·관리하는데 사용되는 금액
- 위험을 보장하는데 사용되는 금액
- 특별계정을 설정·운용하는데 사용되는 금액
- 중도인출수수료
- 주된 위험보장사항·부수적인 위험보장사항 외의 서비스 제공을 위해 사용되는 금액
- 계약 해지 시 공제되는 금액

• 피보험자가 생존 시 보험금의 합계액이 이미 납입된 보험료를 초과하지 않는 보장성 상품에 관한 다음의 사항
  - 「보험업감독규정」에 따른 보험가격지수 및 보장범위지수에 관한 사항(예시를 포함한다). 다만, 「보험업감독규정」 제1-2조 제11호에 따른 일반손해보험은 제외한다.
  - 「보험업감독규정」 제7-46조 제1항 마목에 따른 계약체결비용지수 및 부가보험료지수(예시를 포함한다). 다만, 다음의 어느 하나에 해당하는 경우는 설명하지 않아도 된다.(「보험업법」에 따른 자동차보험계약에 적용하지 않는다.)
    ■ 계약을 체결하는데 사용되는 금액(이하 "계약체결비용"이라 한다)이 「보험업감독규정」 별표 14에 따른 표준해약공제액(이하 "표준해약공제액"이라 한다)보다 작거나 같은 경우
    ■ 위험보장 기간이 종신이고 사망 위험을 보장하는 보장성 상품의 계약체결비용이 표준해약공제액의 1.4배(사망 외의 위험도 보장하는 보장성 상품인 경우에는 사망 위험에 한정하여 적용한다) 이내인 경우

• 다음의 구분에 따른 사항
  - 「보험업감독규정」 제1-2조 제8호에 따른 자산연계형보험: 적용이율 산출근거. 다만, 공시이율을 적용하는 경우는 제외한다.
  - 보험금이 금리 등에 연동되는 상품: 직전 1년간 적용금리의 변동현황
  - 만기 시 자동 갱신되는 보장성 상품: 최대 갱신 가능 나이 또는 75세 이상을 포함하여 최소 5개 이상 갱신 시점의 예상 보험료

라. 불공정영업행위의 금지 등

1) 우월적 지위를 이용한 금융소비자 권익 침해 금지

금융상품 판매업자등은 우월적 지위를 이용하여 금융소비자의 권익을 침해하는 다음의 어느 하나에 해당하는 행위("불공정영업행위")를 하여서는 아니 된다.

① 대출성 상품, 그 밖에 대통령령으로 정하는 금융상품에 관한 계약체결과 관련하여 금융소비자의 의사에 반하여 다른 금융상품의 계약체결을 강요하는 행위
- 금융소비자에게 자신이 판매하는 다른 금융상품의 계약을 체결할 것을 강요하는 행위
- 금융소비자에게 제3자의 명의를 사용하여 다른 금융상품의 계약을 체결할 것을 강요하는 행위
- 금융소비자에게 다른 금융상품직접판매업자를 통해 다른 금융상품에 관한 계약을 체결할 것을 강요하는 행위
- 금융소비자가 「중소기업기본법」에 따른 중소기업인 경우 그 대표자 또는 관계인(금융위원회가 정하여 고시하는 자로 한정한다)에게 다른 금융상품의 계약체결을 강요하는 행위
- 그 밖에 위 행위에 준하는 것으로서 금융위원회가 정하여 고시하는 금융소비자의 의사에 반하여 다른 금융상품의 계약체결을 강요하는 행위

② 대출성 상품, 그 밖에 대통령령으로 정하는 금융상품에 관한 계약체결과 관련하여 부당하게 담보를 요구하거나 보증을 요구하는 행위
- 담보 또는 보증이 필요 없음에도 이를 요구하는 행위
- 해당 계약의 체결에 통상적으로 요구되는 일반적인 담보 또는 보증 범위보다 많은 담보 또는 보증을 요구하는 행위

③ 금융상품판매업자등 또는 그 임직원이 업무와 관련하여 편익을 요구하거나 제공받는 행위

④ 대출성 상품의 경우 다음의 어느 하나에 해당하는 행위
- 자기 또는 제3자의 이익을 위하여 금융소비자에게 특정 대출 상환방식을 강요하는 행위
- ㉠부터 ㉢까지의 경우를 제외하고 수수료, 위약금 또는 그 밖에 어떤 명목이든 중도상환수수료를 부과하는 행위

㉠ 대출계약이 성립한 날부터 3년 이내에 상환하는 경우

㉡ 다른 법령에 따라 중도상환수수료 부과가 허용되는 경우

㉢ 금융소비자 보호 및 건전한 거래질서를 해칠 우려가 없는 행위 등

- 개인에 대한 대출 등(법인대출 포함) 대출상품의 계약과 관련하여 제3자의 연대보증을 요구하는 경우

⑤ 연계 · 제휴서비스 등이 있는 경우 연계 · 제휴서비스 등을 부당하게 축소하거나 변경하는 행위

⑥ 그 밖에 금융상품판매업자 등이 우월적 지위를 이용하여 금융소비자의 권익을 침해하는 행위

2) 불공정영업행위 구체적인 유형(기준)

① 대출, 그 밖의 금융상품에 관한 계약체결과 관련하여 금융소비자로 하여금 제3자의 명의를 사용하거나, 다른 기관과 계약을 체결하는 방법을 통해 다른 금융상품에 관한 계약을 체결하도록 강요하는 행위

② 부당하게 담보를 요구하거나 보증을 요구하는 행위로서 다음의 어느 하나에 해당하는 행위

㉠ 금융소비자 또는 제3자로부터 담보 또는 보증을 취득할 때 정당한 사유 없이 포괄근담보 또는 포괄근보증을 요구하는 행위

㉡ 대출금액에 대하여 통상적인 담보를 취득하였거나 기금에서 채무보증이 가능한 경우에도 정당한 사유 없이 추가적으로 제3자의 보증을 요구하는 행위

③ 대출, 그 밖의 금융상품에 관한 계약체결과 관련하여 다음의 어느 하나에 해당하는 행위를 하는 경우

㉠ 금융소비자가 중소기업[9]인 경우 그 금융소비자의 대표자 또는 관계인에 다른 금융상품의 계약체결을 강요하는 행위

㉡ 계약 체결 이후 단기간 내 동일한 금융소비자와 다른 금융상품에 관한 계약을 체결하는 행위 등 금융소비자에 다른 금융상품의 계약체결을 강요하였다고 볼 수 있는 행위로서 금융위원회가 정하여 고시하는 행위

9) 「중소기업기본법」 제2조제1항에 따른 중소기업 중 금융위원회가 정하여 고시하는 중소기업

④ 대출에 관한 계약을 체결했던 금융소비자와 기존 계약과 동일한 금전등을 제공하는 새로운 대출에 관한 계약을 체결한 후에 기존 계약의 유지기간과 신규 계약의 유지기간을 합하여 3년이 넘었음에도 금융소비자의 계약해지에 대해 중도상환수수료를 부과하는 행위 등 계약의 변경 · 해지를 이유로 금융소비자에 수수료 등 금전의 지급을 부당하게 요구하는 행위

⑤ 정당한 사유 없이 금융상품에 관한 계약의 체결 · 해지 또는 계약에 따른 금융상품의 이용을 제한하는 행위

⑥ 금융상품에 관한 계약 체결 이후 자체 점검, 민원 또는 감독 · 검사를 통해 계약 체결 과정에서의 법 위반 사실, 계약으로 인해 금융소비자의 재산에 현저한 손실이 발생할 위험이 높다는 사실 등이 확인된 후에도 그 사실을 금융소비자에 알리지 않는 행위

⑦ 금융소비자가 청약을 철회하였다는 이유로 금융상품에 관한 계약에 불이익을 부과하는 행위. 다만, 같은 금융상품판매업자등에 같은 상품유형의 금융상품에 관한 계약에 대하여 1개월 내 두 번 이상 청약의 철회의사를 표시한 경우 등은 제외

⑧ 금융소비자가 계약의 해지를 요구하거나, 계약을 해지하였다는 이유로 금융상품에 관한 계약에 불이익을 부과하는 행위

⑨ 금융상품에 대한 계약해지 신청 또는 법령에 따른 이자율 · 보험료 인하 요구를 정당한 사유 없이 거절하거나 그 처리를 상당 기간 지연시키는 행위

⑩ 이자율 및 대여 가능한 금전의 한도에 금융소비자가 제공한 정보, 금융소비자의 신용 및 상환능력을 정당한 사유 없이 반영하지 않는 행위

⑪ 그 밖에 제①호부터 제⑩호까지의 행위와 유사한 행위 등

⑫ 다음의 경우 대출성 상품을 체결하고 계약이 최초로 이행된 날 전 · 후 1개월 내에 보장성 · 투자성 · 예금성 상품 등에 관한 계약이 체결되는 경우 금융상품 가입에 대한 금융소비자의 의사와는 관계없이 해당기간 내에 금융상품 등에 대한 계약이 체결되었는지 여부를 기준으로 판단하는 구속행위 간주규제에 해당함

구분	취약소비자*	취약소비자가 아닌 금융소비자	
		법인	개인
예금성 상품	월수입금액이 제공받은 금액의 1% 초과	간주규제 해당없음	간주규제 해당없음
보장성 상품	가입불가	월수입금액이 제공받은 금액의 1% 초과 시	월수입금액이 제공받은 금액의 1% 초과 시
투자성 상품	가입불가	간주규제 해당없음	월수입금액이 제공받은 금액의 1% 초과 시

*취약소비자: 중소기업 및 그 기업의 대표자, 개인신용평점이 하위10%에 해당하는 사람, 피성년후견인 또는 피한정후견인

마. 부당권유행위 금지

금융상품 판매업자등은 계약체결을 권유(자문 포함)하는 경우 다음의 어느 하나에 해당하는 행위를 하여서는 아니 된다.

1) 불확실한 사항에 대하여 단정적 판단을 제공하거나 확실하다고 오인하게 할 소지가 있는 내용을 알리는 행위

2) 금융상품의 내용을 사실과 다르게 알리는 행위

3) 금융상품의 가치에 중대한 영향을 미치는 사항을 미리 알고 있으면서 금융소비자에게 알리지 아니하는 행위

4) 금융상품 내용의 일부에 대하여 비교대상 및 기준을 밝히지 아니하거나 객관적인 근거 없이 다른 금융상품과 비교하여 해당 금융상품이 우수하거나 유리하다고 알리는 행위

5) 보장성 상품의 경우 다음의 어느 하나에 해당하는 행위
   ① 금융소비자가 보장성 상품 계약의 중요한 사항을 금융상품 직접판매업자에게 알리는 것을 방해하거나 알리지 아니할 것을 권유하는 행위
   ② 금융소비자가 보장성 상품 계약의 중요한 사항에 대하여 부실하게 금융상품 직접판매업자에게 알릴 것을 권유하는 행위

6) 투자성 상품의 경우 다음의 어느 하나에 해당하는 행위
   ① 금융소비자로부터 계약의 체결 권유를 해줄 것을 요청받지 아니하고 방문·선화 등 실시간 대화의 방법을 이용하는 행위

② 계약의 체결 권유를 받은 금융소비자가 이를 거부하는 취지의 의사를 표시하였는데도 계약의 체결 권유를 계속하는 행위

7) 그 밖에 금융소비자 보호 또는 건전한 거래질서를 해칠 우려가 있는 행위로서 다음의 행위 등이 포함된다.

① 금융상품에 관한 중요한 사항을 설명하는데 필요한 역량을 법령, 내부통제기준 등에 따라 갖추지 않은 사람이 권유하는 행위

② 기존에 보유한 금융상품에 관한 계약을 해지하고 그 금융상품보다 불리한 금융상품을 취득할 것을 일반금융소비자에 권유하는 행위

③ 적합성 원칙에 따라 확인해야 하는 일반금융소비자의 정보를 일반금융소비자가 조작하도록 유도하거나 조작하여 권유하는 행위

④ 적합성 원칙을 적용받지 않기 위해 일반금융소비자로부터 계약 체결의 권유를 원하지 않는다는 의사를 서면등으로 받는 행위

⑤ 일반금융소비자가 금전의 대여나 그 대리·중개를 요청하지 않았으나 금전의 대여와 연계하여 투자성 상품을 권유하는 행위

⑥ 그 밖에 금융소비자의 합리적 판단을 저해하거나 이해 상충이 발생하는 등 금융소비자 보호 또는 건전한 거래질서를 해칠 우려가 있는 행위 등

바. 방문판매 등 관련 준수사항

1) 방문판매 등 절차

방문판매인력은 서면, 전자문서 또는 구두에 의한 방법으로 다음의 사항을 일반금융소비자에게 알려야 한다.

① 일반금융소비자가 회사 및 방문판매인력에 대하여 상품을 소개하거나 계약 체결을 권유할 목적으로 본인에게 연락하는 것을 금지하도록 요구할 수 있다는 사항

② ①에 따른 권리의 행사방법 및 절차

금융상품판매업자 등은 구두로 이를 일반금융소비자에게 알린 경우 그 사항을 알린 날로부터 1개월 이내에 서면, 전자우편, 휴대전화 문자메시지 또는 그 밖의 금융위원회가 정하는 방법으로 추가로 알려야 한다.

방문판매인력은 본인의 신원을 소비자에게 안내하는 경우 회사 또는 금융상품판매대

리·중개업자의 홈페이지 등을 통해 확인할 수 있음을 안내하여야 한다.

금융상품판매업자 등은 일반금융소비자가 상품 소개 또는 계약 체결을 권유할 목적으로 본인에게 연락하는 것의 금지를 요구하면 즉시 이에 따라야 한다(위반 시 1천만 원 이하 과태료 부과). 그리고 금융상품판매업자는 이를 이행하기 위한 시스템을 갖추어야 한다. 연락금지 요구를 받은 금융상품판매업자 등은 그 요구를 받은 날부터 1개월 이내에 그에 따른 조치를 완료해야 한다. 금융상품판매업자 등은 일반금융소비자가 방문판매 등을 위한 연락 금지 요구 권리를 행사함에 따라 발생하는 금전적 비용을 일반금융소비자가 부담하지 않도록 수신자 부담 전화, 수취인 부담 우편 등의 조치를 마련해야 한다.

한편, 일반금융소비자는 본인에게 금융상품을 소개하거나 계약체결을 권유할 목적으로 연락하는 금융상품판매업자 등에 대하여 연락금지 요구의 대상 및 내용을 특정하여 인터넷 홈페이지, 유무선 통신, 전자우편, 서면 또는 그 밖에 금융위원회가 정하여 고시하는 방법으로 본인에게 연락하는 것을 금지하도록 요구하는 권리를 행사할 수 있다.

2) 방문판매인력의 금지행위

방문판매인력은 방문판매 등을 할 때 다음의 어느 하나에 해당하는 행위를 해서는 아니된다.

① 방문판매인력 본인이 취급 가능한 상품 이외의 금융상품에 대한 계약 체결을 권유 또는 계약체결을 하는 일체의 행위
② 소비자를 대신하여 계약을 체결하거나, 소비자로부터 체결권한을 위탁받는 행위
③ 다른 방문판매인력의 명의를 사용하거나 다른 방문판매인력이 자신의 명의를 사용하도록 하는 행위
④ 회사로부터 정해진 수수료 외의 금품, 그 밖의 재산상 이익을 요구하거나 받는 행위
⑤ 소비자의 동의 없이 소비자의 개인(신용)정보를 수집 · 이용하는 행위
⑥ 소비자에게 청약의 철회에 대한 사항을 안내하지 않거나, 소비자가 이를 행사하지 못하도록 서면 등을 발송하는 것을 방해하는 행위
⑦ 방문판매 등에 대한 거부의사를 밝힌 소비자에게 방문판매 등을 수행하는 행위. 다만, 거부의사를 밝힌 소비자가 이후 자발적으로 방문판매 등을 요청한 경우는 제외한다.
⑧ 금융소비자에게 금융상품을 소개하거나 계약체결을 권유할 목적으로 야간(오후 9시

이후부터 다음 날 오전 8시까지를 말한다)에 소비자를 방문하거나 연락하는 행위. (위반 시 과태료 1천만 원 이하) 다만, 소비자가 요청하는 경우에는 제외한다.

⑨ (일반금융소비자의 경우) 연락금지 요구 의사를 밝힌 소비자에게 상품을 소개하거나 계약 체결을 권유할 목적으로 연락하는 행위

⑩ 그 밖에 관계법령 등에서 정한 금지행위

3) 전속관할

방문판매 및 비대면 방식을 통한 금융상품 계약과 관련된 소(訴)는 제소 당시 금융소비자 주소를, 주소가 없는 경우에는 거소를 관할하는 지방법원의 전속관할로 한다.

사. 금융상품등에 관한 광고 관련 준수사항

1) 금융상품 판매업자 등의 광고

금융상품 판매업자등이 아닌 자 및 투자성 상품에 관한 금융상품 판매대리 · 중개업자는 금융상품 판매업자등의 업무에 관한 광고 또는 금융상품에 관한 광고를 하여서는 아니 된다.

> **예 외**
>
> 금융상품 판매업자등이 아니지만 한국금융투자협회, 보험협회, 상호저축은행중앙회, 여신전문금융업협회, 금융지주회사, 대부업 및 대부중개업협회, 전국은행연합회, 신용협동조합중앙회, 온라인투자연계금융협회 등은 금융상품 등에 관한 광고를 할 수 있다.

2) 금융상품 등에 관한 광고

금융상품 판매업자 등이 금융상품등에 관한 광고를 하는 경우에는 금융소비자가 금융상품의 내용을 오해하지 아니하도록 명확하고 공정하게 전달하여야 한다. 또한 금융상품 판매업자 등이 하는 금융상품 등에 관한 광고에는 다음 내용이 포함되어야 한다.

① 금융상품에 관한 계약을 체결하기 전에 금융상품 설명서 및 약관을 읽어 볼 것을 권유하는 내용

② 금융상품 판매업자등의 명칭

③ 금융상품의 내용

보장성 상품의 경우

- 금융상품의 명칭, 보험금 지급제한 사유
- 기존에 체결했던 계약을 해지하고 다른 계약을 체결하는 경우에는 계약체결이 거부되거나 보험료 등 금융소비자의 지급비용이 인상되거나 보장내용이 변경될 수 있다는 사항
- 보험료 중 일부를 금융투자상품을 취득 · 처분하는데 사용하거나 그 밖의 방법으로 운용한 결과에 따라 보험금 또는 해약환급금에 손실이 발생할 수 있다는 사실
- 보험료 · 보험금 각각의 예시를 광고에 포함하는 경우
  (주된 위험보장사항 · 부수적인 위험보장사항 및 각각의 보험료 · 보험금 예시)
  (해약을 하거나 만기에 이른 경우 각각의 환급금 예시 및 산출근거)
  (해약시 환급금이 이미 납부한 보험료보다 적거나 없을 수 있다는 사실)

투자성 상품의 경우

- 연계투자계약은 연계투자 상품의 내용, 그 밖의 경우는 이자 · 수익의 지급시기 및 지급제한 사유
- 투자에 따른 위험
  (연계투자에 따른 위험, 투자원금의 손실이 발생할 수 있으며, 그 손실은 투자자에게 귀속된다는 사실, 손실이 발생할 수 있는 상황 및 그에 따른 손실 추정액)
- 과거 운용실적을 포함하여 광고를 하는 경우에는 그 운용실적이 미래의 수익률을 보장하는 것이 아니라는 사항
- 수수료 부과기준 및 절차

예금성 상품의 경우

- 이자 · 수익의 지급시기 및 지급제한 사유
- 만기지급금 등을 예시하여 광고하는 경우에는 해당 예시된 지급금 등이 미래의 수익을 보장하는 것이 아니라는 사항(만기시 지급금이 변동하는 예금성 상품의 경우에 한정)

대출성 상품의 경우

- 신용카드인 경우 연회비, 이자율, 연계 · 제휴서비스등의 이용조건
- 시설대여 · 연불판매 · 할부금융인 경우 이자율, 금융소비자가 계약기간 중 금전 · 재화를 상환하는 경우 적용받는 조건
- 그 밖의 대출성 상품은 이자율
- 대출조건(신용점수 등 금융소비자의 자격요건, 원리금 상환방법)
- 상환능력에 비해 대출금, 신용카드 사용액이 과도할 경우 신용점수가 하락할 수 있다는 사실
- 신용점수 하락으로 금융거래와 관련된 불이익이 발생할 수 있다는 사실
- 일정 기간 납부해야할 원리금이 연체될 경우에 계약만료 기한이 도래하기 전에 모든 원리금을 변제해야할 의무가 발생할 수 있다는 사실

④ 또한 금융상품 판매업자등은 광고 시 아래의 사항이 포함되도록 하여야 한다.

- 해당 광고가 법령 또는 내부통제기준에 따른 심의 또는 승인을 받았다는 사실
- 일반금융소비자는 금융상품판매업자로부터 충분한 설명을 받을 권리가 있으며,

그 설명을 이해한 후 거래할 것을 권고하는 내용(금융상품에 관한 광고에만 적용)

-「예금자보호법」 제24조에 따른 예금보험기금 등 법률상 기금에 의해 보호되는지에 관한 사항(대출성 상품 및 금융상품자문업에는 적용하지 않는다)

3) 광고금지 사항

금융상품 판매업자등이 금융상품등에 관한 광고를 하는 경우 다음 행위를 하여서는 아니 된다.

① 보장성 상품

㉠ 보장한도, 보장 제한 조건, 면책사항, 감액보장 사항 등을 빠트리거나 충분히 고지하지 아니하여 제한 없이 보장을 받을 수 있는 것으로 오인하게 하는 행위

㉡ 보장금액이 큰 특정 내용만을 강조하거나 고액 보장 사례 등을 소개하여 부당하게 보장내용이 큰 것으로 오인하게 하는 행위

㉢ 보험료를 일(日) 단위로 표시하거나 보험료의 산출기준을 불충분하게 설명하는 등 보험료 등이 저렴한 것으로 오인하게 하는 행위

㉣ 만기시 자동갱신되는 보장성 상품의 경우 갱신시 보험료 등이 인상될 수 있음을 금융소비자가 인지할 수 있도록 충분히 고지하지 아니하는 행위

㉤ 금리 및 투자실적에 따라 만기환급금이 변동될 수 있는 보장성 상품의 경우 만기환급금이 만기일에 확정적으로 지급되는 것으로 오인하게 하는 행위 등

② 투자성 상품

㉠ 손실보전(補塡) 또는 이익보장이 되는 것으로 오인하게 하는 행위

㉡ 투자성 상품(집합투자증권)에 대하여 해당 투자성 상품의 특성을 고려하여 대통령령으로 정하는 사항 외의 사항을 광고에 사용하는 행위

㉢ 수익률이나 운용실적을 표시하는 경우 수익률이나 운용실적이 좋은 기간의 수익률이나 운용실적만을 표시하는 행위

③ 예금성 상품

㉠ 이자율의 범위 및 산정방법, 이자의 지급 및 부과 시기, 부수적 혜택 및 비용을 명확히 표시하지 아니하여 금융소비자가 오인하게 하는 행위

㉡ 수익률이나 운용실적을 표시하는 경우 수익률이나 운용실적이 좋은 기간의 것만을

표시하는 행위

④ 대출성 상품

㉠ 대출이자율의 범위 및 산정방법, 대출이자의 지급 및 부과 시기, 부수적 혜택 및 비용을 명확히 표시하지 아니하여 금융소비자가 오인하게 하는 행위

㉡ 대출이자를 일 단위로 표시하여 대출이자가 저렴한 것으로 오인하게 하는 행위

⑤ 그 밖에 금융소비자 보호를 위하여 대통령령으로 정하는 행위

㉠ 이자율 및 투자실적에 따라 만기환급금이 변동될 수 있는 보장성 상품과 관련하여 만기환급금이 보장성 상품의 만기일에 확정적으로 지급되는 것으로 오인하게 하는 행위 등 금융상품등의 거래조건, 편익 등과 관련하여 확정되지 않은 사항을 확정적인 것으로 표현하거나 그 변동가능성에 관한 사항 등을 제시하지 않는 행위

㉡ 수익률이나 운용실적을 표시하는 경우 수익률이나 운용실적이 좋은 기간의 수익률이나 운용실적만을 표시하는 행위 등 금융상품 및 금융상품판매업자등의 업무와 관련하여 해당 계약 체결여부 판단에 중요한 영향을 줄 수 있는 사항 또는 금융소비자의 권리·의무에 중대한 영향을 주는 사항을 과장·왜곡·은폐하거나 분명하지 않은 표현을 사용하는 행위

㉢ 대출이자를 일 단위로 표시하는 행위 등 보통의 주의력을 가진 일반적인 금융소비자가 금융상품등의 편익이나 불리한 사항을 잘못 인식할 수 있는 내용을 광고하는 행위

㉣ 비교대상 및 기준을 분명하게 밝히지 않거나 객관적인 근거없이 다른 금융상품등과 비교를 하여 우월함을 강조하거나 다른 금융상품등이 열등한 것으로 표현하는 행위

㉤ 객관적인 근거 없이 해당 금융상품등의 편익만을 강조하거나 다른 금융상품등의 불리한 사실만을 강조하는 행위

㉥ 광고에서 금융상품과 관련하여 해당 광고매체 또는 금융상품판매대리·중개업자의 상호를 부각시키는 등 금융소비자가 금융상품직접판매업자를 올바르게 인지하는 것을 방해하는 행위

㉦ 그 밖에 금융소비자의 합리적 의사결정을 저해하거나 건전한 시장질서를 훼손할 우려가 있는 행위 등

4) 광고의 방법 및 절차

① 광고물은 그 글자의 색깔·크기 또는 음성의 속도·크기 등이 보통의 주의력을 가진 일반적인 금융소비자가 해당 금융상품으로 인해 입을 수 있는 불이익을 충분히 인지할 수 있도록 만들어야 한다.

② 금융상품판매업자등은 광고를 하려는 경우에 「금융회사지배구조법」 제25조제1항에 따른 준법감시인의 심의를 받는 등 내부통제기준에 따른 절차를 거쳐야 한다.

③ 금융상품판매업자등은 다음의 구분에 따른 날까지 광고물을 회수해야 한다.

㉠ 광고의 유효기간이 있는 경우: 해당 유효기간의 종료일

㉡ 금융상품의 주요 사항이 변경된 경우: 변경된 사항 시행일의 전일

아. 계약서류의 제공의무

금융상품직접판매업자 및 금융상품자문업자는 금융소비자와 금융상품 또는 금융상품자문에 관한 계약을 체결하는 경우 금융상품의 유형별로 대통령령으로 정하는 계약서류를 금융소비자에게 지체 없이 제공하여야 한다.

제공하여야 하는 계약서류

- 금융상품 계약서
- 금융상품의 약관
- 금융상품 설명서(금융상품판매업자만 해당)
- 「상법」에 따른 보험증권(보장성 상품 중 보험만 해당한다)

다만, 계약내용 등이 금융소비자 보호를 해칠 우려가 없는 경우로서 대통령령으로 정하는 경우에는 계약서류를 제공하지 아니할 수 있다.

계약서류를 제공하지 않아도 되는 경우

1. 다음 각 목의 법률에 따라 계약서류가 제공된 경우
   가. 「대부업 등의 등록 및 금융이용자 보호에 관한 법률」
   나. 「자본시장과 금융투자업에 관한 법률」(온라인소액투자중개업자만 해당한다)
   다. 「온라인투자연계금융업 및 이용자 보호에 관한 법률」
2. 그 밖에 계약 내용이나 금융상품의 특성 등을 고려할 때 계약서류를 제공하지 않아도 금융소비자 보호가 저해될 우려가 없는 경우로서 금융위원회가 정하여 고시하는 경우
   가. 기본 계약을 체결하고 그 계약내용에 따라 계속적·반복적으로 거래를 하는 경우
   나. 기존 계약과 동일한 내용으로 계약을 갱신하는 경우
   다. 법인인 전문금융소비자와 계약을 체결하는 경우(금소법 시행령 제22조 제1항 제3호에 따른 설명서)

계약서류의 제공 사실 또는 계약체결 사실 및 그 시기에 관하여 금융소비자와 다툼이 있는 경우에는 금융상품직접판매업자 및 금융상품자문업자가 이를 증명하여야 한다.

자. 위반 시 책임

1) 금융상품 유형별 영업행위 준수사항을 위반한 경우에는 일정한 과태료를 부과하도록 하고 있다.
   - 「금융소비자보호법」에서는 '적합성원칙 및 적정성원칙' 등을 위반한 금융상품판매업자등에 대하여 3천만 원 이하 과태료를 부과하도록 하고 있다.
2) 설명서 미발급 및 미확인, 구속성 상품계약 체결 및 우월적 지위를 이용한 불공정 영업행위, 부당권유행위 및 금융상품에 대한 부당한 광고를 한 경우에는 1억 원 이하의 과태료를 부과하도록 규정하고 있다.

〈표 4-15〉 판매행위규제 위반 시 금융상품판매업자등의 책임

제재사유	손해배상책임	과태료	과징금
적합성원칙 위반	금융회사가 고의 · 과실로 이 법을 위반하여 금융소비자 손해발생 시	3천만 원 이하	-
적정성원칙 위반			-
설명의무 위반	금융회사가 고의 · 과실로 이 법을 위반하여 금융소비자 손해발생 시(입증책임전환)	1억 원 이하	해당상품 수입의 50% 이내, 산정불가 또는 수입이 없는 경우 최고 10억
불공정영업행위 위반	금융회사가 고의 · 과실로 이 법을 위반하여 금융소비자 손해발생 시		
부당권유행위 금지 위반			
광고규제위반			

2-5 금융상품 판매업자등의 업종별 영업행위 준수사항

〈표 4-16〉 업종별 영업행위 준수사항

행 위	개 념	대 상
미등록자에 대한 위탁금지	법에 따라 등록된 판매대리 · 중개업자가 아닌 자에게 금융상품 판매를 위탁하는 행위 금지	직판업자 대리 · 중개업자
급부수취금지	직판업자에게 수령권한을 위탁받지 않고 금융소비자로부터 보험료 또는 공제료 등의 계약상 급부를 수취하는 행위 금지	대리 · 중개업자
재위임 · 재위탁금지	직판업자로부터 위임 · 위탁받은 업무를 법령상 근거 없이 제3자에게 재위임 · 재위탁하는 행위 금지	대리 · 중개업자
수수료 이외 금품 등 수취금지	직판업자에게 정해진 판매수수료 이외에 추가적인 재산상 이익을 요구·수취하는 행위 금지	대리 · 중개업자
주요정보 고지의무	대리중개업자가 자신에 대한 주요정보(위탁 직판업자의 명칭, 전속여부, 체결권한, 손해배상책임 등)을 금융소비자에게 알려줄 의무	대리 · 중개업자
자문규제	자문의 독립 · 공정성 확보를 위한 규제 : 판매업자로부터 독립하여 자문을 수행하고, 거래관계가 있는 금융상품 판매업자 등으로부터 재산상 이익을 받는 행위 금지 등	자문업자
자료의 기록 및 유지 · 관리	금융상품판매업 등의 업무와 관련한 자료 기록 및 유지	직판업자 대리 · 중개업자 자문업자

2-6 자료의 기록 및 유지 · 관리

1) 금융상품 판매업자등은 금융상품 판매업등의 업무와 관련한 자료를 기록하여야 하며, 자료의 종류별로 일정 기간 동안 유지 · 관리하여야 한다.

〈표 4-17〉 자료의 기록·유지 대상

판매업자	자료내용
금융상품 직접판매업자	- 금융상품 계약체결 등 및 그 이행에 관한 자료 - 내부통제기준 및 그 준수에 관한 자료 - 광고 관련 자료 - 회계처리에 관한 자료 - 금융소비자의 권리행사에 관한 자료(청약의 철회, 계약의 해제·해지, 금융소비자의 자료 열람 요구 등) - 금융상품판매대리·중개업자 및 금융상품자문업자와의 업무 위탁에 관한 자료
금융상품판매 대리·중개업자	• 법인인 경우 - 금융상품 계약체결 등 및 그 이행에 관한 자료 - 내부통제기준 및 그 준수에 관한 자료 - 광고 관련 자료 - 회계처리에 관한 자료 - 금융상품직접판매업자 및 다른 금융상품판매대리·중개업자와의 위탁계약 체결에 관한 자료 • 개인인 경우 - 금융상품직접판매업자 및 다른 금융상품판매대리·중개업자와의 위탁계약 체결에 관한 자료
금융상품 자문업자	- 금융상품 계약체결 등 및 그 이행에 관한 자료 - 내부통제기준 및 그 준수에 관한 자료 - 광고 관련 자료 - 회계처리에 관한 자료 - 금융소비자의 권리행사에 관한 자료(청약의 철회, 계약의 해제·해지, 금융소비자의 자료 열람 요구 등) - 금융상품판매업자로부터 자문과 관련한 재산상 이익을 제공받는 경우 해당 금융상품판매업자와의 계약 체결에 관한 자료

2) 대상자료별 관리기간은 다음과 같다.

대상자료	관리기간
계약체결 및 이행관련 자료	10년(보장성 상품의 경우 보장기간 10년 초과 시 해당 보장기간)
광고자료	10년
내부통제기준 및 소비자보호기준 제정 및 운영자료	5년
소비자의 청약철회	10년
계약해제 · 해지	10년
자료열람 연기 · 제한 · 거절 관련 자료	10년
업무 위탁 자료	10년

3) 금융상품 판매업자 등은 금융소비자에 의해 자료의 열람을 요구받았을 때에는 열람 가능목록 · 일자 · 시간 · 방법 등을 안내하고 6영업일 내 열람할 수 있도록 조치한다.

열람제한 사유

- 법령에 따른 열람제한
- 타인의 생명·신체 훼손 우려 또는 타인의 재산을 부당하게 침해할 우려가 있는 경우
- 영업비밀이 현저히 침해되는 경우
- 공개 시 타인의 사생활의 자유가 침해되는 경우
- 열람목적과 명백히 무관한 경우

4) 자료열람권 침해 특약의 무효

금융소비자가 분쟁조정 또는 소송의 수행 등 권리구제를 위한 목적으로 금융상품판매업자 등이 기록 및 유지 · 관리하는 자료의 열람(사본의 제공 또는 청취를 포함한다. 이하 이 조에서 같다)을 요구할 수 자료열람 청구권에 반하는 특약으로서 일반금융소비자에게 불리한 것은 무효로 한다.

금융상품판매업자 등은 금융소비자가 자료열람 청구권을 행사 시 해당 자료의 유형에 따라 요구받은 날부터 6영업일 내에 금융소비자가 해당 자료를 열람할 수 있도록 하여야 한다. 이 경우 해당 기간 내에 열람할 수 없는 정당한 사유가 있을 때에는 금융소비자에게 그 사유를 알리고 열람을 연기할 수 있으며, 그 사유가 소멸하면 지체 없이 열람하게 하여야 한다.

2-7 금융분쟁의 조정

구 분	주요 내용
분쟁조정기구 등	금융분쟁조정위원회 설치 근거 및 분쟁조정 절차와 방법의 규정
조정의 효력	양 당사자가 조정안을 수락한 경우 해당 조정안에 대하여 재판상 화해와 동일한 효력을 부여 당사자가 조정에 불복하여 1개월 이내에 소송제기시 시효의 중단 및 제소기간의 계산 시 조정신청을 재판상 청구로 간주
소송 중지제도 도입	조정이 신청된 사건에 대하여 조정이 있을 때까지 수소법원이 소송절차를 중지할 수 있도록 규정
소액분쟁사건에 관한 특례	일반금융소비자가 신청한 사건으로 2천만 원 이하의 소액분쟁사건에 대하여 조정절차가 개시된 경우 금융회사등의 소제기를 금지
조정위원회의 운영 등	조정위원회의 운영 및 분쟁조정 절차 등에 관한 필요한 사항 규정에 대한 위임근거 마련

2-8 청약의 철회

1) 금융상품판매업자 등과 보장성 상품, 투자성 상품, 대출성 상품 또는 금융상품자문에 관한 계약의 청약을 한 일반금융소비자는 다음 기간 내에 청약을 철회할 수 있다.
   ① 보장성 상품: 일반금융소비자가 보험증권을 받은 날부터 15일과 청약을 한 날부터 30일 중 먼저 도래하는 기간
   ② 투자성 상품, 금융상품자문: 계약서류를 제공받은 날 또는 계약체결일에 해당하는 날부터 7일
   ③ 대출성 상품: 계약서류를 제공받은 날 또는 계약체결일부터 14일

2) 청약의 철회는 상품별로 정해진 시기에 효력이 발생한다.
   ① 보장성 상품, 투자성 상품, 금융상품자문: 일반금융소비자가 청약의 철회의사를 표시하기 위하여 서면을 발송한 때
   ② 대출성 상품: 일반금융소비자가 청약의 철회의사를 표시하기 위하여 서면 등을 발송하고, 이미 공급받은 금전·재화등과 이미 공급받은 금전과 관련한 이자 그리고 해당 계약과 관련하여 금융상품판매업자 등이 제3자에게 이미 지급한 수수료 등 비용을 반환한 때

3) 청약이 철회된 경우 금융상품판매업자 등은 일반금융소비자에 대하여 청약의 철회에 따른 손해배상 또는 위약금 등 금전의 지급을 청구할 수 없다.
   - 보장성 상품의 경우 청약이 철회된 당시 이미 보험금의 지급사유가 발생한 경우에는 청약 철회의 효력은 발생하지 아니한다. 다만, 일반금융소비자가 보험금의 지급사유가 발생했음을 알면서 청약을 철회한 경우에는 그러하지 아니하다.

4) 계약의 철회에 반하는 특약으로서 일반금융소비자에게 불리한 것은 무효로 한다.

2-9 위법계약의 해지

1) 금융소비자는 금융상품 판매업자등이 "금융상품 유형별 영업행위 준수사항"[10]을 위반하여 금융상품과 관련한 계약을 체결한 경우, 5년 내에 서면 등으로 해당 계약의 해지를 요구할 수 있다. 이 경우 금융상품 판매업자는 해지를 요구받은 날로부터 10일 이내에 금융소비자에 수락 여부를 통지하여야 하며, 거절 시에는 거절사유를 함께 통지하여야 한다.

2) 금융소비자는 금융상품판매업자 등이 정당한 사유 없이 해지요구를 따르지 않는 경우 해당 계약을 해지할 수 있으며, 해지 요구에 따라 계약이 해지된 경우 금융상품 판매업자등은 수수료, 위약금 등 계약의 해지와 관련된 비용을 요구할 수 없다.

2-10 과징금 부과

1) 금융상품 판매대리 · 중개업자가 위법행위를 한 경우 금융상품 직접판매업자에게 과징금을 부과하도록 하고 있다. 위법행위의 당사자인 판매대리·중개업자에 대해서는 과태료만 부과되는 반면에, 직접판매업자에게는 보다 과중한 제재인 과징금을 부과한다. 이는 판매대리·중개업자의 판매행위를 관리·감독 강화하라는 취지이다.

---

10) 적합성의 원칙, 적정성의 원칙, 설명의무, 불공정 영업행위의 금지, 부당권유행위 금지를 말하며, 광고 관련 준수사항은 제외된다.

과징금제도의 취지

판매업자가 위법·부당 행위(판매행위 규제 위반)를 통해 얻은 이득을 적극적으로 환수함으로써 위법·부당 행위 유인을 근본적으로 차단하는 목적이라고 할 수 있다(금융회사의 불완전 판매행위에 대한 과징금 부과 등 제재 강화).

2) 금융상품 판매업자등에 대하여 업무정지처분에 갈음하여 업무정지기간의 이익의 범위에서 과징금 부과할 수 있다. 금융상품 직접판매업자 또는 금융상품 자문업자가 설명의무 등을 위반한 경우에는 위반행위와 관련된 계약으로 얻은 수입 또는 이에 준하는 금액의 50% 범위 내에서 과징금을 부과할 수 있다. 그 위반행위를 한 자가 그 위반행위와 관련된 계약으로 수입 등이 없거나 수입 등의 산정이 곤란한 경우에는 10억 원을 초과하지 아니하는 범위에서 과징금을 부과할 수 있다.

위반행위

1. 설명의무 등을 위반하여 중요한 사항을 설명하지 아니하거나, 설명서를 제공하지 아니하거나 확인을 받지 아니한 경우
2. 불공정영업행위를 한 경우
3. 부당권유행위를 한 경우
4. 금융상품 등에 관한 광고 관련 준수사항을 위반한 경우

3) 금융위원회는 금융상품직접판매업자가 금융상품계약체결등을 대리하거나 중개하게 한 금융상품판매대리 · 중개업자 또는 금융상품직접판매업자의 소속 임직원이 위에 해당하는 위반행위를 한 경우에는 그 금융상품직접판매업자에 대하여 그 위반행위와 관련된 계약으로 얻은 수입등의 50% 범위 내에서 과징금을 부과할 수 있다. 다만, 금융상품직접판매업자가 그 위반행위를 방지하기 위하여 해당 업무에 관하여 적절한 주의와 감독을 게을리하지 아니한 경우에는 그 금액을 감경하거나 면제할 수 있다.

4) 과징금 부과처분에 대하여 불복하는 자는 그 처분의 고지를 받은 날부터 30일 이내에 그 사유를 갖추어 금융위원회에 이의를 신청할 수 있으며, 금융위원회는 이의신청에 대하여 60일 이내에 결정을 하여야 한다.

2-11 벌칙 및 과태료

가. 금융소비자보호법 벌칙

구 분	주요내용
벌칙	▪ 금융상품판매업등의 등록을 하지 아니하고 금융상품판매업등을 영위 ▪ 거짓이나 그 밖의 부정한 방법으로 금융상품판매업의 등록 ▪ 금융상품 판매대리·중개업자가 아닌 자에게 금융상품계약체결 등을 대리·중개 ⇒ 5년 이하의 징역 또는 2억 원 이하의 벌금 부과
양벌규정	▪ 법인의 대표자나 법인 또는 개인의 대리인, 사용인, 그 밖의 종업원이 그 법인 또는 개인의 업무에 관하여 위반행위를 하면 그 행위자 외에 법인 또는 개인에게도 해당 조문의 벌금형을 부과
과태료	▪ 위반행위의 내용에 따라 1억 원 또는 3천만 원 이하의 과태료 부과
과태료에 관한 규정 적용의 특례	▪ 과징금을 부과 받은 자에게는 그 위반행위에 대하여 과태료 병과를 금지

나. 금융소비자보호법 과태료 제재 기준

제재	부과대상
과태료 1억 원 이하	▪ 판매·중개업자에 대한 판매업자등의 관리책임을 내부통제기준을 마련하지 아니한 자 ▪ 중요한 내용 미설명, 설명서 미제공 및 미확인 ▪ 불공정영업행위를 한 자 ▪ 부당권유행위를 한 자 ▪ 금융상품 등에 관한 광고 관련 준수사항을 위반하여 금융상품등에 관한 광고를 한 자 ▪ 금융상품계약체결등의 업무를 대리하거나 중개하게 한 금융상품판매대리 · 중개업자가 중요한 내용 미설명 · 설명서 미제공 및 미확인한 경우, 불공정영업행위를 한 경우, 부당권유행위를 한 경우, 광고관련 준수사항을 위반하여 금융상품등에 광고를 한 경우 ▪ 금융소비자에게 계약서류를 제공하지 아니한 자 ▪ 금융상품판매대리·중개업무를 제3자에게 위탁하거나 그 행위로 대가를 지급하는 행위를 한 경우에 그 업무를 대리하거나 중개하게 한 금융상품직접판매업자 ▪ 자문업자라는 사실 및 증표를 금융소비자에게 알리지 아니한 자 또는 표지를 게시하지 아니하거나 증표를 내보이지 아니한 자 ▪ 독립금융상품자문업자가 아닌 자가 독립문자를 명칭에 사용하거나 광고에 사용한 자 ▪ 독립금융상품자문업자의 금지행위를 한 자 ▪ 금융상품판매업등의 업무와 관련한 자료를 기록하지 아니하거나 자료의 종류별로 유지 · 관리하지 아니한 자 ▪ 금융상품판매업자등에 대한 검사를 정당한 사유 없이 거부 · 방해 또는 기피한 자
과태료 3천만 원 이하	▪ 적합성원칙을 위반하여 정보를 파악하지 아니하거나 확인을 받지 아니하거나 이를 유지 · 관리하지 아니하거나 확인받은 내용을 지체 없이 제공하지 아니한 자 ▪ 적합성원칙을 위반하여 계약 체결을 권유한 자 ▪ 적정성원칙을 위반하여 정보를 파악하지 아니한 자 ▪ 적정성원칙을 위반하여 해당 금융상품이 적정하지 아니하다는 사실을 알리지 아니하거나 확인을 받지 아니한 자 ▪ 금융상품판매대리 · 중개업자의 금지행위를 한 자 ▪ 금융상품판매대리 · 중개업자의 금지행위를 위반하여 수수료 외의 금품, 그 밖의 재산상 이익을 요구하거나 받은 자 ▪ 금융상품판매대리·중개업자의 고지사항을 미리 금융소비자에게 알리지 아니한 자 또는 표지를 게시하지 아니하거나 증표를 보여 주지 아니한 자
과태료 1천만 원 이하	▪ 등록요건을 갖추어 등록한 금융상품판매업자가 등록요건에 대한 변동사항을 보고하지 아니한 자

제3절 | 금융소비자보호를 위한 조직 및 제도

1 금융소비자 중심 경영

금융회사는 금융소비자보호를 위한 경영방침을 정하고, 이를 공식적인 문서로 표명하여야 한다. 경영방침은 구체적으로 다음과 같은 내용을 포함하여야 한다. 또한 금융소비자보호 업무가 효과적으로 이루어질 수 있도록 금융소비자보호에 필요한 인적, 물적 자원을 적극 확보하여야 한다.

① 금융소비자 요구사항을 경영활동 등에 반영

② 금융소비자보호를 위한 구체적인 프로세스 정립

③ 교육훈련 등을 통한 금융소비자보호 역량 및 전문성 강화

아울러 금융회사의 최고경영자는 금융소비자보호가 금융회사의 생존에 불가결한 요소일 뿐만 아니라 궁극적으로 금융회사 및 금융산업의 경쟁력 향상에 도움이 된다는 사실을 인식하여야 한다. 이를 바탕으로 금융소비자보호에 대한 관심과 실천의지를 확고히 하며, 금융소비자의 가치를 최우선으로 삼는 최상의 상품과 서비스를 제공토록 하여야 한다. 이를 위해 최고경영자는 금융소비자 중심의 경영철학, 비전 등이 임직원에게 명확히 전달되도록 노력하여야 한다. 또한 임직원은 회사의 고객만족 비전을 성취하는 데 도움을 주는 활동을 하여야 하고, 전사적으로 금융소비자보호에 대한 인식전환과 가치공유가 이루어지도록 노력해야 한다.

2 금융소비자보호 총괄책임자의 지정 등

2-1 지정 및 자격

① 금융회사는 금융소비자보호업무를 담당하는 임원으로 하여금 금융소비자보호 총괄기관의 장을 맡도록 하고 해당 임원을 “금융소비자보호 총괄책임자”로 한다.

② 금융소비자보호 총괄책임자는 준법감시인에 준하는 독립적 지위를 보장받으며, 적법한 직무수행과 관련하여 부당한 인사상의 불이익을 받지 않는다.

③ 금융소비자보호 총괄책임자는 최근 5년간 금융관계법령을 위반하여 금융위원회 또는 금융감독원의 원장으로부터 문책경고 또는 감봉요구 이상에 해당하는 조치를 받은 사실이 없어야 한다.

2-2 직무

금융소비자보호 총괄책임자(이하 "CCO")는 금융소비자보호업무를 총괄하면서 독립적으로 다음과 같은 직무를 수행한다. CCO는 금융소비자권익이 침해되었거나 침해될 현저한 우려가 발생한 경우, 지체 없이 대표이사에게 보고하여야 한다. 이에 대하여 대표이사는 금융소비자권익 침해 리스크가 해소되는 데 필요한 제반사항을 신속히 수행·지원한다.

CCO의 역할과 책임

1. 금융소비자보호 총괄기관의 업무 통할
2. 상품설명서, 금융상품 계약서류 등 사전 심의(단, 준법감시인 수행 시 제외함)
3. 금융소비자보호 관련 제도 기획 및 개선, 기타 필요한 절차 및 기준의 수립
4. 금융상품 각 단계별(개발, 판매, 사후관리) 소비자보호 체계에 관한 관리·감독 및 검토 업무
5. 민원접수 및 처리에 관한 관리·감독 업무
6. 금융소비자보호 관련 부서 간 업무협조 및 업무조정 등 업무 총괄
7. 대내외 금융소비자보호 관련 교육 프로그램 개발 및 운영 업무 총괄
8. 민원발생과 연계한 관련 부서·직원 평가 기준의 수립 및 평가 총괄
9. 금융소비자보호 기준 준수여부에 대한 점검·조치·평가 업무 총괄
10. 대표이사로부터 위임 받은 금융소비자보호 업무
11. 금융소비자보호 관련하여 이사회, 대표이사, 내부통제위원회로부터 이행을 지시·요청 받은 업무
12. 기타 금융소비자의 권익증진을 위해 필요하다고 판단되는 업무

2-3 금융소비자보호 총괄부서

가. 독립전담조직으로 운영

① 금융회사는 책임과 권한을 가지고 금융소비자보호에 관한 내부통제 업무를 수행하기 위하여 필요한 조직으로서 금융소비자보호 총괄기관을 설치한다.

② 금융소비자보호 총괄기관은 소비자보호와 영업부서 업무 간의 이해상충방지 및 회사의 소비자보호 업무역량 제고를 위하여 금융상품 개발·판매 업무로부터 독립하여 업무를 수행하여야 하고, 대표이사 직속 기관으로 한다.

③ 회사는 금융소비자보호 업무를 원활하게 수행할 수 있도록 고객 수, 민원건수, 상품개발·판매 등 관련 타부서와 사전협의 수요 등을 고려하여 금융소비자보호 총괄기관의 업무수행에 필요한 인력을 갖춰야 하며, 금융소비자보호 업무를 원활히 수행할 수 있는 직원을 금융소비자보호 업무담당자로 선발·운영하여야 한다.

나. 금융소비자보호 총괄부서의 업무

1) 금융소비자보호 총괄부서는 다음 각호의 업무를 수행한다.

① 금융소비자보호에 관한 경영방향 수립

② 금융소비자보호 관련 교육의 기획·운영

③ 금융소비자보호 관련 제도 개선

④ 금융상품의 개발, 판매 및 사후관리에 관한 금융소비자보호 측면에서의 점검 및 조치

⑤ 민원·분쟁의 현황 및 조치결과에 대한 관리

⑥ 임직원의 성과보상체계에 대한 금융소비자보호 측면에서의 평가

⑦ 금융상품 개발, 마케팅 등에 대한 정책 수립 담당부서가 요청하는 사항에 대한 사전협의

⑧ 내부통제위원회의 운영(제1호부터 제5호까지의 사항을 내부통제위원회에 보고하는 업무를 포함한다)

⑨ 타부서의 내부통제 관련 내부규정 등 수립에 관한 협의

2) 금융소비자보호 총괄기관은 금융소비자보호 및 민원예방을 위하여 다음 각항의 사항을 포함하는 제도개선을 관련부서에 요구할 수 있다.

① 업무개선 제도운영 및 방법의 명확화

② 개선(안) 및 결과 내역관리

③ 제도개선 운영성과의 평가

④ 민원분석 및 소비자만족도 분석 결과 등을 토대로 현장 영업프로세스 실태 분석 및 개선안 도출

3) 금융소비자보호 총괄기관은 금융소비자의 권리를 존중하고 민원을 예방하기 위하여 다음 각항의 사항을 포함한 절차를 개발 및 운영하여야 한다.

① 금융소비자보호를 위한 민원예방 프로그램의 개발 및 시행

② 금융소비자보호와 관련된 임직원 교육 및 평가, 대내외 홍보

③ 유사민원의 재발 방지를 위한 교육 프로그램 및 제도개선 방안의 개발 및 활용

2-4 금융소비자보호 업무담당자[11)]

① 금융회사는 회사별 특성을 고려하여 민원예방 및 처리, 제도개선, 민원평가, 전산시스템 운영, 금융소비자 보호 교육, 홍보, 민원 감사업무 등을 원활히 수행할 수 있는 적정규모 이상의 금융소비자보호 업무담당자를 선발, 운영하여야 한다.

② 업무수행의 전문성 및 신뢰도 제고를 위하여 금융소비자보호 업무담당자는 입사 3년 이상 경력자로서 상품개발·지원, 영업·서비스기획, 법무, 시스템, 통계, 감사 등 분야의 2년 이상 근무한 자로 한다. 다만, 다음 각 호의 어느 하나에 해당되는 경우에는 예외로 할 수 있다.

1. 제2항 본문에 해당하는 자와 동일한 수준의 전문성과 업무경력을 갖추었다고 금융소비자보호 총괄책임자가 승인하는 경우
2. 설립 후 10년이 지나지 않은 회사로서 금융소비자보호 총괄책임자가 별도로 정한 내부 규정에 따르는 경우

③ 금융소비자보호 업무담당자는 특별한 경우를 제외하고 3년 이상 금융소비자보호 업무를 수행하도록 하여야 한다. 다만, 회사의 조직과 인력 등을 감안하여 감축조정이 필요하거나 승진전보 및 금융소비자보호 총괄책임자의 승인 시에는 예외로 할 수 있다.

④ 회사는 금융소비자보호 업무담당자에 대한 근무평가 시, 징계 등 특별한 경우를 제외하고는 금융소비자보호 관련 실적이 우수한 업무담당자에게 인사상 가점을 부여하여야 한다.

⑤ 회사는 금융소비자보호 업무담당자에 대하여 대내외 소비자보호 관련 교육 참여

---

11) 입사 3년 이상 경력자로 상품개발·지원, 영업·서비스기획, 법무, 시스템, 통계, 감사 등 분야의 2년 이상 근무자 중 직전 2년간 근무평가 평균 이상자로 사내공모 또는 추천, 파견 등으로 운영

기회를 제공하고 금융소비자보호 전문역량 개발을 위한 자격증 취득 기회를 적극 제공하는 등 직무향상을 위한 제도적 장치를 마련·실시하여야 하며, 금융소비자보호 우수 직원 등에 대한 포상(표창, 특별휴가 등) 제도를 시행하여야 한다.

2-5 금융소비자보호 내부통제위원회의 설치 및 운영

① 금융회사는 금융소비자보호에 관한 내부통제를 수행하기 위하여 필요한 의사결정 기구로서 "내부통제위원회"를 설치한다. 다만, 금융소비자보호법령에 따라 내부통제위원회 설치에 대한 예외가 인정되는 경우에는 설치하지 아니할 수 있다.

② 내부통제위원회는 대표이사, 금융소비자보호 총괄기관의 업무를 수행하는 임원, 사내임원(「금융회사의 지배구조에 관한 법률」 제2조제2호에 따른 임원을 말한다), 준법감시인 및 위험관리책임자로 구성한다(단, 준법감시인과 위험관리책임자의 경우 이를 별도로 두고 있는 경우로 한정한다). 다만, 준법감시인 또는 위험관리책임자는 준법감시인 또는 위험관리책임자의 고유 업무와 관계없는 안건에 대하여는 회의에 참석하지 않을 수 있다.

③ 내부통제위원회는 다음 각 호의 사항을 조정·의결한다. 다만, 제5호 및 제7호의 경우에는 담당부서로부터 해당 내용을 보고받고 필요한 조치를 취할 수 있다.

1. 금융소비자보호에 관한 경영방향
2. 금융소비자보호 관련 주요 제도 변경사항
3. 임직원의 성과보상체계에 대한 금융소비자보호 측면에서의 평가
4. 금융상품의 개발, 영업방식 및 관련 정보공시에 관한 사항
5. 이 기준 및 금융소비자보호법 제32조제3항에 따른 금융소비자보호기준의 적정성·준수실태에 대한 점검·조치 결과
6. 금융소비자보호법 제32조제2항에 따른 평가(이하 "금융소비자보호 실태평가"라 한다), 감독(법 제48조제1항에 따른 "감독"을 말한다) 및 검사(법 제50조에 따른 "검사"를 말한다) 결과의 후속조치에 관한 사항
7. 중요 민원·분쟁에 대한 대응 결과
8. 광고물 제작 및 광고물 내부 심의에 대한 내부규정(단, 준법감시인이 별도로 내부규정 마련 시 제외할 수 있다)

9. 금융소비자보호 총괄기관과 금융상품 개발·판매·사후관리 등 관련부서 간 협의 필요사항
10. 기타 금융소비자보호 총괄기관 또는 기타 관련부서가 내부통제위원회에 보고한 사항의 처리에 관한 사항

④ 대표이사가 주재하는 회의를 매 반기마다 1회 이상 개최한다.

⑤ 내부통제위원회는 회의결과를 이사회에 보고하고, 논의사항은 서면·녹취 등의 방식으로 최소 5년간 기록·유지하여야 한다.

3 업무처리 단계별 금융소비자보호

〈그림 4-2〉 단계별 소비자보호체계

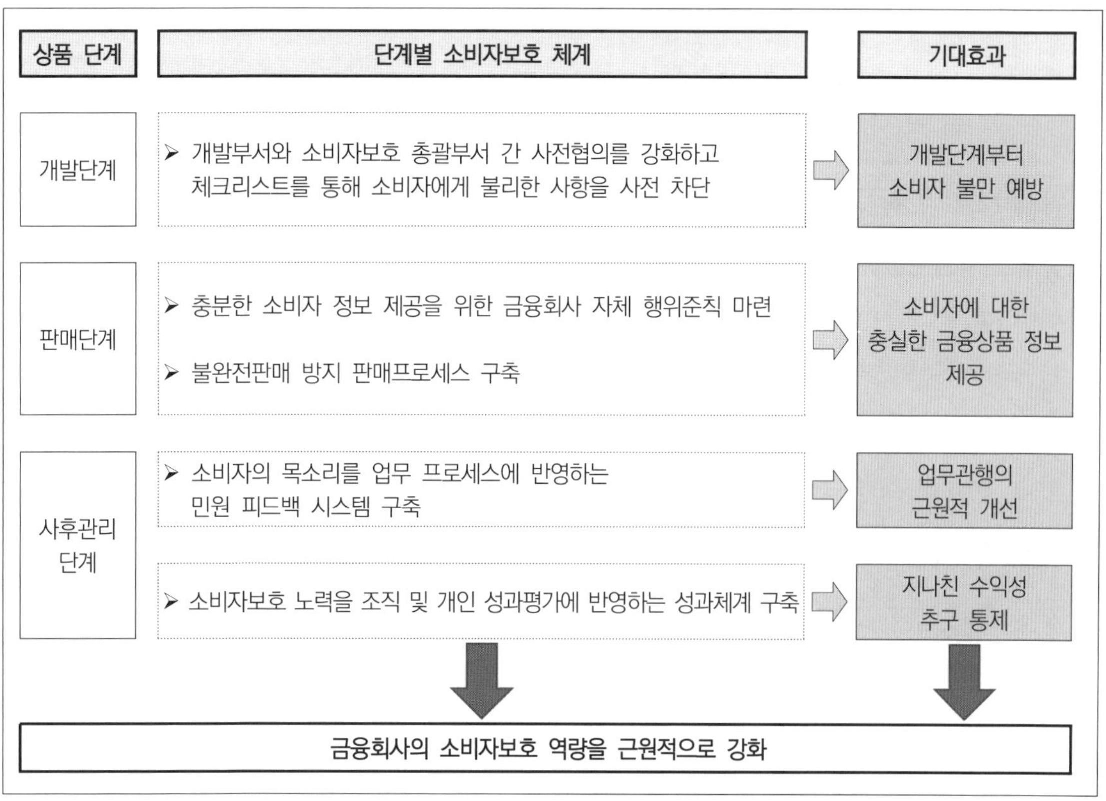

3-1 금융상품 개발, 판매 등에 관한 정책 수립

가. 총괄부서와의 사전협의

금융소비자 불만을 조기에 발견하고 신속히 개선하기 위한 내부시스템을 구축하고 신제품 출시나 새로운 제도 시행 시 사전에 검토하여야 한다. 또한 신상품 개발 및 마케팅 정책 수립 시 금융소비자보호의 시각에서 사전점검 후 문제점을 시정할 수 있도록 사전협의 진행이력 및 실적관리, 사전협의 누락 및 재발 방지대책 수립 등 사전협의 절차를 운영하여야 한다.

1) 금융상품 개발·변경·판매중단
2) 상품 설명서, 약관, 가입신청서(설계서) 등 제작·변경
3) 판매 절차의 개발·변경
4) 고객 관련 이벤트, 프로모션, 영업점 성과평가 기준 등 주요 마케팅 정책 수립 및 변경 등
5) 기타 소비자 보호를 위하여 금융소비자보호 총괄부서가 정하는 사항

나. 사전협의 시 고려사항

금융소비자보호 총괄기관은 금융상품에 대한 사전협의 시 다음 각 호의 사항을 고려하여야 한다.

1) 금융상품의 위험도·복잡성
2) 금융소비자의 특성
3) 금융상품 발행인의 재무적 건전성, 금융상품 운용 및 리스크 관리능력

금융소비자보호 총괄기관은 금융상품 개발, 마케팅 및 판매절차 관련 정책, 약관 등에 금융소비자보호상의 문제가 있다고 판단되는 경우 관련 부서에 금융상품 출시 및 마케팅 중단, 개선방안 제출 등을 요구할 수 있다.

금융회사는 담당부서가 사전협의를 누락한 경우 성과평가 또는 민원 평가 등에 반영하여야 한다.

다. 금융상품 개발 관련 점검항목 및 내부규정 수립

① 금융소비자보호 총괄기관은 신규 금융상품을 개발하는 경우 금융소비자에게 불리한 점은 없는지 등을 진단하기 위한 점검항목을 마련하여야 하며, 상품개발부서에게 이를 제공하여야 한다.

② 상품개발부서는 새로운 상품을 출시하거나 상품의 중요내용을 변경하는 경우 점검항목에 따라 해당상품이 적정한지 여부를 점검하여야 한다.

금융상품 개발 시 체크리스트에 포함되어야 할 내용(예시)
① 관련 법령(은행법, 보험업법, 자본시장법 등), 감독규정, 감독당국의 지도내용과 관련한 위반사항 여부 등 점검 ② 금융소비자의 권익 침해 요소 점검 ③ 금융소비자 의견 반영 여부 점검 ④ 합리적 선택을 위한 정보내용의 적정성(상품설명서 등의 내용) ⑤ 계약내용 및 약관내용의 불공정성 등 점검 ⑥ 금융소비자 관점의 정보 제공 ⑦ 금융소비자 불만 예방 ⑧ 불완전판매 예방 ⑨ 소비자보호문화 정착 ⑩ 금융회사의 소비자보호에 대한 책임성 강화

③ 금융회사는 금융관련 법규 등에서 정한 바에 따른 금융상품 개발과정에서 다음 각 호의 사항을 포함한 내부규정을 수립하여 운영하여야 한다.

1. 금융상품 개발부서명 및 연락처를 상품설명 자료에 명기하는 등 책임 강화
2. 금융상품 개발부서의 금융상품 판매자에 대한 충분한 정보 공유 책임강화(판매회사, 부서, 담당직원 뿐 아니라 판매회사가 금융상품 판매를 재위탁한 경우 위탁회사의 직원까지 포함한다)

라. 금융소비자의 의견 청취

상품개발·기획 시 초기 단계에서부터 금융소비자의 불만예방 및 피해의 신속한 구제를 위해 그간 발생된 민원 등 금융소비자의 의견이 적극 반영될 수 있도록 업무 프로세스를 구축·운영한다. 또한 상품 및 서비스의 기획·개발단계에서 외부 전문가의 의견을 반영하거나 고객참여제도 등 금융소비자들의 요구를 경영에 반영한다.

금융회사는 금융소비자보호를 강화하기 위해 금융상품의 기획 개발단계에서 외부전문

가의 의견이나 금융소비자들의 요구를 회사경영에 반영할 수 있는 고객참여제도 등의 채널을 마련해 활용하며, 소비자 제안에 대한 활용실적 분석 등을 주기적으로 실시하여야 한다.

> ① 모니터링 기준 마련·운영
> ② 신상품 또는 서비스 등의 출시 후 금융소비자 만족도 및 민원발생 사항 등의 모니터링 의무화(사후검증시스템)
> ③ 모니터링 결과 제도개선이 필요한 사안은 즉시 관련 부서에 통보하여 적시에 반영될 수 있는 피드백 시스템(feed-back system) 구축·운영

3-2 금융상품 판매 절차 구축

금융회사는 금융상품 판매과정에서 금융소비자보호 기준 및 금융소비자보호법령을 준수하고 불완전판매가 발생하지 않도록 금융상품판매 및 마케팅 담당 부서를 대상으로 금융소비자보호 관점에서 다음 각 호의 판매절차를 구축하고, 이를 매뉴얼화하여야 한다.

가. 금융상품 판매 전 절차

1) 금융상품 판매자에 대해 금융상품별 교육체계를 갖추고, 금융상품별 판매자격기준을 마련하여 운영하여야 한다.
2) 문자메시지, 전자우편 등을 활용한 판매과정별 관리절차(반드시 지켜야 할 사항에 대한 점검항목 제공 및 이행여부를 포함한다) 등을 구축·운영하여야 한다.
3) 금융소비자가 금융상품 선택과정에서 반드시 알아야 할 사항 및 금융 상품의 주요 위험요인 등에 대한 금융소비자의 확인절차를 마련하여야 한다.

나. 금융상품 판매 후 절차

1) 금융소비자의 구매내용 및 금융거래에 대한 이해의 정확성 등 불완전판매 여부를 확인하여야 한다.
2) 불완전판매 및 불완전판매 개연성이 높은 상품에 대해서는 해당 금융상품의 유형을 고려하여 재설명 및 청약철회, 위법계약해지 등의 금융소비자보호 절차를 마련하여야 한다.
3) 문자메시지, 전자우편 등을 활용한 투자성 상품 매매내역 통지, 신탁 또는 일임의

운용내역 통지 등 소비자에 대한 통지 체계를 마련하여 운영하여야 한다.

3-3 금융상품의 개발, 판매 및 사후관리에 관한 정책 수립

① 회사는 금융상품 개발, 판매 및 사후관리에 관한 정책 수립 시 그동안 발생된 민원 또는 금융소비자의 의견 등이 적극 반영될 수 있도록 판매절차를 포함한 업무 절차를 구축·운영하여야 한다. 금융소비자보호 총괄기관은 구축된 업무절차가 원활히 운영될 수 있도록 적정성을 점검하여야 한다.

② 회사는 신의성실의 원칙에 따라 금융상품 판매 이후에도 상품내용 변경(거래조건, 권리행사, 상품만기, 원금손실조건 충족, 위험성 등) 또는 금융소비자의 대규모 분쟁발생 우려 시 관련 사항을 신속하게 안내하여야 한다.

③ 회사는 금융소비자가 법령 및 계약상 권리를 청구하는 경우 신속하고 공정하게 처리될 수 있도록 관련 절차와 기준을 마련하고, 휴면 및 장기 미청구 금융재산 발생예방을 위해 다음 각 호와 같은 관리방안을 마련하여야 한다.

1. 회사는 금융소비자에게 최선의 이익이 될 수 있도록 휴면 및 장기 미청구 금융재산 발생예방 및 감축 등을 위해 필요한 절차와 기준을 마련하여야 한다.
2. 상품의 신규가입·유지 단계에서 금융상품 만기 시 처리방법(재예치· 입금계좌 설정 등) 및 만기통보방법 지정 등에 대해 금융소비자에게 안내하는 한편, 금융소비자가 자신에게 유리한 방법을 선택할 수 있도록 하여야 한다.

④ 금융소비자보호 총괄기관은 상품 및 서비스와 관련한 금융소비자의 불만이 빈발하는 경우 금융소비자의 불만내용과 피해에 대한 면밀한 분석을 통하여 금융소비자 불만의 주요원인을 파악하고 이를 관련 부서와 협의하여 개선되도록 하여야 한다.

3-4 금융소비자보호 내부통제기준 준수 여부에 대한 점검 및 평가

① 금융소비자보호 총괄기관은 임직원 등의 금융상품 판매 관련 업무가 금융소비자보호 기준 및 금융소비자보호법령을 충실히 준수하고 있는지 여부를 업무의 중요도 및 위험도 등을 감안하여 주기적으로 점검하여야 한다.

② 금융소비자보호 총괄기관은 각 조직단위의 장으로 하여금 금융소비자보호 총괄기

관이 정한 방법에 따라 담당조직 및 담당업무에 대한 금융소비자보호 기준 및 금융소비자보호법령 위반여부를 점검하게 할 수 있다.

③ 제2항에 따라 점검을 실시한 경우 각 조직단위 장은 점검결과를 금융소비자보호 총괄책임자에게 보고하여야 한다.

④ 금융소비자보호 총괄기관은 이 기준 및 금융소비자보호법령의 준수 여부를 점검하는 과정에서 위법·위규행위를 발견하였거나 중대한 금융소비자 피해 우려가 있는 경우 등에는 임직원 및 관련 부서장 등에게 자료제출 요구, 임직원 등에 대한 출석요청, 현장조사(필요시 준법지원·감사 부서 등에 의뢰 가능) 등의 조치를 취할 수 있으며, 조치를 받은 자 또는 해당 부서는 이에 성실히 응하여야 한다.

⑤ 금융소비자보호 총괄기관은 제1항 내지 제3항에 따른 점검의 방법, 제4항의 위법·위규행위 사실 확인 시 조치사항 등이 포함된 세부절차를 마련하여 시행하여야 한다.

⑥ 금융소비자보호 총괄책임자는 점검사항을 평가하고 그 결과를 내부통제위원회(내부통제위원회가 없는 경우 대표이사)에 보고하여야 한다.

3-5 고령자 및 장애인의 금융거래 편의성 제고 및 재산상 피해 방지

가. 고령금융소비자의 편의성 제고 및 재산상 피해방지

1) 회사는 고령금융소비자가 금융상품을 정확히 이해하고 적절한 금융거래를 할 수 있도록 하여야 한다.

2) 고령금융소비자는 65세 이상 금융소비자를 원칙으로 하나, 회사는 해당 금융상품별 특성 및 소비자의 금융상품 이해정도, 금융거래 경험, 재산 및 소득상황 등을 감안하여 자체적으로 고령금융소비자 분류기준을 마련할 수 있다.

3) 금융회사는 금융상품의 개발, 판매, 사후관리 등 모든 금융거래 과정에서 투자권유준칙에 따라 고령금융소비자를 보호하고 관련 내부통제를 강화하기 위해 노력하여야 한다.

4) 금융회사는 고령자가 금융상품을 정확히 이해하고 적절한 금융거래를 할 수 있도록 고령자가 지니는 위험요인을 점검하고, 강화된 판매절차를 적용함으로써 재산

상 피해를 방지하여야 한다.

나. 장애인의 편의성 제고 및 재산상 피해방지

1) 금융회사는 장애인의 금융 거래 편의성 제고를 위하여 장애유형에 부합하도록 서비스를 제공하여야 한다.
2) 금융회사는 일선창구에서 준수할 장애 유형별 세부 고객응대 지침을 마련하고 관련 상담 거래 민원접수 및 안내 등을 위한 체계를 구축하여야 한다.
3) 금융회사가 비대면으로 금융상품을 판매하는 경우, 장애인이 원활하게 이용할 수 있도록 전자금융 이용편의성을 제고하여야 한다.
4) 금융회사는 장애인이 금융상품을 정확히 이해하고 적절한 금융거래를 할 수 있도록 장애인이 지니는 위험요인을 점검하고, 강화된 판매절차를 적용함으로써 재산상 피해를 방지하여야 한다.

제4절 | 민원의 관리

1 개요

1-1 민원의 의의

국내외 금융시장의 급격한 환경변화 및 다양하고 복잡한 금융신상품의 출현으로 고객 권익 보호의 중요성이 더욱 커지고 있다. 그러나 현실적으로 금융회사는 소비자 불만을 예방하고 근본적 문제를 해결하기보다는 수동적이고 일회적인 대응으로 당면한 문제의 해결에만 치중해왔다. 최고경영자의 소비자보호 관련 철학 및 리더십, 소비자보호를 위한 조직, 지침, 시스템, 내부통제체제 등의 표준화가 필요하고 고객의 요구, 불만 등을 경영개선 활동에 적극 반영하여 상품 및 서비스를 개선하고 궁극적으로 소비자 불만사항의 근원적 해소를 통해 금융회사의 신뢰도 및 경쟁력이 제고되도록 노력하여야 한다.

1-2 민원처리의 일반원칙

① 민원은 신속하고 공정하게 처리하여 민원인 또는 이해관계자의 불만해소에 최선을 다한다.

② 민원인의 민원신청이 있는 경우 다른 법령에 특별한 규정이 없는 한 접수를 보류하거나 거부할 수 없다.

③ 민원을 처리할 때에는 민원인의 개인정보보호를 위하여 보안강화 등 기타 필요한 조치를 취한다.

1-3 민원사무의 통제

민원사무처리를 위하여 금융회사는 본점에 민원전담부서를 설치하고 인터넷 홈페이지에는 전자민원에 관한 블로그를 형성하고, 영업점에는 민원안내창구를 설치·운영하여야 한다. 또한 민원 종류별로 신청서식, 구비서류, 처리주무부서, 처리절차, 처리기간, 심사기준 등을 구체적으로 명시한 민원사무편람을 민원안내창구에 비치하고 전자민원창구에 게시하여 민원인이 이를 열람할 수 있도록 해야 한다.

2 민원의 접수 및 처리

2-1 민원의 접수

① 민원인의 편의를 위하여 영업점에는 민원안내창구를, 인터넷 홈페이지에는 전자민원창구를 설치하며 당사자, 이해관계인 및 사실관계를 입증하는 민원사무처리에 필요한 최소한의 범위 내에서 명확하고 구체적인 서류를 받는다.

② 민원은 문서, 모사전송, 인터넷 등 입증이 가능한 방법으로 접수하고 민원인의 의사표시를 문서로 증명할 필요가 없는 민원의 경우에는 직접구술 또는 전화로 접수할 수 있다.

③ 민원서류를 접수하는 즉시 민원접수사실, 민원처리 담당자 성명 및 전화번호 등을 민원인에게 문서, 모사전송, 전자우편, 문자메시지, 녹취전화 등 입증이 가능한 방법으로 통지하여야 한다.

2-2 민원의 처리

① 민원은 접수일로부터 금융회사에서 정한 기일(보통의 경우 14영업일) 이내에 처리한다. 다만, 외부기관으로부터 이첩·이송된 민원으로 처리기간이 명시된 민원은 예외로 한다.

② 민원에 따라 처리기간을 연장하거나 민원인의 요청이 있는 경우 동 사실을 민원처리진행상황 통지서에 따라 문서, 모사전송, 전자우편 또는 녹취전화 등으로 민원인에게 통지한다.

③ 민원처리를 종결한 경우 그 결과를 민원인에게 지체 없이 통지하고 통지사항에는 민원의 처리결과, 처리근거, 이의신청 안내 등을 포함한다.

2-3 민원인의 개인정보보호

민원사무처리 담당 임직원 및 임직원이었던 자는 민원사무처리과정에서 알게 된 민원인의 개인정보를 타인에게 누설하거나 민원처리 이외의 목적으로 사용하여서는 아니 되고, 다른 법률에 정함이 있는 경우를 제외하고는 민원인의 개인정보를 다른 기관에 제공하여서는 아니 된다.

[Q&A]

Q. 민원인이 억지 주장을 하고 있는바, 이를 무시하여도 되는가?

A: 금융감독원에 접수되는 민원은 내용에 상관없이 건수에 반영되어 매년 평가를 받고 있는바, 단순한 내용이거나 억지 주장을 하더라도 소홀히 대하지 말고 이의제기 초기에 성실하고도 적극적으로 응대하여 외부기관에 민원이 제기되는 사례가 없도록 하여야 한다.

[Q&A]

Q. 고객이 민원을 우리에게 직접 제기하지 않고 감독기관에 먼저 제기하여 감독기관에서 금융회사에 해명을 요구하는 경우가 있다면, 어떻게 처리하여야 하는가?

A. 금융소비자보호 총괄부서 등 본점의 민원처리부서에 보고하고, 그 문제의 해결을 위해 적절한 도움을 받도록 한다.

[Q&A]

Q. 고객이 금융회사를 상대로 민원을 제기하였는데 언론기관에서 동 민원 내용에 대하여 문의하였는바, 그 민원인의 정보 등 민원내용을 제공하여도 되는가?

A. 금융회사에서는 민원업무를 처리할 때 민원인의 개인정보를 제공받는 경우 개인정보 제공범위는 사실관계 확인을 위한 기본내용(민원서류에 기재된 성명, 주민등록번호, 민원내용 등) 등 민원처리에 필요한 최소한의 범위 내로 한정하고 「신용정보법」 등에 따라 민원인의 이익이 침해되지 않도록 하여야 한다. 특히 민원인의 개인정보가 민원처리 이외의 목적으로 사용되는 경우에는 관련법규에 따라 처벌될 수 있다.

주·요·내·용·종·합·정·리

01 보호 대상으로서의 금융소비자는 전문금융소비자와 구분하여 일반금융소비자로 정의할 수 있다. 일반금융소비자는 금융회사에 비하여 정보, 자원, 협상력에서 열위에 있고 불공정하거나 불건전한 거래에 노출될 수 있는 소비자를 지칭한다.

02 금융상품은 그 기능에 따라 보장성 상품, 투자성 상품, 예금성 상품 및 대출성 상품으로 분류된다.

03 금융소비자보호법에서는 금융상품판매업자 등이 금융상품 판매과정에서 금융소비자에게 손해를 발생시킨 경우 고의 또는 과실 여부 및 손해액에 대한 입증책임을 일부 부담토록 하여 금융소비자의 입증부담을 완화하였다.

04 소비자보호에 관한 제도적 사항들은 「소비자기본법」을 기초로 각 행정부처와 유관기관의 소관 법령에 의해 분산되어 있다. 또한 개별 금융업법들에서도 금융소비자보호에 관한 사항을 각각 규율하고 있다.

05 개별 금융업법령상 소비자 관련 분쟁 발생 시 전문성이 요구되는 분야에 '재판 외 분쟁해결제도(ADR)'로서 분쟁조정기구가 설치 · 운영되고 있다.

06 통합형 금융감독 체제에 대한 대안으로 건전성 감독과 소비자보호를 위한 영업행위 감독 부문을 분리·운용하는 쌍봉형(twin-peaks) 체제 도입이 확산되고 있다.

07 금융회사는 책임과 권한을 가지고 금융소비자보호업무를 수행할 금융소비자보호 총괄부서를 최고경영진 직속의 독립전담조직으로 운영한다.

08 금융소비자보호 업무전담자는 민원예방 및 처리, 제도개선, 민원평가, 전산시스템 운영, 금융소비자보호 교육, 홍보, 민원 감사업무 등의 업무를 수행한다.

주·요·내·용·종·합·정·리

09› 금융소비자에게 금융상품을 구매권유할 때 금융소비자의 성향, 재무상태, 연령 등에 대한 충분한 정보를 파악하여 당해 금융소비자에게 적합하지 아니한 상품을 구매권유하지 아니하도록 한다.

10› 금융회사 임직원은 예금, 대출, 카드, 외환, 방카슈랑스, 퇴직연금, 금융투자상품의 판매 등 금융회사의 모든 영업행위와 관련하여 부당권유, 과도한 실적 부풀리기, 불건전한 고객유치활동, 손실보전 또는 이익보장을 약속하는 행위 등을 하지 않아야 한다.

연·습·문·제

01 금융소비자보호에서 주된 보호의 대상이 되는 것은?

① 주권상장법인
② 국가
③ 금융회사
④ 개인, 중소법인

02 금융법상 금융소비자보호의 사전적 보호장치에 해당하지 않는 것은?

① 금융상품 판매 전 해당 상품에 대한 설명의무
② 금융분쟁 발생 시 분쟁조정결과의 수용
③ 금융상품 판매권유 시 적합성의 원칙 준수
④ 모집광고와 관련한 준수사항 이행

03 금융소비자보호 총괄부서의 업무와 관련이 없는 것은?

① 내부통제기준 위반 여부 조사
② 민원예방 및 처리
③ 민원업무 분석 및 평가
④ 제도개선

04 단계별 소비자보호체계와 관련하여 판매단계에 해당하는 설명은?

① 개발부서와 소비자보호 총괄부서 간 사전협의 강화
② 체크리스트를 통해 소비자에게 불리한 사항을 사전차단
③ 불완전판매 방지 판매프로세스 구축
④ 소비자보호 노력을 조직 및 개인 성과평가에 반영하는 성과체계 구축

연·습·문·제

05 민원과 관련된 설명으로 틀린 것은?

① 민원인의 민원신청이 있는 경우 다른 법령에 특별한 규정이 없는 한 접수를 보류하거나 거부할 수 없다.

② 민원사무편람을 민원안내창구에 비치하고 전자민원창구에 게시하여 민원인이 이를 열람할 수 있도록 한다.

③ 민원은 접수일로부터 금융기관에서 정한 기일(보통의 경우 14영업일) 이내에 처리한다.

④ 민원처리를 종결한 경우 그 결과는 금융기관 내부 자료로 보관하고, 민원인에게 통지하는 것을 생략한다.

정·답·및·해·설

01 ▸ ④ 국가, 금융회사, 주권상장법인은 전문금융소비자로서 주된 보호대상이 아니다.

02 ▸ ② 분쟁조정 등의 참여는 사후적 구제장치에 해당한다.

03 ▸ ① 준법감시인의 업무에 포함된다.

04 ▸ ③ ①과 ②는 개발단계, ④는 사후관리에 해당하는 내용이다.

05 ▸ ④ 민원처리를 종결한 경우 그 결과를 민원인에게 지체 없이 통지하고 통지사항에는 민원의 처리결과, 처리근거, 이의신청 안내 등을 포함한다.

제5장

금융투자업무 컴플라이언스

제5장 금융투자업무 컴플라이언스

학습개요

금융투자상품은 주식·채권·펀드는 물론 선도·선물·옵션 등의 금융기법이 가미된 금융상품으로 투자손실이 발생할 수 있다는 특성을 갖고 있으며, 투자손실이 발생가능한 모든 금융상품을 의미한다. 따라서 그 특성상 높은 수익을 기대할 수 있는 반면에 높은 가격변동성으로 인하여 고위험에 노출될 수 있고, 투자과정에서 고도의 전문성이 요구된다. 금융투자업무에 대한 관련법률 및 규제사항 등을 학습함으로써 불완전판매를 방지하고, 금융소비자를 보호하고자 한다.

학습목표

- 자본시장법의 특징 및 체계, 금융투자상품 및 금융투자업, 금융투자업자 및 투자자, 투자권유대행인 등 주요 내용을 이해한다.
- 금융투자업과 관련된 공통 영업행위 규제(영업의 일반원칙, 투자권유절차 준수 등), 투자자보호, 직무윤리와 불공정거래 금지 등을 학습함으로써 투자자보호와 불완전판매를 방지할 수 있다.
- 분쟁조정 사례 및 판례, 분쟁발생 시 대응방법을 학습함으로써 분쟁을 방지할 수 있다.

제1절 | 금융투자업무의 개요

1 금융투자업무의 개요

1-1 「자본시장법」의 이해

2009년 2월 4일 시행된 「자본시장과 금융투자업에 관한 법률」(이하 '자본시장법')은 자본시장 관련 금융산업의 경쟁과 혁신을 촉진하고, 자본시장에서의 투자자보호제도를 선진화하려는 목적에서 제정되었다. 「자본시장법」은 그동안 자본시장을 규율해온 15개의 법률 중 6개 법률(「증권거래법」 등)을 통합한 것이다.

〈그림 5-1〉 기존 금융법 체계

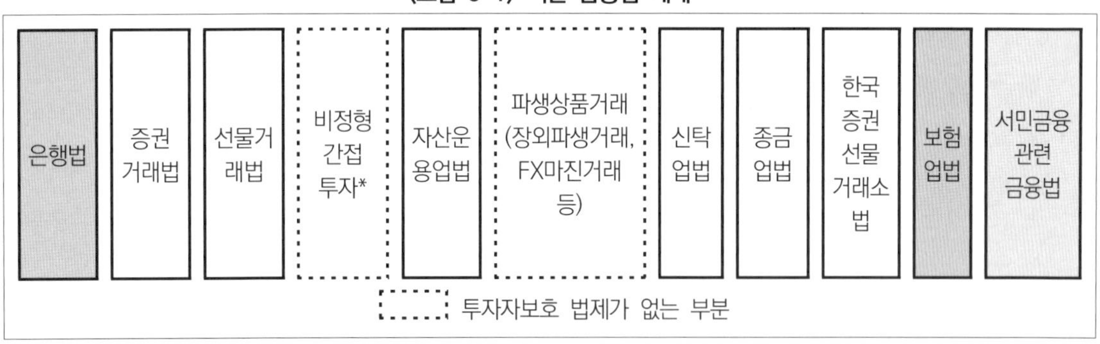

* 비정형 간접투자: 상법상 익명조합, 민법상 조합, 유한회사 등 현행 간접투자 관련 법률에서 허용되지 않는 vehicle을 이용한 간접투자

〈그림 5-2〉 통합 후 금융법 체계

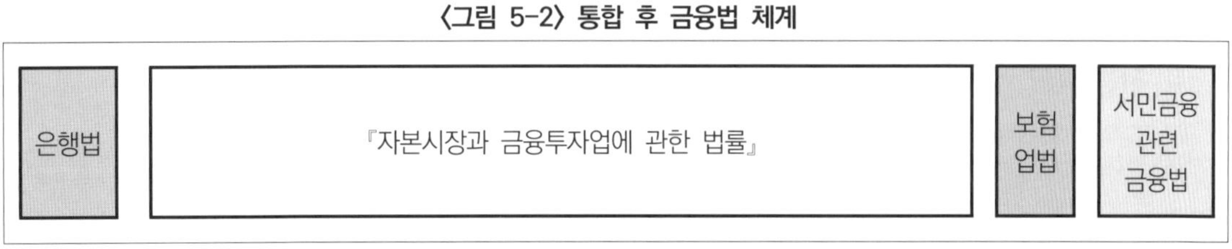

1-2 「자본시장법」의 주요 특징

가. 포괄주의의 규율체제

「자본시장법」에서는 금융투자상품 개념을 추상적으로 정의하여 향후 출현할 모든 금융투자상품을 법률의 규율대상으로 포괄하였고, 이를 통해 금융투자회사의 취급가능상품과 투자자보호 규율 대상을 대폭 확대하였다.

나. 기능별 규율

금융투자업·금융투자상품·투자자를 경제적 실질에 따라 각각 재분류하고, 취급 금융회사를 불문하고 경제적 실질이 동일한 금융기능은 동일하게 규율한다.

다. 업무 범위의 확대

1) 모든 금융투자업* 상호 간 겸영을 허용
   * 투자매매업, 투자중개업, 집합투자업, 투자일임업, 투자자문업, 신탁업
2) 모든 부수업무의 영위를 허용
3) 투자권유대행인 제도의 도입
4) 금융투자업 관련 모든 외국환업무 허용

라. 투자자 보호제도의 선진화

1) 선진국 수준의 투자자보호 장치 제도화(설명의무, 적합성 원칙의 도입 등)
   당초 자본시장법에서 규제 → 투자자보호 장치는 금융소비자보호법으로 통합·체계화
2) 이해상충 방지체제 마련
3) 발행 공시의 적용범위 확대(집합투자증권, 수익증권 등)

1-3 자본시장 및 금융투자업과 관련한 법규

「자본시장법」은 법률, 동시행령 및 시행규칙이 있고 금융위원회의 「금융투자업규정」이 있다. 그리고 회원 간의 건전한 영업질서 유지 및 투자자보호를 위한 자율규제업무를

수행하는 금융투자협회의 협회규정 및 모범규준이 있는데, 이는 다음과 같다.

① 금융투자회사의 영업 및 업무에 관한 규정

② 금융투자인력과 자격시험에 관한 규정

③ 표준투자권유준칙

④ 금융투자회사 표준내부통제기준 등

2 금융투자상품

2-1 금융투자상품 개념의 포괄주의

금융투자상품을 한정적으로 열거하지 않고 개념을 추상적으로 정의하여 동 정의에 해당하는 모든 것을 법의 규율 대상으로 한다.

※ 한정적 열거주의에서 포괄주의로 전환

2-2 금융투자상품의 정의

투자성(원금이상의 손실가능성)에 따라 파생상품과 증권을 구별하고 은행예금, 보장성·저축성보험 등은 금융투자상품에서 제외하였다. 즉 원화표시 양도성 예금증서(CD), 관리신탁은 금융투자상품에서 배제하였다.

가. 목적

이익을 얻거나 손실을 회피할 목적으로 투자 또는 투기, 헤지로 분류하였다.

나. 금전이전

현재 또는 장래의 특정 시점에 금전, 그 밖의 재산적 가치가 있는 것(이하 '금전 등')을 지급하기로 함에 있어서 현재는 증권, 장래는 선도(선물), 옵션, 스왑으로 분류된다.

다. 계약

약정함으로써 권리를 취득한다.

라. 위험

그 권리를 취득하기 위하여 지급하였거나 지급하여야 할 금전등의 총액(판매수수료 등 대통령령으로 정하는 금액을 제외한다)이 그 권리로부터 회수하였거나 회수할 수 있는 금전 등의 총액(해지수수료 등 대통령령으로 정하는 금액을 포함한다)을 초과하게 될 위험(이하 '투자성')이 있는 것을 말한다.

마. 금융투자상품의 포괄주의

명칭과 형태를 불문하고 원본 손실이 발생할 가능성(투자성) 있는 모든 금융상품

〈그림 5-3〉 통합법에 따른 금융투자상품

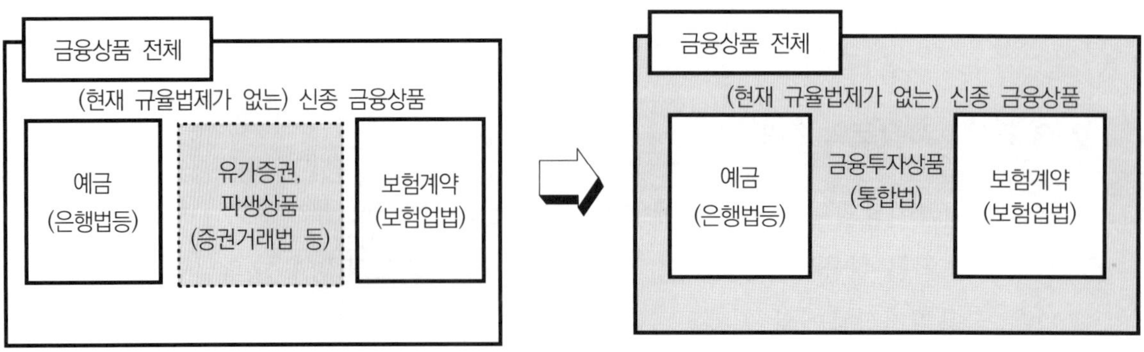

〈그림 5-4〉 금융상품의 경제적 실질에 따른 분류 체계

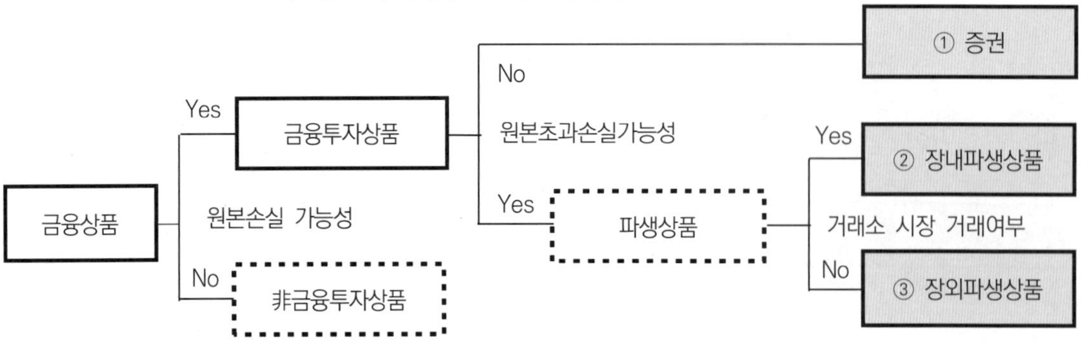

〈표 5-1〉 증권의 종류

분류	포괄적 정의	포함되는 금융상품(예)
채무증권 (§4③)	지급청구권이 표시된 것	국채, 지방채, 특수채, 사채, 일부 기업어음 등
지분증권 (§4④)	주권, 신주인수권이 표시된 것	주식, 신주인수권, 출자증권, 합자회사·유한회사 등 출자지분 등
수익증권 (§4⑤)	신탁의 수익권이 표시된 것	신탁 수익권, 투자신탁 수익증권 등
투자계약 증권(§4⑥)	공동사업에 투자한 후 그 결과에 따라 손익을 귀속받는 계약상의 권리가 표시된 것	네티즌 펀드 등 비정형 간접투자증권 등
파생결합증권 (§4⑦)	기초자산의 가격·지표 등의 변동과 연계하여 손익이 정해지는 계약상 권리가 표시된 것	주가연계증권(ELS), 주식워런트증권(ELW), 신용연계증권(CLN) 등
증권예탁증권 (§4⑧)	증권을 예탁받은 자가 그 증권의 발행국가 밖에서 발행하는 것으로서 예탁받은 증권 관련 권리가 표시된 것	국내 증권예탁증권(KDR), 외국 증권예탁증권(GDR. ADR 등)

2-3 금융투자상품의 종류별 손실발생 범위

주가연계증권(ELS), 주식워런트증권(ELW), 변동금리부사채(FRN), 신용연계증권(CLN) 등과 '증권'에 속하는 파생결합증권은 원본손실 가능성은 있으나 원본을 초과하는 손실(-100% 초과)은 발생되지 않는다. 이에 반해 선물·옵션[KOSPI200, 달러, KTB(Korea Treasury Bond, 한국국고채) 등]과 같은 장내파생상품과 선도·스왑 등과 같은 '장외파생상품'의 경우에는 원본을 초과(수익률 -100% 초과)하여 손실이 발생할 수 있다.

특히 파생결합증권 및 파생상품은 수익구조와 위험특성이 통상적인 주식, 채권 등과 다르기 때문에 기초자산의 가격이 투자자에게 불리한 방향으로 움직이는 경우 투자자는 예상치 못한 커다란 손실을 입게 될 수 있다. 따라서 대상이 되는 기초자산에 직접 투자했을 때 얻을 수 있는 수익률과 각 상품에 투자하여 얻은 수익률이 전혀 다를 수 있음에 유의하여야 한다.

용어풀이

① 주가연계증권(ELS, Equity Linked Securities): 장외파생상품 영업을 인가받은 증권회사가 자기 신용으로 발행하는 파생결합증권으로, 무보증 회사채의 성격을 가진다. ELS를 발행한 증권회사가 상환일에 지급할 금액이 특정 주가지수나 특정 종목의 주가에 연동하여 결정되는 것이 특징이다. 가장 간단한 형태의 ELS는 기초주식인 A종목 주가가 만기일에 가서 ELS 발행일 현재 종가의 65% 이상이 되면 증권회사가 투자자에게 원금의 106%에 해당하는 금액을 상환하고, 그렇지 않으면 원금만 상환(원금보장형)하는 구조이다. 최근에는 투자기간 중 기초자산의 주가가 크게 하락한 경우에는 가격 하락률(-)에 해당하는 금액을 제외한 금액을 상환한다는 조건이 붙어 투자원금에 손실이 발생하는 구조의 상품(원금비보장형) 및 투자기간 중 특정 시점에서 예시한 바와 같은 조건이 성취되는 경우 중도에 상환하는 구조의 상품이 보편화되고 있다.

② 파생결합증권(DLS, Derivative Linked Securities): DLS는 주가나 주가지수를 기초자산으로 하던 ELS가 발전한 형태로, 이자율·환율·실물자산이나 파생상품 등의 가치 또는 특정 회사의 신용도 등이 사전에 약정된 범위 내에서 변동하는 경우 발행인이 약정된 수익률을 적용하여 산출한 금액을 투자자에게 지급하는 구조의 상품이다. ELS와 마찬가지로 지급조건의 성취 여부에 따라 투자 손익이 크게 변동할 수 있다. DLS는 ELS에 비해 기초자산의 성격이 더욱 복잡하기 때문에 기초자산의 특성과 손익결정 구조에 대한 이해가 필요하다.

③ 주식워런트증권(ELW, Equity Linked Warrant): 장외파생상품 영업을 인가받은 증권회사가 투자자에게 일정 기간 동안 특정 종목의 주가 또는 주가지수를 사전에 정한 조건으로 매수하거나 매도할 수 있는 권리(option)를 부여한 증권이다. 상품구조가 옵션과 유사한데 우리나라에서는 만기일에만 권리행사를 할 수 있는 유러피언 콜옵션의 형태로 발행된다. 가장 간단한 형태는 콜(call) ELW 구조로, 만기일까지의 남은 기간 중에 특정 주식의 종가가 권리행사가격보다 높으면 ELW발행 증권회사가 투자자에게 종가에서 권리행사가격을 뺀 금액에 사전에 약정한 전환비율을 곱한 금액을 지급하고, 만일 그 차이가 0 이하가 되면 어떠한 금액도 지급하지 않고 해당 권리가 소멸되는 구조이다. 또한 증권회사가 공모방식으로 발행하여 거래소에 상장된 ELW의 경우에는 만기일 이전에는 주식처럼 거래가 이뤄지는데, 투자자가 권리행사기간 중에 권리를 행사하면 거래소가 결제이행책임을 지게 되어 있으나 만기 시에는 증권회사가 결제의무를 지게 된다.

④ 변동금리부사채(FRN, Floating Rate Note): 채권의 이자율이 금융시장의 주요 지표금리에 연동하는 채권이다. 고정금리 채권은 이자율이 발행시 부터 만기까지 고정되지만, FRN의 이자율은 기준금리와 가산금리의 형태(FRN 이자율 = 기준금리 + 가산금리)로 구성되어 기준금리가 변동할 때마다 달라진다. 기준금리로는 런던이나 홍콩 등 국제금융시장에서 기준이 되는 LIBOR(런던은행간금리)가 대표적이며, 가산금리는 채권발행자의 신용도와 채권 만기기간 등에 따라 차등화된다. 이자율에 상한을 설정한 캡형 변동금리채(capped FRN), 만기가 없는 영구변동금리채(perpetual FRN), 다양한 상환조건이 부가되는 옵션부 변동금리채 등 다양한 형태가 있다.

⑤ 신용연계채권(CLN, Credit Linked Note): 특정 기업의 신용위험에 연계되어 이자나 원금이 결정되는 채권이다. 가장 간단한 형태는 회사채를 발행한 특정 기업이 지급불능의 상태에 빠지면 CLN 투자자들에 대한 원리금의 지급이 중단되는 구조이다. 예컨대 발행인이 보유하고 있는 채권을 준거자산(reference asset)으로 하여 CLN을 발행하여 투자자에게 매각한 후 투자자들에게 이자를 지급하다가 준거자산에서 부도와 같은 신용사건이 발생하는 경우, 이자와 원금을 지급하지 않고 그 대신 발행인이 보유한 준거자산을 인도하거나 일정 금액을 지급하기로 하는 구조이다. 따라서 준거자산의 신용위험, 부도 시 회수가능성, 신용위험의 정의 등을 정확히 파악하고 투자할 필요가 있다.

⑥ 상장지수 집합투자기구(ETF, Exchange Traded Fund): ETF는 특정 주가지수 등의 가격변동성을 모방할 수 있도록 자산구성을 만들어 그 주가지수 수익률을 실현할 목표로 자산을 운용하는 펀드이다. 예를 들어 기초자산을 두 개의 주가지수로 하는 ETF의 경우 만기까지의 기간 중 수차례에 걸쳐 두 주가지수가 발행 시 수준의 85% 이상을 유지하는 경우 원금과 사전에 약정한 수익을 더한 금액을 지급하고 펀드를 청산하며, 그렇지 않으면 만기일에 두 주가지수 중 하락률이 높은 쪽의 하락률을 적용하여 산출한 금액[원금 × (1 - 하락률)]을 지급한다. 따라서 기초자산의 변동에 따라 큰 폭의 원금손실이 가능할 수 있다.

⑦ MMF(Money Market Fund): 단기금융상품에 집중투자해 단기 실세금리의 등락이 펀드 수익률에 신속히 반영될 수 있도록 한 펀드이다. 고객의 돈을 모아 금리가 높은 CP(기업어음), CD(양도성예금증서), 콜 등 단기금융상품에 집중 투자하여 얻는 수익을 되돌려주는 실적배당 상품이다.

⑧ CMA(Cash Management Account): 투자자로부터 예탁금을 받아 수익성이 좋은 단기국공채, 양도성예금증서 등의 금융상품으로 운용하고 관리하여 발생한 수익금을 투자자에게 되돌려주는 상품으로 어음관리구좌 또는 종합자산관리계정이라고 한다. CMA의 장점으로는 통장식 거래, 자유로운 입출금, 높은 안정성을 꼽을 수 있다. 증권사가 종합금융회사의 업무도 수행하는 경우 CMA는 최고 5,000만 원까지 예금자보호가 가능하다.

2-4 파생상품

가. 파생상품의 개요

파상상품은 경제학적인 관점에서는 기초자산의 가치와 특성에 따라 자산의 가치와 특성이 결정되는 파생적 성격의 금융투자상품으로 정의될 수 있다. 「자본시장법」은 파생상품의 특성에 따라 선도·옵션·스왑으로 구분하고 있고, 파생상품시장에서의 거래 여부에 따라 장내파생상품과 장외파생상품으로 구분된다.

나. 선도, 선물, 옵션 및 스왑

1) 선도(forward)

선도는 '기초자산이나 기초자산의 가격·이자율·지표·단위 또는 이를 기초로 하는 지수 등에 의하여 산출된 금전 등을 장래의 특정시점에 인도할 것을 약정하는 계약'이다. 현 시점에 주식을 매매하기로 약정하면서 그 주식의 인도와 대금의 결제를 미래의 어느 특정시점에 하기로 약정하는 경우가 선도거래의 대표적인 예이다. 즉, 선도거래는 장외거래로서 일정한 대상을 매매(인도)하는 계약을 체결하면서 그 대상의 인도와 대금의 수령시점을 장래의 특정시점으로 정해두는, 이행시기가 장래인 매매(인도)계약이라 할 수 있다.

2) 선물(futures)

장래의 일정시점에 미리 정한 가격으로 매매할 것을 현재 시점에서 약정하는 거래로서, 미래의 가치를 사고파는 것이다. 선물의 가치가 현물시장에서 운용되는 기초자산의 가격변동에 의해 파생적으로 결정되는 파생상품거래이다. 미리 정한 매매를 약속한 것이기 때문에 가격변동 위험의 회피가 가능하다. 선물거래는 선도거래와 거래목적은 대동소이하나, 선도거래가 장외거래인 반면, 선물거래는 장내거래로서 제도화된 시장, 즉 선물거래소가 정해 놓은 상품 및 거래조건에 따라 이루어진다는 차이점이 있다.

3) 옵션(option)

옵션은 '당사자 어느 한쪽의 의사표시에 의하여 기초자산이나 기초자산의 가격·이자율·지표·단위 또는 이를 기초로 하는 지수 등에 의하여 산출된 금전 등을 수수하는 거래를 성립시킬 수 있는 권리를 부여하는 것을 약정하는 계약'이다. 미리 조건을 정해두고 미래의 어느 시점에 정해진 조건에 따라 거래가 성립된다는 점에서 선도와 유사해 보이나, 선도거래는 거래 자체가 이미 약정시점에 성립되고 미래시점에서는 이행의 문제만 남는 반면 옵션은 거래의 성립 여부가 나중에 결정된다는 점에 차이가 있다.

4) 스왑(Swap)

스왑은 '장래의 일정기간 동안 미리 정한 가격으로 기초자산이나 기초자산의 가격·이자율·지표·단위 또는 이를 기초로 하는 지수 등에 의하여 산출된 금전 등을 교환할 것을 약정하는 계약'이다. 스왑거래는 통화스왑이나 이자율 스왑 또는 흔히 TRS(Total Return Swap)라고 불리는 총수익스왑 등의 형태로 주로 활용된다.

다. 장내파생상품 및 장외파생상품

1) 장내파상상품

'파생상품시장[12]에서 거래되는 것 또는 해외 파생상품시장[13]에서 거래되는 것'을 말한다.

2) 장외파생상품

'파생상품으로서 장내파생상품이 아닌 것'을 말한다. 즉, 파생상품이지만 파생상품시장 또는 해외 파생상품시장에서 거래되지 아니하는 것을 의미한다.

대통령령이 정하는 해외 파생상품거래(법 시행령 제5조)

1. 런던 금속거래소의 규정에 따라 장외에서 이루어지는 금속거래
2. 런던 귀금속시장협회의 규정에 따라 이루어지는 귀금속거래
3. 미국 선물협회의 규정에 따라 장외에서 이루어지는 외국환거래
4. 선박운임선도거래업자협회의 규정에 따라 이루어지는 선박운임거래
5. 그 밖에 국제적으로 표준화된 조건이나 절차에 따라 이루어지는 거래로서 금융위원회가 정하여 고시하는 거래

〈표 5-2〉 파생결합증권 및 파생상품 종류 예시

구분	파생결합증권	장내파생		장외파생		
		선물	옵션	선도	옵션	스왑
금리	역변동금리채권, 이중지표금리채권, 장기금리연동채권	국채금리선물 (3/5/10년), 통안증권선물	-	금리선도	이자율캡, 이자율칼러	이자율스왑
주식	주가연계증권, 주가연동예금, 주가연계펀드	KOSPI200선물, 개별주식선물, 스타지수선물	KOSPI200옵션, 개별주식옵션	주식선도	주식옵션	주식스왑

12) 장내파생상품의 매매를 위해 한국거래소가 개설하는 시장
13) 파생상품과 유사한 시장으로서 해외에 있는 시장과 대통령령으로 정하는 해외 파생상품거래가 이루어지는 시장

구분	파생결합증권	장내파생		장외파생		
		선물	옵션	선도	옵션	스왑
통화	통화연계채권	미국달러선물, 일본엔선물, 유로선물	미국달러옵션	통화선도거래	통화옵션	통화스왑
상품		금선물, 돈육선물	–	–	–	
신용	신용연계채권, 합성CDO	–	–	–	신용옵션	신용스왑

3 금융투자업자 및 투자자

3-1 금융투자업의 정의

가. 금융투자업의 개념

「자본시장법」에서 '금융투자업'이란 이익을 얻을 목적으로 계속적이거나 반복적인 방법으로 행하는 행위로서 투자매매업, 투자중개업, 집합투자업, 투자자문업, 투자일임업, 신탁업에 해당하는 업(業)을 말한다.

나. 금융투자업의 기능별 재분류

1) 경제적 실질이 동일한 금융기능을 동일하게 규율하는 기능별 규율체제로 전환
2) 투자매매업, 투자중개업, 집합투자업, 투자일임업, 투자자문업, 신탁업으로 광역화·단순화
3) 영위주체(은행, 보험, 금융투자회사)를 불문하고 금융기능이 동일하면 동일한 진입·건전성·영업행위 규제를 적용

다. 금융투자업의 분류

〈표 5-3〉 금융투자업 분류별 업무

구 분	업무 내용
투자매매업	자기 계산으로 금융투자상품의 매매 등을 하는 업무
투자중개업	타인 계산으로 금융투자상품의 매매 등을 하는 업무
집합투자업	2인 이상에게 투자권유를 하여 모은 금전 등을 자산으로 투자자 등으로부터 일상적인 운용지시를 받지 아니하면서 운용하고 그 결과를 투자자에게 배분하여 귀속시키는 업무
투자일임업	투자판단의 전부 또는 일부를 일임받아 투자자별로 구분하여 운용하는 업무
투자자문업	금융투자상품의 가치 또는 투자판단에 관하여 자문을 하는 업무
신탁업	신탁을 영업으로 하는 업무

3-2 투자자

가. 일반·전문투자자의 구분

임직원 등은 투자자에게 투자권유를 하기 전에 해당 투자자가 일반투자자인지 전문투자자인지를 확인하여야 한다.

'전문투자자'란 금융투자상품에 관한 전문성 구비 여부, 소유자산의 규모 등에 비추어 투자에 따른 위험감수능력이 있는 투자자를 말한다. 다만, 전문투자자 중 일반투자자와 같은 대우를 받겠다는 의사를 금융투자업자에게 서면으로 통지하고 금융투자업자가 동의한 경우 해당 투자자는 일반투자자로 본다.

'일반투자자'란 전문투자자가 아닌 고객을 말하며, 전문투자자 중 「자본시장법 시행령」 제10조 제1항 각호 이외의 자가 일반투자자와 동일한 대우를 받겠다는 의사를 금융회사에 서면으로 통지하고 금융회사가 이에 동의한 경우에는 일반투자자로 본다.

주권상장법인이 금융투자회사와 장외파생상품 거래를 하는 경우에는 일반투자자로 본다. 단, 해당 법인이 전문투자자와 같은 대우를 받겠다는 의사를 금융투자회사에게 서면으로 통지하는 경우에는 전문투자자로 본다(「자본시장법」 제9조 제5항 제4호 단서).

나. 전문투자자의 범위

국가, 한국은행, 금융회사(은행, 보험회사, 금융투자업자, 증권금융회사, 자금중개회사, 금융지주회사, 여신전문금융회사, 상호저축은행 및 상호저축은행중앙회, 산림조합중앙회, 새마을금고연합회, 신용협동조합중앙회, 외국 금융회사 등), 주권상장법인, 예금보험공사 및 정리금융기관, 한국자산관리공사, 한국주택금융공사, 한국투자공사, 한국금융투자협회, 한국예탁결제원, 한국거래소, 금융감독원, 집합투자기구, 신용보증기금, 기술신용보증기금, 지방자치단체 등

4 투자권유대행인

4-1 계약 체결

투자권유대행인과 체결하는 위탁계약에는 다음 내용이 포함되어야 한다.

① 위탁의 범위

② 투자권유업무를 대행하면서 고객에게 손해를 입힌 경우 금융투자회사가 「민법」 제756조의 배상책임을 부담하고, 투자권유대행인에게 구상권을 행사할 수 있다는 내용

③ 투자권유업무를 대행하는 데 관계법령 및 이 준칙을 준수한다는 내용

4-2 투자권유대행인의 종류

가. 펀드투자권유대행인

집합투자증권(파생상품 등을 제외한다)의 매매를 권유하거나 투자자문계약, 투자일임계약 또는 신탁계약(파생상품 등에 투자하는 특정금전신탁계약, 고난도금전신탁계약 및 고난도투자일임계약은 제외)의 체결을 권유하는 자

나. 증권투자권유대행인

증권(집합투자증권 및 파생상품 등을 제외한다) 및 「자본시장법 시행령」 제7조 제3항

제4호에 해당하는 방법으로 단기금융집합투자기구의 집합투자증권의 매매를 권유하거나 투자자문계약, 투자일임계약 또는 신탁계약의 체결을 권유하는 자

4-3 투자권유대행인의 금지행위

투자권유대행인은 다음에 해당하는 행위를 하여서는 아니 된다.

① 회사를 대리하여 계약을 체결하는 행위

② 투자자로부터 금전·증권, 그 밖의 재산을 수취하는 행위

③ 회사로부터 위탁받은 투자권유대행업무를 제3자에게 재위탁하는 행위

④ 투자자를 대리하여 계약을 체결하는 행위

⑤ 투자자로부터 금융투자상품 등에 대한 매매권한을 위탁받는 행위

⑥ 제3자로 하여금 투자자에게 금전을 대여하도록 중개·주선 또는 대리하는 행위

⑦ 투자일임재산이나 신탁재산을 각각의 투자자별 또는 신탁재산별로 운용하지 아니하고 집합하여 운용하는 것처럼 그 투자일임계약이나 신탁계약의 체결에 대한 투자권유를 하거나 투자광고를 하는 행위

⑧ 둘 이상의 금융투자회사와 투자권유 위탁계약을 체결하는 행위

⑨ 법시행령 제56조 제1호 다목의 보험설계사가 소속 보험회사가 아닌 보험회사와 투자권유 위탁계약을 체결하는 행위

⑩ 금융투자상품 등의 매매, 그 밖의 거래와 관련하여 투자자에게 협회 및 회사가 정하는 한도를 초과하여 직접 또는 간접적인 재산상의 이익을 제공하면서 투자권유하는 행위

⑪ 금융투자상품의 가치에 중대한 영향을 미치는 사항을 사전에 알고 있으면서 이를 투자자에게 알리지 아니하고 당해 금융투자상품의 매수 또는 매도를 권유하는 행위

⑫ 회사가 이미 발행한 주식의 매수 또는 매도를 권유하는 행위

⑬ 고객의 투자목적, 재산상황 및 투자경험 등을 고려하지 아니하고 투자자에게 지나치게 빈번하게 투자권유를 하는 행위

⑭ 자기 또는 제3자가 소유한 금융투자상품 등의 가격상승을 목적으로 투자자에게 해당 금융투자상품 등의 취득을 권유하는 행위

⑮ 투자자가 「자본시장법」 제174조(미공개중요정보 이용행위 금지)·제176조(시세조정 행위 등의 금지) 및 제178조(부정거래행위 등의 금지)에 위반되는 매매, 그 밖의 거래를 하고자 함을 알고 그 매매, 그 밖의 거래를 권유하는 행위

⑯ 금융투자상품 등의 매매, 그 밖의 거래와 관련하여 투자자의 위법한 거래를 은폐하여 주기 위하여 부정한 방법을 사용하도록 권유하는 행위

⑰ 투자자 또는 그 대리인으로부터 매매주문을 수탁하는 행위

⑱ 투자자의 서면 동의 없이 금융투자상품 등의 매매, 그 밖에 거래에 관한 정보를 관리하는 행위

⑲ 회사로부터 위탁받은 업무 범위 이외에 다른 금융투자상품 등의 매매 또는 계약 체결을 권유하는 행위

⑳ 투자권유와 관련하여 회사가 승인하지 않은 자료나 홍보물 등을 배포하거나 사용하는 행위

㉑ 투자전문위원, 부장, 실장, 이사 또는 상무 등 투자자가 자신을 회사의 임직원으로 오인케 할 수 있는 명칭이나 명함, 기타의 표시 등을 하는 행위

㉒ 보수의 일부를 투자자에게 부당하게 지급(리베이트)하는 행위

㉓ 높은 보수 수취 또는 그 밖의 위법·부당행위를 은닉할 목적으로 다른 투자권유대행인의 관리 계좌를 자신의 관리 계좌로 변칙 등록하거나 자신의 관리 계좌를 다른 투자권유대행인의 관리 계좌로 변칙 등록하는 행위

㉔ 투자권유대행인의 자격 또는 명의를 대여하는 행위

㉕ 투자자와의 이해상충이 발생할 수 있는 겸업행위

※ 투자권유대행인은 투자권유를 대행할 때 투자자에게 '투자권유대행인 의무 표시사항'을 미리 알려야 하며, 자신이 투자권유대행인이라는 사실을 나타내는 표지를 게시하거나 증표(협회로부터 발급받은 투자권유대행인 등록증)를 투자자에게 제시하여야 한다.

※ 금융회사는 투자권유대행인이 일반 임직원으로 오인될 수 있는 명함이나 명패 등을 사용하도록 하여서는 아니 된다.

제2절 | 공통 영업행위 규제

1 영업의 일반 원칙

투자자의 이익 보호와 공정한 거래질서의 유지를 위하여 다음의 원칙을 성실히 준수하여야 한다.

① 임직원등은 관계법령 등을 준수하고, 신의성실의 원칙에 따라 공정하게 업무를 수행하여야 한다.

② 임직원 등은 투자자가 합리적인 투자판단과 의사결정을 할 수 있도록 투자에 따르는 위험 및 거래의 특성과 주요내용을 명확히 설명하여야 한다.

③ 임직원 등은 투자자 자신의 판단과 책임에 따라 스스로 투자에 관한 의사결정을 하여야 하고, 그에 대한 결과가 투자자 본인에게 귀속됨을 투자자에게 알려야 한다.

④ 임직원 등은 정당한 사유 없이 투자자의 이익을 해하면서 자기가 이익을 얻거나 회사 또는 제3자가 이익을 얻도록 하여서는 아니 된다.

2 투자권유 절차[14]의 준수

2-1 투자권유 관련 절차

〈그림 5-5〉 투자권유절차

① 투자자정보 파악 (Know-Your Customer-Rule)	▶ 투자권유를 하기 전에 면담, 질문 등을 통하여 투자자의 투자목적, 재산상황 및 투자경험 등의 정보를 파악

14) 한국금융투자협회, "표준투자권유준칙" 참고

② 투자자의 투자성향 파악	▶ 면담, 질문 등을 통하여 파악된 투자자정보를 활용하여 투자자의 투자성향을 분류
③ 금융투자상품의 투자위험도 분류	▶ 금융투자업자는 자체기준에 따라 금융투자상품의 투자위험도를 분류 ※ 주식, 채권, 파생결합증권, 파생상품, 집합투자증권 등의 금융투자상품에 대한 위험도를 분류
④ 투자자에게 적합한 금융투자상품 권유 (적합성 원칙)	▶ 금융투자업자는 투자자의 투자성향(②)과 투자위험도(③)를 고려하여 투자자에게 적합한 상품을 투자권유
⑤ 파생상품 등에 대한 투자자보호 강화 (적정성 원칙)	▶ 파생상품 등의 경우 투자권유가 없더라도 면담, 질문 등을 통하여 투자자정보를 반드시 파악해야 함 ▶ 금융투자업자는 투자자정보에 비추어 해당 파생상품 등이 투자자에게 적정하지 않다고 판단되는 경우에는 그 사실을 투자자에게 알려야 함

2-2 투자자 구분 등

가. 방문 목적 확인

투자자 방문 시 투자자의 방문 목적 및 투자권유 희망 여부를 확인하여야 하고, 투자권유를 희망하지 않는 투자자에 대하여는 투자권유에 해당하는 행위를 하여서는 아니 되며 투자자가 원하는 객관적인 정보만을 제공하여야 한다.

「자본시장법」상 투자권유란 특정 투자자를 상대로 금융투자상품의 매매 또는 투자자문계약·투자일임계약·신탁계약의 체결을 권유하는 것을 말하므로, 금융투자상품의 매매 또는 계약체결의 권유가 수반되지 않은 정보제공 등은 투자권유로 보기 어렵다. 투자권유가 수반되지 않은 정보제공의 경우에는 투자자정보 확인서를 작성할 필요가 없다.

(예) 특정 금융투자상품의 매매·계약체결의 권유가 수반되지 않는 통상적인 상담 또는 E-mail을 통한 금융투자상품 안내도 투자권유로 보아 적합성 원칙이 적용되는지

- 「자본시장법」상 '투자권유'는 특정 투자자를 상대로 금융투자상품의 매매 또는 투자자문계약·투자일임계약·신탁계약의 체결을 권유하는 것을 말한다. 따라서 단순한 상품설명, 특정상품의 매매·계약체결의 권유가 수반되지 않는 단순한 상담 및 금융투자상품 안내는 투자권유에 해당하지 않는다.
- 다만, 금융투자업자는 E-mail 등을 통한 광고 또는 안내행위가 사실상 '투자권유'에 해당할 수 있는 경우를 방지하기 위해 신중히 주의를 기울일 필요 있다.

나. 일반·전문투자자의 구분

제 1절 3-2에서 기술한 바와 같이 투자자에게 투자권유를 하기 전에 해당 투자자가 일반투자자인지 전문투자자인지를 확인하여야 한다. 「자본시장법」 제9조제5항 단서에 따라 일반투자자로 전환할 수 있는 전문투자자가 일반투자자와 같은 대우를 받겠다는 의사를 금융투자회사에 서면으로 통지하는 경우 정당한 사유가 있는 경우를 제외하고는 이에 동의하여야 한다.

주권상장법인이 금융회사와 장외파생상품 거래를 하는 경우에는 일반투자자로 본다. 단, 해당 법인이 전문투자자와 같은 대우를 받겠다는 의사를 금융회사에게 서면으로 통지하는 경우에는 전문투자자로 본다(자본시장법 제9조제5항제4호단서, 금융소비자보호법 제2조제9호라목).

※ 금융소비자보호법(이하 금소법)상 전문금융소비자란 투자성 상품의 경우 금소법 제2조 따른 투자자로 자본시장법 제9조에 따른 전문투자자와『대부업 등의 등록 및 금융이용자 보호에 관한 법률』에 따른 대부업자, 투자권유대행인 등이 포함된다.

2-3 투자권유를 희망하지 않는 투자자에 대한 판매

가. 투자권유를 희망하지 않는 투자자에 대한 보호의무

투자자가 투자권유를 희망하지 않는 경우 투자권유를 할 수 없음을 알려야 한다. 만일, 적정성 원칙 대상상품 거래를 희망하는 투자자가 투자자정보를 제공하지 않는 경우에는 관련 법령에 따라 거래가 제한된다는 사실을 알려야 한다.

투자자가 투자권유를 받지 않고 투자하고자 하는 경우라도 원금손실 가능성, 투자에

따른 손익은 모두 투자자에게 귀속된다는 사실 등 투자에 수반되는 주요 유의사항을 알려야 한다.

적정성 원칙 대상상품

- 파생상품 : 장내파생상품 및 장외파생상품(금소법시행령 제12조제1항제2호가목)
- 파생결합증권(단, 금적립 계좌등은 제외) (금소법시행령 제12조제1항제2호나목)
- 사채(社債) 중 일정한 사유가 발생하는 경우 주식으로 전환되거나 원리금을 상환해야 할 의무가 감면될 수 있는 사채(「상법」 제469조제2항, 제513조 또는 제516조의2에 따른 사채는 제외) (조건부 자본증권) (금소법시행령 제12조제1항제2호다목)
- 고난도금융투자상품, 고난도금전신탁계약, 고난도투자일임계약
- 파생형 집합투자증권(레버리지·인버스 ETF 포함) 다만, 금소법 감독규정 제11조제1항 단서에 해당되는 인덱스 펀드는 제외(금소법감독규정 제11조제1항제1호)
- 집합투자재산의 50%를 초과하여 파생결합증권에 운용하는 집합투자기구의집합투자증권 (금소법감독규정 제11조제1항제2호)
- 위 적정성 원칙 대상상품 중 어느 하나를 취득·처분하는 금전신탁계약의 수익증권(이와 유사한 것으로서 신탁계약에 따른 수익권이 표시된 것도 포함) (금소법감독규정 제11조제1항제3호)

나. 적정성 원칙 대상상품에 대한 특칙(적정성원칙)

투자자에게 적정성 원칙 대상상품을 판매하려는 경우에는 투자권유를 하지 아니하더라도 면담·질문 등을 통하여 그 투자자의 투자목적·재산상황 및 투자경험 등의 정보(이하 '투자자정보')를 파악하여야 한다.

파악한 투자자정보에 비추어 해당 적정성 원칙 대상상품이 그 투자자에게 적정하지 아니하다고 판단되는 경우에는 해당 적정성 원칙 대상상품의 내용, 해당 투자에 따르는 위험 및 해당 투자가 투자자정보에 비추어 적정하지 아니하다는 사실을 투자자에게 알리고 투자자로부터 서명, 기명날인, 녹취, 전자우편, 전자우편과 유사한 전자통신, 우편 또는 전화 자동응답시스템(이하 '서명 등')의 방법으로 확인받아야 한다. 이 경우 적정성 판단의 기준은 적합성 판단기준에 따른다.

2-4 투자권유를 희망하는 투자자에 대한 판매

가. 투자자정보 파악 및 성향분석

투자권유를 희망하는 투자자에 대하여 투자권유 전에 면담·질문 등을 통하여 투자자의

투자자정보를 투자자정보 확인서에 따라 파악하고, 투자자로부터 서명 등의 방법으로 확인받아 이를 유지·관리하여야 한다. 이에 따라 확인한 투자자정보의 내용 및 분류된 투자자의 성향(이하 '투자자성향')을 투자자에게 지체 없이 제공하여야 한다.

투자자성향 파악을 위한 배점기준 등은 금융투자회사에서 자율적으로 정할 수 있고 다음의 예시와 같이 투자자성향 유형을 자율적으로 정할 수 있다. 단, 추출(factor-out) 방식 또는 상담보고서 방식을 활용할 경우 투자자성향을 특정유형으로 분류할 필요는 없다.

〈표 5-4〉 투자자성향 분류 방식 예

제1방식	제2방식	제3방식	제4방식	제5방식
- 고위험-고수익형 - 중위험-중수익형 - 저위험-저수익형	- 파생상품형 - 주식선호형 - 성장형 - 이자·배당형	- 위험선호형 - 적극형 - 성장형 - 안정성장형 - 위험회피형	- 매우높은위험선호형 - 높은위험선호형 - 다소높은위험선호형 - 보통위험선호형 - 낮은위험선호형 - 매우낮은위험선호형	- 공격투자형 - 주식선호형 - 주식펀드선호형 - 고수익채권형 - 혼합투자형 - 안정투자선호형 - 이자소득형

1) 방식 1: 투자성향 점수화(scoring) 방식

각 정보항목의 질문에 대한 투자자의 답변을 점수화하고, 이 점수들의 총합을 해당 투자자의 투자성향으로 확정함

2) 방식 2: 추출(factor-out) 방식

투자자의 투자성향을 확정하지 않고, 각 정보항목의 질문에 대한 투자자의 답변을 통해 적합상품을 순차적으로 선별하는 방식

3) 방식 3: 혼합 방식

점수화 방식(방식 1)과 추출 방식(방식 2)을 혼합하여 사용함

4) 방식 4: 상담보고서 활용 방식

투자자와의 상담 과정 및 결과를 기록하여, 적합한 투자권유를 했다고 판단할 수 있는 합리적인 근거를 마련하는 방법

원칙적으로 투자자 본인으로부터 투자자정보를 파악하여야 하며, 투자자정보를 제공하지 아니하는 투자자에 대하여는 투자권유를 희망하지 않는 투자자로 간주한다.

나. 투자권유

1) 투자권유 절차

금융투자회사가 정한 적합성 판단기준에 비추어 보아 투자자에게 적합하지 아니하다고 인정되는 투자권유를 하여서는 아니 된다. 또한 이미 투자자정보를 알고 있는 투자자에 대하여는 기존 투자자성향을 알리고 투자권유를 하여야 한다.

투자자에게 적합하지 아니한 것으로 판단되는 금융투자상품에 투자자가 스스로 청약하는 경우 해당 투자가 투자자에게 적합하지 않다는 사실 및 해당 금융투자상품의 위험수준을 확인시켜주고 해당 투자자로부터 "투자성향에 적합하지 않은 투자성 상품 거래 확인" 내용이 포함된 확인서를 받아 판매절차를 진행할 수 있다. 이 경우 투자자가 그 확인서의 법적 의미와 취지 및 유의사항을 충분히 이해할 수 있도록 설명하여야 한다.

2) 고령투자자에 대한 금융투자상품 판매 시 보호 기준

임직원 등은 고령투자자에게 금융투자상품을 판매하는 경우 적합성 판단기준과 강화된 고령투자자 보호기준을 준수하여야 한다. 강화된 보호기준을 적용할 고령투자자의 대상, 금융투자상품의 범위 및 강화된 보호 수단 등에 관한 사항이 포함되어야 한다.

임직원 등은 65세 이상인 고령투자자를 대상으로 금융투자상품(투자자 보호 및 건전한 거래질서를 해칠 우려가 없는 것으로서 금융위원회가 정하여 고시하는 금융상품은 제외)을 판매하는 경우, 판매과정을 녹취하고 투자자가 요청하는 경우 녹취한 파일을 제공하여야 하며, 판매과정에서 2영업일 이상의 숙려기간을 부여하여야 한다.

3) 장외파생상품에 대한 특칙

장외파생상품의 매매 및 그 중개·주선 또는 대리의 상대방이 일반투자자인 경우에는 투자권유 여부와 상관없이 그 투자자가 보유하고 있거나 보유하려는 자산·부채 또는 계약 등(이하 '위험회피대상')에 대하여 미래에 발생할 수 있는 경제적 손실을 부분적 또는 전체적으로 줄이기 위한 거래를 하는 경우로서 다음의 요건을 모두 충족하는 경우에 한하여 거래를 할 수 있다.

① 위험회피대상을 보유하고 있거나 보유할 예정일 것
② 장외파생상품에 대한 약정거래기간 중 해당 거래에서 발생할 수 있는 손익이 위험회피대상에서 발생할 수 있는 손익의 범위를 초과하지 아니할 것

이 경우 임직원은 투자자가 장외파생상품 거래를 통하여 회피하려는 위험의 종류와 금액을 확인하고, 관련 자료를 보관하여야 한다(「자본시장법」 제166조의2 제1항 제1호, 「법 시행령」 제186조의2).

임직원은 장외파생상품에 대한 투자권유를 하는 경우 각 금융투자회사에서 정한 아래 기준에 따라 적합하지 아니하다고 인정되는 투자권유를 하여서는 아니 된다.

〈표 5-5〉 각 금융투자회사에서 정한 판단 기준

<table>
<tr><th colspan="2" rowspan="2">구분</th><th colspan="3">장외파생상품에 대한 투자 경험</th></tr>
<tr><th>1년 미만</th><th>1년 이상~3년 미만</th><th>3년 이상</th></tr>
<tr><td rowspan="2">개인</td><td>만 65세 이상</td><td>금리스왑, 옵션매수</td><td>금리스왑, 통화스왑, 옵션매수, 옵션매도, 선도거래</td><td>기타 위험회피 목적의 모든 장외파생상품</td></tr>
<tr><td>만 65세 미만</td><td>금리스왑, 통화스왑, 옵션매수, 옵션매도, 선도거래</td><td colspan="2">기타 위험회피 목적의 모든 장외파생상품</td></tr>
<tr><td rowspan="2">법인 및 개인 사업자</td><td>주권 비상장 법인, 개인 사업자</td><td colspan="2">금리스왑, 통화스왑, 옵션매수, 옵션매도, 선도거래</td><td>기타 위험회피 목적의 모든 장외파생상품</td></tr>
<tr><td>주권 상장 법인</td><td>금리스왑, 통화스왑, 옵션매수, 옵션매도, 선도거래</td><td colspan="2">기타 위험회피 목적의 모든 장외파생상품</td></tr>
</table>

※ 장외파생상품의 경우 '주의', '경고', '위험' 등 3단계로 분류함
※ '경고' 위험도에 해당하는 장외파생상품 투자에 적합한 투자자 중 위험관리능력, 장외파생상품 투자경험, 상품에 대한 지식 등이 충분하다고 인징되는 투자자는 기타 위험회피 목적의 모든 장외파생상품에 투자할 수 있음

다. 투자권유 시 유의사항

1) 임직원 등은 투자권유를 함에 있어서 다음의 어느 하나에 해당하는 행위를 하여서는 아니 된다.

가) 금융투자상품의 내용을 사실과 다르게 알리는 행위

나) 불확실한 사항에 대하여 단정적 판단을 제공하거나 확실하다고 오인하게 할 소지가 있는 내용을 알리는 행위

다) 투자자로부터 계약의 체결 권유를 해줄 것을 요청받지 아니하고 방문 · 전화 등 실시간 대화의 방법을 이용하는 행위(불초청권유 금지). 다만, 금융소비자의 구체적·적극적인 요청이 없는 경우 방문 전 소비자의 동의를 확보한 경우에만 방문판매가 가능하나, 이 경우에도 일반금융소비자에 대해서는 고위험 상품 등을 권유할 수 없음

라) 투자권유를 받은 투자자가 이를 거부하는 취지의 의사를 표시하였음에도 불구하고 투자권유를 계속하는 행위. 다만, 다음의 각 행위는 제외한다.

(1) 투자권유를 받은 투자자가 이를 거부하는 취지의 의사표시를 한 후 1개월이 지난 후에 다시 투자권유를 하는 행위

(2) 다른 종류의 금융투자상품에 대하여 투자권유를 하는 행위. 이경우 다음의 각 금융투자상품 및 계약의 종류별로 서로 다른 종류의 금융투자상품에 해당하는 것으로 본다.

(가) 금융투자상품 : 채무증권, 지분증권, 수익증권, 투자계약증권, 파생결합증권, 증권예탁증권, 장내파생상품, 장외파생상품

(나) 투자자문계약 또는 투자일임계약

① 증권에 대한 투자자문계약 또는 투자일임계약

② 장내파생상품에 대한 투자자문계약 또는 투자일임계약

③ 장외파생상품에 대한 투자자문계약 또는 투자일임계약

(다) 신탁계약

① 자본시장법 제103조제1항제1호의 신탁재산에 대한 신탁계약

② 자본시장법 제103조제1항제2호부터 제7호까지의 신탁재산에 대한 투자권유를 받은 투자자가 이를 거부하는 취지의 의사표시를 한 후 1개월이 지난 후에 다시 투자권유를 하는 행위

(3) (2)에도 불구하고 다음 각 호에 해당하는 금융투자상품은 다른 유형의 금융투자상품으로 본다.

(가) 기초자산의 종류가 다른 장외파생상품

(나) 선도, 스왑, 옵션 등 금융투자상품의 구조가 다른 장외파생상품

마) 투자성 상품에 관한 계약의 체결을 권유하면서 투자자가 요청하지 않은 다른 대출성 상품을 안내하거나 관련 정보를 제공하는 행위

바) 금융상품의 가치에 중대한 영향을 미치는 사항을 미리 알고 있으면서 투자자에게 알리지 아니하는 행위 또는 투자성 상품의 가치에 중대한 영향을 미치는 사항을 알면서 그 사실을 투자자에게 알리지 않고 그 금융상품의 매수 또는 매도를 권유하는 행위

사) 금융상품 내용의 일부에 대하여 비교대상 및 기준을 밝히지 아니하거나 객관적인 근거 없이 다른 금융상품과 비교하여 해당 금융상품이 우수하거나 유리하다고 알리는 행위

아) 자기 또는 제3자가 소유한 투자성 상품의 가치를 높이기 위해 투자자에게 해당 투자성 상품의 취득을 권유하는 행위

자) 투자자가 자본시장법 제174조(미공개중요정보 이용행위 금지), 제176조(시세조종행위 등의 금지) 또는 제178조(부정거래행위 등의 금지)에 위반되는 매매, 그 밖의 거래를 하고자 한다는 사실을 알고 그 매매, 그 밖의 거래를 권유하는 행위

차) 투자자의 사전 동의없이 신용카드를 사용하도록 유도하거나 다른 대출성 상품을 권유하는 행위

카) 금소법 제17조 적합성 원칙을 적용받지 않고 권유하기 위해 투자자로부터 계약 체결의 권유를 원하지 않는다는 의사를 서면 등으로 받는 행위

타) 관계법령 등 및 회사가 정한 절차에 따르지 아니하고 금전·물품·편익 등의 재산상 이익을 제공하거나 제공받는 행위

2) 임직원 등은 투자자의 투자자 성향 및 금융투자상품의 특성을 고려하여 장기투자가 유리하다고 판단되는 경우 그 투자자에게 해당 금융투자상품에 대한 장기투자를 권유할 수 있다.

3) 임직원 등은 투자자의 투자자산이 특정 종목의 금융투자상품에만 편중되지 아니하도록 분산하여 투자할 것을 권유할 수 있다.

라. 설명의무

투자자에게 투자권유를 하는 경우 금융투자상품의 내용, 투자에 따르는 위험, 금융투자상품의 투자성에 관한 구조와 성격, 투자자가 부담하는 수수료에 관한 사항, 조기상환조건이 있는 경우 그에 관한 사항, 계약의 해제·해지에 관한 사항 등(이하 '투자설명사항')을 투자자가 이해할 수 있도록 설명하고, 설명한 내용을 투자자가 이해하였음을 서명 등의 방법으로 확인받아야 한다.

설명을 할 때는 투자자의 합리적인 투자판단 또는 해당 금융투자상품의 가치에 중대한 영향을 미칠 수 있는 중요사항을 거짓 또는 왜곡하여 설명하거나 누락하여서는 아니 된다.

설명의무를 이행하는 경우 투자자의 투자경험과 금융투자상품에 대한 지식수준 등 투자자의 이해수준을 고려하여 설명의 정도를 달리할 수 있다. 위에 따라 설명하였음에도 불구하고 투자자가 주요 손익구조 및 손실위험을 이해하지 못하는 경우에는 투자권유를 계속하여서는 아니 된다. 따라서 다음의 어느 하나에 해당하는 경우를 제외하고는 위에 따른 설명의무를 이행하기 위해서 투자자에게 설명서를 교부하여야 한다.

① 투자자가 서명 또는 기명날인으로 설명서의 수령을 거부하는 경우
② 증권신고의 효력이 발생한 증권의 경우 「자본시장법」 제123조에 따른 투자설명서를 판매 전에 교부하는 경우
③ 이미 취득한 것과 같은 집합투자증권을 계속하여 추가로 취득하려는 경우. 다만, 해당 집합투자증권의 투자설명서의 내용이 직전에 교부한 투자설명서의 내용과 같은 경우만 해당한다.
④ 기본계약을 동일한 내용으로 갱신하는 경우 또는 기본계약을 체결하고 그 계약내용에 따라 계속적·반복적으로 거래를 하는 경우

2-5 금융투자상품의 위험도 등급 산정 방법

가. 적용대상 금융상품

일반금융소비자에게 판매되는 모든 투자성 상품으로 지분증권, 채무증권, 집합투자증권, 파생결합증권, 파생상품, 신탁계약, 일임계약 등을 포함하되, 연계투자 및 자본시장법

제103조제1항제2호부터 제7호까지의 규정에 따른 금전신탁을 제외한 신탁계약은 제외한다.

나. 위험등급 산정의 주체

금융상품직접판매업자(이하 '판매회사')는 적용대상 금융상품에 포함되는 투자성 상품의 판매 전에 해당 상품의 위험등급을 산정한다. 판매회사가 정한 위험등급과 금융상품 제조회사가 정한 위험등급이 다를 경우, 판매회사는 제조회사와 위험등급의 적정성에 대해 협의한다.

판매회사는 금융상품 판매 시 당해 금융상품의 제조회사가 정한 위험등급을 사용하는 것이 보다 적절하다고 판단되는 경우 동 위험등급을 판매회사가 정한 위험등급으로 사용할 수 있다. 단, 이 경우 판매회사는 제조회사가 정한 위험등급의 적정성을 확인하며, 그 절차와 방식 등은 자체적으로 마련한 기준*에 따른다.

* (예) 신상품은 상품출시 관련 의사결정 단계에서 위험등급 산정의 적정성을 검토하고 기존 상품에 대해서는 일정 요건에 따라 선정한 표본 상품을 대상으로 등급산정 방법론 및 적정성을 검증하며, 이를 위한 내부 기준을 수립하는 등 내부통제 절차 마련

다. 위험등급 체계

위험등급은 최소 6단계 이상으로 구분하고 1등급을 가장 높은 위험으로 하며 그 수가 커질수록 위험도가 낮아지는 것을 의미한다.

〈표 5-6〉 위험등급 구간별 명칭(예시)

1등급	2등급	3등급	4등급	5등급	6등급
매우 높은 위험	높은 위험	다소 높은 위험	보통 위험	낮은 위험	매우 낮은 위험

라. 위험등급 산정방식

판매회사는 관련 법령에 규정된 사항*을 고려하여 각 위험요소별 다음 사항들을 참고하여 위험등급 산정 시 반영하고, 그 밖의 구체적인 것은 상품유형별 위험등급 산정기준에서 정하는 바를 따른다.

* ①기초자산의 변동성, ②신용등급, ③상품구조의 복잡성, ④최대 원금손실 가능액, ⑤환매 · 매매의 용이성, ⑥환율의 변동성, ⑦그 밖에 원금손실 위험에 영향을 미치는 사항

1) 시장위험* 등급은 투자성 상품 유형별 특성을 고려하여 상품유형별 위험등급 산정 기준에서 정하는 바에 따라 6단계(또는 그 이상)로 산정한다.

* 기초자산의 변동성 등 시장가격 변동에 따라 상품의 가치가 변동함에 따라 발생할 수 있는 원금손실 위험을 통칭

2) 신용위험* 등급은 「자본시장과 금융투자업에 관한 법률」 제335조의3에 따라 인가를 받은 자 또는 외국에서 이에 준하는 기능을 수행하는 국제신용평가회사(이하 "신용평가회사")가 부여한 신용등급을 활용하여 다음과 같이 산정한다.

* 발행자의 채무불이행 등으로 원금손실이 발생할 수 있는 위험을 통칭

국내신용등급과 해외신용등급이 상이한 경우, 국내 신용등급을 사용하는 것을 원칙으로 하되 해외 신용등급만 있는 경우 금융투자업규정시행세칙 [별표5] 35호 라목에 따라 국내 신용등급으로 전환할 수 있다.

〈표 5-7〉 신용평가회사의 신용등급에 따른 신용위험등급 분류

구분	6등급(저위험)	5등급	4등급	3등급	2등급	1등급(고위험)
장기등급	국공채 등[1], AAA~AA-		A+ ~ A-	BBB+~BBB-	BB+~BB-	B+ 이하 또는 무등급
단기등급	A1		A2	A3	B 이하 또는 무등급	

1) 자본시장법 제118조의 규정에 따라 증권신고서 제출 의무가 적용되지 아니하는 국채증권, 지방채증권, 특수채증권 등에 해당하는 것으로, 국가 또는 지방자치단체의 지급보증 등으로 사채권에 비해 신용위험이 낮다고 인정되는 채무증권

2) 신용평가회사에 따라 등급 표시방법이 상이한 경우 상기 등급체계를 준용

3) 외국통화로 투자가 이루어지는 상품*의 경우, 환율의 변동성 위험을 고려하여 종합위험등급을 1등급 상향하는 것을 원칙으로 한다.

* 외화표시 파생결합증권, 외화표시 집합투자증권, 해외채권 등

다만, 해당 외국통화의 변동성이 매우 높아 투자 손익에 미치는 영향이 상당할 것으로 예상되는 경우에는 2개 등급을 상향할 수 있고, 환율위험에 대한 헤지가 이루어져 환율의 변동성이 투자 손익에 미치는 영향이 현저히 줄어들거나 그 밖에 다른 방식으로 환율위험이 위험등급에 이미 반영된 경우 등 등급 상향이 적절하지 않다고 판단되는 경우 등급을 상향하지 아니할 수 있다.

4) 유동성위험은 해당 상품의 중도환매 가능 여부 및 중도환매 시 비용의 정도에 따라 '중도환매 불가', '중도환매 시 비용발생', '중도환매 허용' 3단계로 구분하고, 관련 세부사항*은 설명서(「금융소비자 보호에 관한 법률」 제19조제2항에 따른 설명서를 말한다. 이하 같다)에 별도로 기재한다.

* 중도환매 시 발생하는 비용의 수준 등 환매의 용이성을 제한하는 요소 세부내역

또한 상품 구조상 중도 환매 · 매매 등에 제약이 없더라도 상품을 거래할 수 있는 시장이 존재하지 않거나 그 밖에 시장 상황에 따라 거래가 제때 이루어지지 않아 환매 · 매매의 용이성이 낮아질 가능성이 있는 경우 이를 유동성위험에 관한 사항으로 설명서에 별도 기재한다. 판매회사는 상품의 특성에 따라 유동성위험의 중요성이 매우 높다고 판단되는 경우 위험등급에 직접 반영(등급 상향)할 수 있다.

5) 「자본시장 및 금융투자업에 관한 법률 시행령」 제2조 제7호에 따른 고난도금융투자상품은 상기 위험등급 산출 방식에도 불구하고 2등급보다 낮은 등급을 부여할 수 없음을 원칙*으로 한다.

* 모든 위험요소를 종합적으로 고려한 최종 위험등급이 2~6등급인 경우 2등급을 부여하고 최종 위험등급이 1등급인 경우 그대로 1등급 부여

6) 판매회사는 상품별 특성을 고려하여 기타 원금손실 등 상품의 위험성에 영향을 미치는 사항이 있는 경우 위험등급 산정 시 반영할 수 있다. 또한 상품별 위험등급 산정 기준[15]에 따라 인정된 위험등급이 실제 위험도를 제대로 반영하지 못한다고 판단되는 경우 위험등급을 상향하는 등 조정할 수 있다.

마. 위험등급 산정 시기

위험등급은 해당 금융상품을 판매하는 시점에 1회 산출하는 것을 원칙으로 하되, 수시 판매 및 환매가 가능한 상품(예: 개방형 펀드)의 경우 연 1회(매년 결산시점) 등급을 재산정한다. 다만, 재산정 주기가 도래하지 않더라도 시장상황 급변 등으로 특정 위험요소가 현실화될 가능성이 높아지거나 기타 현재 사용 중인 위험등급이 시장 상황의 변화를 제대로

---

15) 장내파생상품, 집합투자증권(공모·사모펀드), 파생결합증권, 지분·채무증권, 특정금전신탁, 투자일임계약, 변액보험 등 상품별 특성을 고려한 위험등급 산정 세부기준은 표준투자권유준칙 참고

반영하지 못한다고 판단되는 경우 판매회사의 판단에 따라 위험등급을 재산정할 수 있다

바. 위험등급 관련 내부통제

판매회사는 신규 상품을 출시하고자 하는 경우 신규상품 출시에 관한 의사결정 과정에 해당 상품의 위험등급의 적정성 평가 · 검토 절차를 반영하고 이미 판매 중인 상품의 위험등급의 적정성을 정기적으로 점검하는 절차를 마련한다.

사. 위험등급의 표시 · 설명 방법

판매회사는 금융상품의 위험등급(유동성에 관한 별도 등급이 있는 경우 이를 포함한다. 이하 같다)을 설명함에 있어서 각 위험등급별로 다른 색상으로 나타내는 등 고객이 각 등급의 의미를 시각적으로 이해하기 쉽게 표시한다. 또한 위험등급 산정에 반영한 중요 위험요소 중 추가적인 설명이 필요하다고 판단되는 경우에는 이를 충실히 기재 · 설명한다. 판매회사는 위험등급에 관한 설명의무를 이행함에 있어 위험등급의 의미와 유의사항, 해당 위험등급으로 정해진 사유를 함께 설명함으로써 투자자가 그 위험등급이 의미하는 바를 정확히 이해할 수 있도록 한다.

3 매매거래 등의 통지

3-1 개요

투자매매업자 또는 투자중개업자는 금융투자상품의 매매가 체결된 경우에는 그 명세를 대통령령으로 정하는 방법에 따라 투자자에게 통지하여야 한다.

3-2 통지 기한

가. 매매의 유형, 종목 · 품목, 수량, 가격, 수수료 등 모든 비용, 그 밖의 거래내용 : 매매가 체결된 후 지체 없이

나. 집합투자증권 외의 금융투자상품의 매매가 체결된 경우, 월간 매매내역 · 손익내역, 월말 현재 잔액현황 · 미결제약정현황 등의 내용 : 매매가 체결된 날의 다음 달 20일까지

다. 집합투자증권의 매매가 체결된 경우, 집합투자기구에서 발생한 모든 비용을 반영한 실질 투자 수익률, 투자원금 및 환매예상 금액, 총보수(투자자에게 지속적으로 제공하는 용역의 대가로 집합투자기구에서 발생하는 모든 비용을 합산한 것)와 판매수수료 각각의 요율 : 매월 마지막 날까지

3-3 통지방법

다음 각 목의 방법 중 투자매매업자 또는 투자중개업자와 투자자 간에 미리 합의된 방법(계좌부 등에 따라 관리 · 기록되지 않는 매매거래는 가목만 해당한다)으로 통지한다. 다만, 투자자가 보유한 집합투자증권이 법 제234조에 따른 상장지수집합투자기구(이하 “상장지수집합투자기구”라 한다), 단기금융집합투자기구, 사모집합투자기구의 집합투자증권이거나 평가기준일의 평가금액이 10만 원 이하인 경우(집합투자증권의 매매가 체결된 경우에 한정한다) 또는 투자자가 통지를 받기를 원하지 않는 경우에는 지점, 그 밖의 영업소에 비치하거나 인터넷 홈페이지에 접속하여 수시로 조회가 가능하게 함으로써 통지를 갈음할 수 있다.

가. 서면 교부

나. 전화, 전신 또는 팩스

다. 전자우편, 그 밖에 이와 비슷한 전자통신

라. 그밖에 다음의 방법. 다만 투자자가 가목부터 다목까지의 방법으로 매매성립내용을 통지받고자 하는 경우에는 그러하지 않다.

① 예탁결제원 또는 전자등록기관의 기관결제참가자인 투자자 또는 투자일임업자(예탁결제원 또는 전자등록기관을 통하여 투자자의 매매거래내역 등을 관리하는 자에 한한다)에 대하여 예탁결제원 또는 전자등록기관의 전산망을 통하여 매매확인서 등을 교부하는 방법

② 인터넷 또는 모바일시스템을 통해 수시로 조회할 수 있도록 하는 방법

③ 투자매매업자 또는 투자중개업자가 모바일시스템을 통해 문자메시지 또는 이와 비슷한 방법으로 통지하는 방법

3-4 매매거래 등의 통지 세부사항

금융투자상품의 매매가 체결된 경우 투자매매업자 또는 투자중개업자가 그 거래내용을 투자자에게 통지할 때 통지대상 등은 다음에서 정하는 바에 따른다.

① 통지대상: 투자자의 주문에 따른 매매, 그 밖의 거래가 성립된 계좌. 다만, 통장 등으로 매매체결내용이 통지될 수 있는 계좌는 제외

② 주관자: 투자매매업자 또는 투자중개업자의 지점, 그 밖의 영업소 또는 본점 총괄부서

3-5 월간매매내역 등의 통지 세부사항

투자매매업자 또는 투자중개업자는 월간 금융투자상품(집합투자증권은 제외한다)의 거래가 있는 계좌에 대하여 월간 매매내역 · 손익내역, 월말잔액 · 잔량현황, 월말 현재 파생상품의 미결제약정현황 · 예탁재산잔고 · 위탁증거금 필요액 현황 등(이하 "월간 매매내역 등"이라 한다)을 다음 달 20일까지, 반기동안 금융투자상품의 거래가 없는 계좌에 대하여는 반기말 잔액 · 잔량현황을 그 반기 종료 후 20일까지 투자자에게 통지하여야 한다.

가. 집합투자증권 외의 금융투자상품의 매매가 체결된 경우 월간 매매내역 등을 통지하는 경우 통지대상, 통지내용, 통지방법 등은 다음을 따른다.

① 통지대상 : 월간 매매, 그 밖의 거래가 있는 계좌. 다만, 통장 등으로 월간 매매내역 등이 통지될 수 있는 계좌는 제외한다.

② 통지내용 : (주)코스콤에서 일괄 출력되는 전산종합원장 사본 또는 이에 준하는 자체전산 출력자료

③ 통지방법 : 3-3의 통지방법 중 투자매매업자 또는 투자중개업자와 투자자 간 미리 합의된 방법으로 통지하되, 각 방법별로 통지내용이 투자자에게 제대로 전달될 수 있도록 하여야 한다.

④ 주관자 : 준법감시 전담조직 또는 감사실(이하 "준법감시자"라 한다)

나. 투자매매업자 또는 투자중개업자는 월간 금융투자상품(집합투자증권은 제외한다)의 거래가 있는 계좌에 대하여 반기말 잔액·잔량현황을 통지하는 경우 통지대상, 통지내용, 통지방법 등은 다음을 따른다.

① 통지대상 : 반기말 현재 소급하여 6개월간 매매, 그 밖의 거래가 없는 계좌. 다만, 통장 등으로 반기말 잔액·잔량현황이 통지될 수 있는 계좌는 제외한다.

② 통지내용 : (주)코스콤에서 일괄 출력되는 잔액·잔량내역 또는 이에 준하는 자체 전산 출력자료

③ 통지방법 : 3-3의 통지방법 중 투자매매업자 또는 투자중개업자와 투자자 간 미리 합의된 방법으로 통지하되, 각 방법별로 통지내용이 투자자에게 제대로 전달될 수 있도록 하여야 한다.

④ 주관자 : 준법감시자

다. 다음의 어느 하나에 해당하는 경우에는 월간 매매내역 등 또는 반기말 잔액·잔량현황을 통지한 것으로 본다.

① 통지한 월간 매매내역 등 또는 반기말 잔액·잔량현황이 3회 이상 반송된 투자자 계좌에 대하여 투자자의 요구 시 즉시 통지할 수 있도록 지점, 그 밖의 영업소에 이를 비치한 경우

② 반기동안 매매, 그 밖의 거래가 없는 계좌의 반기말 현재 예탁재산 평가액이 금융감독원장이 정하는 금액을 초과하지 않는 경우에 그 계좌에 대하여 투자자 요구 시 즉시 통지할 수 있도록 지점, 그 밖의 영업소에 반기말 잔액·잔량현황을 비치한 경우

③ 매매내역을 투자자가 수시로 확인할 수 있도록 통장 등으로 거래하는 경우

④ 자본시장법 시행령 제7조제3항제4호에 따라 투자중개업자가 투자자로부터 일임받은 권한을 행사하여 법 제229조제5호에 따른 단기금융집합투자기구의 집합투자증권 등을 매수 또는 매도하였거나 증권을 환매하는 조건으로 매수 또는 매도한 내역 이외에 월간 금융투자상품의 거래가 없는 계좌에 대하여 투자자의 요구 시 즉시 통지할 수 있도록 지점, 그 밖의 영업소에 이를 비치한 경우

⑤ 맞춤식 자산관리계좌(Wrap Account)에 대하여 자본시장법 제99조에 따라 투자일임보고서를 교부한 경우

3-6 수시잔액·잔량조회

수시잔액·잔량조회를 하는 경우 투자자와의 분쟁이나 사고 등을 예방하기 위하여 투자매매업자 또는 투자중개업자가 수립한 적절한 내부통제기준을 준수하여야 한다.

3-7 반송계좌의 관리

투자자에게 통지를 하는 경우 투자자와의 분쟁이나 사고 등을 예방하기 위하여 이의 통지가 이루어지지 못하는 계좌 등에 대하여 투자매매업자 또는 투자중개업자가 수립한 적절한 내부통제 기준을 준수하여야 한다.

3-8 통지사절원 제출계좌의 관리

투자자가 통지를 받기를 원하지 아니한다는 의사를 접수하는 경우 투자자와의 분쟁이나 사고 등을 예방하기 위하여 투자매매업자 또는 투자중개업자가 수립한 적절한 내부통제기준을 준수하여야 한다.

4 그 밖의 투자권유 유의사항

4-1 계약서류의 교부

금융회사는 투자자와 계약을 체결한 경우 금소법령에 따른 계약서류를 다음의 방법으로 투자자에게 지체 없이 제공하여야 한다. 다만, 투자자가 다음의 방법 중 특정 방법으로

제공해 줄 것을 요청하는 경우에는 그 방법으로 제공해야 한다.

가. 서면교부

나. 우편 또는 전자우편

다. 휴대전화 문자메세지 또는 이에 준하는 전자적 의사표시

금융회사는 계약서류를 전자우편, 휴대전화 문자메시지 또는 이에 준하는 전자적 의사표시로 제공하는 경우에는 해당 계약서류가 위조·변조되지 않도록 기술적 조치를 취해야 한다.

금융회사는 계약서류를 제공하는 경우 해당 계약서류가 법령 및 내부통제기준에 따른 절차를 거쳐 제공된다는 사실을 해당 계약서류에 적어야 한다,

4-2 청약의 철회

금융회사는 투자자가 투자성 상품 중 청약철회가 가능한 대상상품에 대해 계약서류를 제공 받은 날 또는 계약내용이 소비자보호를 해칠 우려가 없는 경우에 해당하는 경우 계약체결일로부터 7일(회사와 투자자 간에 해당 기간보다 긴 기간으로 약정한 경우에는 그 기간) 내에 서면, 전자우편, 휴대전화 문자메시지 등의 방법으로 청약 철회의 의사를 표시하는 경우 이를 수락하여야 한다.

다만, 투자성 상품에 관한 계약의 경우 투자자가 예탁한 금전 등을 지체 없이 운용하는데 동의한 경우에는 그러하지 아니하다.

청약철회가 가능한 투자성 상품의 경우, 청약의 철회는 투자자가 서면 등을 발송한 때 효력이 발생한다. 투자자가 서면 등을 발송한 때에는 지체 없이 그 발송 사실을 회사에 알려야 한다.

금소법상 "투자성 상품 중 청약철회가 가능한 대상상품"

- 고난도금융투자상품(일정 기간에만 금융소비자를 모집하고 그 기간이 종료된 후에 금융소비자가 지급한 금전 등으로 「자본시장과 금융투자업에 관한 법률」에 따른 집합투자를 실시하는 것만 해당)
- 고난도투자일임계약
- 고난도금전신탁계약
- 비금전신탁

금융회사는 청약의 철회를 접수한 날로부터 3영업일 이내에 이미 받은 금전 등을 반환하고, 반환이 늦어진 기간에 대해서는 해당 금융상품의 계약에서 정해진 연체이자율을 금전 · 재화 · 용역의 대금에 곱한 금액을 일 단위로 계산하여 지급한다.

금융회사는 청약이 철회된 경우 투자자에 대하여 청약의 철회에 따른 손해배상 또는 위약금 등 금전 지급을 청구할 수 없으며, 청약의 철회에 대한 특약으로서 투자자에게 불리한 것은 무효로 한다

4-3 위법계약의 해지

금융회사는 금융소비자보호법상의 적합성 원칙, 적정성 원칙, 설명의무, 불공정영업행위 금지 또는 부당권유행위 금지를 위반하여 다음을 모두 충족하는 금융상품에 관한 계약을 투자자와 체결한 경우, 투자자가 서면 등으로 해당 계약의 해지를 요구하는 경우 이를 수락하여야 한다.

가. 계약의 형태가 계속적일 것(법 제9조제22항에 따른 집합투자규약이 적용되는 경우에는 그 적용기간을 포함한다)

나. 계약기간 종료 전 금융소비자가 계약을 해지할 경우 그 계약에 따라 금융소비자의 재산에 불이익이 발생할 것

투자자는 위의 금융소비자보호법상 위법한 계약을 체결하였음을 안 날로부터 1년 이내에(해당 기간은 계약체결일부터 5년 이내의 범위에 있어야 한다) 해당 계약의 해지를 요구할 수 있으며, 회사는 투자자의 해지를 요구 받은 날부터 10일 이내에 수락여부를 통지하여야 하며, 거절할 때에는 거절사유를 함께 통지하여야 한다.

금융회사는 위법한 계약에 따라 계약이 해지된 경우 계약의 해지와 관련하여 수수료, 위약금 등의 비용을 요구할 수 없다.

5 자료의 유지 및 보관

5-1 자료의 보관 기간

금융투자업 영위와 관련된 자료를 그 종류별로 「금융투자업규정」〈별표 12〉에서 정하는 최소 보존기간 동안 서면, 전산자료, 마이크로필름 등의 형태로 기록·유지하여야 한다. 다만, 관계법령 등에서 보존기간을 「금융투자업규정」〈별표 12〉보다 장기로 정하고 있는 경우에는 해당 관계법령 등에서 정하는 바에 따른다.

5-2 자료의 보관 방법

보관하여야 할 기록이 사후 위·변조가 불가능하도록 적절한 대책을 수립·시행하여야 하며, 금융감독원의 검사·조사시 3영업일 이내에 이를 제출할 수 있어야 한다.

5-3 투자자의 자료 요청

자료 보존기간 동안 투자자로부터 판매 관련 자료를 서면으로 요청받는 경우 해당 자료를 6영업일 이내에 제공하여야 한다.

불가피한 사유로 그 기간 안에 제공하지 못하는 경우에는 그 사유와 제공 가능일자를 투자자에게 통지하여야 한다.

〈표 5-6〉 금융투자업자의 기록보관

구 분	자료의 종류	최소보존 기간
영업에 관한 자료	1. 투자광고, 투자권유 및 투자계약 관련 자료	10년
	2. 분쟁 등 제1호 외에 투자자와 관련된 자료	5년
	3. 주문기록, 매매명세 등 투자자의 금융투자상품 거래 관련 자료	10년
	4. 투자자재산의 운용 관련 자료	10년
	5. 업무위탁 및 부수업무 관련 자료	3년
재무에 관한 자료	6. 재무에 관한 서류 및 그 작성의 기초가 되는 서류	10년
업무에 관한 자료	7. 주주총회 또는 이사회 결의 관련 자료	10년
	8. 법 제161조에 따른 주요사항보고서에 기재되는 거래 관련 자료	5년
	9. 고유재산 운용 관련 자료	3년
	10. 자산구입·처분 등, 그 밖의 업무에 관한 자료	3년
내부통제에 관한 자료	11. 내부통제기준, 위험관리 등 내부통제 관련 자료	5년
	12. 임원·대주주·전문인력의 자격, 이해관계자 등과의 거래내역 등 인력 및 이해관계자 관련 자료	5년
그 밖의 자료	13. 다른 법령에서 작성·비치하도록 되어 있는 장부·서류	해당 법령에서 정한 기간

6 재산상 이익의 제공 및 수령 제한

6-1 기본원칙

해당 거래상대방에게 업무와 관련하여 금전, 물품, 편익 등을 제공하거나 제공받는 경우 준수하여야 할 절차 및 한도 등을 정하고 이를 준수하여야 한다.

다음에 해당하는 물품 등은 재산상 이익으로 보지 아니한다.

① 금융투자상품에 대한 가치분석·매매정보 또는 주문의 집행 등을 위하여 자체적으로 개발한 소프트웨어 및 해당 소프트웨어의 활용에 불가피한 컴퓨터 등 전산기기

② 금융투자회사가 자체적으로 작성한 조사분석자료

③ 경제적 가치가 3만 원 이하인 물품·식사·신유형상품권(공정거래위원회의 신유형 상품권 표준약관에 따른 물품 제공형 신유형 상품권을 말한다)·거래실적에 연동되어 거래상대방에게 차별 없이 지급되는 포인트·마일리지

④ 20만 원 이하의 경조비 및 조화·화환

⑤ 국내에서 불특정 다수를 대상으로 하여 개최되는 세미나 또는 설명회로서 1인당 재산상 이익의 제공금액을 산정하기 곤란한 경우 그 비용. 이 경우 대표이사 또는 준법감시인은 그 비용의 적정성 등을 사전에 확인하여야 한다.

6-2 재산상 이익의 제공 및 수령과 관련한 내부통제

① 금융투자회사가 거래상대방에게 재산상 이익을 제공하거나 제공받은 경우 제공목적, 제공내용, 제공일자, 거래상대방, 경제적 가치 등을 5년 이상의 기간 동안 기록·보관 하여야 한다.

② 금융투자회사는 이사회(외국 금융투자회사의 지점 그 밖의 영업소의 경우 국내대표자를 말한다. 이하 이 조에서 같다)가 정한 금액을 초과하는 재산상 이익을 제공하고자 하는 경우에는 미리 이사회의 의결을 거쳐야 한다.

③ 금융투자회사는 재산상 이익의 제공에 대한 적정성 점검 및 평가절차 등이 포함된 내부통제기준을 제정·운영하여야 한다.

④ 금융투자회사는 재산상 이익의 제공 현황, 적정성 점검 결과 등을 매년 이사회에 보고하여야 한다.

⑤ 금융투자회사는 거래상대방 소속 기관의 장이 서면에 의하여 소속 임직원 및 투자권유대행인에 대한 재산상 이익의 제공 내역을 요청하는 경우 이에 응하여야 한다. 다만, 해당 임직원 및 투자권유대행인이 동의하지 아니하는 경우에는 그러하지 아니하다.

⑥ 금융투자회사는 최근 5개 사업연도 동안 10억 원을 초과하는 재산상 이익을 특정 투자자 또는 거래상대방에게 제공하거나 특정 투자자 또는 거래상대방으로부터 제공받은 경우 그 내용을 인터넷 홈페이지 등을 통하여 공시하여야 한다.

6-3 재산상 이익의 수령 한도

① 회사 또는 임직원등이 거래상대방등으로부터 1회당 및 연간 또는 동일 회계연도 기간 중 제공받을 수 있는 재산상 이익의 한도는 다음과 같다.

- 1회당 수령 한도 : 해당 금융회사 자체기준 적용
- 연간 또는 동일회계연도 수령 한도: 해당 금융회사 자체기준 적용

② 위 항목에 불구하고 기업설명회·기업탐방·세미나 참석과 관련하여 거래상대방등으로부터 제공받은 교통비 및 숙박비는 대표이사 또는 준법감시인의 확인을 받아 재산상 이익의 한도 산정시 이를 제외할 수 있다.

6-4 부당한 재산상 이익의 제공 및 수령 금지

① 임직원은 다음에 해당하는 재산상 이익을 제공하거나 제공받아서는 아니 된다.

- 경제적 가치의 크기가 일반인이 통상적으로 이해하는 수준을 초과하는 경우
- 재산상 이익의 내용이 사회적 상규에 반하거나 거래상대방등의 공정한 업무수행을 저해하는 경우
- 재산상 이익의 제공 또는 수령이 비정상적인 조건의 금융투자상품 매매 및 투자계약 체결 등의 방법으로 이루어지는 경우
- 다음에 해당하는 경우로서 거래상대방에게 금전, 상품권 또는 금융투자상품을 제공하는 경우. 다만, 사용범위가 공연·운동경기 관람, 도서·음반 구입 등 문화활동으로 한정된 상품권을 제공하는 경우는 제외한다.
  - 집합투자회사, 투자일임회사 또는 신탁회사 등 타인의 재산을 일임받아 이를 금융투자 회사가 취급하는 금융투자상품 등에 운용하는 것을 업무로 영위하는 자에게 제공하는 경우
  - 법인 기타 단체의 고유재산관리업무를 수행하는 자에게 제공하는 경우
  - 집합투자회사가 자신이 운용하는 집합투자기구의 집합투자증권을 판매하는 투자매매회사, 투자중개회사 및 그 임직원과 투자권유대행인에게 제공하는 경우

- 재산상 이익의 제공 또는 수령이 위법·부당행위의 은닉 또는 그 대가를 목적으로 하는 경우
- 거래상대방등만 참석한 여가 및 오락활동 등에 수반되는 비용을 제공하는 경우
- 금융투자상품 및 경제정보 등과 관련된 전산기기의 구입이나 통신서비스 이용에 소요되는 비용을 제공하거나 제공받는 경우. 다만, 금융투자상품에 대한 가치분석·매매정보 또는 주문의 집행 등을 위하여 자체적으로 개발한 소프트웨어 및 해당 소프트웨어의 활용에 불가피한 컴퓨터 등 전산기기에 해당하는 경우는 제외한다.
- 집합투자회사가 자신이 운용하는 집합투자기구의 집합투자증권의 판매실적에 연동하여 이를 판매하는 투자매매회사·투자중개회사에게 재산상 이익을 제공하는 경우

② 임직원은 재산상 이익의 제공과 관련하여 거래상대방등에게 비정상적인 조건의 금융투자 상품의 매매거래나 투자계약의 체결 등을 요구하여서는 아니 된다.

제3절 | 투자자보호

각 금융권별 투자자보호제도를 통합·관리하고 투자자 보호를 강화하기 위하여 「금융소비자보호법」을 제정(2021년 3월 25일 시행)하여 기존 「자본시장법」에서 투자자 보호제도로 규정되었던 "적합성의 원칙, 적정성의 원칙, 설명의무, 불공정영업행위의 금지, 부당권유행위 금지, 광고규제 등"에 관한 사항이 이전되어 통합 규정되었다. 이 절에서는 「금융소비자보호법」에서 규정하는 투자성 상품은 "금융투자상품", 금융소비자는 "투자자"로서 같은 의미이다.

1 신의성실의무

금융투자업자는 신의성실의 원칙에 따라 공정하게 금융투자업을 영위하여야 한다(「자본시장법」 제37조, 제79조, 제96조, 제102조, 제244조).

2 금융투자업자의 관리책임

2-1 인적·물적 설비확보 및 유지의무

금융투자업자는 모두 조직구조(인력 포함) 및 충분한 전산설비 등 물적 시설을 갖추어야 한다(「은행법」 제8조, 「동시행령」 제1조의7, 「자본시장법」 제12조, 「동시행령」 제16조).

2-2 임직원, 지정판매인 등에 대한 관리 및 감독책임

「금융회사지배구조법」 시행령 제19조 제1항 제14호 및 같은 조 제6항에 따라 금융투자업자는 내부통제기준을 설정·운용함에 있어 동 내용을 반영하여야 한다(「금융투자업규정」 제2-21조).

금융투자업자는 투자권유대행인에 대하여도 관리 및 감독하여야 한다.

3 「금융소비자보호법」상 영업행위 준수사항

3-1 적합성 원칙

금융투자업자는 금융투자상품을 계약체결하거나 자문업무를 하는 경우에는 투자자가 일반투자자인지 전문투자자인지를 확인하여야 한다.

금융투자업자는 일반투자자에게 금융투자상품을 계약체결 권유하는 경우에는 면담 · 질문 등을 통하여 상품별 구분에 따른 정보를 파악하고, 일반투자자로부터 서명, 기명날인, 녹취, 그 밖에 방법으로 확인을 받아 이를 유지 · 관리하여야 하며, 확인받은 내용을 일반투자자에게 지체 없이 제공하여야 한다.

파악하여야 하는 정보
일반투자자의 해당 금융상품 취득 또는 처분 목적, 재산상황 및 취득 또는 처분 경험 등

금융투자업자는 위의 정보에 비추어 그 일반투자자에게 적합하지 아니하다고 인정되는 계약 체결을 권유해서는 아니 된다. 동 원칙을 위반할 경우에는 별도 제재가 따르게 된다.

※ 적용 예외 : 금융투자업자가 「자본시장법」 제249조의2에 따른 전문투자형 사모집합투자기구의 집합투자증권을 판매하는 경우에는 적용하지 아니한다.

3-2 적정성 원칙

금융투자업자는 금융투자상품에 대하여 일반투자자에게 계약 체결을 권유하지 아니하고 상품과 관련한 계약을 체결하려는 경우에는 미리 면담 · 질문 등을 통하여 상품별 구분에 따른 정보를 파악하여야 한다.

파악하여야 하는 정보
일반투자자의 해당 금융상품 취득 또는 처분 목적, 재산상황 및 취득 또는 처분 경험 등

금융투자업자는 위의 확인한 사항에 비추어 해당 상품이 그 일반투자자에게 적정하지 아니하다고 판단되는 경우에는 서면 등의 방법으로 그 사실을 알리고, 해당 일반투자자로부터 서명, 기명날인, 녹취, 그 밖에 방법으로 확인을 받아야 한다.

적정성원칙이 적용되는 투자성 상품은 다음과 같다.

가. 「자본시장과 금융투자업에 관한 법률」에 따른 파생상품 및 파생결합증권(같은 법 시행령 제7조제2항 각 호의 증권은 제외한다)

나. 사채(社債) 중 일정한 사유가 발생하는 경우 주식으로 전환되거나 원리금을 상환해야 할 의무가 감면될 수 있는 사채(「상법」 제469조제2항, 제513조 또는 제516조의2에 따른 사채는 제외한다)

다. 「자본시장과 금융투자업에 관한 법률 시행령」에 따른 고난도금융투자상품, 고난도투자일임계약 및 고난도금전신탁계약

라. 그 밖에 가목부터 다목까지의 규정에 준하는 것으로서 일반금융소비자의 보호를 위해 금융위원회가 정하여 고시하는 금융상품

※ 적용 예외 : 적정성의 원칙도 적합성의 원칙과 같이 금융투자업자가 「자본시장법」 제249조의2에 따른 전문투자형 사모집합투자기구의 집합투자증권을 판매하는 경우에는 적용하지 아니한다.

3-3 설명의무 등

금융투자업자는 일반투자자에게 계약체결을 권유하는 경우 및 일반투자자가 요청하는 경우에는 다음에서 정하는 상품에 관한 중요한 사항(일반투자자가 특정사항에 대한 설명만을 원하는 경우 해당사항으로 한정)을 일반투자자가 이해할 수 있도록 설명하여야 한다.

1) 금융투자상품 내용(연계투자계약, 계약기간, 금융상품의 구조, 기대수익 등)
2) 투자에 따른 위험(연계투자계약, 손실이 발생할 수 있는 상황 및 그에 따른 손실추정액)
3) 연계투자계약, 신탁계약의 경우 대통령령으로 정하는 기준[16]에 따라 금융상품직접판매업자가 정하는 위험등급(기초자산, 변동성, 신용등급, 상품구조의 복잡성 등)

4) 일반투자자가 제공받는 서비스별 수수료 등 부대비용

5) 계약의 해제·해지에 관한 사항 등

금융투자업자는 설명에 필요한 설명서를 일반투자자에게 제공하여야 하며, 그리고 설명한 내용을 일반투자자가 이해하였음을 서명, 기명날인, 녹취, 그 밖에 방법 등으로 확인을 받아야 한다.

※ 예외 : 투자자 보호 및 건전한 거래질서를 해칠 우려가 없는 경우로서 투자자가 설명서를 받기를 거부한다는 의사를 서면, 전신 및 모사전송, 전자우편 및 이와 비슷한 전자통신 등의 방법으로 표시한 경우에는 설명서를 발급하지 아니할 수 있다.

또한 금융투자업자는 금융투자상품에 대한 설명을 할 때 일반투자자의 합리적인 판단 또는 해당 금융상품의 가치에 중대한 영향을 미칠 수 있는 사항을 거짓으로 또는 왜곡[17]하여 설명하거나 중요한 사항을 빠뜨려서는 아니 된다.

〈투자성 상품 판매 시 제공되는 설명자료〉[18]

<table>
<tr><th colspan="2" rowspan="3">구분</th><th colspan="2" rowspan="3">설명서</th><th colspan="3">설명서 요약자료</th></tr>
<tr><th rowspan="2">고난도상품</th><th colspan="2">그 외 상품</th></tr>
<tr><th>공통</th><th>은행</th></tr>
<tr><td rowspan="2">공모</td><td>집합투자증권 외
〈관련법령〉
(작성주체)</td><td>투자설명서〈금소법 시행령§14①, 자본시장법§123①〉
(발행자)</td><td>금소법상 설명서
(판매자)</td><td>고난도상품에 대한 요약설명서 자본시장법 시행령§68 ⑤2의3
(판매자)</td><td rowspan="4">금소법상 핵심 설명서
(금소법 감독규정 §13①5)</td><td rowspan="4">비예금 상품 설명서
(비예금 상품 내부통제 모범규준)</td></tr>
<tr><td>집합투자증권
〈관련법령〉
(작성주체)</td><td>투자설명서 또는 간이투자설명서〈금소법시행령§14①, 자본시장법§123①〉(발행자)</td><td>금소법상 설명서
(판매자)</td><td>간이투자설명서 교부시 고난도상품요약설명서 별도 제공하지 않아도 됨</td></tr>
<tr><td>사모/
신탁/
일임</td><td>사모펀드
〈관련법령〉
(작성주체)</td><td>사모펀드 핵심상품 설명서〈자본시장법 §249의4②~④〉
(발행자)</td><td>금소법상 설명서
(판매자)</td><td>핵심상품설명서 교부시 고난도상품요약설명서 별도 제공하지 않아도 됨</td></tr>
<tr><td></td><td>사모펀드외
〈관련법령〉
(작성주체)</td><td colspan="2">금소법상 설명서
〈금소법 시행령§14①〉
(판매자)</td><td>고난도상품에 대한 요약설명서</td></tr>
</table>

16) 금융투자상품 또는 금융투자상품의 가치에 영향을 주는 기초자산의 변동성, 환율의 변동성을 말한다.
17) 불확실한 사항에 대하여 단정적 판단을 제공하거나 확실하다고 오인하게 할 소지가 있는 내용을 알리는 행위를 말한다.
18) 금융위원회, 금융감독원, "금융상품 설명의무의 합리적인 이행을 위한 가이드라인", 2021

3-4 불공정 영업행위의 금지 등

가. 우월적 지위를 이용한 투자자 권익 침해 금지

금융투자업자는 우월적 지위를 이용하여 투자자의 권익을 침해하는 다음에 해당하는 행위("불공정영업행위")를 하여서는 아니 된다.

1) 대출성 상품에 관한 계약체결과 관련하여 금융소비자의 의사에 반하여 다른 금융상품의 계약체결을 강요하는 행위
2) 대출성 상품에 관한 계약체결과 관련하여 부당하게 담보를 요구하거나 보증을 요구하는 행위
3) 금융투자업자 또는 그 임직원이 업무와 관련하여 편익을 요구하거나 제공받는 행위
4) 연계 · 제휴서비스 등이 있는 경우 연계 · 제휴서비스 등을 부당하게 축소하거나 변경하는 행위 등
5) 정당한 사유 없이 금융투자상품에 관한 계약의 체결 · 해지 또는 계약에 따른 금융상품의 이용을 제한하는 행위
6) 투자자가 청약을 철회하였다는 이유로 금융투자상품에 관한 계약에 불이익을 부과하는 행위. 다만, 같은 금융투자업자에 같은 상품유형의 금융투자상품에 관한 계약에 대하여 1개월 내 두 번 이상 청약의 철회의사를 표시한 경우 등은 제외
7) 투자자가 계약의 해지를 요구하거나, 계약을 해지하였다는 이유로 금융투자상품에 관한 계약에 불이익을 부과하는 행위
8) 금융투자상품에 대한 계약해지 신청 또는 법령에 따른 이자율 · 보험료 인하 요구를 정당한 사유 없이 거절하거나 그 처리를 상당 기간 지연시키는 행위
9) 이자율 및 대여 가능한 금전의 한도에 투자자가 제공한 정보, 투자자의 신용 및 상환능력을 정당한 사유 없이 반영하지 않는 행위

3-5 부당권유행위 금지

금융투자업자는 계약체결을 권유(자문 포함)하는 경우 다음의 어느 하나에 해당하는 행위를 하여서는 아니 된다.

1) 불확실한 사항에 대하여 단정적 판단을 제공하거나 확실하다고 오인하게 할 소지가 있는 내용을 알리는 행위

2) 금융투자상품의 내용을 사실과 다르게 알리는 행위

3) 금융투자상품의 가치에 중대한 영향을 미치는 사항을 미리 알고 있으면서 투자자에게 알리지 아니하는 행위

4) 금융투자상품 내용의 일부에 대하여 비교대상 및 기준을 밝히지 아니하거나 객관적인 근거 없이 다른 금융투자상품과 비교하여 해당 상품이 우수하거나 유리하다고 알리는 행위

5) 투자자로부터 계약의 체결 권유를 해줄 것을 요청받지 아니하고 방문·전화 등 실시간 대화의 방법을 이용하는 행위. 다만 투자자의 구체적·적극적인 요청이 없는 경우 방문 전 동의를 확보한 경우에만 방문 판매가 가능하나 이 경우에도 일반투자자에 대해서는 고위험 상품은 권유할 수 없음

<table>
<tr><th colspan="3" rowspan="3">상품</th><th colspan="4">불초청</th></tr>
<tr><th colspan="3">동의 O</th><th rowspan="2">동의 X</th></tr>
<tr><th>전문투자자</th><th colspan="2">일반투자자</th></tr>
<tr><td rowspan="3">증권</td><td>펀드 외</td><td></td><td>O</td><td>O</td><td rowspan="2">(고난도)
X</td><td>X</td></tr>
<tr><td rowspan="2">펀드</td><td>공모</td><td>O</td><td>O</td><td>X</td></tr>
<tr><td>사모</td><td>O</td><td colspan="2">X</td><td>X</td></tr>
<tr><td rowspan="2">파생상품</td><td colspan="2">장내파생</td><td>O</td><td colspan="2">X</td><td>X</td></tr>
<tr><td colspan="2">장외파생</td><td>X</td><td colspan="2">X</td><td>X</td></tr>
</table>

6) 계약의 체결 권유를 받은 투자자가 이를 거부하는 취지의 의사를 표시하였는데도 계약의 체결 권유를 계속하는 행위. 거부의사 밝힌 소비자에게 1개월 경과 후 재권유하거나 다른 유형의 금융투자상품을 권유하는 행위는 허용

7) 금융투자상품에 관한 중요한 사항을 설명하는데 필요한 역량을 법령, 내부통제기준 등에 따라 갖추지 않은 사람이 권유하는 행위

8) 기존에 보유한 금융투자상품에 관한 계약을 해지하고 그 금융상품보다 불리한 금융투자상품을 취득할 것을 일반투자자에 권유하는 행위

9) 적합성 원칙에 따라 확인해야 하는 일반투자자의 정보를 일반투자자가 조작하도록 유도하거나 조작하여 권유하는 행위

10) 투자성 상품에 관한 계약의 체결을 권유하면서 일반금융소비자가 요청하지 않은 다른 대출성 상품을 안내하거나 관련 정보를 제공하는 행위

11) 자기 또는 제3자가 소유한 투자성 상품의 가치를 높이기 위해 금융소비자에게 해당 투자성 상품의 취득을 권유하는 행위

12) 금융소비자가 「자본시장과 금융투자업에 관한 법률」 제174조(미공개중요정보 이용), 제176조(시세조종이용) 또는 제178조(부정거래 행위등의 금지에 위반되는 매매), 그 밖의 거래를 하고자 한다는 사실을 알고 그 매매, 그 밖의 거래를 권유하는 행위

13) 적합성 원칙을 적용받지 않기 위해 일반투자자로부터 계약 체결의 권유를 원하지 않는다는 의사를 서면 등으로 받는 행위

3-6 금융투자상품에 관한 광고 규제

가. 금융투자업자의 광고

금융투자업자가 아닌 자 및 금융투자상품에 관한 금융투자상품 판매대리·중개업자는 금융투자업자의 업무에 관한 광고 또는 금융투자상품에 관한 광고를 하여서는 아니 된다.

나. 금융투자상품에 관한 광고

금융투자업자가 금융투자상품에 관한 광고를 하는 경우에는 투자자가 금융상품의 내용을 오해하지 아니하도록 명확하고 공정하게 전달하여야 한다. 또한 금융투자업자가 하는 금융상품등에 관한 광고에는 다음 내용이 포함되어야 한다.

1) 금융상품에 관한 계약을 체결하기 전에 금융상품 설명서 및 약관을 읽어 볼 것을 권유하는 내용

2) 금융투자업자의 명칭

3) 금융투자상품의 내용

- 연계투자계약은 연계투자 상품의 내용, 그 밖의 경우는 이자 · 수익의 지급시기 및 지급제한 사유

- 투자에 따른 위험
- 연계투자에 따른 위험, 투자원금의 손실이 발생할 수 있으며, 그 손실은 투자자에게 귀속된다는 사실, 최대 손실이 발생할 수 있는 상황 및 그에 따른 손실 추정액
- 과거 운용실적을 포함하여 광고를 하는 경우에는 그 운용실적이 미래의 수익률을 보장하는 것이 아니라는 사항
- 수수료 부과기준 및 절차

다. 광고금지 사항

금융투자업자가 금융투자상품에 관한 광고를 하는 경우 다음 행위를 하여서는 아니 된다.

1) 손실보전(補塡) 또는 이익보장이 되는 것으로 오인하게 하는 행위
2) 금융투자상품(집합투자증권)에 대하여 해당 상품의 특성을 고려하여 대통령령으로 정하는 사항 외의 사항을 광고에 사용하는 행위
3) 수익률이나 운용실적을 표시하는 경우 수익률이나 운용실적이 좋은 기간의 수익률이나 운용실적만을 표시하는 행위 등 금융투자상품 및 금융투자업자의 업무와 관련하여 해당 계약 체결여부 판단에 중요한 영향을 줄 수 있는 사항 또는 투자자의 권리·의무에 중대한 영향을 주는 사항을 과장·왜곡·은폐하거나 분명하지 않은 표현을 사용하는 행위
4) 비교대상 및 기준을 분명하게 밝히지 않거나 객관적인 근거없이 다른 금융투자상품과 비교를 하여 우월함을 강조하거나 다른 금융투자상품이 열등한 것으로 표현하는 행위
5) 객관적인 근거 없이 해당 금융투자상품의 편익만을 강조하거나 다른 금융투자상품의 불리한 사실만을 강조하는 행위
6) 광고에서 금융투자상품과 관련하여 해당 광고매체 또는 금융상품판매대리·중개업자의 상호를 부각시키는 등 투자자가 금융투자업자를 올바르게 인지하는 것을 방해하는 행위
7) 그 밖에 투자자의 합리적 의사결정을 저해하거나 건전한 시장질서를 훼손할 우려가 있는 행위 등

라. 광고의 방법 및 절차

광고물은 그 글자의 색깔 · 크기 또는 음성의 속도 · 크기 등이 보통의 주의력을 가진 일반적인 투자자가 해당 금융투자상품으로 인해 입을 수 있는 불이익을 충분히 인지할 수 있도록 만드는 등 광고의 방법에 관한 구체적인 사항은 금융위원회가 정하여 고시한다.

금융투자업자는 광고를 하려는 경우에 「금융회사지배구조법」 제25조제1항에 따른 준법감시인의 심의를 받는 등 내부통제기준에 따른 절차를 거쳐야 한다.

금융투자업자는 다음의 구분에 따른 날까지 광고물을 회수해야 한다.

1) 광고의 유효기간이 있는 경우: 해당 유효기간의 종료일

2) 금융상품의 주요 사항이 변경된 경우: 변경된 사항 시행일의 전일

4 영업행위규제 적용범위

전문투자자에 대해서는 금융투자업자의 영업행위규제 등을 완화적용(설명의무, 적합성원칙 등 투자권유 규제의 적용 배제)하여 일반투자자와 전문투자자에 대해 차등화된 행위규제를 적용한다.

〈표 5-7〉 일반투자자와 전문투자자에게 적용되는 원칙의 차이

구 분	일반투자자	전문투자자
신의성실의무	적용	적용
손실보전 금지	적용	적용
원하지 않는 권유 금지	적용	적용
Know Your Customer Rule	적용	×
적합성 원칙	적용	×
설명의무	적용	×

5 청약의 철회 및 위법계약의 해지

금융투자업자와 투자성 상품에 관한 계약의 청약을 한 일반투자자는 계약서류를 제공받은 날 또는 계약체결일에 해당하는 날부터 7일 내에 청약을 철회할 수 있다.

청약의 철회는 일반투자자가 청약의 철회의사를 표시하기 위하여 서면을 발송한 때에 효력이 발생한다. 청약이 철회된 경우 금융투자업자는 일반투자자에 대하여 청약의 철회에 따른 손해배상 또는 위약금 등 금전의 지급을 청구할 수 없다.

투자자는 금융투자업자가 "적합성의 원칙, 적정성의 원칙, 설명의무, 불공정영업행위, 부당권유행위"를 위반하여 금융투자상품과 관련한 계약을 체결한 경우, 5년 내에 서면 등으로 해당 계약의 해지를 요구할 수 있다. 이 경우 금융투자업자는 해지를 요구받은 날로부터 10일 이내에 투자자에 수락 여부를 통지하여야 하며, 거절 시에는 거절사유를 함께 통지하여야 한다.

투자자는 금융투자업자가 정당한 사유 없이 해지요구를 따르지 않는 경우 해당 계약을 해지할 수 있으며, 해지 요구에 따라 계약이 해지된 경우 금융투자업자는 수수료, 위약금 등 계약의 해지와 관련된 비용을 요구할 수 없다.

6 과징금 부과

금융투자업자에 대하여 업무정지처분에 갈음하여 업무정지기간의 이익의 범위에서 과징금 부과할 수 있다. 금융투자업자가 설명의무 등을 위반한 경우에는 위반행위와 관련된 계약으로 얻은 수입 또는 이에 준하는 금액의 50% 범위 내에서 과징금을 부과할 수 있다. 그 위반행위를 한 자가 그 위반행위와 관련된 계약으로 수입 등이 없거나 수입 등의 산정이 곤란한 경우에는 10억 원을 초과하지 아니하는 범위에서 과징금을 부과할 수 있다.

위반행위

① 설명의무 등을 위반하여 중요한 사항을 설명하지 아니하거나, 설명서를 제공하지 아니하거나 확인을 받지 아니한 경우
② 불공정영업행위를 한 경우
③ 부당권유행위를 한 경우
④ 금융상품 등에 관한 광고 관련 준수사항을 위반한 경우

금융위원회는 금융투자업자가 금융투자상품 계약체결등을 대리하거나 중개하게 한 투자권유대행인 또는 금융투자회사의 소속 임직원이 위에 해당하는 위반행위를 한 경우에는 그 금융투자업자에 대하여 그 위반행위와 관련된 계약으로 얻은 수입등의 50% 범위 내에서 과징금을 부과할 수 있다. 다만, 금융투자업자가 그 위반행위를 방지하기 위하여 해당 업무에 관하여 적절한 주의와 감독을 게을리하지 아니한 경우에는 그 금액을 감경하거나 면제할 수 있다.

과징금 부과처분에 대하여 불복하는 자는 그 처분의 고지를 받은 날부터 30일 이내에 그 사유를 갖추어 금융위원회에 이의를 신청할 수 있으며, 금융위원회는 이의신청에 대하여 60일 이내에 결정을 하여야 한다.

7 손해배상 및 입증책임

금융투자회사 임직원(투자권유대행인 포함)의 판매행위로 투자자가 손해를 입은 경우 사용자책임(민법 제756조)에 따라 회사가 손해배상책임을 부담한다. 또한 금융상품판매업자 등이 고의 또는 과실로 금융소비자보호법을 위반하여 금융소비자에게 손해를 발생시킨 경우 그 손해를 배상할 책임이 있다(금소법 제44조). 특히 설명의무를 위반하여 금융소비자에게 손해를 발생시킨 경우 그 손해를 배상할 책임을 지며 이때 금융상품판매업자등이 고의 및 과실이 없음을 입증하여야 그 채임을 면할 수 있다(입증책임전환).

금융투자회사가 금융투자상품 판매계약과 관련하여 투자자에게 입힌 손해를 배상하도록 하고, 일정요건을 충족하는 계약에 대해서는 입증책임을 부담한다(자본시장법 제48조, 제64조). 법령, 약관, 투자설명서 등에 위반하는 행위를 하여 투자자에게 손해를 발생시킨 경우 손해배상책임을 부과하고 있다(임직원에게 귀책사유 존재 시 연대책임).

제4절 | 직무윤리와 불공정거래 금지

1 금융투자업 직무윤리

1-1 직무윤리가 강조되는 이유

가. 윤리경쟁력의 시대

21세기는 윤리경영의 시대라고 한다. 윤리경쟁력은 기업과 개인의 경쟁력을 평가하는 중요한 기준이 되고 있다. 기존에는 이익창출이라는 경제적 가치가 절대적으로 우선되어 왔고, 정당하고 올바른 직무윤리를 상대적으로 소홀히 하였던 상황이 많았으나, 기업을 중심으로 윤리경영의 중요성을 점차 인식하게 되었다.

직무윤리는 오늘날과 같은 포스트 산업사회에서 새로운 무형의 자본이 되고 있다. 특히 금융투자업은 서비스산업으로서 신용에 바탕을 두고 있으며 신용의 정도가 그 기업의 가장 중요한 자산이라고 할 수 있다. 현재와 다가올 미래의 세계는 고도의 정보와 고도의 기술에 의한 사회이며, 매우 복잡한 시스템에 의하여 운영되는 사회이다. 이러한 고도의 정보와 기술이나 시스템이 잘못 사용될 경우 엄청난 파국과 재난을 불러올 가능성이 있다. 따라서 이를 다루는 자들에게 고도의 직무윤리가 요구되고 있다.

나. 기업경쟁의 전제조건

기업윤리는 공정하고 자유로운 경쟁의 전제조건이 된다. 즉, 공정하고 자유로운 경쟁이 가능하려면 먼저 법과 제도가 공정하여야 하며, 기업윤리가 전제되어야 한다. 따라서 경쟁은 성장을 위한 원동력이 되고 기업윤리는 지속적인 성장을 위한 인프라의 하나가 된다(소위 윤리 인프라).

윤리의 시대에 비윤리적인 기업은 결국 시장으로부터 외면당하고 시장에서 퇴출될 가능성이 크다. 그러므로 기업윤리는 다른 기업과 차별화하려는 홍보수단에 그치는 것이 아니라 기업의 생존요건이자 지속가능한 성장의 원동력이 되어야 한다. 제너럴일렉트릭(General Electric Company)의 잭 웰치(John Frances Welch Jr.) 전 회장은 "결코 변하지 않는 GE의 핵심가치는 정직과 신뢰성이다"라고 말한 바 있다. 기업윤리는 단순히 '착하게 살자'는 것이 아니고 '가치 있는 장기생존'이 그 목적이다.

기업윤리는 결과적으로 경제적으로도 이득이 된다. 기업이 높은 수준의 윤리성을 유지함으로써 기업과 기업구성원, 사회 모두에 이득을 주는 결과를 가져온다는 의미이다. 기업에서 직무윤리가 실천될 때 조직의 구성원은 보람을 느끼고 기업 활동이 더욱 활기차게 이루어져 경영성과가 개선된다고 할 수 있다.

다. 금융업무의 특수성

금융업무에서는 직무윤리의 중요성이 다른 분야에 비하여 더욱 강조된다. 그 이유는 다음과 같다.

1) 고객의 자산 위탁 및 운영

금융회사는 고객의 자산을 위탁받아 운영·관리하는 것이 주요업무이므로 그 속성상 고객자산을 유용하거나 고객의 이익을 침해할 가능성이 다른 어느 산업보다 크다. 금융회사 및 고객의 수익을 창출하기 위해 다양한 금융상품을 만드는 기업의 속성과 금융소비자의 정보 비대칭 문제를 고려할 때, 금융업무에 종사하는 자들의 행위를 법규에 의하여 사후적으로 감독하는 것만으로는 수탁받은 금융재산의 안정성 유지와 금융소비자보호라는 기본적인 역할을 수행하는 데 한계가 있다. 그러므로 금융업무 종사자들의 엄격한 직무윤리는 금융소비자보호 및 금융회사의 공정성, 신뢰성 등에 필수적인 전제요건이 된다고 할 수 있다.

금융투자상품을 취급하는 분야에서는 직무윤리가 더욱더 중요시된다. 금융투자상품은 대부분 투자성, 즉 원본손실의 위험을 내포하고 있기 때문에 고객과의 분쟁가능성이 상존하고, 더욱이 자본시장이 침체국면에 빠져 있는 경우에는 집단적인 분쟁으로 확대될 소지가 있다. 그러므로 평소 관련법을 준수함은 물론이고 윤리적인 업무자세를 견지함으로써 고객과 돈독한 신뢰관계를 구축해두어야 한다.

2) 임직원을 보호하는 안전장치

직무윤리를 준수하는 것은 금융회사 임직원을 보호하는 안전장치로서의 역할을 한다. 금융업무 종사자들은 자신이 소속된 기업의 영업방침과 실적달성을 위하여 자기의 의사와는 관계없이 위법·부당한 행위를 강요당하는 경우가 있을 수 있다. 직무윤리를 준수하도록 하는 것은 외부의 부당한 요구로부터 자신을 지켜주는 안전장치가 된다고 할 수 있다.

3) 직무윤리의 적용 대상

직무윤리는 금융회사 최고경영자 및 그 임직원, 그 금융업무에 종사하는 일체의 자를 그 적용대상으로 한다. 업무에 실질적으로 종사하는 자, 그리고 직접 또는 간접적으로 이와 관련되어 있는 자를 포함한다. 또한 회사와의 위임계약관계 또는 고용계약관계에 있는 자 역시 직무윤리를 준수하여야 한다.

1-2 직무윤리의 성격

가. 자율규제로서의 성격

직무윤리는 일종의 자율규제로서의 성격을 지닌다. 「금융회사의 지배구조에 관한 법률」 제14조에서도 내부위험관리체계인 동시에 위법행위에 대한 자기단속체계로서 금융투자업자로 하여금 내부통제기준을 제정하여 시행하도록 하고 있다.

나. 강제수단은 미흡

직무윤리는 자율적 준수라는 장점이 있지만, 법규에 비하여 강제수단이 미흡하다는 취약점이 있다. 이 때문에 직무윤리가 단순하게 구호에 그치기 쉬우므로 직무윤리 위반행위에 대한 실효성 있는 제재 및 구제수단을 확보하는 것이 요구된다. 그러나 직무윤리를 위반한 경우 단순히 윤리적으로 잘못된 것이라는 비난에 그치지 않고, 실정법 위반행위로서 국가기관에 의한 행정제재·민사배상책임·형사책임 등의 타율적 규제와 제재의 대상이 되는 경우가 많음에 유의해야 한다.

1-3 직무윤리의 핵심

개념적 차이는 있지만, 그 핵심적 내용은 '자신과 상대방이 이해상충 상황에 직면한 경우 상대방 이익의 입장에서 자신에 대한 상대방의 신뢰를 저버리지 않는 행동을 선택하라'라는 것이다.

1-4 직무윤리의 구체적인 내용

가. 신의성실의무

1) 기본적인 덕목이자 법적 의무에 해당

신의성실은 단순히 윤리적 의무에 그치지 않고 법적 의무로 승화되어 있다. 「민법」 제2조에서는 사법의 기본원리로 신의성실의 원칙을 명시하고 있다. 신의성실의무는 윤리적 의무이면서 동시에 법적 의무이기도 하다. 「자본시장법」 제37조에서는 "금융투자업자는 신의성실 원칙에 따라 공정하게 금융투자업을 영위하여야 한다"라고 규정하고 있으며 "금융투자업자는 금융투자업을 영위함에 있어서 정당한 사유 없이 투자자의 이익을 해하면서 자기가 이익을 얻거나 제3자가 이익을 얻도록 하여서는 아니된다"라고 규정하고 있다. 따라서 금융업무 종사자는 금융상품 등에 관한 계약의 체결, 권리의 행사 및 의무의 이행을 신의성실의 원칙에 따라 하여야 한다.

또한 금융회사 등은 관련업 등을 영위할 때 업무의 내용과 절차를 공정히 하여야 하며, 정당한 사유 없이 고객의 이익을 해치면서 자기가 이익을 얻거나 제3자가 이익을 얻도록 해서는 아니 된다.

2) 신의성실 원칙의 기능

① 권리의 행사와 의무의 이행에서 행위준칙이 된다.

② 법률관계를 해석하는 데 해석상의 지침이 된다.

③ 법규의 형식적 적용에 의하여 야기되는 불합리와 오류를 시정하는 역할을 한다.

④ 계약이나 법규에 흠결이나 불명확한 점이 있는 경우 신의칙은 이를 메워주고 명확하게 하는 기능을 한다.

⑤ 권리의 행사가 신의칙에 반하는 경우에는 권리의 남용이 되어 권리행사로서의

법률효과가 인정되지 않는다. 의무의 이행이 신의칙에 반하는 경우에는 의무를 이행하지 않는 것이 되어 채무불이행이 되고, 그에 따른 법적 책임을 진다.

⑥ 신의칙 위반이 법원에서 다투어지는 경우, 이는 강행법규에 대한 위반이기 때문에, 당사자가 주장하지 않더라도 법원은 직권으로 신의칙 위반 여부를 판단할 수 있다(대법원 1995.12.22. 선고 94다42129 판결).

나. 전문지식 배양의무

금융투자업종사자는 항상 담당 직무에 관한 이론과 실무를 숙지하고 그 직무에 요구되는 전문능력을 유지하고 향상시켜야 한다.

금융투자산업처럼 고도의 전문성을 요하는 금융상품을 취급하고 관련 지식이 양산되며 빠른 속도로 변하는 분야에서는 부단한 노력만이 전문능력을 습득하고 향상시키는 길이다. 전문지식은 이론과 실무 양 부분 모두에 걸쳐 요구되고, 이는 부단한 학습과 공부에 의해서만 향상될 수 있다. 해당 분야에서 기본적으로 요구되는 금융 관련 이론과 기술에 관한 지식을 습득하기 위해서는 각종 연수, 교육 프로그램 등과 같은 자율적인 학습과 교육과정에 참여하여야 한다.

다. 공정성 및 독립성 유지의무

금융투자업 종사자는 해당 직무를 수행할 때 공정한 입장에 서야 하고, 독립적이고 객관적인 판단을 하도록 하여야 한다.

또한 직위를 이용하여 상급자가 하급자에게 부당한 명령이나 지시를 하지 않으며, 부당한 명령이나 지시를 받은 직원은 이를 거절하여야 한다. 직무수행상 협조관계를 유지하거나 상사의 지시에 복종하여야 할 경우도 있지만, 직무수행의 공정성을 기하기 위해서는 독립적으로 판단하고 업무를 수행하여야 한다. 여기서 독립성이란 '자기 또는 제3자의 이해관계에 의하여 영향을 받는 업무를 수행하여서는 아니 되며, 독립성과 객관성을 유지하기 위해 합리적 주의를 기울여야 한다'는 것을 뜻한다.

라. 법규 등 준수의무

금융투자업무 종사자는 직무와 관련된 윤리기준, 그리고 이와 관련된 모든 법률과 그

하부규정, 정부·공공기관 또는 당해 직무활동을 규제하는 자율단체의 각종 규정을 숙지하고 그 준수를 위하여 노력하여야 한다.

법규는 인지 여부와 상관없이 관련 당사자에 대하여 구속력을 갖고, 그 존재 여부와 내용을 알지 못하여 위반한 경우에도 그에 대한 법적 제재가 가해진다. 또한 직무와 관련된 법규에 대한 지식을 습득하고 있는 것은 전문가에게 요구되는 전문능력의 당연한 요소가 된다. 법규는 직무와 직접적으로 관련 있는 법령뿐만 아니라 「은행법」, 「보험업법」, 「자본시장법」, 「금융소비자보호법」 등 직무와 관련하여 적용되는 인접 분야의 법령을 포함한다. 또한 금융위원회, 금융감독원 등이 제정한 각종 규정 등까지 포함한다.

마. 소속회사 등의 지도·지원업무

금융회사, 최고경영진 및 임원 등은 금융업무 종사자가 관계법규 등을 위반하지 않고 직무윤리를 준수하도록 필요한 지도와 지원을 하여야 한다. 직무윤리의 준수에서 소속회사 및 직장상사의 직무윤리에 대한 인식수준은 매우 중요하다. 따라서 금융회사 임직원은 스스로 관련법규와 각종 규정 및 직무윤리기준을 준수하여야 함은 물론, 소속 업무 종사자가 이에 위반되지 않도록 감독자 또는 지원자의 입장에서 필요한 지도와 지원을 하여야 한다. 필요한 지도의 부족으로 소속 업무담당자가 업무수행과 관련하여 타인에게 손해를 끼친 경우, 회사와 그 감독자는 사용자로서 피해자에게 사용자책임을 질 수도 있다.

2 불공정거래 규제

2-1 불공정거래 규제의 개요

가. 불공정거래 규제의 목적

불공정거래 규제는 시장의 가격형성기능을 해치고 투자자에게 손해를 입히는 등 다양한 유형의 사기적 거래를 금지함으로써 자본시장에 대한 투자자 일반의 신뢰를 회복하는 것을 목적으로 하고 있다.

나. 불공정거래행위의 유형

불공정거래행위의 유형은 ① 내부자거래행위, ② 시세조종행위, ③ 부정거래행위로 분류하고 있다.

2-2 「자본시장법」상 불공정거래 규제 방향

가. 투자자 보호의 공백 제거: 포괄주의 규율체계 도입

금융투자상품의 개념이 포괄적으로 정의되고, 시장연계성이 있는 신종 불공정거래행위에 능동적으로 대응하기 위해 내부자거래 및 시세조종 규제를 정비하고 일반 사기금지규정을 도입하고 있다.

나. 투자자보호 수준 강화: 불공정거래행위 규제 강화

1) 내부자거래 규제 강화(「자본시장법」 제174조)
   ① 내부자 거래 금지대상 증권범위 확대
   ② 내부자 범위 확대
   ③ 내부자 단기차익 반환대상 확대 등
2) 시세조종 규제 강화(법 제176조): 현선연계 시세조종[19] 규제 강화
3) 일반 사기적 부정거래행위 규제 도입(법 제178조)

2-3 내부자거래 금지

가. 미공개중요정보 이용행위 금지(법 제174조 제1항 위반행위)

1) 개념

미공개중요정보 이용행위란 주권상장 법인 또는 코스닥 상장법인의 주주나 임직원등 법인의 내부 정보를 취득하기 쉬운 지위에 있는 자들이 자신의 지위를 이용하여 해당 법인의 미공개 중요정보를 통해 해당 법인의 증권 또는 이를 기초로 하는 금융투자상품

19) 장내파생상품거래(기초자산)에서 이익을 얻기 위해 그 기초자산(장내파생상품)의 시세를 조종하는 행위

등을 그 정보가 공개되기 전에 거래하거나 타인에게 정보를 제공 또는 거래를 추천하는 것을 의미한다.

2) 내부자의 범위

① 회사 내부자(전통적 내부자)

- 당해 법인(그 계열회사를 포함한다) 및 그 법인의 임직원·대리인으로서 그 직무와 관련하여 미공개중요정보를 알게 된 자
- 당해 법인(그 계열회사를 포함한다)의 주요주주로서 그 권리를 행사하는 과정에서 미공개중요정보를 알게 된 자
- 회사 내부자에 해당하지 아니하게 된 날로부터 1년이 경과되지 아니한 자

② 준 내부자

- 그 법인에 대하여 법령에 따른 허가·인가·지도·감독, 그 밖의 권한을 가지는 자로서 그 권한을 행사하는 과정에서 미공개중요정보를 알게 된 자
- 그 법인과 계약을 체결하고 있거나 체결을 교섭하고 있는 자로서 그 계약을 체결·교섭 또는 이행하는 과정에서 미공개중요정보를 알게 된 자
- 주요주주, 허가·인가 등의 권한을 가지는 자, 계약을 체결하고 있거나 체결을 교섭하고 있는 자의 대리인(이에 해당하는 자가 법인인 경우에는 그 임직원 및 대리인을 포함한다)·사용인, 그 밖의 종업원(법인인 경우에는 그 임직원 및 대리인)으로서 그 직무와 관련하여 미공개중요정보를 알게 된 자
- 준 내부자에 해당하지 아니하게 된 날부터 1년이 경과하지 아니한 자

③ 정보수령자: 회사 내부자 및 준 내부자로부터 정보를 수령한 자

3) 규제대상 금융투자상품(특정증권 등)의 범위

① 그 법인이 발행한 증권

② 그 법인이 발행한 증권과 관련된 증권예탁증권

③ 그 법인 외의 자가 발행한 것으로서 ①, ②의 증권과 교환을 청구할 수 있는 교환사채권

④ ①~③의 증권만을 기초자산으로 하는 금융투자상품

4) 미공개중요정보의 개념

미공개중요정보란 상장법인의 업무 등과 관련된 투자자의 투자판단에 중대한 영향을 비칠 수 있는 정보로서 대통령령으로 정하는 방법에 따라 불특정 다수인이 알 수 있도록 공개되기 전의 것을 말한다.

① 중요성

투자자의 투자판단에 중대한 영향을 미칠 수 있는 정보로서 법인의 재산·경영에 관하여 중대한 영향을 미치거나 유가증권의 공정거래와 투자자보호를 위하여 필요한 사항으로서 투자자의 투자판단에 영향을 미칠 수 있는 사항을 의미한다.[20]

② 정보의 미공개성

해당 법인 또는 그 법인의 자회사가 시행령*이 정하는 방법에 따라 공개한 후 해당 호에서 정한 기간이나 시간이 지난 경우에만 공개된 정보로 규정하고 있다.

* 시행령이 정하는 공개방법과 주지기간(제201조 제2항)

i. 법령에 따라 금융위원회 또는 거래소에 신고되거나 보고된 서류에 기재되어 있는 정보: 그 내용이 기재되어 있는 서류가 금융위원회 또는 거래소가 정하는 바에 따라 비치된 날부터 1일

ii. 금융위원회 또는 거래소가 설치·운영하는 전자전달매체를 통하여 그 내용이 공개된 정보: 공개된 때부터 3시간

iii. 「신문 등의 진흥에 관한 법률」에 따른 일반일간신문 또는 경제분야의 특수일간신문 중 전국을 보급지역으로 하는 둘 이상의 신문에 그 내용이 게재된 정보: 게재된 날부터 0부터 6시간

iv. 「방송법」에 따른 방송 중 전국을 가시청권으로 하는 지상파방송을 통하여 그 내용이 방송된 정보: 방송된 때부터 6시간

v. 「뉴스통신진흥에 관한 법률」에 따른 연합뉴스사를 통하여 그 내용이 제공된 정보 : 제공된 때부터 6시간

③ 직무관련성

내부자가 그의 업무 등과 관련하여 알게 된 정보를 이용하여 거래를 하여야 미공개중요정보 이용행위의 위반에 해당된다. 즉 자신의 업무와 관련 없이 알게 된 정보를 이용하여 주식 거래를 하는 경우에는 미공개중요정보 이용행위에 해당하지 않는다.

20) 대법원 2009.7.9. 선고 2009도1374

내부자별 자신의 업무와 관련한 정보취득 경위가 상이하므로 내부자 유형별로 정보취득 경위를 다음과 같이 규정하고 있다.

〈표 5-8〉 내부자별 정보취득 경위

내부자	정보취득 경위
당해 법인, 그 임직원, 대리인	그 직무와 관련하여 알게 된 경우
당해 법인의 주요주주	주요주주로서 그 권리를 행사하는 과정에서 알게 된 경우
허가, 인가 등의 권한을 가지는 자	허가권 등 그 권한을 행사하는 과정에서 알게 된 경우
그 법인과 계약을 체결하고 있거나 체결을 교섭하고 있는 자	그 계약을 체결·교섭 또는 이행하는 과정에서 알게 된 경우

5) 규제대상행위

① 미공개 중요정보를 특정증권 등의 매매 그 밖의 거래에 이용하는 행위

② 타인에게 미공개중요정보를 이용하게 하는 행위

6) 위반 시 제재

① 위반자는 해당 특정증권 등의 매매, 그 밖의 거래를 한 자가 그 매매, 그 밖의 거래와 관련하여 입은 손해를 배상할 책임을 진다.

② 1년 이상의 유기징역 또는 그 위반행위로 얻은 이익 또는 회피한 손실액의 3배 이상 5배 이하에 상당하는 벌금(단, 그 위반행위로 얻은 이익 또는 회피한 손실액이 없거나 산정하기 곤란한 경우 또는 그 위반행위로 얻은 이익 또는 회피한 손실액의 5배에 해당하는 금액이 5억 원 이하인 경우에는 벌금 상한액을 5억 원)

③ 이익 또는 회피한 손실액이 5억 원 이상 50억 원 미만인 경우 3년 이상의 유기징역, 50억 원 이상인 경우 무기 또는 5년 이상의 징역

④ 징역에 처하는 경우에는 10년 이하의 자격정지를 병과 할 수 있다.

나. 공개매수 정보 이용행위의 금지(법 제174조 제2항 위반행위)

1) 의의

미공개정보 이용행위의 금지는 어떤 특정 회사의 업무 등과 관련된 중요한 정보를 이용하는 행위를 규제대상으로 하고 있으나, 주식 등에 대한 공개매수의 실시 또는 중지에 관한 미공개정보 이용행위에 대하여 예외적으로 규제하고 있다.

2) 규제내용

① 규제 대상: 주식 등에 대한 공개매수의 실시 또는 중지에 관한 미공개정보

② 규제대상자 범위

i. 공개매수예정자(그 계열회사를 포함한다) 및 공개매수예정자의 임직원·대리인으로서 그 직무와 관련하여 공개매수의 실시 또는 중지에 관한 미공개정보를 알게 된 자

ii. 공개매수예정자의 주요주주로서 그 권리를 행사하는 과정에서 공개매수의 실시 또는 중지에 관한 미공개정보를 알게 된 자

iii. 공개매수예정자에 대하여 법령에 따른 허가·인가·지도·감독, 그 밖의 권한을 가지는 자로서 그 권한을 행사하는 과정에서 공개매수의 실시 또는 중지에 관한 미공개정보를 알게 된 자

iv. 공개매수예정자와 계약을 체결하고 있거나 체결을 교섭하고 있는 자로서 그 계약을 체결·교섭 또는 이행하는 과정에서 공개매수의 실시 또는 중지에 관한 미공개정보를 알게 된 자

v. ‘ii’부터 ‘iv’까지의 어느 하나에 해당하는 자의 대리인(이에 해당하는 자가 법인인 경우에는 그 임직원 및 대리인을 포함한다)·사용인, 그 밖의 종업원(‘ii’부터 ‘iv’까지의 어느 하나에 해당하는 자가 법인인 경우에는 그 임직원 및 대리인)으로서 그 직무와 관련하여 공개매수의 실시 또는 중지에 관한 미공개정보를 알게 된 자

vi. 공개매수자 또는 ‘i’부터 ‘v’까지의 어느 하나에 해당하는 자로부터 공개매수의 실시 또는 중지에 관한 미공개정보를 받은 자

3) 위반 시 제재

미공개중요정보 이용행위 금지의 제재와 동일하다.

다. 대량취득·처분 정보이용행위 금지(법 제174조 제3항 위반행위)

1) 의의

대량거래로 인한 주가 변동가능성은 투자판단에 영향을 미치고, 대량거래자와 일반투자자 간에 정보의 비대칭성이 존재하므로 주식 등의 대량취득·처분의 실시 또는 중지에 관한 미공개정보를 그 주식등과 관련된 특정증권 등의 매매, 그 밖의 거래에 이용하거나 타인에게 이용하게 하는 행위를 규제하고 있다.

2) 규제내용

① 규제 대상: 경영권에 영향을 미칠 수 있는 대량취득·처분의 실시 또는 중지에 관한 정보

② 규제대상자 범위

ⅰ. 대량취득·처분을 하는 자 및 대량취득·처분을 하는 자의 임직원·대리인으로서 그 직무와 관련하여 대량취득·처분의 실시 또는 중지에 관한 미공개정보를 알게 된 자

ⅱ. 대량취득·처분을 하는 자의 주요주주로서 그 권리를 행사하는 과정에서 대량취득·처분의 실시 또는 중지에 관한 미공개정보를 알게 된 자

ⅲ. 대량취득·처분을 하는 자에 대하여 법령에 따른 허가·인가·지도·감독, 그 밖의 권한을 가지는 자로서 그 권한을 행사하는 과정에서 대량취득·처분의 실시 또는 중지에 관한 미공개정보를 알게 된 자

ⅳ. 대량취득·처분을 하는 자와 계약을 체결하고 있거나 체결을 교섭하고 있는 자로서 그 계약을 체결·교섭 또는 이행하는 과정에서 대량취득·처분의 실시 또는 중지에 관한 미공개정보를 알게 된 자

ⅴ. ‘ⅱ’부터 ‘ⅳ’까지의 어느 하나에 해당하는 자의 대리인·사용인, 그 밖의 종업원으로서 그 직무와 관련하여 대량취득·처분의 실시 또는 중지에 관한 미공개정보를 알게 된 자

ⅵ. 대량취득·처분을 하는 자 또는 ‘ⅰ’부터 ‘ⅴ’까지의 어느 하나에 해당하는 자로부터 대량취득·처분의 실시 또는 중지에 관한 미공개정보를 받은 자

③ 위반 시 제재

미공개중요정보 이용행위 금지의 제재와 동일하다.

2-4 내부자거래에 대한 예방적 규제

가. 내부자의 단기매매차익 반환(법 제172조)

1) 의의

내부정보에 대한 접근이 용이한 임직원 또는 주요 주주가 미공개정보를 이용하여 특정증권 등을 매매해 이득을 취하는 것을 예방하기 위하여, 임직원 등이 특정증권 등을 단기매매함으로써 이익을 얻는 경우 그 차익을 반환하도록 하는 제도이다.

2) 규제내용

① 규제대상자 범위

ⅰ. 주권상장법인의 임원

ⅱ. 직원

- 그 법인에서 주요사항(법 제161조 제1항)의 수립·변경·추진·공시, 그 밖에 이와 관련된 업무에 종사하는 직원
- 그 법인의 재무·회계·기획·연구개발과 관련된 업무에 종사하는 직원

ⅲ. 주요주주

ⅳ. 상장법인이 모집, 사모, 매출하는 특정증권 등을 인수한 투자매매업자

② 대상 금융투자상품은 내부자거래금지 규제 대상 증권(특정증권 등)과 동일하다.

③ 규제행위: 규제대상자가 특정증권 등을 매수한 후 6개월 이내에 매도하거나 특정증권 등을 매도한 후 6개월 이내에 매수하여 이익을 얻은 경우 그 법인은 해당 규제대상자에게 이익을 반환할 것을 청구할 수 있다.

나. 임원·주요주주의 특정증권 등의 소유상황 보고(법 제173조)

1) 의의

주권상장법인 임원, 주요주주의 특정증권 등 소유내용을 공시하게 함으로써 내부정보의

이용을 방지하고 임원, 주요주주가 6개월 이내의 매매로 이익을 얻은 경우 단기 매매차익 반환의 청구자료로 활용한다.

2) 규제내용 및 제재

① 보고의무자: 주권상장법인 임원(상법상의 업무집행지시자 포함), 주요주주

② 보고내용

임원 또는 주요주주가 된 날부터 5일 이내에 누구의 명의로 하든지 자기의 계산으로 소유하고 있는 특정증권 등의 소유상황을, 그 특정증권 등의 소유상황에 변동이 있는 경우에는 그 변동이 있는 날부터 5일까지 그 내용을 각각 증권선물위원회와 거래소에 보고하여야 한다.

③ 보고 내용의 공시: 증권선물위원회와 거래소는 보고서를 3년간 갖추어 두고, 인터넷 홈페이지 등을 이용하여 공시한다.

④ 위반에 대한 제재

- 1년 이하의 징역 또는 3천만 원 이하의 벌금
- 증권선물위원회의 시정명령

2-5 시세조종행위의 규제(법 제176조 위반행위)

가. 의의

일반투자자에 대한 사기를 방지하고 자본시장에 대한 신뢰를 고양하기 위하여 인위적으로 시세를 변동시키고 그 조작된 시세를 타인으로 하여금 공정한 시세로 오인케 함으로써 자기 또는 제3자의 이득을 꾀하는 행위 등 증권시장의 완전성을 훼손하는 일체의 시세조종적, 사기적 행위를 규제하는 것을 목적으로 하고 있다.

나. 규제 내용

1) 위장거래에 의한 시세조종

상장증권 또는 장내파생상품의 매매에 관하여 그 매매가 성황을 이루고 있는 듯이 잘못 알게 하거나, 그 밖에 타인에게 그릇된 판단을 하게 할 목적으로 매매조건에 관하여 매도인과

매수인이 짜고 하는 통정매매와 가짜로 매매계약을 체결하는 가장매매행위 및 그러한 행위를 위탁하거나 수탁하는 행위

2) 현실거래에 의한 시세조종

상장증권 또는 장내파생상품의 매매를 유인할 목적으로 그 증권 또는 장내파생상품의 매매가 성황을 이루고 있는 듯이 잘못 알게 하거나 그 시세를 변동시키는 매매 또는 그 위탁이나 수탁하는 행위

3) 허위표시에 의한 시세조종

상장증권 또는 장내파생상품의 매매를 유인할 목적으로 그 증권 또는 장내파생상품의 매매가 성황을 이루고 있는 듯이 잘못 알게 하거나 그 시세를 장내파생상품의 시세가 자기 또는 타인의 시장 조작에 의하여 변동한다는 말을 유포하는 행위 및 그 증권 또는 장내파생상품의 매매를 하는 데 중요한 사실에 관하여 거짓의 표시 또는 오해를 유발하는 표시를 하는 행위

4) 안정조작·시장조성

상장증권 또는 장내파생상품의 시세를 고정시키거나 안정시킬 목적으로 그 증권 또는 장내파생상품에 관한 일련의 매매 또는 그 위탁이나 수탁을 하는 행위

5) 시세조정

① 파생상품 매매에서 부당한 이익을 얻거나 제3자에게 부당한 이익을 얻게 할 목적으로 그 파생상품 기초자산의 시세를 변동 또는 고정시키는 행위
② 증권의 매매에서 부당한 이익을 얻거나 제3자에게 부당한 이익을 얻게 할 목적으로 그 증권을 기초자산으로 하는 장내파생상품의 시세를 변동 또는 고정시키는 행위

다. 위반 시 제재

1) 민사상 제재

시세조종행위는 금지되며, 이를 위반한 자는 그 위반행위로 인하여 형성된 가격에 의하여 해당 상장증권 또는 장내파생상품의 매매를 하거나 위탁을 한 자가 그 매매 또는 위탁으로 인하여 입은 손해를 배상할 책임을 진다.

2) 형사상 제재

미공개중요정보 이용행위 금지의 제재와 동일하다.

3 고난도금융투자상품 및 녹취·숙려제도

3-1 도입배경

2019년 투자자의 피해가 발생한 해외금리연계 DLF 사태에서 발견된 문제점을 해소하고 유사한 피해 발생을 방지하지 위해 고난도 금융투자상품제도와 고난도 금융투자상품 판매과정에서의 녹취 및 숙려기간 보장 제도 등을 도입하게 되었다.

3-2 고난도금융투자상품의 정의

고난도 금융투자상품이란 원금 20%를 초과하는 손실이 발생할 수 있는 파생결합증권, 파생상품, 투자자가 이해하기 어려운 펀드·투자일임·금전신탁계약을 의미한다. 다만, 거래소, 해외증권·파생상품시장 상장 상품이나 전문투자자만을 대상(주권상장법인, 해외상장법인, 법인·단체·개인전문투자자 제외)으로 하는 상품은 제외한다. 특정 금융투자상품이 고난도 금융투자상품에 해당하는지 여부가 불분명한 경우 금융투자협회(상품분류점검위원회)와 금융위원회(고난도금융투자상품심사위원회)에 심사를 의뢰할 수 있다.

3-3 고난도금융투자상품 판매 제도

가. 녹취제도

고난도 금융투자상품판매와 고난도 투자일임 및 금전신탁계약 체결 시 판매·계약 체결 과정은 녹취하여야 하며 투자자는 금융회사로부터 녹취파일을 제공받을 수 있다.

나. 숙려제도

고난도 금융투자상품과 고난도 투자일임 및 금전신탁계약을 체결하는 경우 계약 체결 여부를 다시 한번 생각할 수 있는 2영업일 이상의 숙려기간이 보장되어야 한다.

다. 숙려기간 중 금융회사의 의무

숙려기간 중 금융회사는 투자자에게 투자에 따르는 위험, 원금 손실 가능성, 최대 원금손실 가능 금액을 고지하여야 한다.

라. 숙려 기간 후 절차

숙려기간이 지난 후 투자자는 서명, 기명날인, 녹취, 전자우편, 우편, ARS 등으로 청약의사를 다시 한 번 표현하는 경우에만 청약, 계약체결이 확정된다. 만일 숙려기간이 지난 후에 투자자가 매매의사를 확정하지 않을 경우 청약은 집행되지 않으며 투자금은 반환된다.

바. 요약 설명서 제공

금융회사는 고난도금융투자상품 계약 체결 시 동 상품의 내용과 투자위험, 해당상품의 특성과 손실위험에 대한 시나리오 분석결과, 해당상품 목표시장의 내용 및 설정 근거 등을 요약한 설명서를 제공하여야 한다.

4 고령 투자자에 대한 녹취·숙려제도

4-1 개요

65세 이상의 고령 투자자와 부적합투자자의 경우 금융소비자보호법에 따른 적정성 원칙 적용 대상 상품 투자 시 녹취 및 숙려제도를 준수하여야 한다. 또한 고령 투자자가 체결하는 일임·신탁계약도 적정성 원칙 적용대상 상품을 편입할 때는 녹취·숙려제도가 적용된다. 다만 거래소시장, 해외증권시장, 해외파생상품시장에 상장 및 거래되는 상품으로서 투자자가 해당시장에서 직접 매매하는 경우에는 녹취·숙려제도가 적용되지 않는다.

4-2 적용 대상 상품

65세 이상의 고령자 등에게 적용되는 녹취·숙려 적용 대상 상품은 다음과 같다.

	고령자 등 대상 녹취·숙려 적용대상 상품
금융투자상품	① 고난도 금투상품·일임계약·금전신탁계약 (금소법 시행령 제12조제1항제2호다목)
	② 파생결합증권* (금소법 시행령 제12조제1항제2호가목)
	③ 파생결합증권에 50% 이상 투자하는 펀드* (금소법 감독규정 제11조제1항제2호)
	④ 파생상품 (금소법 시행령 제12조제1항제2호가목)
	⑤ 파생상품펀드 (금소법 감독규정 제11조제1항제1호)
	⑥ 조건부자본증권 (금소법 시행령 제12조제1항제2호나목)
	⑦ 파생상품 등에 투자하는 금전신탁 수익증권 (금소법 감독규정 제11조제1항제3호)
신탁계약	①~⑦ 중 어느 하나에 운용하는 계약
일임계약	①~⑦ 중 어느 하나에 운용하는 일임계약

4-3 고령 투자자에 대한 불건전 영업행위 금지

65세 이상 고령의 투자자로서 다음에 해당하는 행위는 불건전 영업행위에 해당하여 금지된다.

① 판매과정을 녹취하지 않거나 투자자의 요청에도 불구하고 녹취된 파일을 제공하지 않는 행위

② 투자자에게 권유한 금융투자상품의 판매과정에서 금융투자상품의 매매에 관한 청약 또는 주문(이하 "청약 등"이라 한다)을 철회할 수 있는 기간(이하 이 호에서 "숙려기간"이라 한다)에 대해 안내하지 않는 행위

③ 투자권유를 받고 금융투자상품의 청약등을 한 투자자에게 2영업일 이상의 숙려기간을 부여하지 않는 행위

④ 숙려기간 동안 투자자에게 투자에 따르는 위험, 투자원금의 손실 가능성, 최대 원금

손실 가능 금액 및 그 밖에 금융위원회가 정하여 고시하는 사항*을 고지하지 않거나 청약 등을 집행하는 행위

* 금융위원회가 정하여 고시하는 사항: 해당상품의 특성과 손실위험에 대한 시나리오 분석결과, 해당 상품 목표시장의 내용 및 설정 근거

⑤ 숙려기간이 지난 후 서명, 기명날인, 녹취 또는 그 밖에 금융위원회가 정하여 고시하는 방법*으로 금융투자상품의 매매에 관한 청약 등의 의사가 확정적임을 확인하지 않고 청약 등을 집행하는 행위

* 금융위원회가 고시하는 방법: 전자우편, 우편, ARS

⑥ 청약 등을 집행할 목적으로 투자자에게 그 청약등의 의사가 확정적임을 표시해 줄 것을 권유하거나 강요하는 행위

제5절 | 분쟁사례 및 판례

금융투자상품 관련 분쟁은 거래대상이 되는 금융투자상품의 종류와 어떠한 거래단계에서 발생되었는지 여부 등에 따라 여러 가지 유형으로 구분될 수 있는데, 주요한 분쟁의 형태는 다음과 같다[21]

〈표 5-9〉 금융투자상품 관련 분쟁의 유형

임의매매	고객이 증권회사 또는 선물회사 직원에게 금융투자상품의 관리를 맡기지 아니하였고 그 금융투자회사 직원이 매매주문을 받지 않았음에도 고객의 예탁자산으로 마음대로 매매한 경우에는 민사 상 손해배상책임이 발생하며 해당 직원에게 처벌까지 가해질 수 있음
일임매매	투자일임업자가 고객과 투자일임계약을 체결한 상태에서 당초의 일임계약 취지를 위반하여 수수료 수입목적 등의 사유로 인하여 과도한 매매를 일삼은 경우 등 고객충실의무 위반이 인정될 수 있는 경우에는 민사 상 손해배상책임이 발생될 수 있음.
부당권유	증권회사, 선물회사 등의 금융투자회사 또는 은행, 보험 등의 겸영금융투자회사 직원이 고객에게 투자권유를 하면서 금융투자상품에 대한 설명의무를 충실히 하지 않아 위험성에 대한 투자자의 인식형성을 방해하거나, 과대한 위험성이 있는 투자를 부당하게 권유한 경우에는 사안에 따라 민사 상 손해배상책임이 발생될 수 있음
펀드 등 금융투자상품 불완전판매	금융투자상품의 불완전판매도 부당권유의 한 유형으로 분류되는 것이 보통이므로 적합성의 원칙, 적정성의 원칙, 설명의무, 손실보전약정 금지 등을 종합적으로 고려하여 민법 상 불법행위 여부를 판단하게 됨
주문관련	고객이 낸 주문을 증권회사, 선물회사 등 투자중개업자인 금융투자회사가 다르게 처리하거나, 주문권한이 없는 자로부터의 매매주문을 제출받아 처리한 경우 민사 상 손해배상책임이 발생될 수 있음
기타분쟁	횡령으로 인해 발생된 손해, 전산장애가 발생하여 매매가 불가능함으로 인해 발생된 손해, 기타 무자격 투자권유대행인으로 인한 분쟁, 증권회사 직원의 기망 및 보이스피싱 등 금융사기 사례 등이 있음

※ 상기 분류기준은 유사한 형태의 분쟁을 임의로 구분한 것임

21) 금융투자협회, 분쟁조정사례·판례집, 2018.12.

1 임의매매

1-1 임의매매

금융투자회사(증권회사, 선물회사 등) 또는 겸영금융투자회사(은행, 보험사 등)의 임직원이 고객으로부터 금융투자상품의 매매거래에 관한 개별적인 또는 포괄적인 위탁을 받지 않고 고객의 예탁자산으로 매매거래 하는 것을 의미한다.

실제 발생하는 분쟁사례 중 상당수가 고객이 임의매매를 주장하는 경우이나, 결과적으로 임의매매가 인정되는 비중은 그리 높지 않다. 왜냐하면, 임의매매 여부를 판단하기 위해서는 거래당시의 고객의사가 어떠하였는지를 객관적으로 살펴보아야 하는데, 계약체결 당시의 권유방법, 투자목적 내지 동기, 투자자의 거래경험, 거래원장에 나타난 거래내역 등 여러 정황을 근거로 판단해 보면 고객의 위임(일임)의사가 인정되는 경우가 많기 때문이다. 고객이 위임의사가 없었다고 주장하는 경우라 할지라도 "알아서 잘 해 주십시오"라며 계좌번호와 비밀번호를 직원에게 알려주거나, 거래인감을 증권회사 또는 선물회사 등의 직원에게 건네준 경우에는 직원에게 계좌관리를 포괄적으로 일임한 것으로 판단될 수 있다.

1-2 임의매매 관련 기본 법리

가. 투자일임약정이 있었는지 여부에 대한 판단

임의매매는 투자일임약정이 없는 가운데 금융투자회사의 임직원이 자의적으로 매매한 것이므로 투자일임약정이 실제로 있었는지 여부가 가장 기본적인 판단기준이 된다. 이와 관련하여 자본시장법에서는 임의매매를 금지(자본시장법 제70조)하고 만일 투자일임을 하고자 하는 경우에도 투자일임계약서를 작성하도록 요구하고 있으나, 이러한 투자일임계약서 작성의무는 투자자 보호와 금융시장의 건전성 제고를 위해 금융기관에 부여된 업무 절차적인 사항을 규율하기 위하여 규정된 것으로 볼 수 있다. 그러므로 "사적 자치의 원칙"상 일임계약은 서면뿐만 아니라 구두로도 가능하며, 경우에 따라서는 묵시적인 일임도 가능할 수 있다. 이러한 경우, 투자일임계약서를 구비하지 않고 투자일임을 받은 금융투자회사 또는 그 임직원에 대해서는 절차 위반을 이유로 제재가 뒤따를 수 있을 뿐이며, 임의매매에 따른 손해배상책임이 인정되지는 않는다.

나. 투자자의 사후 추인 여부

임의매매는 고객과의 투자일임약정이 없는 가운데 금융투자회사 임직원이 마음대로 매매한 것을 의미하지만, 사후에라도 고객이 매매결과에 대해 수용의사를 표명한 경우에 대하여 대법원 판례에서는 임의매매를 사후에 추인한 것으로 보게 되면 그 법률효과는 모두 고객에게 귀속되고 그 임의매매 행위가 불법행위를 구성하지 않게 되어 임의매매로 인한 손해배상청구도 할 수 없다고 판시하고 있다.[22]

그러나 판례에서는 이러한 고객의 추인의사의 판단 기준을 엄격하게 적용하고 있는데 특히 묵시적 추인의 여부는 고객이 자신이 처한 법적 지위를 충분히 이해하고 진정한 의사에 따라 당해 매매의 손실이 자기에게 귀속된다는 것을 승인하는 것으로 볼만한 사정이 있어야 할 것을 요구하고 있다. 즉 고객이 임의매매 사실을 알고도 즉시 이의를 제기하지 않았다는 사정만으로 임의매매를 추인하였다고 단정할 수 없다.

다. 손해배상금액의 산정기준

임의매매를 포함한 모든 민사상 불법행위의 재산상 손해의 범위는 위법한 가해행위로 인하여 발생한 재산상의 불이익, 즉 불법행위가 없었더라면 존재하였을 재산상태와 불법행위가 가해진 이후의 재산상태와의 차이를 의미한다. 따라서 임의매매의 경우 손해액은 다음과 같이 산정될 수 있다.

임의매매로 인한 재산상 손해
= 임의매매가 없었던 상태의 계좌잔고 - 임의매매 사실을 인지하고 이의제기를 한 시점에서의 계좌잔고

다만, 실제 손해배상금액은 사건의 구체적인 내용에 따라 고객이 손실확대에 기여한 과실* 등을 종합적으로 반영(과실상계)하여 최종적으로 결정된다.

* 고객의 장기간 거래내역 확인 소홀 또는 계좌번호·비밀번호 관리 소홀, 임의매매 인지(가능)시점 이후의 대처 미흡 등

---

22) 대법2003.12.26.선고2003다49542

라. 임의매매에 따른 처벌

임의매매 시 '5년 이하의 징역 또는 2억 원 이하의 벌금'(자본시장법 제444조)에 처해질 수 있다.

이러한 규정은 사인 간의 민사상 불법행위에 대한 손해배상 여부를 판단하는 조정 또는 민사소송과는 별개의 처벌규정이므로, 당사자 간의 합의여부와 무관하게 관련 임직원은 처벌될 수 있다.

임의매매와 일임매매의 차이점

임의매매와 일임매매의 가장 큰 차이점은 매매거래에 대한 계좌주의 위임 여부이다. 임의매매는 매매거래에 대한 위임이 없었음에도 직원이 자의적으로 매매를 한 경우인 반면, 일임매매는 매매거래와 관련한 전부 또는 일부의 권한을 위임한 상태에서 직원이 매매한 경우이다.

따라서 임의매매의 경우에는 투자자가 손실의 전부 또는 대부분에 대해 손해배상을 받는 경우가 많으나, 투자자로부터 받은 매매권한을 가지고 매매한 일임매매의 경우에는 원칙적으로 손해배상책임이 성립되지 않고 직원의 충실의무위반 등이 인정되는 예외적인 경우에만 책임을 물을 수 있다.

1-3 임의매매관련 판례

① 직원이 고객으로부터 포괄적인 일임을 받았다고 하더라도 별도의 권한을 위임받지 않고 행한 신용거래의 경우 임의매매에 해당한다는 사례(대판2002.4.10.선고2002다2232)

사건 개요	고객A는 증권회사 직원인 B에게 투자위임을 하기로 하였고, 직원B는 A의 인장과 주민등록증을 직원C에게 교부하여 '97. 6. 28 주식위탁계좌를 개설하였음. 그러던 중에 '97. 9. 22. B는 C에게 전화로 A명의의 신용거래계좌를 개설해줄 것을 추가로 요청하여 C는 신용거래계좌를 개설하였고 이후 고객A가 비밀번호 변경을 위해 제시한 주민등록증을 고객A도 모르게 복사하여 계좌개설서류를 완성하였음. A명의의 신용거래계좌가 만들어지자 B는 신용으로 ○주식을 매수할 것을 C에게 지시하였고, '97. 9. 30.에서야 A는 신용거래사실을 인지하고 본인 계좌의 거래중지를 요구하였음. 이후 A는 '97. 10. 4. 전화를 걸어 현금주식 거래만 재개할 것을 요청하였다가, '97. 10. 20.에는 자신의 주문없이 거래를 하지 말 것을 요구하여 이후에는 거래가 이루어지지 아니하였음. 결국, 증권회사는 '98. 2. 24.~ 27.까지 신용융자원리금의 미변제를 이유로 신용매수한 주식 및 대용주식에 대한 반대매매를 실행하여 신용융자금 상환에 충당하였음
판단 내용	고객인 A가 신용거래에 관하여 증권회사 직원인 B에게 권한을 위임하지 않았음에도 같은 회사 직원C가 본인의 의사를 확인하지 아니하고 B의 지시로 신용거래계좌를 개설하고 신용매수를 한 행위는 임의매매로서 불법행위에 해당함. 증권회사는 A가 신용거래 사실을 알고도 '97. 10. 2. 지점을 방문

	하여 비밀번호만 변경하고 신용매수 주식을 처분하지 아니한 채 현금인출만을 하였고, 이후 현금에 의한 주식거래 재개를 요청한 점을 근거로 고객A가 임의매매를 추인하였다고 주장하나, 임의의 신용거래를 알게 된 이후에 신용매수된 주식을 처분할 의무가 A에게 있다고 보기 어렵고, 출금한 현금의 경우에도 신용매수한 주식과는 무관한 자신의 예탁금 중 일부에 불과하므로 신용거래를 추인하였다고 볼 수 없음. 따라서 피고 증권회사는 임의의 신용주식매수와 신용융자금 상환을 위해 이루어진 반대매매로 인해 발생된 손해에 대해 배상할 책임이 인정되나, 고객A의 경우에도 자신이 직접 주식위탁계좌를 개설하지 않고, 직원B에게 자신의 신분증과 인장사용을 허용한 점, 신용거래 사실 이후 안이한 대처로 손실발생 및 확대에 기여한 점 등을 고려하여 40%의 과실을 인정함(총 60%에 대해서만 증권회사 책임 인정).

② 고객이 직원의 임의매매사실을 알고도 즉시 이의제기 등의 조치를 취하지 않고 매매거래를 계속하거나 현금을 인출한 경우 묵시적 추인을 인정한 사례(대판 2007.6.15.선고2007다25049)

사건 개요	고객A는 2000. 8. 14. 피고 증권회사 지점에서 주식위탁계좌를 개설한 이후 2억 3,540여만 원을 예탁하고 관련 직원인 B에게 계좌관리를 맡김. 이후, A명의의 계좌에서는 여러 차례의 주식거래가 발생된 결과 손실이 발생하였는데, A는 이러한 주식거래가 본인의 의사에 따르지 아니한 임의매매라고 주장하며 손해배상을 청구하였음.
판단 내용	고객A는 자신의 구체적 지시가 없더라도 소신에 따라 좋은 종목을 골라 주식시장 상황에 맞춰 매매할 수 있도록 B에게 어느 정도의 재량권을 부여하였음. ☆주식의 경우, 주식매수에 대한 설명을 듣고 그 매수에 동의한 사실이 있고, ★주식의 경우, 주식매수 전 A와 상의를 하였고 매수후에는 매수사실을 A에게 통지하였으나 A는 아무런 이의를 제기하지 않았음. ◇주식은 매도한 것을 A가 알고도 즉시 이의를 제기하거나 원상회복 또는 손해의 보전을 요구하는 등의 조치를 취하지 않았으며, 그 매도 입금된 현금을 이용해 다른 주식을 매수하거나 현금으로 인출한 사실이 있음. ◆주식의 경우, A가 B에게 2001. 2. 19.부터 2001. 2. 21. 사이에 주가가 8,330원 정도 될 때, 주가가 8,800원쯤 될 때, 나중에는 주가가 9,000원을 도저히 뚫지 못할 것 같은 판단이 들 때 주식을 팔라는 식으로 수차례 지시한 적은 있으나 무조건 즉시 매도하라고 지시한 적은 없음. A는 각 주식거래가 이루어진 이후 그 거래로 취득한 주식을 직접 매도하거나 B로 하여금 즉시 매도하도록 지시한 적은 없음. 결국, 이러한 거래는 원고의 사전 동의하에 이루어진 것이거나 원고로부터 부여받은 재량권에 근거하여 주식매도 한 후 사후에 A로부터 묵시적 추인을 받은 것으로 보아야 하므로 임의매매가 아님.

③ 고객이 직원의 임의매매 사실을 알고도 즉시 임의매매에 대한 배상요구를 하지 않았다는 사실만으로 임의매매를 추인한 것으로 보기 어렵다는 사례(대판2002.7.23. 선고2002다41503)

사건 개요	'99. 12. 23. 증권회사 직원인 B는 고객 A계좌를 통해 ☆종목을 임의매수 하였고, 매수당일 저녁 A와의 저녁식사 중 임의매매 및 주가하락 사실을 고지하였음. 또한, 임의매수일 다음날인 '99. 12. 24.에는 전화 통화 중 A가 '얘길 들어보면 그럼 가능성은 있어 보이네요', '뭐 재료만 좋다면 장이 불안해도 그건 가지', '관망을 해보겠다 이거야?' 등으로 B에게 말한 사실이 있음.
판단 내용	비록, A가 임의매수 다음날 전화통화에서 B의 임의매수를 관망하는 듯한 표현을 한 적이 있다 하더라도, 이는 말미('99. 12. 27.)를 구하면서 주식전망을 낙관할 수 있다는 취지로 관련 직원 B가 한 변명에 A가 수긍할 점이 있다고 대답한 것에 지나지 않고, 오히려 '99. 12. 27.에는 B가 임의매매에 관하여 함구하고 이후 어떠한 조치를 취하였다는 기별도 하지 않자 '00. 1. 4. 전화통화 시 B의 임의매수를 강력히 질책하였고, '00. 1. 11. 전화통화에서는 기한날짜를 구체적으로 요구하고 피고회사에 대한 책임을 분명히 하였음. 더군다나, 고객A는 임의매수 이후 하등의 처분행위를 한 적도 없음. 결국, 고객A가 직원의 부탁에 따라 관망할 수 있는 다소 상당한 유예기간을 허락하였다거나 주가상승의 개연성이 수긍된다는 취지의 말을 하였다고 하여 이러한 임의매수를 추인한 것으로 볼 수는 없다 할 것임. 한편, 고객A가 과거 몇 차례 임의매매를 추인하였던 적이 있고, ☆종목 임의매수에 따른 손해에도 불구하고 전체적으로는 원금의 잠식에 이르지 않았던 점, 임의매수 이후 즉시 예탁금반환을 요구한 적이 없다고 하여 임의매매에 대한 묵시적인 추인을 인정할 수는 없음

④ 고객과 직원이 약정한 매매거래 중단 사유가 발생하였음에도 불구하고 직원이 매매거래를 계속한 경우 임의매매를 인정한 사례(대판2006.2.10.선고2005다57707)

사건 개요	고객A는 '02년도에 주가지수옵션거래를 통해 큰 손실을 입은 적이 있는 자로서, '03. 4월경 "월 3% 정도의 수익이 충분히 가능하다", "10% 이상 손실이 나는 경우에는 일단 매매를 중단하고 그 이후의 거래에 관하여 A와 상의하겠다"는 말을 듣고 관련 직원인 B에게 10억 원을 위탁하여 선물·옵션거래에 대한 포괄적인 일임을 하였음. 이후, 일시적으로 수익이 발생되기도 하였으나, '03. 6. 11.과 6. 12.에 걸쳐 행사가격 82.5인 7월물 콜옵션 300계약과 행사가격 85.0인 7월물 콜옵션 700계약을 매도하는 등 옵션 매도약정을 다량 보유한 이후 '03 .6. 12. 기준으로 잔고평가액이 7억 5천여만 원에 불과하게 되었음. 당시 A는 HTS를 통해 B의 거래내역을 매일 확인하고 있었으나, 거래조회 화면에 나타나는 각종 잔고와 각 수치의 정확한 의미를 이해하지 못한 채 당시 예수금 잔고가 10억 원을 넘기고 있는 것만으로 투자성과가 좋은 것으로 오인하였음. 한편, A는 '03. 7. 2.에는 지수가 하락될 것으로 판단하여 행사가격 85.0인 7월물 풋옵션 5,000계약을 0.5포인트 아래서 현재가로 사달라고 요청하였는데, 풋옵션 가격이 일시 상승하여 B는 0.5포인트 이상으로 되자 원고에게 상의를 하지 않은 채 0.51~0.54포인트에서 5,000계약을 매수하였고, A는 이러한 사실을 확인하였음에도 그에 대하여 이의를 제기하지 아니하였음
판단 내용	본 건의 경우 고객A는 직원B에게 포괄적 일임매매를 의뢰하기 전에 이미 스스로 선물·옵션거래를 하다가 불과 한 달 남짓 만에 원금을 모두 날린 경험이 있었던 점에 비추어 보면 B가 선물·옵션의 위험성을 충분히 고지하지 아니함으로써 위험성에 관한 올바른 인식형성을 방해하였다고 보기는 어렵고, 월 3%정도의 수익약정만으로는 A의 기존 투자성향에 비하여 과대한 위험성 있는 거래를 적극 권유하였다고 보기는 어려움.

	또한, A가 조회한 선물·옵션거래의 실시간 계좌평가화면을 통해 금일 약정합, 미실현손익합, 수수료합, 당일 거래종목의 종목별 매입가 및 청산/평가금, 실현/평가손익액 등을 알 수 있었던 사실을 인정할 수 있으므로 A가 그 의미를 제대로 이해하지 못하였다고 한 점만으로 피고 증권회사의 고객보호의무 위반을 인정하기 어려움. 하지만, '03. 6. 2. 현재 잔고평가총액이 8억 9천 8백여만 원이 되어 최초로 10% 이상의 손실을 기록하게 되었을 때 비록 위 잔고평가총액이 전일종가를 기준으로 한 미실현손익으로서 옵션가격 등락에 따라 실제 평가총액은 장중에도 수시로 등락을 거듭하는 것이고 실제로 이날 이후 잔고평가총액이 10% 손실을 입지 않았던 적도 있었다고 하더라도 B는 당초 약속에 따라 거래를 중단하고 A의 의사를 물어 거래를 재개하였어야 함에도 그와 같은 조치를 취하지 않았다 할 것이므로 이는 원고의 의사에 기하지 아니한 임의매매에 해당함. 또한, '03. 7. 2. A가 B에게 행사가격 85.0인 7월물 풋옵션 계약을 매수함에 있어 구체적인 지시를 하였음에도 B는 원고가 설정한 매수가액보다 고가에 매수하였으므로 이 역시 불법행위에 해당함. 다만, 10% 손실 초과 시 거래중단과 관련하여 A는 옵션거래의 가격변동성과 투자위험을 감안하여 증권전산망의 화면을 면밀히 살펴보는 등 잘 감시하였어야 함에도 이를 게을리 하여 B가 계속 거래하도록 하여 손해 발생 및 확대에 기여하였으므로, 이러한 A의 과실을 30%로 산정하였음(손해금액 중 70%에 대해 증권회사 책임 인정).

2 일임매매

2-1 일임매매란?

자본시장법상 일임매매(투자일임)는 금융위원회에 투자일임업자로 등록된 금융투자업자가 투자자로부터 금융투자상품에 대한 투자판단의 전부 또는 일부를 일임 받아 금융투자상품을 취득·처분, 그 밖의 방법으로 운용하는 것을 의미한다.

2-2 일임매매 관련 기본 법리

가. 투자일임계약의 성격

투자일임계약은 민법상 위임계약의 일종으로서, 수임자(투자일임업에 등록한 금융투자회사)의 투자행위로 발생한 손익결과가 위임자(계좌주)에게 귀속되는 것을 원칙으로 한다. 투자 결과 손실이 발생하더라도 금융투자회사 또는 그 임직원이 계약상 수반되는 각종 주의의무를 위반하거나 여타의 불법행위를 하지 않은 이상, 고객은 손실이 발생하였다는 사실만으로 책임을 물을 수는 없다. 따라서, 단순히 시장전망에 대한 잘못된 판단 또는 금융투자회사 직원의 능력부족만을 이유로 투자일임 결과, 발생된 손실에 대해 배상책임을 묻기는 어렵다.

나. 손해배상책임이 인정되는 일임매매

투자일임이 있었던 경우에도 금융투자회사 또는 그 임직원 자신의 부당한 이득을 위하여 매매한 경우나, 당초의 투자일임계약서의 구체적인 일임 취지를 일탈 또는 초과하여 매매함으로 인해 발생한 손해에 대해서는 배상책임이 인정될 수 있다.

다. 과다일임매매의 판단기준

'과다일임매매'는 증권회사 또는 선물회사 등의 금융투자회사가 고객과 체결한 투자일임계약을 이용하여 그 직원이 충실의무를 위반하고 고객의 이익을 등한시한 채 무리하게 빈번한 회전매매를 실행한 것을 의미하며, 이로 인해 고객에게 손해가 발생된 경우에는 과다매매로 인한 금융투자회사의 손해배상책임이 인정될 수 있다. 만일 투자자가 공격적인 투자성향의 소유자로서 직원에게 단기매매를 지속적으로 요청해 온 사실이 있다면, 객관적인 매매지표상으로 과다성이 인정된다 하더라도 불법성이 인정되지 않을 수 있다.

금융투자회사의 직원이 충실의무를 위반한 과다매매행위를 한 것인지 여부 판단 기준
• 고객 계좌에 대한 금융투자회사의 지배 여부 • 주식매매의 동기 및 경위 • 거래기간과 매매횟수 및 양자의 비율 • 매입주식의 평균적 보유기간, 매매주식 중 단기매매가 차지하는 비율 • 동일 주식의 매입·매도를 반복한 것인지의 여부 • 수수료 등 비용을 공제한 후의 이익 여부 • 운용액 및 운용기간에 비추어 본 수수료액의 과다여부 • 손해액에서 수수료가 차지하는 비율 • 단기매매가 많이 이루어져야 할 특별한 사정이 있는지의 여부 등 제반사정을 참작하여 빈번한 주식매매가 전문가로서의 합리적인 선택이라고 볼 수 있는지 여부를 기준으로 판단하여야 한다고 판시

라. 손해매상금액의 산정기준

과다일임매매의 경우에도 임의매매와 마찬가지로 재산상 손해의 범위는 불법행위인 과다일임매매가 없었더라면 존재하였을 재산상태와 과다일임매매가 행해진 이후의 재산상태와의 차이를 의미한다. 다만 실제로는 개별 주식거래의 다양성과 주식시장의 변동성 등으로 인하여, 주가지수 변동률 등의 통계자료만으로 '정상적인 일임거래가 이루어졌을 경우에 발생되었을 것으로 예상되는 손실이나 거래비용'을 정확히 추산하는 것이 매우 어렵기 때문에 판례에서는 다음과 같은 방식으로 손해액을 산정하고 있다.

과다매매로 인한 재산상 손해

= 과다매매가 시작되는 시점의 계좌잔고
- 과다매매 종료 시점의 계좌 잔고
- 과다매매가 아니었더라도 발생하였을 제비용이나 예탁금 손실 등*

* ① 정상적인 거래가 이루어졌을 경우에 그에 상응하여 지출되었을 것으로 예상되는 비용
② 전반적인 주가하락 추세 등의 요소로 인해 과다매매와 무관하게 발생할 것으로 볼 수 있는 손해

과다일임매매의 경우에는 민법상 위임계약에 기초하여 자신의 자산 중 일부를 타인에게 맡겨 그 결과에 대한 수용의사가 전제되어 있다고 볼 수 있고, 위임 이후에도 자신의 자산을 관리하여야 할 의무는 여전히 존재한다고 볼 수 있으므로 다른 유형의 분쟁사례보다 상대적으로 본인의 과실*비율이 높게 산정되고 있다.

* 직원의 투자상황에 대한 사후 관리 소홀(거래내역 확인 소홀 등) 또는 위임취지에 반한 투자사실에 대한 인지 이후 조치 미흡 등

마. 일임매매 관련 절차적인 위반

투자일임을 위해서는 일정한 절차적 요건을 갖추도록 요구하고 있는데, 구체적으로 투자일임업자 또는 투자일임업을 등록한 금융투자회사(증권회사, 선물회사 등)는 일반투자자와 투자일임계약서를 작성하여야 하고, 법에서 정하고 있는 사항들을 기재한 서면자료를 일반투자자에게 교부하여야 한다(자본시장법 제97조). 다만, 이러한 절차적인 요건은 시장의 건전성 제고와 투자자보호를 위하여 규정해 놓은 것으로서 이를 위반할 경우 관련 투자일임업자 또는 그 임직원에 대해 징계사유가 될 수 있지만, 이러한 절차적인 위반만으로 민사상 불법행위로서 손해배상책임이 반드시 발생하는 것은 아니다.

2-3 일임매매 관련 판례

① 증권회사 직원이 고객으로부터 포괄적으로 선물·옵션거래에 대하여 위임을 받고 옵션거래를 하던 중 최종거래일의 거래마감시간 직전에 신규로 대량 매수하는 행위는 고객의 투자상황에 비추어 과도한 위험성을 수반한 거래라고 보아 증권회사에게 배상책임을 물은 사례(대판2009.5.28.선고2006다58332)

사건 개요	고객A는 2000. 7월 무렵에 모증권사 모지점에서 직원B를 관리자로 지정하고 계좌를 개설하여 직원B에게 선물·옵션거래에 대한 매매를 일임하였는데, 2001. 5월 무렵에 △△증권으로 전직하자, 고객A도 자신의 대리인을 통해 거래처를 △△증권으로 옮겨 선물·옵션위탁계좌 2개를 개설하고 마찬가지로 직원B에게 매매를 일임하였음. 이때 대리인은 계좌개설만을 대리하였고 계좌운영에 관해서는 대리권을 가지지 아니한 채 가끔 직원B와 통화하면서 계좌운영을 감시하기만 하였음. 직원B는 2002년 4월물 KOSPI200옵션 최종거래일인 2002. 4. 11. 14:42분 현재 KOSPI200지수는 108.71인데 행사가격이 107.5인 콜옵션을 프리미엄 1.85에 최종거래 마감시간인 14:50분을 불과 7~8분 남겨두고 제1계좌에서 1,543계약(예수금의 2/3), 제2계좌에서도 2,000계약(예수금의 2/3)을 각각 매수하였음. 직원B에 따르면, 이때 KOSPI200지수가 오전부터 1.3포인트 가까이 오르다가 오후 들어 만기에 대한 불안감으로 13:00 무렵 강보합 정도로 조정되었으나 14:30 무렵부터 급속히 시세가 오름세로 돌아서 순식간에 전날보다 2포인트 이상 급등하자 그 추세가 계속 이어져 15:00 현재의 동시호가지수(KOSPI200지수)가 14:50의 KOSPI200지수보다 현격히 높게 형성될 것으로 판단하고 제1, 제2계좌에서 매수에 임했다고 주장함. 하지만, B의 예상과 달리 14:43부터 KOSPI200지수가 상승하지 않고 콜옵션 프리미엄 시세가 급속하게 하락하기 시작하자 B는 계획을 바꿔 제1계좌의 원주문에 대하여서만 취소주문을 냈음. 본래 한국거래소의 KOSPI200선물·옵션 매매시스템은 회원사의 호가를 접수하는 접수프로그램과 접수된 호가를 접수된 순서에 따라 일련의 과정을 거친 후 체결 가능한 호가를 체결해 주는 집계체결프로그램이 별도로 가동되는데, 그날은 2002년 4월물 KOSPI200옵션의 최종거래일로서 시장변동성이 확대되고 주문호가가 폭주하는 바람에 체결지연현상이 발생하여 제1계좌 및 제2계좌 주문 또한 당초 주문시간보다 늦은 14:47~48분 사이에 체결되었고 그 체결 사실도 거의 14:50께 통보되었기 때문에 취소주문은 당연히 체결되지 않았음. 결국, 15:00 KOSPI200지수는 107.5로 B가 매수한 2002년 4월물 KOSPI200콜옵션 행사가격 107.5와 일치하여 콜옵션 행사의 가치가 상실되어 지급한 프리미엄 약 6.4억 원만 손해보게 됨. 이에 대해, 고객A는 직원B가 옵션 최종거래일 거래마감시간 직전에 옵션을 대량으로 매수한다는 것은 더 큰 위험성을 내포하며 만기임박으로 인해 손실을 만회할 시간적 기회조차 없게 하는 것이므로 설령 매매를 포괄적으로 일임했다 치더라도 이러한 행위는 전문가로서 합리적인 투자의 범주를 벗어난 것으로 고객보호의무를 위반한 것이라고 주장하면서 손해배상을 청구함.
판단 내용	대법원은 본 건에 대해 옵션만기일에는 차익거래나 투기적 거래에 의한 옵션과 주식을 청산하기 위한 물량이 대량으로 쏟아져 나와 시세변동성이 커지고, 옵션거래는 이른바 제로섬게임의 성격을 띠고 있어 옵션을 보유한 세력들이 만기일 15:00에 결정되는 KOSPI200지수를 토대로 이익을 취하기 위해 그 지

	수를 서로 자기가 원하는 지수대에 놓아두려고 하는 시도가 치열하여 심한 경우에는 15:00의 KOSPI200지수가 14:50의 지수보다 4~5포인트 높거나 낮게 형성되는 경우도 드물지 않게 나타나기도 하므로 14:50에 임박하여 형성된 지수를 토대로 15:00에 형성될 지수를 예측하는 것은 거의 불가능하므로 직원B의 대량 콜옵션 매수행위는 고객A의 투자상황에 비추어 과대한 위험성을 수반하는 거래라고 볼 여지가 충분하다고 판시함. 이에 따라 대법원이 2심판결을 파기하여 환송하자, 2심재판부는 1심재판부의 판결과 유사한 수준인 손해금액의 30% 수준에서 △△증권이 배상하기로 하는 화해권고결정을 함.

② 고객계좌에 대한 증권회사의 지배기간 중 일부 기간에만 과다매매가 발생한 경우, 계좌지배기간 전체가 아닌 일부기간에 대해 과다일임매매를 인정할 수 있다는 사례(대판2007.4.12.선고2004다38907)

사건 개요	고객인 A회사가 B증권회사에 개설한 1, 2계좌의 경우 관련 직원인D 등을 통해 관리된 '99. 8. 10~'00. 5. 4까지 약 9개월간 총 예탁금 44억 원 중에 16억 원 이상 손실이 났으며 그 중에 15억 원이 수수료로 발생되었음. 이후, C증권회사에 개설된 A회사의 3, 4, 5계좌의 경우 관련 직원인D 등을 통해 관리된 '00. 5. 4.~'01. 4. 13.까지 전체 일임거래 중 '00. 5. 4.~'00. 6. 30까지 초반 2개월여 간의 평균매매회전율이 1,696%에 이르고 총 예탁금 27억 원 중 15억 여원의 손실이 집중되었음(나머지 10개월간에는 월평균매매회전율이 6~17.6%에 불과하였음).
판단 내용	B증권회사의 경우 전체 일임매매 기간인 '99. 8. 10.~'00. 5. 4.에 손해액 대부분인 15억 원이 수수료에서 발생하였으므로 과다매매로 인정됨. C증권회사의 경우에는 B증권회사의 경우와는 달리 전체 일임매매 기간인 '00. 5. 4.~'01. 4. 13.까지 전체 일임매매 기간을 과다매매로 인정하지 않더라도 그 일부기간인 '00. 5. 4.~'00. 6. 30.까지 초반 2개월여 간은 전문가로서의 합리적 선택이라 볼 수 없을 정도로 과도한 거래가 반복된 것으로 판단됨에 따라 그 부분에 대해서만은 과다매매가 성립됨. 다만, 고객인 A회사가 HTS를 통해 주식거래상황을 수시로 확인할 수 있었고, 증권회사로부터 거래내역, 잔고현황을 공식적으로 통보받았음에도 이의제기를 하지 않는 등 과실이 있고 또한 A회사가 일임거래를 종료하면서 그때까지의 계좌내역을 확인한 후 '잔고 이상 없음'이라고 서명하여 주었다는 점만으로 주식거래결과인 투자손실을 모두 추인 또는 용인하였다고 볼 수는 없으므로 B증권회사, C증권회사에게 각각 40%, 30%의 책임비율을 인정함(고객인 A회사의 과실비율은 각각 60%, 70%임).

③ 고객이 본인의 결정에 따라 HTS로 잔고조회를 하는 것으로 선택하고 거래내역을 조회해 온 경우, 증권회사는 각종 통지 및 고지의무를 이행한 것으로 본 사례(대판2007.7.12.선고2006다53344)

사건 개요	고객A는 '98. 3월경 타증권회사에 선물·옵션계좌를 개설하여 거래경험이 있는 자로서 당시 손실경험 뿐 아니라 10억 원 이상의 수익을 낸 경험도 있음 고객A*는 고객A와 절친한 사이로서, 타증

	권회사에 '01. 11월경 계좌를 개설하여 1년여를 HTS 위주로 거래하였음. 고객A는 평소 거래가 있어 왔던 직원B가 C증권회사로 자리를 옮기자 친구인 고객A*와 함께 C증권회사에 선물·옵션계좌를 개설하여 일체의 투자일임을 하였으나, 결국 각각 13~15억여 원의 손실을 입음. 이에, 고객A와 A*는 C증권회사에 대해 부당권유, 과다매매 등 보호의무 위반, 통지의무 위반 등을 이유로 손해배상을 요청함.
판단 내용	고객A와 A*는 선물·옵션의 거래경험이 있는 자로서 거래설명서 교부 및 설명사실과 이를 확인하는 자필 서명이 있는 점 등을 종합하여 부당권유를 인정하지 아니함. 직원B가 사용한 양매도전략(스트랭글 매도전략)은 큰 폭의 주가지수 변동 시 무한대의 손실이 발생될 수 있는 매매전략이나, 상당수의 투자자가 동 전략을 사용하고 있고, A와 A*의 경우에도 동 매도전략을 위해 투자한 것으로 보이며, 실제 동 전략에 따른 매매를 용인하고 있었던 점, 기타 선물거래의 특성 등을 종합할 때 직원B가 주가지수의 변동을 잘못 예측하고 운용하여 결과적으로 손실을 입혔다는 점만으로 전문가로서 합리적 선택이 아니었다거나 수수료 수입목적만을 위한 과다매매로 볼 수 없음. 고객A와 A*는 우편통지가 아닌 전자통신 방법에 의한 거래내역 조회를 선택하고 거래내역을 조회하여 왔으므로 피고 증권회사C는 각종 통지 및 고지의무를 이행하였다고 보아야 함.

④ 고객의 이익을 등한시한 채 주식 한 종목만을 대상으로 과도한 매매회전을 한 경우 과당매매로 인정한 사례(대판2012.6.14.선고2011다65303)

사건 개요	투자자A는 B증권사 직원C로부터 증권거래를 위한 계좌개설을 권유받고 2006년 3월 개별 상품계좌를 개설한 다음 3억 2,600만 원을 계좌에 입금함. 직원C는 코스닥 상장사였던 학습지교육 관련 회사에 투자자A의 자금을 전액 투자했다가 이 회사가 2009년 5월 상장폐지 됨으로 인해 그 주식은 사실상 휴지조각이 되어 전액 손실을 보게 됨. 이에 투자자A는 직원C가 충실의무를 위반해 32개월 동안 629회나 무리하게 빈번한 매매를 함으로써 손해를 입었고, 이는 과당매매행위로서 불법행위에 해당된다며 B증권사 직원C를 상대로 손해배상 청구소송을 제기함. 1심, 2심은 증권거래가 본래 여러 불확정 요소에 의한 위험성을 동반할 수밖에 없는 점, 손실 발생 이유는 상장폐지 때문인 점 등을 종합해 볼 때 직원C가 주식거래를 함으로써 결과적으로 투자자A가 손해를 입었다는 점만으로 충실의무를 위반해 고객의 이익을 무시하고 빈번한 회전매매한 것이라 볼 수 없다며 원고패소 판결함.
판단 내용	대법원은 직원C의 행위가 과당매매행위라고 판단해 원고 패소 판결한 원심을 깨고 사건을 다시 심리·판단하라며 파기환송함. B증권사가 고객과 포괄적 일임매매 약정을 했다 해도, 증권사 직원이 충실의무를 위반해 고객의 이익을 등한시하고 무리하게 빈번한 회전매매를 함으로써 고객에게 손해를 입힌 경우에는 과당매매행위로 불법행위가 성립한다고 봄. 과당매매행위 해당여부는 주식매매의 동기, 경위, 거래기간과 매매횟수, 매입주식 평균보유기간, 매매주식 중 단기매매가 차지하는 비율, 동일 주식의 매입, 매도 반복, 수수료 등의 비용을 공제한 후의 이익, 손해액에서 수수료가 차지하는 비율, 단기매매가 많이 이뤄져야 할 특별한 사정이 있는지 등을 참작해 주식매매의 반복이 전문가로서의 합리적 선택이라 볼 수 있는지 아닌지를 기준으로 판단함.

	직원C가 원고로부터 위탁받아 주식거래를 시작한 2006년 3월부터 2008년 11월까지 약 32개월 동안 상장폐지된 코스닥 주식 한 종목만을 대상으로 629회의 거래를 했다는 점, 그 기간 매매회전율이 2,045.7%(연평균 매매회전율 766%)인 점을 고려할 때 과다매매가 인정됨 수수료(3,226만 원)와 제비용(964만 원) 등 4,190만 원은 총 투자원금(3억 2,600만 원)의 12.85%로 적지 않음 투자자A는 직원C가 행한 것처럼 투자원금 전부를 특정 한 종목에만 고가매수와 저가매도를 반복하는 투기적인 단기매매를 감수할 정도의 투기적 성향을 갖고 있다고 할 수 없는데도, 직원C는 주식 1개 종목에만 치중해 투기적인 단기매매를 반복했고, 이는 전문가로서의 합리적인 선택이라 할 수 없으며, 충실의무를 위반해 고객의 이익을 등한시하고 빈번한 회전매매를 한 결과 투자자A에게 손해를 입힌 것이므로 과당매매행위로서 불법행위가 성립함.

3 부당권유

3-1 부당권유란?

판례에서 인정하는 부당권유행위는 투자자의 기존 거래경위와 방법, 투자상황, 위험도 및 이에 관한 설명의 정도 등을 종합해 볼 때 고객보호 의무를 저버린 위법행위로써 당해 권유행위가 다음과 같은 두 가지 경우 중 하나에 해당할 때를 의미한다.

① 경험이 부족한 일반투자자에게 거래행위의 위험성에 관한 올바른 인식형성을 방해하는 행위

② 투자자의 투자상황에 비추어 과대한 위험성을 수반하는 거래를 적극적으로 권유한 행위

구체적으로 현재까지 법원을 통해 부당권유행위로서 민사상 손해배상책임이 인정된 주요한 사례는 다음과 같이 정리할 수 있다.

① 손실보전각서를 이용해 투자를 권유한 행위

② 합리적 근거 없이 단정적 판단으로 한 투자권유행위

③ 금융투자상품의 중요부분에 대한 설명 없이 매매권유 하는 등 설명의무를 충실히 하지 않은 경우

3-2 부당권유행위 관련 기본 법리

가. 부당권유행위 유형

금융소비자보호법(구 「자본시장법」 제49조)에서 부당권유의 금지[23)]를 규정하고 있으며, 적합성 원칙, 적정성 원칙, 설명의무 위반 및 손실보전 등의 금지 등도 부당권유행위와 관련된 규정이라고 볼 수 있다.

☞ 적정성원칙 : 적정성원칙 적용 대상 투자성 상품에 한함

〈참고〉 부당권유행위 관련 법률 규정
- 적합성 원칙(「금융소비자보호법」 제17조) - 적정성 원칙(「금융소비자보호법」 제18조) - 설명의무(「금융소비자보호법」 제19조) - 설명의무 위반으로 인한 재산상 손해액* 추정(「자본시장법」 제48조) * (상품취득 총액) - (상품처분 총액) = 손해액 - 부당권유의 금지(「금융소비자보호법」 제21조) - 손실보전 등의 금지(「자본시장법」 제55조) - 부당권유로 인한 손해배상책임의 범위 ※ 부당권유행위로 인한 재산상 손해 = (직원의 부당권유에 따라 주식 등의 매수를 위해 지출한 비용) - (사후 당해 주식 등을 매도하여 얻은 매도대금)

나. 부당권유행위 판단기준

판례에서는 이러한 부당권유행위로 인한 불법행위책임 성립여부와 관련하여 권유행위의 부당여부를 판단함에 있어 다음과 같은 제반사항을 종합적으로 고려하여야 함을 명시하고 있다.

① 거래경위와 거래방법 ② 고객의 투자상황(재산상태, 연령, 사회적 경험 정도) ③ 거래의 위험도 및 이에 관한 설명의 정도

23) 금융소비자보호법 제21조 부당권유행위 규정이 있지만, 이 절에서 말하는 부당권유행위는 통상적으로 6대 판매규제 행위를 통칭하기로 한다.

그러나 부당권유행위의 정도와 관련하여서 판례는 증권회사 또는 선물회사 등 금융투자회사의 임직원이 적극적으로 기망행위를 했을 것까지 요구하고 있지는 않다.

다. (원금)손실보전각서와 부당권유

판례에서 가장 빈번하게 부당권유행위로 인정되는 사례는 직원이 '원금(손실)보전각서(또는 원금보장각서)'를 교부하며 투자를 권유한 경우이다.

직원이 고객을 유치하거나 거래관계를 유지하기 위하여 손실보전각서를 제시하며 투자를 권유하는 경우에는 고객이 무효인 손실보전약정만을 믿고 위험성에 대한 합리적인 판단 없이 투자를 결정할 수 있기 때문이다.

> **손실보전각서의 효력**
>
> 판례는 손실보전약정의 효력과 관련하여 '증권회사 또는 선물회사 등이 고객에 대하여 증권거래 또는 선물·옵션거래 등과 관련하여 발생한 손실을 보전하여 주기로 하는 약속이나 그 손실보전행위는 위험관리에 의하여 경제활동을 촉진하는 증권시장의 본질을 훼손하고 안이한 투자판단을 초래하여 가격형성의 공정을 왜곡하는 행위로서, 증권투자에 있어서의 자기책임원칙에 반하는 것이라고 할 것이므로, 정당한 사유 없는 손실보전의 약속 또는 그 실행행위는 사회질서에 위반되어 무효'라고 판시하고 있다. 따라서, 직원이 손실보전을 약정하여 투자를 결정한 경우라 할지라도 사후 손실발생 시 이러한 약정을 근거로는 보전을 요청할 수 없으며, 직원의 그러한 행위가 부당권유행위로 인정될 수 있는 경우 민사상 불법행위책임을 물을 수 있다.
>
> 이러한 경우 구체적인 사실관계에 따라 고객의 과실비율을 참작하여 손해배상금액이 산정된다.
>
> 현행 자본시장법 제55조는 금융투자상품의 매매 및 그 밖에 거래와 관련하여 손실을 보전하거나 이익을 보장하는 행위를 금지하고 있다. 다만, 신노후생활연금신탁(노후생활연금신탁 포함), 연금신탁(신개인연금신탁 및 개인연금신탁 포함), 퇴직일시금신탁 등에 한하여 예외적으로 허용하고 있다.

라. 부당권유로 인한 손해배상책임의 범위

부당권유행위가 없었더라면 발생하지 않았을 손해이므로 다음과 같이 산정될 수 있다.

> 부당권유행위로 인한 재산상 손해
> = 직원의 부당권유에 따라 주식 등의 매수를 위해 지출한 비용 − 사후 당해 주식 등을 매도하여 얻은 매도대금

다만, 이 경우에도 실제 손해배상금액은 사건의 구체적인 내용에 따라 고객이 손실확대에 기여한 과실을 종합적으로 반영(과실상계)하여 최종적으로 결정된다. 특히, 부당권유의 경우 고객 개개인의 성향에 따라 부당성에 대한 판단결과가 달라질 수 있는데, 이는 고객의

나이나 학력, 기존 투자경험 및 투자성향에 따라 금융투자상품에 대한 이해도 및 선호도가 다를 수 있기 때문이다.

3-3 부당권유 관련 판례

① 직원이 '혼자만 알고 있는 호재인데 소문이 날까봐 이를 밝힐 수 없다. 지금 당장 투자하지 않으면 시기를 놓친다' 등의 말로 매매를 권유한 것을 부당권유로 인정한 사례(대판2003.1.24.선고2001다2129)

사건 개요	고객A는 '94. 10. 17. 증권거래계좌 개설 이후 손실이 발생되자 '96. 10월경 더 이상 주식거래를 하지 않으려 하다가 직원B가 확실히 주가가 상승할 종목만 추천하고 A의 허락없이 임의매매하지 않겠다는 말을 듣고 B에게 계좌관리를 위임하였음. 이후, 직원B는 '96. 10. 18.~'96. 12. 28. 사이에 임의매매한 사실이 있음. 또한, '96. 10월초에는 '☆의 주가가 상승하는 것은 100% 확실하다. 혼자만 알고 있는 호재인데 소문이 날까봐 이를 밝힐 수 없다. 지금 당장 투자하지 않으면 시기를 놓친다'는 등의 말을 하면서 A에게 ☆의 매수를 적극 권유하였고, 이에 A는 10억 원을 입금하여 ☆종목 4만주를 매수하였음. 하지만 ☆의 주가는 3, 4일 정도 상승하다가 이후 지속적으로 하락하였고, 이에 A는 직원B에게 매도를 요청하였으나 주가상승이 확실하므로 매도를 거부함. 그럼에도 불구하고 ☆의 주가가 하락하자 고객A는 '96. 11. 13. 직원에게 손실보전각서라도 써 줄 것을 요구하였고, 직원 B가 각서를 작성해 줌에 따라 매도는 보류되었음. 결국, '96. 12. 16.에야 직원B는 2만주를 매도하였고, 고객A도 '97. 1. 31.~'97. 2. 1. 사이에 나머지 2만주를 매도함.
판단 내용	직원B의 임의매매로 인한 불법행위를 인정함. 직원B가 자신만이 알고 있으나 이를 밝힐 수 없는 확실한 투자정보가 있다면서 ☆주식을 대량매수토록 유도하고, 고객A의 거듭된 매도 요청에도 불구하고 손실을 보전해주겠다는 각서까지 써 주면서 매도를 거부한 것은 고객에게 과대한 위험을 수반하는 거래를 적극적으로 권유하면서 그에 수반되는 위험성에 대한 인식을 방해한 행위로서 불법행위를 구성함. 다만, 고객A의 경우에도 상당한 투자경험이 있음에도 불구하고 잔고확인 소홀 등으로 직원B에게 임의매수 할 수 있는 기회를 제공하였고, B의 말에 현혹되어 구체적인 내용도 모르면서 경솔하게 ☆주식을 매수하였고, 손실을 보전해주겠다는 B의 약속만 믿고 이를 처분하지 않은 잘못이 있어 이러한 고객A의 과실을 40%로 산정함(손해금액의 60%만 증권회사 책임으로 인정).

② 과다매매의 거래기간 중 일부 거래가 부당한 권유에 의하여 이루어진 경우라 할지라도 이는 증권회사 위법성 및 책임을 가중시키는 참작사유로 고려하면 되고, 과다매매에 따른 손해배상청구권과 별도로 손해배상청구권을 인정할 필요는 없다는 취지의 사례(대판2007.11.15.선고2005다16775)

사건 개요	피고C증권회사 직원B는 고객A의 계좌에 대한 포괄적 일임을 받아 '00. 7월~'01. 3월까지 매매거래를 한 결과 총 예탁금 26억 원 중 23억 원의 손실이 발생됨 이 과정에서 과다한 매매를 반복하고, D종목의 경우 거의 매일 매매를 반복하여 한 종목에서만 19억 원의 손실이 발생하기도 함. 한편, 거래기간 중 직원B는 손실회복에 전전긍긍하는 고객A에게 수차례에 걸쳐 주가상승이나 시세조작에 관한 정보가 있다는 취지의 진술을 하며 일임매매를 권유하여 왔음.
판단 내용	과다매매의 거래기간 동안 증권회사에 의하여 고객의 투자목적·재산상황 및 투자경험에 비추어 부당한 거래가 권유된 경우에 그러한 부당권유행위는 과다매매의 성립을 인정하는데 참작요소가 될 수 있고, 과다매매의 불법행위로 인한 손해배상청구가 인용되는 경우에는 특별한 사정이 없는 한 부당권유에 관한 개개 거래 부분에 대하여 과다매매의 성립이나 손해배상책임의 제한 단계에서 증권회사측의 위법성 및 책임을 가중시키는 참작요소로 고려하면 충분하고 개개 거래부분에 대하여 과다매매로 인한 손해배상청구권과 별도로 손해배상청구권을 인정할 필요는 없음.

③ 과거 증권회사 근무경력이 있는 지인에게 투자위임을 한 후 손해를 봤을 경우, 구체적인 기망행위가 없다면 손해배상책임을 인정하기 어렵다는 사례(대법원2016.2.11. 선고2014가단148849)

사건 개요	스님A는 자신이 운영하는 법당 신도B가 증권회사 출신으로서 자신에게 돈을 맡기면 선물 옵션에 투자해 돈을 불려주겠다고 권유하였고, 귀가 솔깃했음. A는 B에게 2013년 9~12월까지 4회에 걸쳐 총 5000만 원을 맡겼고 수익금이 발생하면 주 1회 50대 50으로 분배하기로 약속했음. 하지만 그해 11월부터 선물 옵션 시장에 예상치 못한 큰 낙폭이 발생해 투자금 대부분을 잃었고 A의 투자금은 800만 원만 남았음. 투자금의 16%만 남은 A는 투자원금 전액을 돌려달라고 소송을 제기.
판단 내용	친분관계에 기초해 스스로 B의 투자 능력을 믿고 선물 옵션 투자를 위임한 이상, 그 결과가 투자금 손실로 이어졌다고 하더라도 B가 본인의 투자 능력이나 경력을 속이는 등 구체적인 기망행위를 했다는 사실이 인정되지 않는 한 투자금 손실에 대한 배상책임을 진다고 볼 수 없음. 수익금에 대한 50:50 분배 약정도 손실발생과 상당한 인과관계가 인정되지 않음. A가 추가 자금 지원을 해주면 손실을 회복시켜 주겠다고 약속한 것도 단순한 투자성공의 다짐 또는 각오에 불과함.

4 펀드 등 금융투자상품 불완전판매

4-1 개요

「자본시장법」에서 '집합투자기구'라고 정의되어 있는 펀드는 증권회사와 선물회사 등과 같은 투자중개업자, 자산운용회사는 물론 은행, 보험회사 등 거의 모든 제도권 금융기관에서 광범위하게 판매되고 있어 범국민적 재테크 수단으로 보편화되어 있다. 따라서 연령대, 지식정도, 소득수준 등의 면에서 투자 계층이 매우 폭넓게 분포되어 있으므로 상대적으로 투자경험 등이 취약한 투자자에 대한 세심한 보호가 요구된다.

한 종류의 펀드 및 금융투자상품에는 다양한 계층의 수많은 사람들이 가입하여 모아진 천문학적인 투자금액이 운용되므로, 만약 어느 한 종류의 펀드나 금융투자상품에 관련하여 쟁송이 발생하게 되면, 그 쟁송의 결과에 따른 사회적 파장은 엄청날 수 있다.

펀드를 포함한 한 종류의 금융투자상품에 관련하여 발생한 분쟁사건에 대하여 조정결정 또는 법원판결이 나올 경우 동일한 금융투자상품에 가입한 다른 가입자들이 잇달아 유사한 분쟁조정을 신청하거나 또는 소송을 제기할 수 있다. 더 나아가 가입자 단체 또는 가입자 전체가 단체소송 또는 집단소송을 제기하는 등의 문제로 비화될 수 있다. 만약 쟁송의 결과가 해당 금융투자상품을 판매한 금융기관에게 불리하게 나올 경우에 그 파장은 해당 금융기관은 물론이고 타 금융기관과 심지어 전체 자본시장에 미칠 수 있을 것이다.

4-2 불완전판매 관련 기본 법리

펀드 등 금융투자상품 불완전판매에 적용되는 기본 법리는 위에서 설명한 부당권유행위에서 찾을 수 있다. 즉 고객에 대한 투자권유 시 금융소비자보호법에서 정하는 부당권유의 금지, 적합성 원칙, 적정성의 원칙, 설명의무 및 손실보전 등의 금지 등이 종합적으로 적용된다. 만약 판매회사의 임직원이 투자권유를 하면서 각각의 투자자에게 투자성향에 적합하지 않는 상품을 권유하였거나, 상품에 대한 위험도 및 원금손실 가능성 등을 제대로 설명하지 않았거나, 원금보전을 약속하였거나 하는 등의 행태가 수반되어 고객의 투자위험성에 관한 올바른 인식형성을 방해함으로써, 결국 투자자에게 손해를 입혔을 경우에는 궁극적으로 고객보호 의무를 소홀히 한 것으로 판단되며, 이는 불법행위에 해당하므로 판매회사에 손해배상책임을 물을 수 있다.

4-3 불완전판매 관련 판례

① 펀드의 원금손실 가능성이 우리나라 국채의 부도확률과 유사한 수준이라는 등 고수익의 안정성만을 강조한 경우 고객보호의무를 다했다고 볼 수 없으며, 펀드를 환매하지 않는 고객에 대해서도 일정한 손해배상을 해야 한다는 사례(대판2011.7.8.선고2010다10752)

사건 개요	고객들은 장외파생상품펀드에 가입(2005년 11월~)하면서 '청약신청서', '투자설명서 교부 및 주요내용 설명확인서'등에 서명 또는 날인하였으며 동 자료에는 실적배당형 상품임과 상품의 구조에 대해 충분히 설명들었음이 기재되어 있고 고객들은 각 확인란에 확인 표시를 하였음. 피고 은행의 담당 직원들은 판매 시 본 펀드가 고수익상품으로서 안전하다는 점만을 강조하였음. 피고 자산운용사는 본 펀드 상품의 광고지, Q&A자료, 상품요약서, 상품제안서 등에 본 펀드의 신용평가 등급이 매우 높은 수준임을 기재하여 마치 우리나라 국채와 유사한 안정성을 보유한 것으로 오인할 수 있는 표현을 사용한 반면, 원금손실가능성에 대해서는 작은 글자체로 기재하였음.
판단 내용	- 원 심 - 피고 은행의 담당직원들조차도 본 상품의 구조에 대한 교육을 제대로 받지 아니하여 그 특성이나 위험성을 제대로 이해하지 못한 채 고수익이며 안전하다는 점만 강조하여 판매한 점이 인정됨. 피고 자산운용사는 광고지, Q&A자료, 상품요약서, 상품제안서 등에 원금손실 가능성을 게재하였으나 그 글자체가 작거나 강조되지 아니하여 쉽게 알아보기 어려운 점, 외국의 신용평가기관으로부터 매우 높은 신용등급을 받았다는 사실을 상대적으로 강조한 점, 이로 인해 마치 우리나라 국채가 부도나지 않는 한 본 펀드도 원금 손실되지 않을 것이라고 오인할 수 있는 표현을 사용한 점 등이 인정되므로 공동 불법행위책임이 인정됨. 다만 고객들이 약관, 투자설명서 등의 내용을 확인하지 않은 점, 손해발생이 근본적 원인이 전 세계적인 금융위기에 기인한 점 등을 참작함(고객 과실상계 비율 60%~70%). 일부 고객이 펀드를 환매하지 않았고, 그 만기가 도래하지 않았다면 손해를 입었다고 단정하거나 그 손해가 확정되었다고 볼 수 없음. - 항 소 심 - 고객들의 자금운용방식, 펀드의 만기가 6년으로 장기인 점, 매입 당시의 이자율 등 모든 사정에 비추어 보면, 피고 은행 및 운용사들의 불법행위가 없었더라면 고객들은 펀드에 투자한 원금을 적어도 연 5%정도의 이율이 보장되는 안정적 상품에 투자하였을 것이고 피고 회사들도 이러한 사정을 알았거나 알 수 있었을 것으로 보임. 따라서 손해액 산정 시 펀드 매입일부터 환매일까지 연5% 이자율에 의한 수익(특별손해)을 포함시키는 것이 타당함.

② 생명보험사가 손실 예측 사실을 쉽게 예상할 수 있는 경우 비록 상품 판매자인 증권사가 이에 대한 설명을 하지 않았다 하더라도 손해배상 책임이 없다는 사례(대법 2015.5.26.선고2014다1722)

사건 개요	A증권사는 B자산운용사와 위탁판매계약을 체결하고 B자산운용사의 사모특별투자신탁 상품을 판매, 원고인 C생명보험은 A증권사로부터 동 상품을 90억 원어치 매수함. 동 상품은 D항공사 관련 특수목적법인(SPC)인 E유한회사가 발행한 기업어음을 매입하고, SPC는 중고 항공기, 스페어 엔진 등을 구매하여 리모델링 및 수리를 한 후 이를 펀드 상환을 위한 담보로 제공하고 D항공사 계열사인 F항공에 이 사건 항공기 등을 대여하며, F항공은 항공료 수입으로 SPC에 임대료를 지급하고 SPC는 이 임대료로 어음을 상환하는 구조임. 그러나 원래 목적대로 사용되지 않았고 자금회수도 제대로 되지 않아 기업어음이 액면가보다 낮아지자 C생명보험은 판매사인 A증권사가 펀드 상품에 대해 제대로 설명하지 않아 손해를 입었다며 소송을 제기함. 1심은 A증권사가 펀드의 투자위험이 충분히 관리 가능한 것처럼 설명해 펀드의 위험성에 대해 오해를 유발할 수 있는 정보를 제공했지만 C생명보험도 투자위험을 알 수 있었기 때문에 책임을 30%로 제한한다며 25억 6천여만 원을 배상하라고 원고일부승소 판결을 함. 항소심은 A증권사의 책임을 손해액의 35%로 제한하고 이미 받은 금액을 뺀 14억 8,900여만 원을 배상하라고 판결을 함.
판단 내용	C생명보험이 펀드 상품에 대해 제대로 설명하지 않아 입은 손해 88억 6,900여만 원을 배상하라며 A증권사를 상대로 낸 상고심에서 원고일부승소 판결한 원심을 깨고 원고패소 취지로 파기 환송함. C생명보험이 A증권사를 통해 투자하기 전 비슷한 다른 상품에 투자해 이익을 본 경험이 있고, 투자권유당시 합리적으로 예상할 수 있었던 위험이 아니거나, 원고가 펀드 구조상 경영상황 악화로 부족한 자금이 발생할 수 있다는 것을 충분히 예상할 수 있다며 원고가 충분히 알고 있었을 사항까지 A증권사가 설명할 필요는 없다고 판결을 함.

③ 증권사가 부실기업 기업어음(CP) 투자를 권유하면서 손실 가능성을 제대로 설명해 주지 않았다 주장하더라도 투자자료에 원금손실 가능성이 표시되어 있고, 투자자의 지식과 경험이 풍부하다면 증권사는 설명의무 위반 책임이 없다는 사례(대판2015.4.23.선고2013다17674)

사건 개요	30년 동안 금융권에서 일한 경험이 있고 다양한 금융상품에 투자경험이 있는 대리인A는 2010년 10~11월 원고인 친척B와 C를 대리해 피고인 D증권사 모 부장의 권유에 따라 F건설이 발행한 CP(기업어음 A3-*등급)에 각각 2억 원과 1억 원을 투자했음. *기업어음 신용등급 18단계 중 9번째인 A3- 등급은 양호한 편이지만 상황에 영향을 많이 받을 수 있는 수준 주택경기 침체와 미분양 등으로 경영악화를 겪던 F건설은 2011년 3월 법원에 회생절차 개시를 신청했

	고, 회생절차 개시에 따라 CP 변제를 못 받게 됨. 원고인B 등은 증권사가 위험성이 높은 기업어음(CP)을 사도록 권유하면서 손실 가능성을 제대로 설명해주지 않아 손해를 봤다면서 손해배상 청구소송을 제기함. 1심과 2심은 투자위험에 대한 설명의무 위반으로 증권사에 각각 60%, 30%의 손해배상 책임을 인정.
판단 내용	원고의 대리인이 금융상품 투자경험이 있어 기업 신용등급의 의미와 체계를 알고 있었다면, 증권사가 부도위험이 있는 기업의 재무상황이나 자산건전성 등에 대해 구체적으로 설명하지 않았더라도 설명의무 위반으로 보기 어렵다고 판단함. 증권사는 신용등급의 의미와 체계를 이미 알고 있던 원고의 대리인에게 투자대상인 기업어음의 신용등급이 A3-를 받은 상태임을 알렸고 투자대상의 긍정적인 요인과 부정적인 요인이 모두 기재된 신용평가서 등 투자설명자료를 교부했으므로 원금 손실 가능성을 사전에 충분히 설명한 것으로 판단함. 당시 증권사의 투자설명자료에는 A3- 등급을 긍정적인 요인으로 표시해두긴 했지만, 대리인의 투자경험과 업력 등을 고려하면 투자설명자료가 투자자의 올바른 인식형성을 방해할 정도로 균형성을 상실한 정보라고 볼 수 없다고 설명하고, 대리인은 증권사와 계약을 체결하기 전에 투자자정보확인서를 작성하면서 자신이 투자경험이 많고 관련 지식수준도 매우 높다고 표시한 이상 투자 대상의 손실 가능성을 제대로 알지 못해 손해를 봤다고 주장할 수 없다고 봄. (1심) 증권사 60% 책임 ⇨ (2심) 증권사 30% 책임 ⇨ (3심) 증권사 책임 없음

④ 주가연계증권(ELS)에 투자하는 투자신탁상품에 대한 환매 관련 설명의무 위반과 이로 인한 손해의 범위를 만기시점이 아닌 중도환매를 권유한 시점으로 한정한 사례(대판2010.11.11.선고2008다52369)

사건 개요	2004년 8월 원고 A는 피고 B금융기관의 권유로 2007년 8월 만기인 투자신탁에 가입하여 만기시점에 원금 9,900여만 원의 손실을 입음. 원고 A는 수익증권 매수 당시 62세 남자로 이전에는 정기예금을 통해 안정적으로 여유자금을 운용해 왔고 고수익·고위험을 수반하는 파생금융투자상품이나 이에 투자하는 투자신탁의 수익증권을 매수한 경험이 없었음. 동 투자신탁은 신탁재산의 대부분을 KOSPI200지수의 변동률에 따라 손익이 결정되는 주가연계증권(ELS)에 투자하는 상품으로 만기 시는 물론 만기 전에 환매하는 경우에도 원금 손실이 발생할 수 있음에도 불구하고, 동 투자신탁의 상품설명서에는 중도환매 시에는 원금에서 환매수수료만 공제되는 것으로 오해할 수 있도록 기재되어 있고, B금융기관의 직원도 만기시의 원금손실 가능성만 설명하였을 뿐 중도환매 시 원금손실 가능성을 설명하지 않음 원고 A는 가입 후 1년이 경과시점에 피고 B금융회사의 직원으로부터 손실이 50% 정도 발생하였고 신속한 환매를 권유받았으나, 피고에게 원금 전액의 보장과 손해배상을 주장하면서 중도환매요청을 하지 않아 만기까지 가게 되었으며 피고의 부당권유행위로 인한 손해배상을 청구함.
판단 내용	(구)간접투자자산운용업법 제26조에 따라 투자신탁 수익증권 판매 업무를 영위하는 금융회사 임직원이 고객에게 수익증권 매수를 권유할 때에는 투자위험을 포함해 수익증권의 특성과 주요내용을 명확히 설명함으로써 고객이 합리적 투자판단을 할 수 있도록 고객보호 주의의무가 있고 이러한 주의의무를 위반한 결과 고객에게 손해가 발생했으므로 불법행위로 인한 손해배상 책임이 성립함. 원심은 원고 A가 입은 손해를 9,900여만 원 손실액 전액으로 인정하였으나, 대법원은 투자신탁의 수익증권 판매업무를 영위하는 회사가 수익증권 매수권유를 하면서 수익증권 특성과 주요내용을 충분히 설명하지 않거나 오해를 유발하는 부실한 표시가 기재된 상품설명서를 제공하는 등 설명의무를 위반한 경우

	그 손해의 범위는 설명의무 위반과 상당한 인과관계에 있는 손해에 한하는 것으로 판단하여, 피고의 손해배상의 범위를 원고가 피고 직원으로부터 원금의 50% 손실이 발생하였다는 설명을 들은 시점을 기준으로 하여 원금 전액에서 소정의 수수료를 제외한 금액과 중도환매 시 지급받거나 받을 수 있는 금액과의 차액이 된다고 판단하여 중도환매를 하지 않고 계속 보유한 결과 발생한 손해는 인과관계에 있는 손해라 볼 수 없다고 결정함. 설명의무 위반으로 입게 된 손해의 범위를 만기시점이 아닌 중도환매를 권유한 시점으로 판시한 점에서 의미가 있는 대법원 판결임.

⑤ 역외펀드 투자자가 선물환 계약 시 첫 번째 계약 만기일에 투자위험성에 대해 금융회사로부터 설명을 들었다면 동일상품에 대한 두 번째 계약 시 설명을 듣지 못했어도 금융투자회사에 손해배상책임을 묻기 어렵다는 사례(대판2010.11.11.선고 2010다55699)

사건 개요	투자자 A는 2007년 2월경 B금융회사의 일본펀드에 4억여 원을 투자. 해당 펀드는 엔화로 투자하고 엔화로 환매하기 때문에 환율변동에 따른 손실위험이 있어 투자자 A는 손실을 줄이기 위해 미리 정한 환율에 따라 펀드를 매도하는 선물환계약을 맺음. 투자자 A는 펀드가입 후 9개월만인 2007년 11월경 1차 선물환 계약을 맺었고 1차 계약이 만료된 후 2008년 2월경 다시 2차 선물환 계약을 맺음. 투자자 A는 2차 계약의 만기 하루 전에 펀드와 선물환 계약을 해지 하였으며, 당시 환율변동 등을 포함한 투자자 A의 손해액은 3억 5천여만 원으로 금융회사는 이를 제외한 5,200여만 원을 지급함. 투자자 A는 선물환 계약을 갱신하면서 필요한 설명을 충분히 듣지 못했다며 소송을 제기함. 1심은 금융회사가 1·2차 환차손액의 60%를 배상해야 한다며 원고승소 판결, 2심은 원고가 2차 계약을 맺을 때 이미 1차 계약을 정산한 경험이 있어 추가손실이 발생할 가능성이 있음을 잘 알 수 있었는데도 그 위험성을 정확하게 파악하지 않고 2차 계약을 체결한 잘못이 있어 원고의 과실을 참작해야 한다며 1차 환차손액의 70%, 2차 환차손액의 50%를 금융회사측의 배상액으로 정해 손해배상 규모를 낮춤.
판단 내용	2차 선물환 계약에 관해서 금융회사의 설명의무 내지 보호의무 위반을 인정할 수 없다며 금융회사측의 배상액을 더 낮추라는 취지로 원고 일부승소 판결한 원심을 깨고 사건을 파기 환송함. 원고가 비록 1차 선물환계약을 체결할 당시에 선물환계약의 위험성에 관해 제대로 알지 못했다고 하더라도 1차 선물환 계약의 만기일에 펀드를 해지하지 않고 선물환계약만을 정산하면서, 이 사건 펀드의 손실과 상승한 환율로 인해 2천만 원이 넘는 정산금을 입금하면서 선물환계약의 의미와 정산금 발생내역에 관해 다시 설명을 들었다고 말하고, 이 무렵에는 선물환계약의 특별한 위험성에 대해 원고가 잘 알게 되었다고 봐야하며 금융회사가 2차 선물환계약을 체결하면서 별도로 원고에게 이 같은 특별한 위험성에 관해 설명할 의무가 있었다고 볼 수 없다고 설명함. 원고가 1차 선물환계약 이전에는 유사한 계약을 체결한 사실이 없고 금융회사 직원이 원고에게 2차 선물환계약 체결을 권유하면서도 계약의 특별한 위험성에 대해 설명하지 않았다는 등의 사정만 보고 2차 선물환계약에 관해서 금융투자회사의 고객보호 의무 위반이 있었다는 이유로 손해배상책임을 일부 인정한 것은 위법하다고 판단함.

⑥ 금융투자업자가 고객에게 다른 금융투자업자가 취급하는 금융상품 등을 소개한 것이 투자권유를 한 것으로 평가되는 사례(대판2015.1.29.선고2013다217498)

사건 개요	투자자 A는 2011년 5월 B증권사로부터 C투자자문사의 투자일임계약 상품을 소개받음. 동 상품은 코스피200주가지수 변동에 따라 수익과 손실이 변동하는 선물옵션거래 관련 상품임. B증권사는 주가변동에 관계없이 수익을 내고 손실이 크지 않은 안전한 상품으로 안내했고, 투자자 A는 이 상품에 2억 4,300만 원을 투자하였음. 투자자 D 또한 동일한 과정을 거쳐 1억 5,100여만 원을 투자함. 그러나 2011년 코스피200지수가 급락해 투자자 A는 2억 3천여만 원을, 투자자 D는 1억 2천여만 원의 손해를 입음. 투자자 A와 D는 투자손실위험에 대해 제대로 설명하지 않았으니 투자손실에 대한 책임을 지라며 B증권사를 상대로 소송을 냄. B증권사는 C투자자문사와 고객 사이에 투자일임계약을 체결하도록 상품을 소개해주고 매매 수수료만을 취득했을 뿐, 기타 다른 수수료를 얻은 바 없기 때문에 투자에 대한 책임을 질 필요가 없다고 주장함.
판단 내용	증권사가 직접 상품을 담당한 게 아니라 중간에서 상품을 소개하고 계좌를 개설해 주는데 그쳤더라도, 금융투자상품 판매자와 동일한 수준의 책임을 져야 한다는 취지의 첫 대법원 판결임. 대법원은 투자자 A와 D가 B증권사를 상대로 낸 손해배상 청구소송 상고심에서 원고 승소판결한 원심을 확정함. 이 판결로 B증권사는 투자자 A에게 3,200여만 원, 투자자 D에게 2,400여만 원을 각각 지급해야 함. 대법원은 자본시장법이 금융투자업자에 비해 전문성과 정보가 부족한 투자자를 보호하기 위해 투자권유 시 설명의무를 부과하고 있는데, 그 의무준수의 주체를 금융투자업자로 정하고 있을 뿐 직접 취급하는 상품에 관한 계약을 체결하는 자에 한정하고 있지 않다고 밝히며, 금융투자업자가 투자상품을 단순히 소개하는 정도를 넘어 계약체결을 권유했고 고객이 투자여부를 결정함에 있어 그 권유를 중요한 판단요소로 삼았다면 그 금융투자업자는 자본시장법상 설명의무를 부담한다고 설명함. 앞선 1, 2심도 투자자 A와 D의 주장을 받아들여 B 증권사의 손해배상 책임을 인정함.

⑦ 선박펀드 대상인 선박업체의 위조 계약서를 제대로 살피지 않아 투자자가 손해를 입었다면, 증권회사와 자산운용사가 연대하여 손해배상책임을 져야 한다는 사례(대법원2015.11.26.선고2014다15996)

사건 개요	A증권회사와 B자산운용사 선박회사인 C사와 D사간 서로 맺은 정기용선(배를 빌림) 계약의 용선료 채권과 선박 가치를 담보로 하는 선박금융펀드를 출시 후 판매. 그러나 정기용선계약이 위조됐다는 사실이 알려졌고 고객은 투자금 손실을 보고 소송을 제기.
판단 내용	자산운용회사는 투자신탁재산의 운용대상이 되는 자산과 관련된 제3자가 제공한 운용자산에 관한 정보를 신뢰하여 이를 그대로 판매회사나 투자자에게 제공하는 데에 그쳐서는 아니 되고, 정보의 진위를 비롯한 투자신탁의 수익구조 및 위험요인에 관한 사항을 합리적으로 조사한 다음 올바른 정보를 판매회사와 투자자에게 제공하여야 하며, 만약 합리적인 조사를 거친 뒤에도 투자신탁의 수익구조와 위험요인에 관한 정보가 불명확하거나 불충분한 경우에는 판매회사나 투자자에게 그러한 사정을 분명하게 알려

	야 할 투자자보호의무를 부담하는 바 용선료, 용선기간 등을 제대로 체크 안한 것은 선량한 관리자의 주의의무를 위반한 것임. 판매회사는 진실 여부까지 확인할 의무는 없지만 투자에 관한 주요내용을 실질적으로 결정했다고 볼 만한 사정이 있을 때에는 역시 투자자보호 의무를 부담하고 A증권회사는 동 펀드를 사실상 주도했으므로 비록 판매회사이더라도 올바른 정보를 제공할 의무가 있음. 따라서 판매사와 운용사는 연대하여 손해배상책임을 부담함.

5 주문 관련 분쟁

5-1 주문 관련 분쟁 의의

증권회사 또는 선물회사는 투자중개업을 영위하는 금융투자회사로서 주식, 선물, 옵션 등에 대한 위탁 매매를 주로 영위하고 있다. 따라서 금융투자회사는 고객의 자산을 보관하며 고객의 주문을 적절히 처리하여야 할 의무가 있다. 주문 관련 분쟁이란, 이러한 주문처리 과정에서 고객의 주문 의사와 다르게 주문이 체결되었거나 아예 주문이 체결되지 못한 경우를 의미한다.

5-2 주문 관련 분쟁의 법리

가. 주문처리 오류

주문은 구체적이고 명백한 주문이어야 한다. 따라서 단순한 매매의견의 표명은 진정한 주문이라 볼 수 없다.

한편, 증권회사 또는 선물회사 등 금융투자회사는 고객의 주문을 처리함에 있어 선량한 관리자로서의 주의의무를 다하여야 한다. 따라서 금융투자회사의 직원은 매도 또는 매수의 구분, 종목, 수량, 가격, 주문유형 등에 대해 확인할 필요가 있다.

만일, 금융투자회사 직원이 이러한 사항에 대하여 구체적으로 확인하지 않거나 주문입력 실수 등의 이유로 고객의 주문의사와 다른 내용으로 매매 거래를 한 경우에는 민사상 손해배상책임이 발생할 수 있다.

나. 반대매매

주식의 경우 미수거래 시 미수금이 발생하거나 신용거래 시에 채무상환 또는 담보부족분에 대한 추가 납부가 안 된 경우에는 금융투자회사가 반대매매를 실행할 수 있다. 또한, KOSPI200선물·옵션, 미국달러선물·옵션 등의 국내 장내파생상품거래나 NIKKEI225선물·옵션, Crude-Oil선물·옵션 등과 같은 해외선물거래 시 위탁증거금의 수준이 유지증거금 이하로 내려가 마진콜(Margin Call) 요구를 받았음에도 추가증거금의 납부가 이루어지지 아니한 경우에는 반대매매가 실행될 수 있다.

다만, 이러한 반대매매는 금융투자회사가 채권확보를 위한 권리자적 지위에서 실행하는 것이므로, 반대매매 실행 조건이 충족되었다 하더라도 반드시 즉각적으로 반대매매를 실행하여야 할 의무까지 부담하는 것은 아니라는 것이 판례의 일관된 입장이다.

다. 주문권한 없는 자로부터의 주문

금융회사와의 거래는 본인이 직접 실행하는 것이 일반적이지만, 본인이 부여한 대리권을 근거로 대리인이 일정한 거래행위를 하는 경우도 있다. 이러한 경우, 현행 「금융실명거래 및 비밀보장에 관한 법률」상 금융거래는 실명거래를 원칙으로 하므로, 만일 대리인을 통한 금융거래를 하기 위해서는 사전에 대리권 수여사실을 금융기관에 알려야 한다. 금융기관도 원칙적으로는 계좌명의인으로부터만 매매거래를 위한 위탁을 받을 수 있으므로, '금융투자업규정'에서는 명의인 이외의 자로부터 위탁을 받을 수 있는 경우를 다음과 같이 구체적으로 한정해 놓고 있다.

① 계좌개설 시 고객이 매매주문을 대리할 수 있는 자를 서면으로 지정하고 동 대리인이 매매주문을 내는 경우
② 위임장 등으로 매매주문의 정당한 권한이 있음을 입증하는 자가 매매주문을 내는 경우
③ 일임계약에 의하여 일임매매관리자가 주문을 내는 경우

금융회사가 타인의 명의를 빌려 계좌를 개설한 차명계좌 사실에 대해 알 수 없으므로, 명의대여자(단순히 명의만을 빌려준 자)가 계좌명의인인 사실을 이용하여 차명거래자 몰래 현금을 인출하거나 매매거래를 한 경우라 할지라도 금융기관에 대해 책임을 묻기는 어렵다.

라. 손해배상책임의 범위

매매주문 관련 분쟁의 경우 손해배상책임도 민법의 손해배상책임 일반론에 따라 배상의 범위가 결정된다. 예를 들어, 매매주문 불이행과 관련하여 당초 매도가격 보다 높은 가격에서 매도가 가능하여 주문을 냈음에도 매도주문이 제출되지 아니한 경우에는 당해 매도주문 이행으로 얻을 수 있었던 매도대금과 매도주문이 이행되지 아니한 사실을 알았던 시점에서의 시가로 매도되었을 때의 매도대금과의 차이가 손해배상금액이 될 수 있다.

매도주문 불이행으로 인한 재산상 손해
= 당초 매도주문으로 얻을 수 있었던 매도대금 - 매도주문 불이행 사실을 인지한 시점에서 매도하였을 경우 얻을 수 있었던 매도대금

5-3 주문 관련 판례

① 선물계좌의 특성상 증권회사가 고객의 계좌에서 위탁증거금을 추가로 납부할 사유가 발생하였음에도 이를 통보하지 않음으로써 고객이 자신의 이익을 극대화하거나 손실을 최소화할 수 있는 기회를 박탈하였다면 이는 고객보호의무를 위반한 것이나, 고객이 어떠한 경위로 이미 위탁증거금 부족 사유를 알게 된 경우에는 이를 이유로 손해배상을 청구할 수 없다는 취지의 사례(대판2003.1.10.선고2000다50312)

사건 개요	가정주부인 고객A는 '97. 10. 23. C증권회사에 선물·옵션계좌를 개설하고, 직원B를 통해 '98. 1. 7.부터 같은 달 13.까지 선물거래를 하여 최종적으로 '98년 3월물 16계약의 매도 포지션을 보유하게 되었음. 하지만 '98. 1. 14. 동 선물가격이 크게 상승하여 위탁증거금이 처음으로 부족하게 된 이래, '98. 2. 9.에는 정산가격이 65.75에 이르렀음에도 추가납부의무가 이행되지 아니하자, C증권회사는 매도포지션 16계약을 환매함으로써 55백여만 원의 미수금이 발생됨. C증권회사는 원고에 대하여 선물거래와 관련하여 월간거래내역 및 월말 잔고현황만을 통보하였고, '98. 1. 14.위탁증거금의 추가납부사유가 발생하였음에도 아무런 통지를 하지 않았음. 고객A는 '98. 1. 16. C증권회사에 들러 직원B가 매도포지션을 유지한 결과 위탁증거금이 부족하게 된 사실을 인지하고도 직원B가 해결할 것이라는 취지의 말만을 듣고 반대매매하는 등의 별다른 조치를 취하지 않았음.
판단 내용	舊 선물·옵션거래업무에 관한 규정(금융투자업규정)에서는 위탁증거금의 추가징수에 관하여 추가징수사유가 발생하는 경우 지체없이 당해 고객과 사전에 합의한 연락방법으로 위탁증거금의 추가납부를 요구하여야 함을 규정함. 이는 고객이 위탁증거금이 부족하게 되었다는 사유를 통보받는 경우 위탁증거금을 추가로 납부하여 거래를 계속하거나 보유하고 있는 선물포지션을 처분함으로써 자신의 이익을 극대화하거나 손실을 최소화할 수 있는 기회를 가지므로 그러한 기회를 박탈하였다면 이는 고객보호의무를 위반하는 것임. 하지만, 고객이 어떠한 경위로 이미 위탁증거금의 부족사유를 알게 된 경우에는 비록 증권회사가 위탁증거금의 추가납부통지를 게을리 하였다고 할지라도 그로 인하여 고객에게 어떠한 손해가 발생하였다고는 할 수 없으므로 이를 이유로 손해배상을 청구할 수는 없음.

② 신용융자거래 만기에 이르러 고객의 동의없이 증권회사가 임의로 신용융자기간을 연장하고 반대매매를 하지 않아 이후에 주가하락으로 손해가 확대되었다 하더라도 증권회사가 불법행위로 인한 손해배상책임을 부담하지 않는다는 사례(대판2002. 12.26.선고2000다56952)

사건 개요	고객A는 '91년경 C증권회사에 계좌를 개설하고 거래해 오던 중, '96. 9월 이후 3개의 계좌를 직원B에게 관리하도록 의뢰하여 '98. 5월까지 주식거래가 이루어져옴. 직원B는 '96. 9. 24.부터 '96. 10. 30.까지 ☆주식을 매입하였는데, 고객A는 이를 임의매매라 주장하고, 동 매매 이후 직원B가 위 주식이 작전을 하는 종목이라는 취지로 말하였다는 이유로 부당권유행위라 주장함. 한편 고객A는 '97. 3. 19. ☆주식을 매수하면서 매수대금 중 일부를 C증권회사의 신용융자금으로 조달하였는데, 만기일까지 융자금이 입금되지 아니하자 직원B는 A의 위임을 받지 아니한 채 임의로 만기연장을 신청하고 C증권회사가 이를 승인하여 만기가 '98. 5. 2.까지 연장되었고 이후 만기일까지도 납입이 이루어지지 않아 주당 7,490으로 반대매매 되었는데, 이전 만기인 '97. 8. 19. 당시의 종가는 39,800원이었음.
판단 내용	고객A의 임의매매 주장에 대해 평소 A와 B간의 매매종목 선정방식 및 고객A의 거래내역 확인사실, 매매 전후의 입금 상황 등을 종합하여 이를 인정하지 않음. 부당권유행위 주장에 대하여는 직원B가 자신이 매수한 주식을 작전하는 종목이라는 취지로 말한 정황만으로 부당한 권유행위에 의하여 A의 투자에 대한 올바른 인식형성 방해나 과대한 위험성 수반행위를 적극 권유하였다고 단정하기 부족하다고 결정함. 舊 신용공여규정(현 금융투자업감독규정)상 증권회사는 신용거래융자금 또는 신용거래대주가 상환기일 이전에 고객에게 상환요구를 하고 상환기일 내에 상환되지 않았을 때에는 그 익일에 담보물을 처분하여 채권회수에 충당하여야 한다고 규정하고 있으나, 이는 무절제한 신용거래로 인해 초래될 수 있는 과다투기를 억제하고 신용거래질서를 안정시키기 위해 증권회사의 신용거래를 감독통제하기 위한 규정임. 따라서, 증권회사가 감독기관에 대한 관계에서 담보물을 처분하여 채권을 회수하여야 할 의무를 지는 것인지 여부는 별론으로 하고, 신용거래의 당사자 사이의 특별한 다른 약정이 없는 한 위 규정내용만을 근거로 증권회사가 고객에 대한 관계에서 만기의 경우 그 상환을 최고하고 그 불이행의 경우 즉시 담보물 처분에 의한 신용거래 청산결제조치를 마쳐야 할 의무를 직접 부담하는 것이라고 해석할 수는 없음. 결국, 증권회사가 만기를 연장해 준 이후, 해당 주식의 주가가 하락하여 고객이 차액 상당의 손해를 입게 되는 결과가 초래되었다고 하더라도 증권회사에게 이러한 손해에 대한 배상 책임을 부담시킬 수 없음.

③ 증권사가 반대매매 예정 당일 선물옵션 추가증거금 발생사실을 통보하였고 고객도 HTS를 통해 이미 동 사실을 알고 있었기에, 증권사에게 통지의무 해태에 따른 손해배상책임을 물을 수 없음(대판2010.1.14.선고2009다90184, 2009다90191)

사건 개요	2007년 5월 31일, 증권사는 선물옵션계좌에 추가증거금이 발생한 고객에게 연락을 취하였으나 연결이 되지 않았으나, 고객이 HTS에 접속하여 추가증거금 발생사실을 확인함. 다음날(반대매매 예정일 / 6. 1.) 증권사 직원은 08:39경에 "정오까지 추가증거금이 결제되지 않으면 반대매매 될 것"임을 고객에게 통보하였으나 동 시한까지 결제가 되지 않자 반대매매를 실행(6. 4.).

판단 내용	- 원 심 - 2007년 5월 31일, 고객은 인터넷상으로 추가증거금 발생사실을 이미 알고 있었다고 보이므로 증권사 직원이 적절한 시기에 추가증거금의 발생 및 반대매매 예정의 통지를 하지 않았다고 하더라도 증권사에 손해배상청구를 할 수 없으며, 고객은 반대매매 예정통지를 받고도 별다른 조치를 취하지 않는 등으로 판단컨대, 자신의 경제적 사정 등으로 미결제액의 손실을 입었다고 봄이 상당함. - 항 소 심 - 증권사가 고객의 계좌에서 위탁증거금을 추가로 납부할 사유가 발생하였음에도 이를 통보하지 않음으로써 그러한 기회를 박탈하였다면 고객보호의무를 위반한 것이라고 할 것이나 고객이 어떠한 경위(HTS조회 등)로 위탁증거금이 부족하게 된 사유를 알게 된 경우 비록 증권사가 위탁증거금의 추가납부 통지를 게을리 하였다고 할지라도 그로 인하여 고객에게 어떠한 손해가 발생하였다고 할 수 없을 것이므로 고객은 손해배상 책임을 물을 수 없음. 증권사 직원이 반대매매를 실행하기 전 고객에게 전화하여 추가증거금 발생사실과 미결제 시 반대매매가 될 것임을 통보하였고, 설령 이를 통보하지 않았다고 하더라도 고객은 이미 HTS에 접속하여 추가 증거금 발생사실을 이미 알고 있었는 바 증권사가 그 통지의무를 게을리 하여 고객에게 손해가 발생하였다고 할 수 없음.

④ 파생상품 거래에서 상대방의 중대한 주문실수를 알고 이를 이용하여 이익을 얻은 경우에는 의사표시의 착오에 대해 거래를 취소할 수 있다는 사례(대판2014.11.27. 선고2013다49794)

사건 개요	A증권사는 자기회사 직원들의 실수를 이유로 한국거래소에 착오거래정정 신청을 했고 A증권사의 보험회사인 B보험사는 A증권사의 사고에 대해 보험금 50억 원을 지급함. A증권사는 고객으로부터 선물거래를 0.8원에 매수 해달라고 위탁받았지만 A증권사 직원의 실수로 주문가격을 80원으로 입력했고, C증권사는 0.8원 상당의 선물을 100배 높은 80원에 매도해 78억 원 상당의 이득을 얻음. A증권사는 B증권사가 실수를 알면서도 이를 이용해 이득을 얻었다며 착오를 이유로 거래의 취소를 주장함.
판단 내용	A증권사, B보험사가 C증권사를 상대로 낸 부당이득금반환 청구소송 상고심에서 원고승소 판결한 원심을 확정함. 1심 및 2심은 0.8원을 80원으로 잘못 입력했고 이는 표시와 의사의 불일치가 객관적으로 현저해 법률행위의 내용의 중요부분에 착오가 있는 때에 해당한다며 C증권사는 A증권사에 23억 원, B보험사에 50억 원을 지급하라며 원고 승소 판결을 내림 민법 제109조(착오로 인한 의사표시)는 법률행위의 내용의 중요부분에 착오가 있을 때에는 의사표시를 취소할 수 있다고 규정하고 다만, 착오가 의사표시를 한 사람의 중대한 과실로 인한 때에는 취소할 수 없다고 되어 있음. 대법원은 민법 제109조의 법리는 그 적용을 배제하는 취지의 별도 규정이 있거나 당사자 합의로 적용배제 등 특별한 사정이 없는 한 모든 사법상 의사표시에 적용되며, 금융투자상품시장에서 이뤄지는 증권이나 파생상품 거래의 경우에도 한국거래소 업무규정에 민법 제109조의 적용을 배제하거나 제한하고 있는 등 특별한 사정이 없는 한 민법 제109조를 적용하는 것이 바람직함. 의사표시의 착오가 의사표시를 한 사람의 중대한 과실로 인한 때에는 그 의사표시를 취소하지 못한다고 규정하고 있어도, 상대방이 의사표시를 한 사람의 착오를 알고 이를 이용한 경우에는 적용되지 않는다고 판단함.

6 기타 분쟁사례 및 판례

6-1 횡령사건

가. 횡령

형법상 횡령죄는 타인의 재물을 보관하는 자가 그 재물을 횡령하거나 그 반환을 거부함으로써 성립하는 범죄(형법 제355조)이다. 금융투자회사는 위탁계약을 통해 고객의 자금을 보관하게 되며, 그 과정에서 금융투자회사 임직원의 횡령행위가 발생하면 증권회사 또는 선물회사 등의 금융투자회사에게 손해배상책임이 부과될 수 있다.

다만, 이러한 금융투자회사의 배상책임은 앞서 살펴본 민법상 사용자책임 법리에 의한 것으로서 임직원의 행위가 '사무집행관련성'이 있을 것이 요구된다. 만일, 금융투자회사 직원의 행위가 금융투자회사의 고유사무 범위를 넘는 것으로 판단되는 경우에는 금융투자회사의 사용자책임은 묻지 못하고 당해 임직원에게만 손해배상책임을 물을 수밖에 없는데, 실제 사례는 다음과 같다.

- 주점에서 친교모임 중 증권회사 직원으로부터 투자권유를 받아 직원의 은행계좌로 송금한 후 반환받지 못한 경우 - 증권회사 직원이 고객 명의가 아닌 자신의 명의로 선물옵션계좌를 만들어 투자금을 유치하였고, 투자자도 실제 수익과 무관하게 고율의 수익배당을 받았으며 투자사항을 제3자에게 비밀로 하기로 약정한 경우

나. 횡령관련 판례

① 투자자가 증권회사가 영업점을 방문한 고객이 사용할 수 있도록 영업점 내 특정공간에 설치한 HTS룸에 지속적으로 상주하고 있는 다른 투자자를 동 증권회사의 직원으로 오인하여 주식거래를 일임했다면 증권회사에게 손해배상책임을 물을 수 없다는 사례(대판2009.8.20.선고2007가단4159)

사건 개요	'06. 3. 3. 고객A는 C증권회사 ○○지점에서 계좌를 개설하고 B라는 사람을 만났는데, B는 ○○지점에 설치된 HTS룸을 혼자서 사용하다시피 하면서 자신을 C증권회사 직원으로 사칭하였다고 주장함. 이에, A는 C증권회사 직원으로 오인한 B에게 주식매매를 일임하면서 '매달 투자원금의 20%까지 수익을 올리고, 20%가 넘는 부분은 B가 수취하기'로 약정함. 이때, ○○지점에 근무하는 직원들이 동 지점을 방문하는 고객 B가 마치 C증권회사의 직원으로 믿게 할 만한 외관을 만드는데 기여한 과실이 있는 바, 이는

	C증권회사가 사용자로서 그 직원들이 사무집행에 관하여 B의 사기행각을 방조한데 따른 사용자책임이 있다고 주장함. 따라서 A는 자신의 손해에 대하여 B와 같이 C증권회사도 공동불법행위책임을 지는 것은 물론이고, A가 ◯◯지점을 이용하는데 있어 B를 C증권회사의 직원으로 오인하지 않도록 주의 및 조치를 취해야 할 신의칙상의 고객보호의무가 있음에도 이를 위반하였기 때문에 배상책임이 있다고 주장함.
판단 내용	HTS룸은 고객의 편의를 위하여 컴퓨터 설비를 갖추고 인터넷을 이용하여 주식거래를 할 수 있도록 마련된 공간이지만, 고객 A가 지인의 소개로 B를 만났을 당시에는 B가 사실상 혼자 이용하다시피 하여 B를 동사의 직원으로 오인하게 할 여지는 있었지만, 당시 위 공간에는 'HTS룸'이라는 표지가 부착되어 있었고, C증권사의 다른 직원들은 직위와 성명이 표시된 명찰을 패용했으나 B는 그러한 사실이 없었으며, B가 A에게 교부한 수익배분약정서에도 B 자신의 명의로만 기재되어 있을 뿐 C 증권회사의 직원임을 표시하는 문구가 없었음. 또한, 당시 A는 B를 △△△사장으로 호칭하여 왔음. 위 사실과 함께, 약정서 내용에도 '수익의 20%를 넘는 부분은 B가 가져간다'라는 특약은 주로 개인간의 거래에서나 볼 수 있는 사항으로서 증권회사의 직원과 고객이 약정할 수 있는 사항으로 보이지 않는 점, A는 당시 타 증권회사에서도 주식거래를 해오는 등 주식투자경험이 없지 않았던 점 등으로 볼 때, C증권회사가 A로 하여금 B를 동사의 직원으로 오인하게끔 외관을 갖게 하였다고 볼 수 없으므로 C 증권사의 사용자 책임은 없음. 아울러, A는 C증권회사와 관계가 없는 B와의 매매일임 약정을 통해 주식 거래를 한 것인바, A가 단지 C증권회사에서 위탁계좌를 개설한 사실만으로 C증권회사가 고객보호의무를 위반했다고 볼 수 없음.

6-2 전산장애

가. 전산장애 관련 분쟁

고객이 HTS(Home Trading System), WTS(Web Trading System) 등을 통해 매매거래를 하는 과정에서 증권회사 또는 선물회사의 전산장애로 인해 고객의 주문이 체결되지 않거나, 잘못 체결됨에 따라 고객이 예상 밖에 손해를 입어 촉발된 분쟁을 의미한다.

나. 전산장애 관련 분쟁의 특성

① 원인파악이 어렵다.

금융투자회사를 상대로 직접적인 손해배상청구가 가능한 전산장애는 금융투자회사의 서버 또는 프로그램 오류와 같이 금융투자회사 내부적 전산시스템 결함과 관련이 있는 전산장애라 할 수 있다. 하지만, 전산장애 시 발생되는 현상은 투자자 컴퓨터상의 장애(성능미달 또는 시스템 결함)나 인터넷 선로상의 장애, 거래소 매매체결시스템의 지연현상이 발생된 경우 나타나는 증상 등이 서로 유사하므로 실제 어느 단계에서의 문제로 장애가 발생한 것인지 확인하는데 일차적인 어려움이 있다.

② 고객의 매매의사에 대한 입증이 어렵다.

만일, 금융투자회사의 전산장애로 원인이 판명된 경우라 할지라도 고객이 당초 매매의사가 있었는지가 입증되어야 하므로, 전산장애 발생 당시 주문 로그인(Log-In)기록이 남아있지 않거나 본인의 매매의사를 전달하지 못한 경우에는 이에 따른 손해배상 주장이 어려울 수 있다. 또한, 당시 고객의 매매의사가 확인된다 하더라도 당시의 호가 상황 등을 종합해 볼 때, 체결이 가능한 주문이었는지도 추가적으로 판단되어야 한다.

③ 손해배상에 대한 판단이 어렵다.

현행 민법상 채무불이행 또는 불법행위로 인한 손해배상 시 그 범위는 통상손해를 한도로 하며, 특별손해의 경우에는 상대방이 그러한 사정을 알았거나 알 수 있었던 경우에 한하여 배상책임이 인정된다. 결국, 장애 종료 후에 동일 종목에 대한 매매의 계속된 의사가 존재하여 매매한 결과 당초 전산장애 당시 매매가 체결되었을 경우보다 더 불리한 가격으로 매매주문이 체결된 경우에 손해배상책임이 인정될 수 있다. 따라서 단순히 전산장애가 없었더라면 주식을 전매도 환매수함으로써 얻을 수 있었던 이득이나 전산장애가 발생하였어도 실제로 매매한 사실이 없는 가운데 단순히 주식가격이 유리하게 되었다고 하는 등의 기회비용 내지 손해는 특별손해에 해당된다.

다. 전산장애로 인한 손해배상 범위

원칙적으로 통상손해를 한도로 손해배상이 이루어지므로, 전산장애로 인해 체결되지 못한 주문가격에 수량을 곱한 가격과 전산장애 복구 이후 실제 매매하기 위해 지불하거나 지불된 가격에 수량을 곱한 가격의 차이가 손해배상금액으로 산정될 수 있다. 그러나 전산장애 복구 이후 매매가 지연됨으로 인해 확대된 손해에 대해서는 사실상 금융투자회사에게 책임을 묻기가 어렵다.

통상손해와 특별손해

민법 제393조에서는 '채무불이행으로 인한 손해배상은 통상의 손해를 그 한도로 한다'고 규정하고 있고, 이러한 규정은 민사상 불법행위의 경우에도 준용되고 있습니다. 여기서 통상의 손해라 함은 특별한 사정이 없는 한 그러한 종류의 채무불이행(또는 불법행위)이 있으면 사회일반의 관념에 따라 보통 발생하는 것으로 생각되는 범위의 손해를 의미한다. 예를 들어, 물건을 빌린 사람이 빌린 물건을 잃어버리거나 망가뜨린 경우 빌린 물건의 시가는 통상 손해에 해당된다. 이에 반해 특별손해는 채권자(또는 불법행위의 피해자)에게만 존재하는 특별한 사정에 기초하여 발생하는 손해를 말하는데, 민법은 이러한 특별손해의 경우 채무자(또는 불법행위의 가해자)가 그 사정을 알았거나 알 수 있었을 때에만 배상책임을 인정하고 있다.

라. 전산장애 관련 판례

① 선물·옵션거래에서 주문 가능금액이 부족함에도 전산오류의 발생으로 인해 거래가 체결 된다는 사실을 투자자가 인지하고도 다수의 거래를 주문하여 체결된 경우에는 금융기관 또는 전자금융업자가 손해 배상책임을 부담하는 '사고'에 해당되지 않아 금융기관의 손해배상 책임이 없다고 한 사례(대판2015.5.14.선고2013다69989)

사건 개요	A증권사 영업직으로 근무하던 원고 B는 퇴직 후 A증권사의 선물옵션계좌를 이용해 선물거래를 해왔는데, 2011년 계좌에 위탁증거금이 부족해 거래를 할 수 없었는데도 전산오류로 인해 6,600여만 원으로 287건의 선물옵션거래를 함. A증권사는 원고 B가 추가증거금을 내지 않자 계좌를 청산해 추가증거금으로 충당, 이에 원고 B는 2012년 3월 투자액 6,600여만 원과 A증권사가 청산하지 않았다면 얻었을 수익 1억여 원을 배상하라며 소송을 제기함. 1심은 전자금융거래 특수성에 비춰 개인이용자에게 손해가 발생한 경우 증권사는 무과실 책임을 진다며 계좌청산으로 상실한 6,600만 원을 배상하라고 판단함. 2심은 정상적인 시스템에서는 처리되어서는 안되는 거래가 시스템 오류로 인해 처리되었다면 비록 이용자의 거래지시로 이뤄진 것이라도 전자금융거래법에서 정한 '사고'에 해당되어 증권사가 손해를 배상해야 한다고 판단함. 다만 원고가 주문 조절능력이 있음에도 불구하고 주문을 실행한 일부 과실을 참작하여 A 증권사의 책임을 70%로 제한하여 4,600여만 원 지급을 결정함
판단 내용	A 증권사가 운영하는 HTS에 주문가능금액의 부족으로 접수되지 아니하여야 할 주문이 접수되는 오류가 발생한 상태를 이용하여 원고가 옵션거래를 한 사안에서, 그러한 거래의 처리는 (구)전자금융거래법(2013. 5. 22 법률 제11814호로 개정되기 전의 것) 제9조의 '사고'에 해당된다고 판단한 원심을 파기한 사례임. 대법은 (구)전자금융거래법 제9조 제1항에 따라 금융기관 또는 전자금융업자가 손해배상책임을 부담하는 '사고'는 권한 없는 제3자에 의해 전자금융거래가 이행되거나, 이용자의 거래지시가 없었음에도 전자금융거래가 이행되거나, 이용자의 거래지시가 있었으나 그에 따라 전자금융거래가 이행되지 아니한 경우 등을 의미한 것으로, 원고 B가 주문가능금액 부족으로 옵션주문이 될 수 없는 상태에서 시스템 오류로 주문이 접수되자 수십 회에 걸쳐 주문을 하여 다수의 풋옵션 매도계약을 체결한 것은 HTS가 비정상적인 상

	태임을 인식하고 오히려 이를 이용하여 스스로의 의사에 따라 매도 주문을 함으로써 원고가 의도한 대로 다수의 풋옵션 매도계약을 체결하였다고 볼 여지가 충분하므로, 특별한 사정이 없는 한 (구)전자금융거래법 제9조 제1항에 따라 금융기관 또는 전자금융업자가 손해배상책임을 부담하는 '사고'에 해당하지 않아 A증권사의 손해배상 책임이 없음.

제6절 | 분쟁발생 시 대응방법

1 당사자 간의 분쟁해결

금융투자회사의 영업행위 과정에서 금융투자회사 또는 그 임직원의 채무불이행이나 불법행위가 발생되었다 하더라도 회사 또는 임직원이 자신의 잘못을 인정하고 손해를 배상할 의사가 있는 경우라면 당사자는 언제라도 자유롭게 합의를 할 수 있으며, 이때에는 「민법」 제731조[24]의 화해계약이 성립한 것으로 볼 수 있다. 다만, 이러한 분쟁해결은 합의과정에서 일방이 상대적으로 우월적인 지위에 있을 수 있으며 이로 인하여 합의내용의 불공정성 문제가 제기될 수 있고, 합의한 이후에도 합의사항에 대한 이행 여부가 중요한 문제로 남을 수 있다. 만일 이러한 문제 없이 해결될 수 있다면, 당사자 간의 분쟁해결은 가장 손쉽고 합리적인 수단이 될 수 있다.

이와 관련하여 한 가지 유의하여야 할 것은 「자본시장법」 제55조에서 규정된 손실보전 행위인데, 이러한 행위는 자기책임원칙이 적용되는 금융투자상품의 거래질서를 저해하기 때문에 법으로 금지되어 있다.

「자본시장법」상 금지되는 손실보전 행위

ⅰ. 투자자가 입을 손실의 전부 또는 일부를 보전하여 줄 것을 사전에 약속하는 행위
ⅱ. 투자자가 입은 손실의 전부 또는 일부를 사후에 보전하여 주는 행위
ⅲ. 투자자에게 일정한 이익을 보장할 것을 사전에 약속하는 행위
ⅳ. 투자자에게 일정한 이익을 사후에 제공하는 행위

다만 연금 또는 퇴직금 지급을 목적으로 하는 신탁으로서 금융위원회가 정하여 고시하는 신노후생활연금신탁, 연금신탁, 퇴직일시금신탁 등과 그 밖에 건전한 거래질서를 해할 우려가 없는 경우로서 정당한 사유가 있는 경우에만 제한적으로 허용

24) 화해의 의의: 화해는 당사자 간의 상호 양보하여 당사간의 분쟁을 정리할 것을 약정함으로써 그 효력이 생긴다.

상기와 같은 원금보전(약정)행위의 경우, 기존의 판례에서도 강행법규 위반으로 일관되게 무효로 판시하고 있어 동 약정을 믿고 투자하였다가 손실이 발생하여도 약정에 따른 지급을 청구할 수는 없다. 다만, 금융투자회사나 그 임직원의 불법행위 등이 있는 경우 그에 따른 손해배상책임을 물을 수는 있다.

2 자율적 분쟁조정제도를 이용한 분쟁해결

금융투자업과 관련하여서는 타 금융권역에서 볼 수 없는 분쟁조정제도를 「자본시장법」에서 명시하고 있다. 이러한 분쟁조정제도는 금융투자협회 등에서 운영하고 있는데, 이는 복잡한 자본시장 또는 금융시장의 특성을 고려하여 판단에 전문성을 제고하고 소송수행에 따르는 사회적 비용을 절감하고자 하는 의미에서 마련된 것이라 볼 수 있다.

이에 따라 고객은 금융투자회사와의 분쟁발생 시 자율조정제도를 이용하여 보다 전문적인 입장에서 검토하고 판단한 결과를 미리 받아 볼 수 있어 소송 수행에 따른 비용 및 위험을 최소화할 수 있다. 특히 일반투자자의 경우 분쟁사건 해결을 위한 증거 및 정보 수집이 상대적으로 용이하지 않기 때문에 금융투자협회 등의 분쟁조정제도를 이용하는 것이 당사자끼리 분쟁을 직접 해결하려는 것보다 유리할 수 있다.

3 소송 등을 통한 분쟁해결

금전배상을 목적으로 하는 분쟁을 종국적으로 해결하는 방법은 민사소송을 진행하는 것이다. 이와 유사한 것으로 '제소전 화해절차'를 이용하거나, 소송 중 재판장으로부터 '화해권고'를 받을 수도 있으며, 처음부터 「민사조정법」[25]상 '조정제도'를 이용할 수도

25) 민사분쟁을 간이절차에 의하여 해결하기 위해 제정한 법률: 민사에 관한 분쟁을 간단하고 편리한 절차에 따라 당사자 사이의 상호양해를 통하여 조리를 바탕으로 실정에 맞게 해결함을 목적으로 한다. 민사에 관한 분쟁의 당사자는 법원에 조정을 신청할 수 있고, 조정신청은 서면 또는 구술로 할 수 있으며 수소법원(受訴法院, 소송이 진행 중인 법원)은 항소심 판결선고 전까지 소송이 계속 중인 사건을 결정으로 조정에 회부할 수 있다.

있다. 이러한 소송 등의 절차는 국가 사법기구를 통해 분쟁사건의 확정적인 해결을 도모한다는 데 의의가 있으나, 자율적인 분쟁조정보다는 상대적으로 장기간이 소요되는 것이 일반적이다. 또한 변호사를 통한 소송 수임 시 고가의 수임비용, 인지대 등 2차적인 경제적 손실이 발생할 수 있다.

4 금융분쟁조정위원회의 분쟁조정제도

4-1 분쟁조정의 의미

금융분쟁조정이란 금융소비자 등이 금융관련기관을 상대로 제기하는 분쟁에 대하여 금융감독원(금융분쟁조정위원회)이 조정신청을 받아 합리적인 분쟁해결 방안이나 조정의견을 제시하여 당사자 간의 합의를 유도함으로써 소송을 통하지 않고 분쟁을 원만하게 해결하는 자주적 분쟁해결방식의 하나이다.

금융분쟁조정위원회는 금융감독원의 검사를 받는 금융회사와 금융소비자 사이에 발생하는 금융관련 분쟁의 조정에 관한 심의사항을 의결하기 위하여 「금융소비자보호에 관한 법률」 제33조에 의해 설치된 기구이다.

4-2 분쟁조정의 효력

조정은 법원의 판결과는 달리 그 자체로서는 구속력이 없고, 당사자가 이를 수락하는 경우에 한하여 효력을 갖는다. 금융감독원에 설치된 금융분쟁조정위원회의 조정결정의 내용은 즉시 당사자에게 통보되며, 당사자가 통보받은 날로부터 20일 이내에 조정결정 수락서에 기명하고 날인하여 제출하면 조정이 성립된다. 이 경우 당사자가 20일 이내에 조정안을 수락하지 않으면 조정안을 수락하지 않은 것으로 본다.

당사자 쌍방이 조정결정 내용을 수락하여 조정이 성립하면 재판상 화해와 동일한 효력을 가지게 되고, 재판상 화해의 효력이 생기면 기판력이 생기기 때문에 다시 소송을 제기하여 다툴 수 없다. 확정된 조정결정 내용을 어느 일방이 이행하지 않을 경우에는 별도의 소송절차 없이 조정서를 근거로 강제집행이 가능하다.

조정이 불성립 되는 경우 법원의 소송절차를 통하여 해결할 수 있다.

4-3 분쟁조정제도의 장단점

금융분쟁조정위원회의 경우 금융감독원장은 분쟁조정의 신청을 받은 날부터 30일 이내에 당사자 간에 합의가 이루어지지 않는 때에는 지체 없이 이를 조정위원회에 회부하여야 한다. 조정위원회는 조정의 회부를 받으면 60일 이내에 이를 심의하여 조정결정을 하며 구성원 과반수의 출석과 출석위원 과반수의 찬성으로 의결한다.

〈표 5-10〉 분쟁조정제도의 장단점

장점	단점
- 소송수행으로 인한 추가적인 비용부담 없이 최소한의 시간 내에 합리적으로 분쟁 처리 가능 - 복잡한 금융 관련 분쟁에 대한 전문가의 조언 및 도움을 받을 수 있음 - 개인투자자가 확인하기 어려운 금융투자회사의 보유자료 등을 조정기관을 통해 간접적으로 확인 할 수 있음	- 양 당사자의 합의가 도출되지 아니하면 분쟁처리가 지연될 수 있음 - 판단기관에 따른 결과의 차이가 있을 수 있음. 분쟁조정기관은 기존의 판례 및 선례, 법이론을 바탕으로 가장 보편타당한 결과를 도출하기 위해 노력하지만, 실제 소송 수행 시 반드시 같은 결과가 나올 것으로 단정할 수 없으므로 조정안에 대한 최종 수용 여부는 당사자가 신중히 판단하여야 함

5 금융투자상품 관련 분쟁

5-1 금융투자상품 관련 분쟁의 특징

금융투자회사를 통한 금융투자상품은 그 특성상 높은 수익을 기대할 수 있는 반면, 높은 가격변동성으로 인한 고위험에 노출되어 있고 투자과정에서 고도의 전문성이 요구되기 때문에 거래과정에서 분쟁이 발생할 소지가 있다. 이와 아울러 투자중개업을 영위하는 금융투자회사의 일반적인 업무행태는 「민법」상 위임계약 및 상법상 위탁매매업을 수행하는 것이므로, 수임인 또는 위탁매매업자로서 마땅히 이행하여야 할 선관주의의무를 다하지 못하였다면, 이로 인한 민사상 불법행위 책임 또는 채무불이행책임이 발생할 수 있다.

① 증권거래 또는 선물거래는 은행거래, 보험거래 등 여타 금융거래와 달리 투자대상의 높은 가격변동에 따른 고투자위험, 투자과정에서의 전문성 필요 등과 같은 내재적인 특성을 가지고 있다.
② 고객과 금융투자회사 간의 법률관계에서도 거래과정에서 고객의 증권회사 직원에 대한 높은 의존성, 위임과정 중 금융투자회사 직원의 폭넓은 개입기회, 불공정거래 가능성 등 일반적인 위임의 법률관계와는 다른 특성이 존재한다.
③ 계좌개설부터 결제 등 거래종료까지의 거래과정 중에 고객과 금융투자회사 임직원 간에 예기치 못한 분쟁이 발생할 개연성이 높다는 특징을 가지고 있으며, 분쟁발생 시에도 당사자 간 해결이 쉽지 않은 경향을 보인다는 것이 특징이다.

5-2 분쟁 관련 금융투자상품의 내재적 특성

금융투자상품의 법률적 정의에 따르면, 투자손실 발생이 가능한[26] 모든 금융상품을 의미한다.

가. 원금손실 가능성

금융투자상품은 투자실적에 따라 큰 수익이 발생할 수도 있지만, 반대로 투자원금뿐 아니라 투자원금을 초과하여 손실이 날 수도 있다.

나. 투자결과에 대한 본인 책임

금융투자상품에 대한 투자결과는 본인에게 귀속됨이 원칙이므로 금융상품에 대하여 충분히 이해한 후 '자신의 판단과 책임하에 투자'하여야 한다.

---

26) 「자본시장법」 제3조 제1항 이익을 얻거나 손실을 회피할 목적으로 현재 또는 장래의 특정시점에 금전 또는 재산적 가치가 있는 것을 지급하기로 약정함으로써 취득하는 권리로서, 그 권리를 취득하기 위하여 지급하였거나 지급하여야 할 금전 등의 총액이 그 권리로부터 회수하였거나 회수할 수 있는 금전 등의 총액을 초과하게 될 위험('투자성')이 있는 것을 의미한다.

다. 투자상품에 대한 지속적인 관리 요구

금융투자상품은 금융시장 환경의 대내외적 요인, 투자상품의 고유특성에 따라 손익내역이 지속적으로 변하기 때문에, 금융투자상품의 손익상황 및 금융회사의 관리상황 등에 대한 주기적인 확인이 필요하다.

5-3 분쟁예방요령

일단 분쟁이 발생하면 당사자 간 해결이 쉽지 않기 때문에 무엇보다도 사전에 분쟁이 발생하지 않도록 철저히 예방하는 것이 최선이다. 이와 관련하여 유형별로 분쟁예방 요령을 살펴보고자 한다.

① 부당권유행위의 경우에는 금전제공, 수수료 할인 또는 비정상적 조건 등 고객에 대한 직간접적 손실보전행위 금지, 탈법적인 수익보장각서 교부행위 금지, 루머·작전 등에 기초한 합리적 근거 없는 투자권유행위 또는 특정 종목 매수 강권행위 등의 자제가 필요하다. 또한 고객의 투자성향에 비추어 과도한 위험성을 수반하는 거래의 적극적 권유행위를 자제하여야 하며, 고객의 부당한 이익제공 요구에 대해서는 명백한 거절의사를 표명하여야 한다.

② 과다 일임매매와 관련하여 고객으로부터 포괄적 일임매매를 받지 않는 것이 최선이며, 일임의 경우에는 일임매매 관련 규정을 준수하여 분쟁의 소지를 제거하는 것이 바람직하다. 또한 고객에게 빈번하거나 과도한 거래권유를 삼가야 한다.

③ 임의매매의 경우 엄격한 제재가 가해지므로 고객의 위임 없는 거래는 하지 말아야 한다.

④ 금융실명제를 비롯한 각종 규정을 준수하여 고객과의 분쟁에서 불리한 상황에 처하는 일을 미연에 방지하여야 한다.

⑤ 금융투자상품 주문거래에서는 녹취와 서류 등의 증빙을 갖추어 분쟁을 예방하고 분쟁발생 시를 대비하여야 한다.

주·요·내·용·종·합·정·리

01 › 자본시장의 주요 특징은 (1) 포괄주의의 규율체제, (2) 기능별 규율, (3) 업무 범위의 확대, (4) 투자자 보호제도의 선진화이다.

02 › 금융투자상품이란 명칭과 형태를 불문하고 원본손실이 발생할 가능성(투자성)이 있는 모든 금융상품을 말한다.

03 › 투자자 방문 시 투자자의 방문 목적 및 투자권유 희망 여부를 확인하여야 하고, 투자권유를 희망하지 않는 투자자에 대하여는 투자권유에 해당하는 행위를 하여서는 아니 되며 투자자가 원하는 객관적인 정보만을 제공하여야 한다.

04 › 금융투자상품을 설명할 때 투자자의 합리적인 투자판단 또는 해당 금융투자상품의 가치에 중대한 영향을 미칠 수 있는 중요사항을 거짓 또는 왜곡하여 설명하거나 누락하여서는 아니 된다.

05 › 금융투자회사 임직원은 거래상대방 등에게 재산상 이익을 제공하거나 제공받고자 하는 경우 제공목적, 제공내용, 제공일자, 거래상대방 등, 경제적 가치 등이 기재된 문서를 미리 준법감시인에게 보고하여야 한다.

06 › 투자권유를 받은 투자자가 이를 거부하는 취지의 의사를 표시하였음에도 불구하고 동 거부의사에 반하여 투자권유를 계속하는 행위는 금지된다.

07 › 일반투자자에게 투자권유를 하지 아니하고 파생상품 등을 판매하려는 경우에는 면담·질문 등을 통하여 그 일반투자자의 투자목적·재산상황 및 투자경험 등의 정보를 파악하여야 한다. 파생상품뿐 아니라 파생결합증권, 파생펀드 등도 적정성 원칙 적용대상에 포함된다.

08 › 직무윤리의 핵심적 내용은 '자신과 상대방이 이익충돌의 상황에 직면한 경우 상대방 이익의 입장에서 자신에 대한 상대방의 신뢰를 저버리지 않는 행동을 선택하라'라는 것이다.

주·요·내·용·종·합·정·리

09 불공정거래행위의 유형은 ① 내부자거래행위, ② 시세조종행위, ③ 부정거래행위로 분류된다.

10 분쟁조정제도는 복잡한 자본시장 또는 금융시장의 특성을 고려하여 판단에 전문성을 제고하고 소송수행에 따르는 사회적 비용을 절감하고자 하는 의미에서 마련된 것이라 볼 수 있다.

연·습·문·제

01 「자본시장법」에서 규율하지 않는 업무는?

① 증권업무
② 파생상품업무
③ 신탁업무
④ 보험업무

02 투자자성향 중 제1방식에 해당하지 않은 것은?

① 고위험-고수익형
② 중위험-중수익형
③ 저위험-저수익형
④ 파생상품형

03 금융투자상품 설명의무에 대한 설명 중 틀린 것은?

① 상품의 내용, 투자에 따르는 위험 등을 투자자가 이해할 수 있도록 설명하여야 한다.
② 설명한 내용을 투자자가 이해하였음을 서명, 기명날인 등의 방법으로 반드시 확인받아야 한다.
③ 상품의 가치에 중대한 영향을 미칠 수 있는 중요사항을 거짓 또는 왜곡하여 설명하거나 누락하여서는 아니 된다.
④ 설명의무 불이행으로 투자자에게 손해가 발생하더라도 금융투자회사는 손해배상책임을 지지 않는다.

04 부당권유행위에 포함되지 않는 것은?

① 고위험 금융상품계약 체결
② 단정적 판단 제공 등 금지
③ 불초청 권유금지
④ 재권유 금지

연·습·문·제

05 분쟁조정제도에 대한 설명으로 틀린 것은?

① 복잡한 자본시장 또는 금융시장의 특성을 고려하여 판단에 전문성을 제고하고 소송수행에 따르는 사회적 비용을 절감하고자 하는 의미에서 마련된 것이다.
② 분쟁조정제도를 이용하는 것이 당사자끼리 분쟁을 직접 해결하려는 것보다 유리할 수 있다.
③ 당사자가 조정결과를 수락하더라도 법원의 판결과 달리 그 자체로서는 구속력이 없다.
④ 복잡한 금융 관련 분쟁에 대한 전문가의 조언 및 도움을 받을 수 있다.

정·답·및·해·설

01› ④ 보험업무는 「보험업법」에서 규율하고 있다.

02› ④ 파생상품형은 제2방식에 해당한다.

03› ④ 설명의무 불이행 또는 중요사항 허위설명, 설명누락으로 발생한 투자자의 손해에 대해서는 금융투자회사가 손해배상책임을 진다.

04› ① 고위험 금융상품 계약은 위험성을 알리고 고도의 주의의무가 부과된 것으로 부당권유행위와는 관련이 없다.

05› ③ 조정안을 당사자가 수락할 경우 당해 조정안은 재판상 화해와 동일한 효력을 갖는다.

제6장

방카슈랑스 컴플라이언스

제6장 방카슈랑스 컴플라이언스

학습개요

보험업은 보험영업, 계약관리, 상품개발, 고객정보보호, 공시, 자산운용, 보험 관련 자금세탁방지 등 다양한 분야에 걸쳐 있는 업종이다. 기존의 전통적인 보장 영역에서 변액보험, 지수연계형 보험 등 새로운 상품 영역으로 발전하고 있다. 판매채널도 대면채널에서 방카슈랑스, 통신판매 등으로 발전하고 있다. 이러한 추세에 부응하여 개정된 「보험업법」에서도 적합성의 원칙을 도입, 보험소비자의 권리보호를 강화하였다. 컴플라이언스는 회사의 질적 수준을 결정하는 지표이므로 훌륭한 컴플라이언스 체제를 갖추고 있으면 그만큼 높게 평가받는다. 본 장에서는 방카슈랑스 관련 컴플라이언스 부분에 살펴본다.

학습목표

» 방카슈랑스의 개요, 설명의무 및 적합성의 원칙 준수 등 건전한 모집행위 등을 이해한다.
» 방카슈랑스 업무 취급 시 유의사항 및 관련 사례 등을 학습하여 실무에 활용한다.

제1절 | 방카슈랑스의 개요

1 방카슈랑스의 개요

1-1 방카슈랑스의 개념

방카슈랑스(Bancassurance)란 불어의 은행(Banque)과 보험(Assurance)의 합성어로, 일반적으로 은행 등의 금융회사가 보험회사의 대리점(또는 중개사)으로서 보험상품을 판매하는 것을 말한다. 금융소비자 입장에서는 원스톱 금융서비스 제공을 통하여 편익을 제공받고, 은행은 세계적인 금융겸업화 추세에 따른 금융회사 경쟁력을 강화하고, 보험회사는 경쟁력 있는 판매채널 확보를 통하여 경영합리화를 도모할 수 있다는 관점에서 도입되었다고 할 수 있다.

방카슈랑스의 주요 형태

① 판매제휴
② 은행과 보험사가 상호지분 소유
③ 보험 자회사: 은행이 보험회사의 지분을 보유
④ 금융지주회사: 은행과 보험사가 형제회사로서 지주회사 산하에 존재
⑤ 합작사: 은행과 보험사가 방카전문 자회사 보유
⑥ 완전겸영: 은행업과 보험업을 함께 영위 ⇨ 현재 법규상 불가

1-2 방카슈랑스의 도입효과

방카슈랑스는 금융회사 효율성 제고 및 보험소비자의 권익증진이라는 정책목표의 달성을 위해 은행 및 증권사 등을 통해 보험소비자에게 다양한 보험상품 및 서비스를 제공하는 것을 말한다.

가. 금융소비자 입장

1) 저렴한 보험료

보험료는 고객에게 지급할 재원이 되는 순보험료 부분과 보험계약을 모집하고 유지·관리하기 위한 보험회사의 사업비로 구성되어 있다. 은행창구 등에서 판매 시 이미 구축되어 있는 점포망 및 판매조직을 활용하는 것이기 때문에 보험회사에서 보험모집을 위하여 점포를 운영하고 모집인을 관리해야 하는 부분의 비용을 상당부분 줄일 수 있다. 그래서 이 비용을 보험료 부분에 반영한 방카슈랑스 전용상품을 개발·판매하고 있다.

2) 선택의 다양성

일반적으로 보험상품 구입 시 특정 설계사로부터 그 설계사가 소속된 회사의 상품 범위 내에서 권유받고 가입하나, 은행 등에서 보험 가입 시 다양한 보험사로부터 공급된 상품 중에서 비교해서 선택하여 가입하도록 하고 있다.

3) 접근의 편리성 및 원스톱 서비스

전국에 산재되어 있는 은행지점망을 이용하기 때문에 접근의 편리성과 은행·증권·보험을 한곳에서 처리할 수 있는 원스톱(one-stop) 서비스를 받을 수 있는 편리함을 얻게 된다.

나. 은행 입장

1) 새로운 수익원 창출

보험판매수수료의 취득이라는 새로운 수익을 창출하게 되어 이익 창출의 한계를 극복할 수 있게 되었다.

2) 고객 충성도 증대

종합자산관리 및 원스톱 서비스로 고객의 충성도 증대와 고객에 대한 심화관리가 가능해졌다.

3) 적극적 영업문화로 변화

보수영업 이미지를 가진 은행 영업문화에서 적극적, 공격적 영업문화로의 변화를 도모할 수 있게 되었다.

다. 보험회사 입장

1) 새로운 판매채널 확보

거대한 새 판매채널 확보를 통해 보험시장의 확대를 기할 수 있게 되었다.

2) 저비용 판매구조로 개선

고비용 저효율 구조의 대리점, 설계사조직을 정비하고 특화된 교육을 통한 전문 판매채널로 소수정예화하여, 사이버판매, 은행을 통한 방카판매 등으로 판매채널을 다양화함으로써 저비용구조로의 개선이 가능해졌다.

1-3 도입의 문제

가. 불완전판매에 따른 신뢰도 하락

은행원의 보험상품 이해부족과 완전판매의 미흡으로 은행에 대한 고객신뢰도가 하락할 가능성이 있다.

나. 은행원의 업무부담 상승

전통적인 마케팅인 풀(pull)마케팅에서 공격적인 푸시(push)마케팅이 도입됨에 따라 은행원의 업무 부담이 커질 가능성이 있다.

다. 문화적 충돌 가능성

보험회사와 은행 상호 간의 영업문화에 대한 이해부족으로 문화적인 충돌이 발생할 수 있다.

1-4 방카슈랑스 형태

가. 판매제휴 방식

기존 보험사의 대리점(중개사)으로서 보험상품 판매

나. 자회사 방식

기존 보험사 인수 또는 보험 자회사를 신설하여 자회사 상품 판매

1-5 방카슈랑스 영업규제

가. 방카슈랑스 허용 금융회사 등의 범위

금융회사는 일정한 요건이 되는 경우에 보험대리점 또는 보험중개사로 등록할 수 있다. 금융기관보험대리점 및 중개사로 등록할 수 있는 금융회사 등은 다음과 같다.

1) 「은행법」 등에 따라 설립된 은행
2) 「자본시장법」에 따른 투자매매업자 또는 투자중개업자
3) 「상호저축은행은행법」에 따라 설립된 상호저축은행
4) 「여신전문금융업법」에 따라 허가를 받은 신용카드업자

나. 금융기관보험대리점의 판매가능 상품

금융기관보험대리점 및 중개사의 보험상품 판매범위는 단계적으로 확대되었다. 단, 신용카드회사가 모집할 수 있는 보험상품의 범위는 일반 보험대리점이 모집할 수 있는 보험상품의 범위와 동일하다.

〈표 6-1〉 금융기관보험대리점의 판매가능 상품

단 계	생명보험	손해보험
1단계 (2003. 8. 30~2005. 3. 31)	- 개인 저축성보험 · 개인연금 · 일반연금 · 교육보험 · 생사혼합보험 · 그 밖의 개인저축성 보험 - 신용생명보험[1]	- 개인연금 - 장기저축성보험 - 화재보험(주택) - 상해보험(단체상해보험 제외) - 종합보험 - 신용손해보험[2]
2단계 (2005. 4. 1 이후) 보험기간 만료 시 환급금이 지급되는 상품은 2006. 10. 1 이후	- 제1단계 허용상품 - 개인보장성 보험 중 제3보험 (주계약에 한함)	- 제1단계 허용상품 - 개인장기보장성보험 중 제3보험 (주계약에 한함)

주 1) 금융회사 등으로부터 대출은 받은 피보험자가 사망하였을 때 미상환액을 보상하는 보험
2) 금융회사 등으로부터 대출을 받은 피보험자가 상해로 인하여 사망하였을 때 미상환액을 보상하는 보험

2 건전한 모집행위

2-1 계약자의 구분

가. 전문 보험계약자

국가, 한국은행, 금융회사, 주권상장법인 등

나. 일반 보험계약자

전문 보험계약자가 아닌 자

2-2 보험안내자료

가. 모집을 위하여 사용하는 보험안내자료(이하 “보험안내자료”라 한다)에는 다음 각 호의 사항을 명백하고 알기 쉽게 적어야 한다.

1) 보험회사의 상호나 명칭 또는 보험설계사 · 보험대리점 또는 보험중개사의 이름 · 상호나 명칭
2) 보험 가입에 따른 권리 · 의무에 관한 주요 사항
3) 보험약관으로 정하는 보장에 관한 사항
4) 보험금 지급제한 조건에 관한 사항
5) 해약환급금에 관한 사항
6) 「예금자보호법」에 따른 예금자보호와 관련된 사항
7) 그 밖에 보험계약자를 보호하기 위하여 대통령령으로 정하는 사항

나. 보험안내자료에 보험회사의 자산과 부채에 관한 사항을 적는 경우에는 보험업법 제118조에 따라 금융위원회에 제출한 재무제표 등에 적힌 사항과 다른 내용의 것을 적지 못한다.

다. 보험안내자료에는 보험회사의 장래의 이익 배당 또는 잉여금 분배에 대한 예상에 관한 사항을 적지 못한다. 다만, 보험계약자의 이해를 돕기 위하여 계약자배당이 있는 연금보험을 말하며 직전 5개년도 실적을 근거로 장래의 계약자배당을 예시할 수 있다. 이 경우 장래의 계약자배당금액은 예상금액이므로 실제금액과 차이가 있을 수 있음을 명시하여야 한다.

2-3 설명 의무

가. 보험계약 중요사항 설명의무

1) 보험청약 시 보험회사 또는 보험의 모집에 종사하는 자는 일반보험계약자에게 보험계약 체결을 권유하는 경우 보장성 상품의 내용, 보험료, 보험금 지급제한 사유 및 지급절차, 위험보장범위, 그 밖에 위험보장 기간 등 보장성 상품에 관한 중요한 사항으로서 대통령령으로 정하는 사항을 일반보험계약자가 이해할 수 있도록 설명하여야 한다.(금융소비자보호법 제19조)

2) 보험회사 또는 보험의 모집에 종사하는 자는 설명한 내용을 일반보험계약자가 이해하였음을 서명, 기명날인, 녹취, 전자서명 등의 방법으로 확인을 받아야 한다.

나. 보험계약 단계별 설명의무

1) 보험회사는 보험계약의 체결 시부터 보험금 지급 시까지의 각 단계에 대하여 일반보험계약자에게 설명하여야 한다. 다만, 일반보험계약자가 설명을 거부하는 경우에는 그러하지 아니하다.
2) 보험회사는 일반보험계약자가 보험금 지급을 요청한 경우에는 보험금의 지급절차 및 지급내역 등을 설명하여야 하며, 보험금을 감액하여 지급하거나 지급하지 아니하는 경우에는 그 사유를 설명하여야 한다.

〈표 6-2〉 단계별 설명의무: 「보험업법」 제95조의2, 「법시행령」 제42조의2, 「보험감독규정」 제4-35조의2

단 계	설명 내용	기 타
보험계약 체결 단계	- 보험의 모집에 종사하는 자의 성명, 연락처 및 소속 - 보험의 모집에 종사하는 자가 보험회사를 위하여 보험계약의 체결을 대리할 수 있는지에 대한 내용 - 보험의 모집에 종사하는 자가 보험료나 고지의무사항을 보험회사를 대신하여 수령할 수 있는지에 대한 내용 - 보험계약의 승낙절차 - 보험계약 승낙거절 시 거절 사유 - 보험자가 보험약관의 교부·설명의무를 위반한 경우 보험이 성립한 날로부터 3개월 이내에 해당 보험계약을 취소할 수 있다는 사실 및 그 취소 절차·방법 - 그 밖에 일반보험계약자가 보험계약 체결 단계에서 설명받아야 하는 사항	중요 사항을 항목별로 일반보험계약자에게 설명해야 한다. 다만, 보험계약 체결 단계(보험계약 승낙 거절 시 거절사유로 한정한다), 보험금 청구 단계 또는 보험금 심사 · 지급 단계의 경우 일반보험계약자가 계약 체결 전에 또는 보험금 청구권자가 보험금 청구 단계에서 동의한 경우에 한정하여 서면, 문자메시지, 전자우편 또는 팩스 등으로 중요 사항을 통보하는 것으로 이를 대신할 수 있다.
보험금 청구 단계	- 담당 부서, 연락처 및 보험금 청구에 필요한 서류 - 보험금 심사 절차, 예상 심사기간 및 예상 지급일 - 일반보험계약자가 보험사고 조사 및 손해사정에 관하여 설명받아야 하는 사항 - 그 밖에 일반보험계약자가 보험금 청구 단계에서 설명받아야 하는 사항	
보험금 심사 지급 단계	- 보험금 지급일 등 지급절차 - 보험금 지급 내역 - 보험금 심사 지연 시 지연 사유 및 예상 지급일 - 보험금을 감액하여 지급하거나 지급하지 아니하는 경우에는 그 사유 - 그 밖에 일반보험계약자가 보험금 심사·지급 단계에서 설명받아야 하는 사항	

2-3 중복계약 체결 확인 의무

가. 의무의 내용

보험회사 또는 보험의 모집에 종사하는 자는 보험계약을 모집하기 전에 보험계약자가 되려는 자의 동의를 얻어 모집하고자 하는 보험계약과 동일한 위험을 보장하는 보험계약을 체결하고 있는지를 확인하여야 하며 확인한 내용을 보험계약자가 되려는 자에게 즉시 알려야 한다(「보험업법」 제95조의5 제1항).

나. 확인 의무 대상 보험계약

확인의무를 부담하는 보험계약은 실제 부담한 의료비만 지급하는 제3보험상품 계약(실손의료 보험계약)과 실제 부담한 손해액만을 지급하는 것으로서 금융감독원장이 정하는 보험상품계약(기타손해보험계약)을 말한다. 다만, 다음 보험계약은 제외한다(「법시행령」 제42조의5 제1항).

1) 여행 중 발생한 위험을 보장하는 보험계약으로서 「관광진흥법」 제4조에 따라 등록한 여행업자가 여행자를 위하여 일괄 체결하는 보험계약 및 특정 단체가 그 단체의 구성원을 위하여 일괄 체결하는 보험계약
2) 국외여행, 연수 또는 유학 등 국외체류 중 발생한 위험을 보장하는 보험계약 (여행자보험 등)

다. 확인 절차

1) 보험회사 또는 보험의 모집에 종사하는 자가 실손의료보험계약 또는 기타손해보험계약을 모집하는 경우에는 피보험자가 되려는 자가 이미 다른 실손의료보험계약 또는 보장내용이 동일한 기타손해보험계약의 피보험자로 되어 있는지를 확인하여야 한다(「법시행령」 제42조의5 제2항).
2) 위에 따라 확인한 결과, 피보험자가 되려는 자가 다른 실손의료보험계약 또는 보장내용이 동일한 기타손해보험계약의 피보험자로 되어 있는 경우에는 보험금 비례분담 등 보장금 지급에 관한 세부 사항을 안내하여야 한다(「법시행령」 제42조의5 제3항).

제2절 | 방카슈랑스 업무 취급 시 유의사항

1 금융기관보험대리점의 주요 영업기준

1-1 보험판매자격

보험모집을 할 수 있는 자는 보험설계사, 보험대리점, 보험중개사, 보험회사 임직원 등이다.

금융기관보험대리점 등은 당해 금융회사 소속 임원 또는 직원이 아닌 자로 하여금 모집에 종사하게 하거나 보험계약체결과 관련한 상담 또는 소개를 하게 하고 상담 또는 소개의 대가를 지급할 수 없다.

※ 관련법령: 「보험업법」 제83조, 「법시행령」 제26조

1-2 보험모집의 방법

① 해당 금융기관보험대리점 등의 점포 내 지정된 장소에서 보험계약자와 직접적으로 대면하여 모집하는 방법

금융기관보험대리점의 지점

1. 금융기관보험대리점의 지점은 등록 또는 신고된 금융기관보험대리점의 주소지 이외의 일정한 장소에서 계속적으로 모집행위를 하는 장소를 말한다.
2. 해당 금융회사가 인수, 합병 또는 물리적 구분에 의해 동일 주소지에 점포명 또는 회계가 구분되고 별도의 지배인 등기가 되어 있는 복수의 점포를 가지고 있는 경우에는 동일 주소지에 2개의 지점을 설치할 수 있다. 단, 동일 건물의 같은 층에 위치한 2개의 점포는 별도의 지점으로 보지 않는다.

금융기관보험대리점의 점포

금융기관보험대리점의 본점 또는 일정한 장소에서 계속적으로 모집행위를 하는 금융기관보험대리점의 지점으로서 당해 금융회사의 본질적 요소에 해당하는 업무를 행하는 장소를 말한다.

직접대면으로 볼 수 없는 영업 행위

1. 보험모집 자격이 없는 임직원 또는 보험모집 자격이 있더라도 판매직원으로 신고되지 아니한 임직원이 일반창구 또는 보험모집창구에서 보험상품의 구입을 권유, 설명 또는 판매하는 일체의 행위(단, 대출담당직원이 신용생명보험과 신용손해보험에 대하여 설명하는 것은 가능)
2. 판매직원이 보험모집창구 이외의 장소에서 보험상품을 권유하는 등의 모집 행위
3. 전화를 이용한 보험판매(TM) 행위(전화로 보험가입의 필요성을 안내하는 행위, 전화로 고객이 금융기관보험대리점 영업점의 보험창구를 내방하게 하거나 인터넷 홈페이지를 방문하여 보험에 가입하도록 유도하는 행위)
4. 우편발송(전자메일 포함)을 통한 보험판매(DM) 행위
   (단, 불특정 다수인을 대상으로 한 보험상품의 광고는 허용. 그러나 은행의 연락처를 알리거나 영업점 또는 인터넷 홈페이지 방문을 유도하는 등 금융기관보험대리점을 통한 보험가입절차를 안내하는 것은 광고가 아닌 모집행위로 볼 수 있으므로 허용되지 아니하며, 카드고지서 등 타 업무 목적의 우편물에 동봉하는 경우도 포함한다)
5. 영업점 이외의 장소에서 보험안내자료 및 유인물을 배포하는 행위
6. 휴대폰 문자메시지 등을 통한 보험판매 행위 등

② 인터넷 홈페이지를 이용하여 불특정 다수를 대상으로 보험상품을 안내, 설명하여 모집하는 방법(단, 이 경우 보험가입설계 및 청약은 인터넷을 통하여 이루어져야 한다)

※ 관련법령: 「법시행령」 제40조 제3항, 「보험업감독규정」 제4-14조

③ 「보험업법」 제96조 제1항[27]에 따른 전화, 우편, 컴퓨터통신 등의 통신수단을 이용하여 모집하는 방법

- 「여신전문금융업법」에 따라 허가를 받은 신용카드업자만 가능하다.

1-3 보험모집액 한도

자산총액 2조 원 이상인 금융기관보험대리점이 모집할 수 있는 1개 생명보험회사 또는 1개 손해보험회사 상품의 모집액은 매 사업연도별로 해당 금융회사가 신규로 모집하는 생명보험회사 상품의 모집총액 또는 손해보험회사 상품의 모집총액 각각의 25%를 초과할 수 없다. 다만 다음에 해당하는 보험회사로서 상품의 모집액을 합산할 경우에는 33%를 초과할 수 없다.

※ 연도 말에 인기상품의 판매가 중지될 수 있음

27) 전화.우편.컴퓨터통신 등 통신수단을 이용하여 모집을 하는 자는 제83조에 따라 모집을 할 수 있는 자이어야 하며, 다른 사람의 평온한 생활을 침해하는 방법으로 모집을 하여서는 아니 된다.

① 최대주주가 동일한 보험회사
② 제휴보험회사 지분의 15% 이상을 소유한 금융기관보험대리점 등이 지분의 15% 이상을 소유한 보험회사
③ 제휴보험회사 지분의 15% 이상을 소유한 금융기관보험대리점 등의 지주회사가 지분의 15% 이상을 소유한 보험회사
④ 상기 ①~③에 준하는 경우로서 금융위원회가 정하는 관계에 있는 보험회사

1-4 보험모집업무 종사자

금융기관보험대리점의 사용인으로서 보험모집에 종사할 자로 신고된 임직원을 점포별 2인 이내에서 모집에 종사하게 할 수 있으며, 해당 임직원은 대출 등 불공정 모집의 우려가 있는 업무를 취급할 수 없다.

① 대출 등 불공정 모집의 우려가 있는 업무: 대출, 콜론, 지급보증, 여신성가지급금, CP 등 은행업감독규정에서 정한 신용공여의 범위에 해당하는 업무를 말한다. 이때 대출업무의 범위에는 대출 서류 접수·심사업무 등 대출과 관련된 업무가 포함된다.
② 보험판매직원 이외 일반창구직원의 보험 관련 업무범위: 보험모집을 위한 개별상품에 대한 상담·소개는 금지하되, 내방 또는 전화 등을 통한 고객의 문의에 대하여 보험상품을 판매한다는 사실, 판매하는 보험상품의 종류, 보험판매 창구 안내 등에 대한 설명은 허용한다.
③ 보험상품의 모집에 종사할 판매담당자가 「법시행령」 제29조의2에 의한 모집종사자 보수교육을 이수하지 않은 경우에는 보험상품을 판매할 수 없다. 다만, 모집종사자 보수교육을 추가로 이수하면 보험상품 판매가 가능하다.

1-5 모집수수료율에 대한 공시

금융기관보험대리점 등은 해당 금융회사에 적용되는 모집수수료율을 모집을 하는 점포의 창구 및 인터넷 홈페이지에 공시하여야 한다. 보험회사는 모집을 위탁한 금융기관보험대리점 등의 모집수수료율을, 보험협회는 전체 금융기관보험대리점 등의 모집수수료율을 각각 비교·공시하여야 한다(「법시행령」 제40조 제8항).

2 금융기관보험대리점의 금지행위

2-1 모집 관련 금지행위

① 대출 등 해당 금융회사가 제공하는 용역을 제공하는 조건으로 대출 등을 받는 자에게 그 금융기관이 대리 또는 중개하는 보험계약의 체결을 요구하거나 특정한 보험회사와의 보험계약을 체결할 것을 요구하는 행위

구속성보험계약의 범위(「금융소비자보호에 관한 법률」 제20조, 「시행령」 제15조, 「감독규정」 제11조)

1. 대출성 상품에 관한 계약을 체결하고 금전을 제공한 날 전 · 후 각각 1개월 내에 다음 각 호의 구분에 따른 보장성 상품 계약을 체결하는 행위(이하 "구속성 판매 간주행위"라 한다)를 말한다.
   가. 다음의 어느 하나에 해당하는 금융소비자와의 계약
      1) 중소기업 및 그 기업의 대표자
      2) 신용등급이 하위 10% 이하에 해당하는 사람
      3) 피성년후견인 또는 피한정후견인
   나. 위 "가"에 해당하지 않는 금융소비자와의 계약: 금융소비자가 계약에 따라 매월 금융상품직접판매업자에 지급해야 하는 금액(금융감독원장이 정한 바에 따라 산출한 금액으로서 월 단위로 지급하는 방식이 아닌 경우에는 월 단위로 환산한 금액을 말한다. 이하 "월지급액"이라 한다)이 금전제공계약에 따라 금융소비자가 제공받은 금액의 1000분의 10을 초과하는 경우에 해당하는 계약

2. 다음에 해당하는 경우에는 구속성 판매 간주행위로 보지 않는다.
   가. 금전제공계약이 「보험업법」 제105조제6호의 보험약관에 따른 대출에 관한 계약
   나. 다음의 보장성 상품에 관한 계약을 체결한 경우
      1) 단체가 그 단체의 구성원을 위하여 체결하는 보장성 상품(단체의 구성원이 보험료를 납입하는 경우에 한정한다)
      2) 「보험업감독규정」 제1-2조제11호에 따른 일반손해보험
      3) 「보험업감독규정」 제1-2조제12호에 따른 장기손해보험으로서 채권확보 및 자산보호를 목적으로 담보물건가액 기준에 의해 산정되는 장기화재보험 등 재물보험계약 체결

② 대출 등을 받는 자의 동의를 미리 받지 않고 보험료를 대출 등의 거래에 포함시키는 행위

③ 해당 금융회사 등의 임직원(모집할 수 있는 자 제외)에게 모집을 하도록 하거나 이를 용인하는 행위

④ 해당 금융회사 등의 점포 외의 장소에서 모집을 하는 행위

⑤ 보험모집과 관련이 없는 금융거래를 통하여 취득한 개인정보를 미리 그 개인의 동의를 받지 아니하고 모집에 이용하는 행위
⑥ 당해 금융기관보험대리점 등의 본점, 지점 등 점포 내에 보험회사 임직원, 보험설계사 또는 다른 보험대리점, 보험중개사를 입주시켜 모집(금융회사 내 입점방식에 의한 모집)을 하게 하는 행위
⑦ 보험회사 경영에 부당한 영향력을 행사하는 것으로 인정되는 다음 행위
- 당해 금융기관대리점 등 또는 제3자의 용역·물품 등의 구입을 요구하는 행위
- 적법한 절차 없이 보험계약자 등 제3자의 개인정보를 요구하는 행위
- 일방적으로 전산시스템의 변경을 요구하는 행위
- 모집한 보험계약을 통해 형성된 보험회사의 자산에 일정한 제한을 요구하는 행위

※ 관련법령: 「보험업법」 제100조 제1항, 「보험업감독규정」 제4-39조제1항 제1호

2-2 우월적 지위 남용금지

금융기관보험대리점 등이나 금융기관보험대리점 등이 되려는 자는 보험계약 체결을 대리하거나 중개하는 조건으로 보험회사에 대하여 다음 중 어느 하나의 행위를 하여서는 아니 된다.

① 해당 금융회사를 계약자로 하는 보험계약의 할인을 요구하거나 그 금융회사에 대한 신용공여, 자금지원 및 보험료 등의 예탁을 요구하는 행위
② 보험계약체결을 대리하거나 중개하면서 발생하는 비용 또는 손실을 보험회사에 부당하게 떠넘기는 행위
③ 금융회사의 우월적 지위를 이용하여 부당한 요구 등을 하는 다음의 행위
- 모집수수료 외에 금융기관보험대리점 등이 모집한 보험계약에서 발생한 이익의 배분을 요구하는 행위(당해 금융기관보험대리점 등이 모집한 계약에서 위험률차익의 발생에 기여한 사실이 객관적으로 입증되는 경우는 제외)

※ 관련법령: 「보험업법」 제100조 제3항, 「동시행령」 제48조 제3항, 「보험업감독규정」 제4-39조 제3항

3 금융기관보험대리점의 모집 관련 준수사항

① 해당 금융회사가 대출 등을 받는 자에게 보험계약의 청약을 권유하는 경우 대출 등을 받는 자가 그 금융회사가 대리하거나 중개하는 보험계약을 체결하지 아니하더라도 대출 등을 받는 데에는 영향이 없음을 알릴 것

② 해당 금융회사가 보험회사가 아니라 보험대리점이라는 사실과 보험계약의 이행에 따른 지급책임은 보험회사에 있음을 보험계약을 청약하는 자에게 알릴 것

③ 보험을 모집하는 장소와 대출 등을 취급하는 장소를 보험계약을 청약하는 자가 쉽게 알 수 있을 정도로 분리할 것(점포 내의 보험모집 장소는 안내판을 설치하는 등의 방법으로 청약자가 쉽게 식별할 수 있도록 하고, 모집에 종사하는 임원 또는 직원을 쉽게 알 수 있도록 할 것)

※ 관련법령: 「보험업법」 제100조 제2항

④ 보험계약자 등의 보험민원을 접수하여 처리할 전담창구를 당해 금융회사의 본점에 설치하여 운영할 것

※ 관련법령: 「법시행령」 제48조 제2항

⑤ 모집장소는 안내판을 설치하는 등의 방법으로 청약자가 쉽게 식별할 수 있도록 할 것

⑥ 보험계약을 청약하는 자가 모집에 종사할 수 있는 임원 또는 직원을 쉽게 알 수 있도록 할 것

⑦ 보험계약 체결의 대리 또는 중개와 관련하여 직접 또는 간접적으로 발생한 수익·비용과 금융기관보험대리점 등과 보험회사 간의 채권·채무관계를 반영하여 구분되게 회계처리 할 것

⑧ 보험계약자 등이 금융기관보험대리점 등에서 판매하는 보험상품을 당해 금융기관보험대리점 등의 상품으로 오인하지 않도록 할 것(보험상품명, 청약서, 보험안내자료, 보험약관 등에 보험회사가 명확히 인식될 수 있는 문구, 상표, 휘장 등을 삽입할 것)

※ 관련법령: 「보험업감독규정」 제4-39조 제4항 제2호

⇒ 보험상품을 판매하기 전에 위의 준수사항을 구두, 서면 또는 전자방식으로 알려야 한다(「보험업감독규정」 제4-39조 제4항 제2호 라목).

4 보험모집종사자의 부당한 모집행위 금지

4-1 허위사실 등 공지금지

① 불확실한 사항에 대하여 단정적 판단을 제공하거나 확실하다고 오인하게 할 소지가 있는 내용을 알리는 행위

② 금융상품의 내용을 사실과 다르게 알리는 행위

③ 금융상품의 가치에 중대한 영향을 미치는 사항을 미리 알고 있으면서 이를 금융소비자에게 알리지 아니하는 행위

④ 금융상품 내용의 일부에 대하여 비교대상 및 기준을 밝히지 아니하거나 객관적인 근거 없이 다른 금융상품과 비교하여 해당 금융상품이 우수하거나 유리하다고 알리는 행위

※ 관련법령: 「금융소비자보호법」 제21조

4-2 고지의무 방해 금지

① 금융소비자가 보장성 상품 계약의 중요한 사항을 금융상품 직접판매업자에게 알리는 것을 방해하거나 알리지 아니할 것을 권유하는 행위

② 금융소비자가 보장성 상품 계약의 중요한 사항에 대하여 부실하게 금융상품 직접판매업자에게 알릴 것을 권유하는 행위

※ 관련법령: 「금융소비자보호법」 제21조

4-3 부당한 갱신계약의 금지

① 보험계약자 또는 피보험자로 하여금 이미 성립된 보험계약(기존보험계약)을 부당하게 소멸시킴으로써 새로운 보험계약[28]을 청약하게 하는 행위

② 새로운 보험계약을 청약하게 함으로써 기존 보험 계약을 부당하게 소멸시키거나 그 밖에 부당하게 보험계약을 청약하게 하거나 이를 권유하는 행위

※ 관련법령: 「보험업법」 제97조 제1항

28) 기존 보험계약과 보장내용 등이 비슷한 경우에만 해당한다.

4-4 차명보험 모집 금지 등

① 실제 명의인이 아닌 자의 보험계약을 모집하거나 실제 명의인의 동의가 없는 보험계약을 모집하는 행위

② 보험계약자 또는 피보험자의 자필서명이 필요한 경우에 보험계약자 또는 피보험자로부터 자필서명을 받지 아니하고 서명을 대신하거나 다른 사람으로 하여금 서명하게 하는 행위

③ 다른 모집종사자의 명의를 이용하여 보험계약을 모집하는 행위

④ 보험계약자 또는 피보험자의 금전대차 관계를 이용하여 보험계약자 또는 피보험자로 하여금 보험계약을 청약하게 하거나 이를 요구하는 행위

⑤ 정당한 이유 없이 「장애인차별금지법」 제2조에 따른 장애인의 보험가입을 거부하는 행위

⑥ 보험계약의 청약철회 또는 계약 해지를 방해하는 행위

※ 관련법령: 「보험업법」 제97조 제1항

5 기존 보험계약의 부당한 전환·승환 금지

5-1 개념

① 보험계약자나 피보험자로 하여금 기존 보험계약을 부당하게 소멸시키고 새로운 보험계약을 청약하게 하는 행위 또는 새로운 보험계약을 청약하게 한 후 기존 보험계약을 부당하게 소멸시키는 행위는 이른바 부당한 '전환계약'으로 위법행위가 된다.

② 또한 보험설계사 등 모집종사자가 이전 소속회사의 계약을 소멸시키고 현재 소속회사에 해당 계약자나 피보험자 명의의 신계약을 체결시키는 행위는 이른바 '승환계약'으로서 위법행위임과 동시에 보험협회 자율협정에 위반되어 제재금을 부과받을 수 있다.

5-2 전제조건

부당한 전환·승환계약이 되기 위해서는 기존 보험계약과 새로운 보험계약이 다음 사항에 모두 해당되어야 한다.

① 기존 보험계약과 새로운 보험계약의 피보험자가 같을 것

② 기존 보험계약과 새로운 보험계약의 위험보장 범위가 생명보험상품, 손해보험상품, 제3보험상품의 구분에 따라 비슷할 것

5-3 부당한 전환계약으로 간주되는 경우와 보험회사의 의무

다음 중 어느 하나에 해당하는 행위를 한 때에는 부당한 전환계약 행위를 한 것으로 본다.

① 기존보험계약이 소멸된 날부터 1개월 이내에 새로운 보험계약을 청약하게 하거나 새로운 보험계약을 청약하게 한 날부터 1개월 이내에 기존 보험계약을 소멸하게 하는 행위. 다만, 보험계약자가 기존 보험계약 소멸 후 새로운 보험계약 체결 시 손해가 발생할 가능성이 있다는 사실을 알고 있음을 자필로 서명하거나 기명날인 및 녹취 등을 통해 본인의 의사에 따른 행위임이 명백히 증명되는 경우에는 예외로 한다(비교·안내 확인서 제도).

② 기존보험계약이 소멸된 날로부터 6개월 이내에 새로운 보험계약을 청약하게 하거나 새로운 보험계약을 청약하게 한 날로부터 6개월 이내에 기존 보험계약을 소멸하게 하는 경우. 다만, 해당 보험계약자 또는 피보험자에게 기존 보험계약과 새로운 보험계약의 중요한 사항[29]을 비교하여 알리는 경우는 예외로 한다(비교·안내 확인서 제도).

※ 관련법령: 「보험업법」 제97조 제3항

5-4 부당 전환계약의 부활청구

보험계약자는 부당하게 소멸된 보험계약에 대해 해당 보험회사를 상대로 소멸한 날로부터

29) 보험료, 보험기간, 보험료 납입주기 및 납입기간, 보험가입금액 및 주요보장 내용, 보험금액 및 환급금액, 예정이자율 중 공시이율, 보험목적, 보험회사의 면책사유 및 면책사항 등

6월 이내에 해당 보험계약의 부활과 새로운 보험계약의 취소를 청구할 수 있다.

※ 관련법령: 「보험업법」 제97조 제4항

5-5 위반 시 효과

보험회사의 소속 임직원 또는 소속 보험설계사가 부당 승환계약 금지 규제를 위반한 경우 그 보험회사는 해당 보험계약 수입보험료의 50% 이하의 범위에서 과징금을 부과 받을 수 있고, 다만 보험회사가 그 위반 행위를 막기 위해서 해당 업무에 관하여 상당한 주의와 감독을 게을리하지 않은 경우라면 과징금 부과 대상에 해당하지 않는다(보험업법 제196조제2항).

보험회사의 임직원이 부당 승환계약 금지 규제를 위반한 경우 해당 보험회사의 이사·감사 등은 2천만 원 이하의 과태료 부과 대상이 될 수 있으며, 보험대리점·보험중개사 소속 보험설계사가 부당 승환계약 금지 규제를 위반한 경우 해당 보험대리점·보험중개사는 1천만 원 이하의 과태료를 부과 받을 수 있다. 다만 보험대리점·보험중개사가 그 위반행위를 방지하기 위하여 해당 업무에 관하여 상당한 주의와 감독을 게을리 하지 않은 경우는 제외한다. 또한 부당 승환계약 금지 규제를 직접 위반한 자도 1천만 원 이하의 과태료 부과 대상에 해당한다(보험업법 제209조).

6 보험모집 관련 특별이익의 제공금지

보험 모집종사자는 그 체결 또는 모집과 관련하여 보험계약자 또는 피보험자에게 다음 중 어느 하나에 해당하는 특별이익을 제공하거나 그 제공을 약속하여서는 아니 된다.

① 금품[30)]

② 기초서류에서 정한 사유에 근거하지 아니한 보험료의 할인 또는 수수료의 지급

30) 보험계약 체결 시부터 최초 1년간 납입되는 보험료의 10%와 3만 원 중 적은 금액은 허용된다.

③ 기초서류에서 정한 보험금액보다 많은 보험금액의 지급 약속
④ 보험계약자나 피보험자를 위한 보험료의 대납
⑤ 보험계약자나 피보험자가 해당 보험회사로부터 받은 대출금에 대한 이자의 대납
⑥ 보험료로 받은 수표 또는 어음에 대한 이자상당액의 대납
⑦ 「상법」 제682조의 규정에 의한 제3자에 대한 청구권 대위행사의 포기

※ 관련법령: 「보험업법」 제98조, 「법시행령」 제46조

7 부당 모집위탁 등의 금지

7-1 부당 모집위탁 금지

보험회사는 「보험업법」에 따른 모집종사자 이외의 자에게 보험모집을 위탁하거나 그로 인한 수수료, 보수 그 밖의 대가를 지급하지 못한다. 다음은 예외로 한다.

① 기초서류에서 정하는 방법에 따른 경우
② 보험회사가 대한민국 밖에서 외국 보험회사와 공동으로 원보험계약(原保險契約)을 인수하거나 대한민국 밖에서 외국의 모집조직[31]을 이용하여 원보험계약 또는 재보험계약을 인수하는 경우

※ 관련법령: 「보험업법」 제99조 제1항

7-2 모집 재위탁 금지

모집종사자는 타인에게 모집을 하게 하거나 모집에 관하여 수수료·보수 또는 그 밖의 대가를 지급하지 못한다. 다음은 예외로 한다.

① 보험설계사: 같은 보험회사 등에 소속된 다른 보험설계사에 대한 경우

31) 외국의 법령에 따라 모집을 할 수 있도록 허용된 경우에만 해당한다.

② 보험대리점: 같은 보험회사와 모집에 관한 위탁계약이 체결된 다른 보험대리점이나 소속 보험설계사에 대한 경우

③ 보험중개사: 다른 보험중개사나 소속 보험설계사에 대한 경우

※ 관련법령: 「보험업법」 제99조 제2항

7-3 부당한 수수료의 청구 금지

보험중개사는 보험계약 체결의 중개와 관련한 수수료나 그 밖의 대가를 보험계약자에게 청구할 수 없다. 단, 보험계약 체결의 중개와는 별도로 보험계약자에게 특별히 제공한 서비스에 대하여 일정 금액으로 표시되는 보수나 그 밖의 대가를 지급할 것을 미리 보험계약자와 서면약정서로 합의하였고, 이에 의하여 청구하는 경우는 예외로 한다.

※ 관련법령: 「보험업법」 제99조 제3항, 「보험업법시행령」 제47조 제1항

8 자기계약의 금지

① 보험대리점 또는 보험중개사는 자기 또는 자기를 고용하고 있는 자를 보험계약자 또는 피보험자로 하는 보험(자기계약)을 모집하는 것을 주된 영업목적으로 하지 못한다.

② 보험대리점 또는 보험중개사가 모집한 자기계약의 보험료 누계액이 그 보험대리점 또는 보험중개사가 모집한 보험의 보험료 50%를 초과하게 된 경우에는 자기계약이 영업의 주된 목적이라고 간주된다.

※ 관련법령: 「보험업법」 제101조

9 보험계약자의 권리

9-1 보험회사의 손해배상책임

① 보험회사는 그 임직원, 보험설계사 또는 보험대리점(보험대리점 소속 보험설계사 포함)이 모집을 하면서 보험계약자에게 손해를 입힌 경우 배상할 책임을 진다. 다만, 보험회사가 보험설계사 또는 보험대리점에 모집을 위탁하면서 상당한 주의를 하였고, 이들이 모집을 하면서 보험계약자에게 손해를 입히는 것을 막기 위하여 노력한 경우에는 그러하지 아니하다.

② 보험회사는 해당 임직원, 보험설계사 또는 보험대리점에 대해 구상권을 행사할 수 있다.

※ 관련법령: 「금융소비자보호법」 제45조

9-2 보험계약자 등 및 보험관계업무 종사자 의무

① 보험계약자, 피보험자, 보험금을 취득할 자, 그 밖에 보험계약에 관하여 이해관계가 있는 자는 보험사기행위를 하여서는 아니 된다(「보험업법」 제102조의2).

② 보험회사의 임직원, 보험설계사, 보험대리점, 보험중개사, 손해사정사, 그 밖에 보험관계업무에 종사하는 자는 다음 중 어느 하나에 해당하는 행위를 하여서는 아니 된다.

- 보험계약자, 피보험자, 보험금을 취득할 자, 그 밖에 보험계약에 관하여 이해가 있는 자로 하여금 고의로 보험사고를 발생시키거나 발생하지 아니한 보험사고를 발생한 것처럼 조작하여 보험금을 수령하도록 하는 행위
- 보험계약자, 피보험자, 보험금을 취득할 자, 그 밖에 보험계약에 관하여 이해가 있는 자로 하여금 이미 발생한 보험사고의 원인, 시기 또는 내용 등을 조작하거나 피해의 정도를 과장하여 보험금을 수령하도록 하는 행위

※ 관련법령: 「보험업법」 제102조의2~제102조의3

9-3 청약철회

① 보험청약자는 보험증권을 받은 날로부터 15일과 청약을 한 날부터 30일 중 먼저 도래하는 기간 내에 청약을 철회할 수 있다. 청약의 철회는 일반금융소비자가 청약의 철회의사를 표시하기 위하여 서면 등을 발송한 때 효력이 발생한다.

② 보험회사는 청약의 철회를 접수한 날로부터 3일 이내에 이미 납입받은 보험료를 반환하여야 하며, 보험료 반환이 늦어진 기간에 대하여는 이자를 계산한 금액을 더하여 지급하여야 한다.

③ 보험회사는 청약자에 대하여 그 청약의 철회에 따른 손해배상 또는 위약금 등 금전의 지급을 청구할 수 없다.

④ 보험계약 청약의 철회 당시 이미 보험금의 지급사유가 발생한 경우에는 그 청약 철회의 효력은 발생하지 아니한다. 다만, 청약자가 보험금의 지급사유가 발생했음을 알면서 해당 보험계약의 청약을 철회한 경우에는 그러하지 아니한다.

⑤ 다만 다음의 보장성 상품은 청약철회가 허용되지 아니한다.
- 단기보험, 자동차책임보험(동종의 타보험 가입 시 철회가능)
- 타인을 위한 보증보험(제3자 동의 시 철회가능), 건강진단보험

※ 관련법령: 「금융소비자보호법」 제46조

9-4 영업보증금에 대한 우선 변제권

보험계약자나 보험금을 취득할 자가 보험중개사의 보험계약 체결 중개행위와 관련하여 손해를 입은 경우에는 그 손해액을 영업보증금에서 다른 채권자보다 우선하여 변제받을 권리를 가진다.

※ 관련법령: 「보험업법」 제103조

9-5 위법계약해지

① 보험청약자는 금융회사가 판매행위규제*를 위반하여 보험상품에 관한 계약을 체결한 경우 보험청약자가 계약체결에 대한 위반사항을 안 날부터 1년 이내의 기간에 해당

계약을 해지할 수 있다. 이 경우 행사 기간은 계약체결일부터 5년 이내의 범위에 있어야 한다.

* 판매행위규제 : 적합성·적정성 원칙, 설명의무, 불공정영업행위, 부당권유행위금지

② 보험청약자는 보험회사에게 금융상품 명칭과 법 위반사실이 기재된 계약해지요구서를 제출하고 보험회사는 10일 이내에 해지요구에 대한 수락여부(거절 시 거절사유를 포함)를 통지하여야 한다.

③ 해지요구가 수락되거나 금융소비자보호법에 따라 해지되는 경우 해당 계약은 장래에 대하여 효력이 상실되며 보험회사는 해지관련 비용(수수료, 위약금 등)을 요구할 수 없다.

④ 다만 다음의 경우 해지권은 거절될 수 있다.

- 위반사실에 대한 근거 미제시 또는 거짓 제시
- 계약 체결 당시에는 위반사항이 없었으나 계약 체결 후 금융소비자 본인의 사정변경에 따라 위반사항을 주장하는 경우
- 금융 소비자 동의를 얻어 보험회사가 위반행위를 시정한 경우
- 해지요구일로부터 10일 이내에 위법성이 없다는 사실을 확인하는 데 필요한 객관적, 합리적인 근거 자료를 보험청약자에게 제시한 경우
- 금융상품판매업자의 행위에 위반사실이 있다는 사실을 계약을 체결하기 전에 알았다고 볼 수 있는 명백한 사유가 있는 경우

제3절 | 보험 관련 위반 사례

1 모집방법 위반

1-1 사례 설명

○○은행 ◆◆지점 보험판매자격증을 취득하기 위해 학습 중인 개인고객팀장 신☆☆은 방카슈랑스 판매 증강운동 목표달성에 미달하자 업무마감 후 대출계 담당직원 과장 김◇◇으로부터 대출거래업체 종업원 명부를 받아서 전화로 보험가입권유를 하였다. 그 결과 대출업체 □□ 외 3개 업체 경리담당 직원 5명으로부터 가입을 약속받고, 가입을 약속한 5명에게 인터넷 이메일로 인터넷 가입방법 등 관련 자료를 송부하였다.

1-2 사례 해설

① 「보험업법」 제91조 제3항 및 「동시행령」 제40조 제3항에 의하면, 금융기관보험대리점 등의 모집방법, 모집에 종사하는 점포 내 보험판매 창구에서 보험 계약자와 직접적으로 대면하여 보험을 모집하는 방법 및 인터넷 홈페이지를 이용하여 불특정 다수를 대상으로 보험상품을 안내 또는 설명하여 모집하는 방법을 명시하고 있다. 보험모집 시에는 다음을 준수하여야 한다.

- 일반창구 직원은 보험가입을 권유하여서는 안 되나, 내방고객 또는 전화 등의 문의에 대해 보험상품을 판매한다는 사실 또는 보험모집장소에 대한 단순 안내는 가능하다. 그러나 텔레마케팅(TM) 등과 같은 통신수단을 이용한 영업행위는 금지된다. 따라서 위의 사례는 판매장소를 위반한 것이 된다.
- 또한 가입 절차 중 보험가입설계, 청약은 반드시 인터넷을 통해 이루어져야 한다.

② 모집종사자는 자기가 모집한 계약을 타인이 모집한 것으로 또는 타인이 모집한 것을

자기가 모집한 것으로 처리하지 못하며(「보험업감독규정」 제4-31조 제6항), 모집을 할 수 있는 자가 아닌 당해 금융회사의 임원 또는 직원으로 하여금 모집을 하거나 이를 용인하는 행위를 할 수 없다(「보험업법」 제100조제1항). 또한 모집에 종사하는 자 외에 소속임원 또는 직원으로 하여금 보험상품의 구입에 대한 상담 또는 소개를 하거나 상담 또는 소개의 대가를 지불하는 행위도 금지(「보험업법시행령」 제48조)된다. 위의 사례는 판매인 외 판매권유에 해당한다.

금융기관보험대리점의 금지된 보험판매 행위 예시

- 전화를 이용한 보험판매(TM) 행위
  - 전화로 보험가입의 필요성을 안내하는 행위
  - 전화로 고객이 금융회사의 보험창구를 내방하게 하거나 금융회사의 인터넷 홈페이지를 방문하여 보험에 가입하도록 유도하는 행위
- 우편발송(전자메일 포함)을 통한 보험판매(DM) 행위
  - 카드고지서 등 타 업무 목적의 우편물에 동봉하여 보험영업을 하는 행위 포함. 단, 불특정 다수인을 대상으로 한 보험상품의 광고는 허용
- 휴대폰 문자메시지 등을 통한 보험판매 행위 등

2 특별이익 제공

2-1 사례 설명

○○은행 ☆☆지점 PB팀장 김△△은 방카슈랑스 증강을 위하여 2016.12.22. ~ 2017.4.14. 기간 중 정기예금 가입자 5명에게 12억 원의 보험계약(일시납)을 체결하는 과정에서 중도해지 한 정기예금 6건, 13억 5,300만 원에 대하여 중도해지이자율(0~1%) 대신 만기이자율(3.6~4.3%)을 적용함으로써 보험계약자에게 1,200만 원의 특별이익을 제공하였다.

2-2 사례 해설

보험모집과 관련하여 일정금액 이상의 금전적 혜택을 제공하는 것은 불가함에도 이를 제공하여 관련법령을 위반한 사례이다. 은행실무상 다음의 사항에 유의해야 한다.

① 보험가입을 조건으로 대출이자 감면 또는 수신금리의 특인이율을 제공 등 불가

② 소품제공 시 3만 원을 초과하는 사은품 등 제공 불가. 특히 고액계약의 경우 동 리베이트 조항에 유의해야 함

3 보험판매 청약 관련 위반

3-1 사례 설명

○○은행 수신거래 고객 방▽▽는 배우자 및 미성년자인 자녀, 동거인 시누이 정△△ 등의 명의로 생명보험을 계약하는 과정에서 주민등록등본을 첨부하면서 다들 바쁘니 보험가입 후 전화상으로 본인에게 확인할 것을 요청하였다. 이에 보험판매 담당직원은 가입 전 본인의사를 확인하지 않고 가입 후 본인에게 확인할 의도로 보험상품에 대한 설명 없이 고객의 가입요청에 응하였다.

3-2 사례 해설

① 금융기관대리점 등은 보험모집 시 보험계약자 및 피보험자의 자필 서명 수령, 보험약관의 중요사항에 대한 설명, 보험청약서 부본 교부 등을 직접 하여야 함(「보험업감독규정」 별표 7-2 참조)에도 이를 소홀히 한 것은 청약 시 본인 자필확인을 위반한 것이 된다. PB고객 등 주요거래처의 가족 명의 보험계약 시 본인의 자필서명 없이 보험계약이 이루어지지 않도록 판매인은 업무처리에 철저를 기하여야 한다.

② 타인의 사망을 보험사고로 하는 보험계약에는 보험계약 체결 시 그 타인의 서면에 의한 동의를 얻어야 한다(「상법」 제731조). 피보험자의 동의가 없는 상태에서 계약자가 일방적으로 계약을 체결할 수 있다면 고의로 피보험자의 생명에 해를 가하거나 그 피보험자의 생명을 도박의 목적으로 악용하는 등 범죄를 일으킬 가능성이 크므로, 계약자와 피보험자가 다른 생명보험계약은 특히 본인확인 및 자필서명 등의 절차를 반드시 준수하여야 한다.

③ 또한 15세 이상의 미성년자는 미성년자 본인이 자필로 서명하여야 함에 유의해야 하며, 미성년자 보험계약 시 친권자(부모) 모두의 서면동의를 받아서 처리하는 것이 안전하다.

④ 금융기관보험대리점은 동종 또는 유사한 상품 중 3개 이상을 비교, 설명하고 설명내용확인서를 받아야 한다(「보험업감독규정」 제4-39조 제2항 제2호 바목).

〈표 6-3〉 모집과 관련하여 고객에게 사전에 알려야 할 중요한 사항

금지행위에 대한 공지	준수사항에 대한 공지
- 대출 등을 제공하는 조건으로 보험계약의 체결을 요구하지 않습니다. - 고객님의 사전동의 없이 보험료를 대출 등의 거래에 포함시키지 않습니다. - 보험판매직원으로 지정되지 않은 직원은 보험모집을 하지 않습니다. - 점포 외의 장소에서 모집행위를 하지 않습니다. - 고객님의 개인정보를 사전동의 없이 모집에 이용하지 않습니다. - 보험판매직원 이외의 직원이 보험가입 상담 또는 소개를 하고 이에 대한 대가를 수령하지 않습니다.	- 보험계약을 체결하지 않아도 대출 등에 영향이 없습니다. - 우리 금융회사(은행)는 보험회사가 아니라 보험대리점으로서 보험계약의 이행에 따른 지급책임은 보험회사에 있습니다. - 보험 모집장소와 대출 등의 취급장소는 분리되어 있으며 보험모집이 대출에 아무런 영향을 미치지 않습니다. - 민원사항이 있을 경우에는 본부에 있는 보험민원창구를 이용하시기 바랍니다.

주·요·내·용·종·합·정·리

01 방카슈랑스의 도입으로 보험회사에서는 은행을 통한 방카판매 등으로 판매채널을 다양화하여 저비용구조로의 개선이 가능해졌다.

02 보험회사 또는 보험의 모집에 종사하는 자는 설명한 내용을 일반보험계약자가 이해하였음을 서명, 기명날인, 녹취, 전자서명 등의 방법으로 확인을 받아야 한다.

03 적합성의 원칙을 적용받는 보험상품은 보험업법에 따른 '변액보험'과 보험료의 일부를 자본시장법상 금융투자상품의 취득·처분 또는 그 밖의 방법으로 운용할 수 있는 보험이다.

04 보험회사 또는 보험의 모집에 종사하는 자가 실손의료보험계약 또는 기타손해보험계약을 모집하는 경우에는 피보험자가 되려는 자가 이미 다른 실손의료보험계약 또는 보장내용이 동일한 기타손해보험계약의 피보험자로 되어 있는지를 확인하여야 한다.

05 보험모집을 할 수 있는 자는 보험설계사, 보험대리점, 보험중개사, 보험회사 임직원 등이다.

06 금융기관보험대리점의 사용인으로서 보험모집에 종사할 자로 신고된 임직원을 점포별 2인 이내에서 모집에 종사하게 할 수 있으며, 해당 임직원은 대출 등 불공정 모집의 우려가 있는 업무를 취급할 수 없다.

07 금융기관보험대리점 등이나 금융기관보험대리점 등이 되려는 자는 보험계약체결을 대리하거나 중개하면서 발생하는 비용 또는 손실을 보험회사에 부당하게 떠넘기는 행위를 하여서는 아니 된다.

주·요·내·용·종·합·정·리

08› 기존 보험계약이 소멸된 날부터 1개월 이내에 새로운 보험계약을 청약하게 하거나 새로운 보험계약을 청약하게 한 날부터 1개월 이내에 기존 보험계약을 소멸하게 하는 행위를 하여서는 아니 된다.

09› 보험계약자, 피보험자, 보험금을 취득할 자, 그 밖에 보험계약에 관하여 이해관계가 있는 자는 보험사기행위를 하여서는 아니 된다.

10› 보험회사는 청약자에 대하여 그 청약의 철회에 따른 손해배상 또는 위약금 등 금전의 지급을 청구할 수 없다.

연·습·문·제

01 은행입장에서 방카슈랑스의 도입 효과가 아닌 것은?

① 새로운 수익원 창출　　② 고객 충성도 증대
③ 적극적 영업문화로 변화　　④ 새로운 판매채널 확보

02 보험계약의 설명의무 중 보험금 청구단계에 해당하는 내용으로 바른 것은?

① 보험의 모집에 종사하는 자의 성명, 연락처 및 소속
② 보험계약의 승낙절차
③ 보험금 심사 절차, 예상 심사기간 및 예상 지급일
④ 보험금 지급일 등 지급절차

03 다음 빈칸에 들어갈 말로 적당한 것은?

> 보험계약자는 부당하게 소멸된 보험계약에 대해 해당 보험회사를 상대로 소멸한 날로부터 (　　　) 이내에 해당 보험계약의 부활과 새로운 보험계약의 취소를 청구할 수 있다.

① 1월　　② 3월
③ 6월　　④ 12월

연·습·문·제

04 보험상품 청약철회에 대한 내용으로 틀린 것은?

① 청약자가 보험증권을 받은 날로부터 15일 이내에 청약철회의 의사를 표시하는 경우, 특별한 사정이 없는 한 보험회사는 이를 거부할 수 없다.
② 보험증권의 교부에 관하여 다툼이 있으면 청약자가 이를 증명하여야 한다.
③ 보험회사는 청약의 철회를 접수한 날로부터 3일 이내에 이미 납입받은 보험료를 반환하여야 한다.
④ 보험회사는 청약자에 대하여 그 청약의 철회에 따른 손해배상 또는 위약금 등 금전의 지급을 청구할 수 없다.

05 금융기관보험대리점의 금지된 보험판매 행위에 해당하지 않는 것은?

① 점포 내 지정된 장소에서 계약자와 직접 대면하여 판매하는 행위
② 전화를 이용한(TM) 보험판매 행위
③ 우편발송(전자메일 포함)을 통한(DM) 보험판매 행위
④ 휴대폰 문자메시지 등을 통한 보험판매 행위

정·답·및·해·설

01 ▸ ④ 새로운 판매채널 확보, 저비용 판매구조로의 개선 등은 보험회사 입장에서의 도입 효과이다.

02 ▸ ③ 보험금 심사 절차, 예상 심사기간 및 예상 지급일은 보험금 청구단계에 해당하는 설명의무이다.

03 ▸ ③ 6월 이내에 청구할 수 있다.

04 ▸ ② 보험증권의 교부에 관하여 다툼이 있으면 보험회사가 이를 증명하여야 한다.

05 ▸ ① 직접 판매의 경우에는 허용되는 판매행위이다.

참고문헌

- 권대홍·김영수·조영관·최인용(공저, 2014), 은퇴와 자산관리2, 한국표준협회
- 금융투자 분쟁조정 주요사례·판례 요약(2016), 한국금융투자협회
- 금융투자교육원(편저, 2018), 펀드투자권유자문인력1, 한국금융투자협회
- 김동엽·박영선·서혜민·오은미(공저, 2018), 세금을 알아야 연금이 보인다, 미래에셋은퇴연구소
- 김동희·류재광(공저, 2017), 보험 및 은퇴설계, 한국금융연수원
- 김민정·주소현(공저, 2015), 생애주기별 금융생활 가이드북: 은퇴기 편, 금융감독원
- 이홍경·김종천(공저, 2024), 영업점 컴플라이언스 오피서(은행편), 한국금융연수원
- 민병조·김진근·김성현·김민섭·김수연(공저, 2018) 금융소비자보호, 한국금융연수원
- 민복기·박영재·손우철·최문희(공저, 2016), 인생설계 마스터과정, 한국FP협회
- 박유연·전정홍(공저, 2013), 보험지식의 힘, 청림출판
- 분쟁조정사례·판례집/행복 금융투자 길라잡이(2015), 한국금융투자협회
- 이근택·이진우·민병조(공저, 2018), 영업점 컴플라이언스 오피서(보험편), 한국금융연수원
- 이승희·주소현(공저, 2015), 생애주기별 금융생활 가이드북: 자녀성년기 및 독립기 편, 금융감독원
- 조창훈·이근택·민병조·김종천(공저, 2018), 영업점 컴플라이언스 오피서(공통편), 한국금융연수원
- 한진수 외 7인(공저, 2017), 금융교육 전문강사, 금융감독원
- 행복한 은퇴발전소(2018 Vol 7, 8), 미래에셋은퇴연구소
- 건강보험심사평가원(www.hira.or.kr)
- 국민건강보험공단(www.nhis.or.kr)
- 금융감독원(fine.fss.or.kr)
- 보건복지부(www.mohw.go.kr)
- 보험다모아(www.e-insmarket.or.kr)
- 생명보험협회 공시실 (pub.insure.or.kr)
- 통계청(www.kostat.go.kr)

집필자

민복기 (1~3장)

- 숭실대학교 일반대학원 경영학과 재무금융설계 박사과정 수료
- (현) 한국금융연수원 개인금융부문 겸임교수
- (현) 한국가계재무연구소 대표
- (전) 숭실대학교 경영대학원 금융 · 부동산학과 겸임교수

이홍경 (4~6장)

- 고려대학교 식량자원학과 졸업
- 고려대학교 법무대학원 금융법학과 졸업(금융법학 석사)
- (현) 스탠다드차타드은행 경영지원준법감시부

보험설계 및 컴플라이언스

초판 1쇄	2020년 7월 31일
6판 1쇄	2025년 4월 14일
발 행 인	이준수
발 행 처	한국금융연수원 출판미디어사업부
	03053 서울시 종로구 삼청로118
전 화	02) 3700-1500
팩 스	02) 3700-1530
홈페이지	www.kbi.or.kr
등 록	1990년 4월 20일(제1-1040호)

ISBN 978-89-287-8255-0 13320 〈정가 : 20,000원〉

한국금융연수원 자격검정시험 안내

•「국가공인자격」은 자격기본법에서 정한 기준과 절차에 따라 국가가 공인한 자격으로 신용분석사, 여신심사역, 국제금융역, 자산관리사(FP), 신용위험분석사(CRA), 외환전문역 I종, 외환전문역 II종 등 7개의 자격이 있습니다.

•「자체인증자격」은 우리 원이 인정, 수여하는 자격으로 공개시험형 자체자격인 프라이빗 뱅커(CPB), 은행텔러, 영업점 컴플라이언스 오피서(은행)(보험)(증권), KBI 금융DT 테스트, 자금세탁방지 업무능력 검정시험 등 7개 자격이 있습니다.

구분	자 격 명 (공인/등록번호)	응시료	자격소개
국가공인자격	신용분석사 (제2024-1호) (2008-0438)	전과목 : 66,000원 1부 : 28,000원 2부 : 39,000원	금융회사의 여신관련 부서에서 기업에 대한 회계 및 비회계자료 분석을 통하여 종합적인 신용상황을 판단하고 신용등급을 결정하는 등 기업신용 평가업무를 담당하는 금융전문가
	여신심사역 (제2024-2호) (2008-0439)	전과목 : 66,000원 1부 : 28,000원 2부 : 39,000원	금융회사의 여신심사 담당자로서 경제상황과 기업의 재무, 비재무상태 등을 분석, 파악하여 적정한 대출심사 의견서 작성, 대출이율 및 대출기간 결정 등 대출실행 여부를 판단하고 자금의 효율적 운용, 대손 방지를 위한 제반조치, 여신의 법률적 검토, 사후관리업무 등 여신업무와 관련한 종합적인 업무를 수행하는 금융전문가
	국제금융역 (제2021-1호) (2008-0440)	전과목 : 66,000원 1부 : 33,000원 2부 : 33,000원	금융회사의 국제금융 관련 부서에서 국제금융시장의 동향파악, 분석 및 예측 등을 통하여 외화자금의 효율적 조달과 운용업무를 담당하고 이에 따른 리스크관리 등 국제금융 관련 업무를 수행하는 금융전문가
	신용위험분석사(CRA) (제2023-2호) (2008-0442)	1차 : 77,000원 2차 : 88,000원	금융회사 및 기업신용평가기관 등에서 개인과 기업에 대한 신용상태를 조사평가하고 신용위험을 측정 · 관리하는 여신전문가
	자산관리사(FP) (제2020-1호) (2008-0441)	전과목 : 55,000원 1부 : 28,000원 2부 : 28,000원	금융회사 영업부서의 PB(Private Banking) 팀에서 고객의 수입과 지출, 자산 및 부채현황, 가족상황 등 고객에 대한 각종 자료를 수집, 분석하여 고객이 원하는 Life Plan 상의 재무목표를 달성할 수 있도록 종합적인 자산설계에 대한 상담과 실행을 지원하는 금융전문가
	외환전문역 I종 (제2020-1호) (2008-0436)	전과목 : 55,000원	금융회사의 외환업무 중 외국환 거래 법규 및 외환거래실무를 이해하고 고객의 외화 자산에 노출되는 각종 외환 리스크를 최소화시키는 등 주로 개인 외환과 관련된 직무를 담당
	외환전문역II종 (제2020-1호) (2008-0436)	전과목 : 55,000원	금융회사의 외환업무 중 수출입업무 및 이와 관련된 국제무역규칙을 이해하고 외환과 관련된 여신 업무를 수행하는 등 주로 기업 외환과 관련된 직무를 담당
자체인증자격	은행텔러 (2008-0437)	전과목 : 55,000원	창구에서 일어나는 제반업무에 대해 신속하고 친절한 업무수행과 정확한 업무처리로 고객에게 도움을 주고 상담을 통해 문제해결을 하도록 도와주는 금융전문가
	영업점 컴플라이언스 오피서(은행) (2010-0118) (보험, 증권) (2013-0702,0703)	전과목 : 각 44,000원	금융회사의 영업점에서 준법관련 법규와 감독기관의 감독규정이 정한 내용과 취지를 충분히 이해하고 업무 수행과정에서 이를 준수하며, 영업점에서 발생 가능한 금융사고 및 민원사항이 발생하지 않도록 사전적 예방 차원에서 그 준수사항의 이행을 점검하는 금융전문가(은행, 보험, 증권 분야별로 자격이 구분됨)
	프라이빗뱅커 (CPB) (2018-004091)	1차 : 110,000원 2차 : 342,000원 (실무교육)	개인고액자산가의 자산 및 수익증대를 실현하기 위해 금융분야 전반에 걸쳐 종합적인 금융상담과 실행을 지원할 수 있는 최고급 수준의 금융자산설계전문가
	KBI 금융DT 테스트 (2021-001872)	전과목 : 44,000원	금융인 및 예비금융인을 대상으로 디지털금융 전반에 대한 기본지식과 업무활용능력 등 금융DT 관련 기본역량 평가
	자금세탁방지 업무능력 검정시험 (2023-004792)	전과목 : 66,000원	금융시스템을 이용한 자금세탁행위와 공중협박자금조달행위를 적발 및 예방할 수 있는 전문적인 업무역량 평가

소비자 알림사항

•상기 "프라이빗뱅커(CPB)", "영업점컴플라이언스 오피서(은행)(보험)(증권)", "KBI 금융DT 테스트", "은행텔러", "자금세탁방지 업무능력 검정시험" 자격은 자격기본법 규정에 따라 등록한 민간자격으로, 국가로부터 인정받은 공인자격이 아닙니다.

•민간자격 등록 및 공인 제도에 대한 상세내용은 민간자격정보서비스 (www.pqi.or.kr)의 '민간자격 소개'란을 참고하여 주십시오.

기타

•응시료 환불 규정 : 접수기간 중 100%, 접수기간 종료 후 시험일 5일전 18시까지 50% 환불/이후 환불 불가

•자격 공인번호는 재공인시점에 따라 변경될 수 있으며, 응시료, 환불규정 등은 응시 시점에 따라 변경될 수 있으니 자격시험 응시 전 반드시 한국금융연수원 홈페이지에서 응시하고자 하는 자격시험에 관한 최신 정보를 확인하시기 바랍니다. 자격시험에 관한 자세한 사항은 한국금융연수원 홈페이지를 참조하시기 바랍니다.

•주소 : 서울특별시 종로구 삼청로 118 / TEL : 02-3700-1500 / 홈페이지 : www.kbi.or.kr